Stefan Spang / Wolfgang Kraemer (Hrsg.)

Expertensysteme

Entscheidungsgrundlage für das Management

GABLER

Die Deutsche Bibliothek – CIP-Einheitsaufnahme

Expertensysteme : Entscheidungsgrundlage für das Management / Stefan Spang ; Wolfgang Kraemer(Hrsg.). – Wiesbaden : Gabler 1991
ISBN 3-409-13361-5
NE: Spang, Stefan [Hrsg.]

Der Gabler Verlag ist ein Unternehmen der Verlagsgruppe Bertelsmann International.

© Betriebswirtschaftlicher Verlag Dr. Th. Gabler, Wiesbaden 1991
Lektorat: Gudrun Knöll

Das Werk einschließlich aller seiner Teile ist urheberrechtlich geschützt. Jede Verwertung außerhalb der engen Grenzen des Urheberrechtsgesetzes ist ohne Zustimmung des Verlages unzulässig und strafbar. Das gilt insbesondere für Vervielfältigungen, Übersetzungen, Mikroverfilmungen und die Einspeicherung und Verarbeitung in elektronischen Systemen.

Höchste inhaltliche und technische Qualität unserer Produkte ist unser Ziel. Bei der Produktion und Verbreitung der Bücher wollen wir die Umwelt schonen: Dieses Buch ist auf säurefreiem und clorarm gebleichtem Papier gedruckt. Die Einschweißfolie besteht aus Polyäthylen und damit aus organischen Grundstoffen, die weder bei der Herstellung noch bei der Verbrennung Schadstoffe freisetzen.

Die Wiedergabe von Gebrauchsnamen, Handelsnamen, Warenbezeichnungen, usw. in diesem Werk berechtigt auch ohne besondere Kennzeichnung nicht zu der Annahme, daß solche Namen im Sinne der Warenzeichen- und Markenschutz-Gesetzgebung als frei zu betrachten wären und daher von jedermann benutzt werden dürfen.

Satz: Fotosatz Huhn, Maintal
Druck und Bindung: Lengericher Handelsdruckerei, Lengerich/Westf.
Printed in Germany

ISBN 3-409-13361-5

Geleitwort

Die Kürze der Innovationswellen im Bereich der Informationstechnik zwingt zu einem immer aggressiveren Marketing: eine Innovation muß schnell verbreitet werden, bevor sie von der nächsten überlagert wird. Dieses führt zu überzogenen Versprechungen der Entwickler und damit unangemessenen Erwartungen der Kunden. Die Ernüchterung tritt schließlich zwangsläufig ein. Kaum eine Innovation hat genügend Zeit, ihre Kinderkrankheiten zu überwinden und ihr Entwicklungspotential ausreifen zu lassen. Dieser Prozeß zeigt sich sowohl bei innovativen Anwendungskonzepten wie CIM als auch bei innovativen Verfahren wie Expertensystemen.

Gerade im Bereich der Expertensysteme hat die Erfahrung gezeigt, daß die meisten realistischen Systeme hochgestellten Leistungserwartungen nur mit großen Einschränkungen gerecht werden. Hier kann nur ein angemessenes Verständnis abhelfen, das die Technologie der Expertensysteme als eine Weiterentwicklung konventioneller Verfahren des Systementwurfs begreift.

Umso wichtiger ist eine sachgerechte Einschätzung, die auch praktische Einsatzmöglichkeiten berücksichtigt. Wird im Rahmen einer Strategie zur betrieblichen Informationsverarbeitung über den Einsatz von Expertensysteme entschieden, so bedarf es einer anschaulichen Entscheidungsgrundlage, die zwischen wissenschaftlichen Fragestellungen und den Anforderungen der Umsetzung in der Unternehmenspraxis vermittelt.

Der vorliegende Band, der aus einer gemeinsamen Anstrengung von Wissenschaftlern und Praktikern hervorging, leistet einen weiteren Schritt zu einer solchen gelassenen Einschätzung, die Voraussetzung für erfolgreiche Entwicklung und Umsetzung von Innovationen ist.

AUGUST-WILHELM SCHEER

Vorwort

Expertensysteme, intelligente Computerprogramme zur Nachbildung menschlichen Entscheidungsverhaltens in spezifischen Problembereichen, sind seit einiger Zeit Gegenstand einer kontrovers geführten Diskussion. Gegen die unbestreitbaren Vorteile des Einsatzes intelligenter Technologien zur Entscheidungsunterstützung gilt es, eine Reihe von Risiken abzuwägen, die insbesondere die gesellschaftlichen Konsequenzen einer vermuteten Verdrängung des Menschen aus seiner angestammten Arbeitsumgebung umfassen.

Für eine sachgerechte Auseinandersetzung mit dieser Problematik ist es erforderlich, Hintergrundinformationen über die konkreten Möglichkeiten dieser Technologie zu erhalten. Dies ist das Ziel des vorliegenden Bandes. Die Grundlagen für die hier vorgestellte Behandlung der Thematik wurden anläßlich des Management-Forum Expertensysteme, das am 18. und 19. Mai 1989 an der Universität des Saarlandes in Saarbrücken stattfand, gelegt.

Eine Vielzahl von Teilnehmern aus der Wirtschaft sowie aus dem Hochschulbereich hatte sich zusammengefunden, um sich in Vorträgen und Diskussionen mit der Thematik vertraut zu machen. Um das dabei erworbene theoretische Wissen zu vertiefen, wurden während der gesamten Veranstaltung auch konkrete Systeme verschiedener Anbieter interessierten Teilnehmern vorgeführt. In kleinen Gruppen konnte dabei direkt am Rechner das Verhalten des Systems bei der Lösung eines Problems beobachtet und beeinflußt werden.

Die Ergebnisse dieser Veranstaltung und die durch sie angestoßenen Diskussionen führten zu dem Versuch, das Thema des Einsatzes von Expertensystemen in einer Form aufzuarbeiten, die als Entscheidungsgrundlage für das Management dienen kann. Somit liegt das Augenmerk der aufgenommenen Beiträge auch auf einer möglichst breiten Ausrichtung auf unterschiedlichste Einsatzbereiche, nicht aber auf einer detaillierten Untersuchung der technischen Grundlagen.

An dieser Stelle sei nochmals all denen gedankt, die durch ihre engagierte Mitarbeit die Veranstaltung ebenso wie die Herausgabe dieses Buches erst ermöglichten. Besonderer Dank gilt Frau Stefanie Harig sowie Herrn Henning Kniesche, die einen wesentlichen Beitrag zum Gelingen des Management-Forum leisteten.

STEFAN SPANG
WOLFGANG KRAEMER

Inhaltsverzeichnis

Geleitwort V
Vorwort VII
Autorenverzeichnis XI

Stefan Spang
Einführung:
Expertensysteme – Verständnis einer neuen Technologie 1

Erster Teil

Einsatz, Voraussetzungen und Entwicklungstrends von Expertensystemen

Peter Mertens
Betriebliche Expertensysteme in der Bundesrepublik, in Österreich und
in der Schweiz – Bestandsaufnahme und neuere Entwicklungen 9

Helmut Krcmar
Einsatzkriterien für Expertensysteme 35

Stephan Zelewski
Problemfelder der Expertensystem-Technologie 55

Zweiter Teil

Expertensysteme in betrieblichen Funktionsbereichen

Erstes Kapitel
Strategische Unternehmensführung

Eberhard Plattfaut
Strategische Unternehmensführung – Portfolioanalyse mit dem
Expertensystem STRATEX 83

Zweites Kapitel
Controlling

Wolfgang Kraemer
Wissensbasiertes Controlling – Einsatzmöglichkeiten und Entwicklungstrends 111

Rudolf Fiedler
Ein Wissensbasiertes Controllingsystem auf der Basis einer kommerziellen Rechnungswesen-Standardsoftware 141

Drittes Kapitel
Marketing

Bruno Neibecker
Expertensysteme in der Werbung: Das System ESWA – Lösungsansätze in wichtigen Teilbereichen der Werbung 165

Franz-Rudolf Esch
Expertensystem zur Beurteilung von Anzeigenwerbung im Rahmen von Computer Aided Advertising Systems (CAAS) 177

Viertes Kapitel
Produktion

Dieter Steinmann
Expertensysteme und Computer Integrated Manufacturing (CIM) 205

Stephan Zelewski
PPS-Expertensysteme 251

Gerald Ernst
Expertensysteme in der Produktion 285

Fünftes Kapitel
Dienstleistungsbereich

Siegfried Genreith
Anlage- und Vermögensberatung mit wissensbasierten Systemen 297

Jörg Hausknecht und Horst Zündorf
Fallbasierte Expertensysteme in der Versicherungswirtschaft 309

Autorenverzeichnis

Dipl.-Ing. Gerald Ernst	Leiter der Abteilung Prozeßtechnik, Mercedes Benz AG, Stuttgart.
Dr. Franz-Rudolf Esch	Wissenschaftlicher Mitarbeiter am Institut für Konsum- und Verhaltensforschung an der Universität des Saarlandes, Saarbrücken.
Dr. Rudolf Fiedler	Zum Zeitpunkt der Manuskripterstellung wissenschaftlicher Mitarbeiter am Betriebswirtschaftlichen Institut, Abteilung Wirtschaftsinformatik an der Universität Erlangen-Nürnberg. Jetzt bei der Robert Bosch GmbH in Nürnberg tätig.
Dipl.-Math. Siegfried Genreith	Geschäftsstelle Kreditwesen Nord-West, IBM Deutschland GmbH, Düsseldorf.
Dipl.-Kfm. Jörg Hausknecht	Berater für Expertensysteme, INFEXPERT AG, Zürich.
Dipl.-Wirtsch.-Ing. Wolfgang Kraemer	Wissenschaftlicher Mitarbeiter am Institut für Wirtschaftsinformatik an der Universität des Saarlandes, Saarbrücken.
Prof. Dr. Helmut Krcmar	Inhaber des Lehrstuhls für Wirtschaftsinformatik an der Universität Hohenheim.
Prof. Dr. Peter Mertens	Inhaber des Lehrstuhls für Betriebswirtschaftslehre, insbesondere Wirtschaftsinformatik an der Universität Erlangen-Nürnberg.
Dr. habil. Bruno Neibecker	Lehrstuhlvertretung für Marketing an der Hochschule der Bundeswehr Hamburg.
Dr. Eberhard Plattfaut	Projektleiter bei der McKinsey & Company, Frankfurt/Main.
Dipl.-Kfm. Stefan Spang	Wissenschaftlicher Mitarbeiter am Institut für Wirtschaftsinformatik an der Universität des Saarlandes, Saarbrücken.
Dipl.-Wirtsch.-Ing. Dieter Steinmann	Wissenschaftlicher Mitarbeiter am Institut für Wirtschaftsinformatik an der Universität des Saarlandes, Saarbrücken.

Dr. Stephan Zelewski — Wissenschaftlicher Mitarbeiter am Seminar für Allgemeine Betriebswirtschaftslehre, Industriebetriebslehre und Produktionswirtschaft, Universität zu Köln.

Dr. Horst Zündorf — Leiter Bilanz- und Rechnungswesen, Verlagsgruppe Georg von Holtzbrink, Stuttgart.

Stefan Spang

Einführung:
Expertensysteme – Verständnis einer neuen Technologie

Nach langjährigen Forschungsarbeiten haben die im Bereich der Expertensysteme verwendeten Methoden und Werkzeuge einen Entwicklungsstand erreicht, der den Einsatz in der EDV-Praxis ermöglicht. Nach Feigenbaum ist ein Expertensystem

> „… ein intelligentes Computerprogramm, das Wissen und Schlußverfahren zur Lösung von Problemen verwendet, die so schwierig sind, daß sie bedeutende menschliche Expertise zur Lösung verlangen. Das Wissen, das zum Erreichen dieses Leistungsniveaus nötig ist, kann zusammen mit den eingesetzten Schlußverfahren als Modell der Expertise der besten Praktiker betrachtet werden. Das Wissen eines Experten besteht aus Fakten und Heuristiken. Die Fakten bilden einen Informationskörper, der weitverbreitet, öffentlich verfügbar und allgemein anerkannt ist. Die Heuristiken sind größtenteils private, wenig diskutierte Regeln guten Urteilsvermögens (vernünftigen Denkens, guten Ratens), die die Entscheidungsfindung auf Expertenniveau charakterisieren. Das Leistungsniveau eines Expertensystems ist primär eine Funktion von Größe und Qualität der Wissensbasis."[1]

Während zu Beginn der Entwicklung allgemein von Expertensystemen gesprochen wurde, hat man mittlerweile erkannt, daß es nicht nur Expertenwissen sein muß, das von solchen Systemen angewendet wird. Aus diesem Grund findet sich mittlerweile in der einschlägigen Literatur eine klare Bevorzugung für den Begriff „Wissensbasiertes System". In der Praxis hat sich jedoch für die mit dem Ansatz verbundenen Methoden und Techniken der Begriff „Expertensystem" festgesetzt.

Diese Begriffsverwirrung liegt in einer Vermischung zweier Aspekte begründet, die auch aus obiger Definition sehr gut herauszulesen sind. Zum einen wird an ein Expertensystem die Erwartung einer besonders qualifizierten, „intelligenten" Leistung gestellt, zum anderen bedient man sich zur Erreichung dieses Ziels einer bestimmten Variante des Systementwurfs. Die nachfolgende Begriffsmodifikation

---

[1] Vgl. Feigenbaum, E.: The art of AI: themes and case studies in knowledge engineering. 5th International Conference on Artificial Intelligence, Cambridge 1977, S. 1025, Übersetzung des Autors.

hin zu „wissensbasierten Systemen" trägt diesen Aspekten Rechnung. Ein wissensbasiertes System ist demnach ein System, das gemäß einer besonderen Methode von Systementwurf und Implementierung gestaltet wurde, das aber nicht notwendig „Expertenleistungen" vollbringen muß.

Für die weitere Verbreitung der Technologie ist diese Differenzierung mit Sicherheit förderlich, denn die Erfahrung hat gezeigt, daß die meisten realisierten Systeme hochgestellten Leistungserwartungen nur mit großen Einschränkungen gerecht werden. Richtig verstanden, kann die Technologie der wissensbasierten Systeme jedoch eine signifikante Weiterentwicklung konventioneller Verfahren des Systementwurfs leisten.

So können regelbasierte Systeme als eine weitere Stufe in der Entwicklung der Architektur von Informationssystemen verstanden werden[2]. Ursprünglich war das konkrete, durch ein System zu unterstützende Anwendungsproblem, z.B. die Gehaltsabrechnung, das zentrale Kriterium für den Entwurf von Informationssystemen. In Abbildung 1 wird dieser Zusammenhang verdeutlicht, der eine problembezogene Gestaltung der Daten und Funktionen des Informationssystems mit sich bringt.

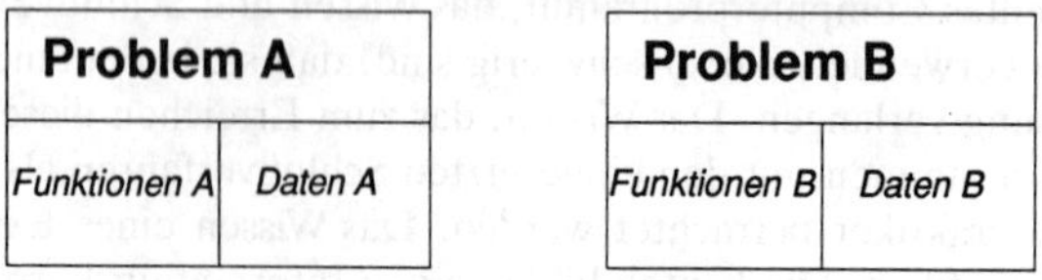

Problem A		Problem B	
Funktionen A	Daten A	Funktionen B	Daten B

Abb. 1: Problemabhängiger Systementwurf

Mit der Zeit wurde jedoch die Bedeutung der Daten als eigenständiges Organisationsmittel erkannt. Diese Entwicklung drückt sich gerade zur Zeit in einer zunehmenden Bedeutung von Unternehmensdatenmodellen für die Gestaltung der Informationsgrundlagen eines Unternehmens aus[3].

Demnach können die Funktionen mehrerer Anwendungssysteme wie in Abbildung 2 erkenntlich auf einen übergeordneten einheitlichen Datenbestand zugreifen. Somit ist auch eine langfristige Konsistenz der Unternehmensdatenbasis gewährleistet. Andererseits werden die funktionsbezogenen Anwendungssysteme immer noch nach den Maßgaben bestimmter Anwendungsprobleme gestaltet. Damit ergibt sich auch für die Funktionsseite eine ähnliche effizienzmindernde Redundanz wie zuvor auf der Datenseite. Obwohl einzelne Funktionen in einer Vielzahl unterschiedlicher Anwendungssysteme erforderlich sind, werden sie für diese Systeme jeweils neu entworfen.

---

2 Ähnliche Überlegungen finden sich auch bei Scheer, A.-W.: EDV-orientierte Betriebswirtschaftslehre – Grundlagen für ein effizientes Informationsmanagement, 4. Aufl., Berlin et al. 1990.
3 Vgl. hierzu auch Scheer, A.-W.: Wirtschaftsinformatik – Informationssysteme im Industriebetrieb. 3. Aufl., Berlin et al. 1990.

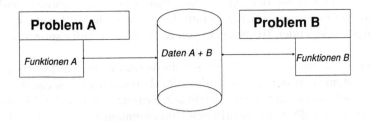

Abb. 2: Problemunabhängiger Datenentwurf

Einen Ausweg aus diesem Problem bietet ein Ansatz, der die Funktionen ebenso wie die Daten problemunabhängig betrachtet. Ein solcher Ansatz wird durch die Technologie der wissensbasierten Systeme repräsentiert. Hier werden neben den Daten, die das „Faktenwissen" obiger Definition repräsentieren, auch die Funktionen, das „Regelwissen", problemübergreifend entworfen und verwendet. Abbildung 3 zeigt diesen Zusammenhang. Dadurch kann, insbesondere bei neuartigen Problemen, eine große Effizienz bei der Systemerstellung erzielt werden, da auf eine immer größer werdende Menge von bereits vorhandenem Wissen zurückgegriffen werden kann. Der Ansatz wissensbasierter Systeme zeigt die Trennung und Unabhängigkeit der Komponenten am deutlichsten auf.

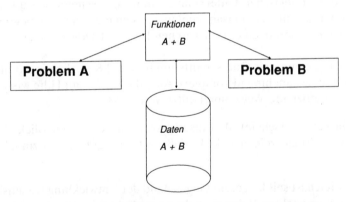

Abb. 3: Problemunabhängiger Entwurf von Daten und Funktionen

Dazu sei angemerkt, daß auch ein sogenannter objektorientierter Ansatz eine solche Trennung vornimmt. In beiden Fällen ist es das Ziel des Entwurfs, ohne Ausrichtung auf ein einzelnes Problem funktionale und Datenzusammenhänge der „Anwendungswelt" zu beschreiben. Dabei ist jedoch eine eindeutige Trennung zwischen einem wissensbasierten und einem objektorientierten Ansatz nur schwer vorzunehmen. Objektorientierte Ansätze sind gerade aus den Methoden der wissensbasierten Systeme hervorgegangen und unterscheiden sich lediglich in der Einbeziehung und Verarbeitung unsicherer Ausgangsdaten und Zusammenhänge, nicht aber in der oben beschriebenen Zergliederung.

Ein solches Verständnis der Technologie wissensbasierter Systeme leistet eine fruchtbare Voraussetzung für die weitere Verbreitung dieses Ansatzes. Auch der Aufbau des vorliegenden Buches geht von einer solchen Auffassung aus.

Im ersten Teil werden in zwei Beiträgen die Voraussetzungen des Einsatzes von Expertensystemen in betrieblichen Funktionsbereichen untersucht. Gegenstand der Untersuchungen sind nachvollziehbare Kriterien, wann der Einsatz dieser Technologie innerhalb eines spezifischen Unternehmens ratsam und erfolgversprechend erscheint.

Der folgende Beitrag zeigt den derzeitigen Stand des Einsatzes wissensbasierter Systeme auf. Aus der Verbindung der beiden Aspekte der Einsatzkriterien und der derzeitigen Nutzung lassen sich wertvolle Anregungen für aussichtsreiche Einsatzgebiete ableiten.

Im folgenden werden beispielhafte Lösungen aus den unterschiedlichsten betrieblichen Funktionsbereichen vorgestellt, die ebenfalls als Maßgabe für Entwicklung und Einsatz solcher Systeme in anderen Unternehmen dienen können. Insbesondere dokumentieren diese Untersuchungen auch konkrete Erfahrungen hinsichtlich der Probleme des Einsatzes der Technologie wissensbasierter Systeme.

Der Bereich der strategischen Unternehmensführung erscheint hier umso interessanter, da bisherige Entwicklungsanstrengungen sich meist auf eng begrenzte Problemstellungen im operativen oder taktischen Bereich bezogen haben.

Dem Controlling kommt als Querschnittsfunktion und Koordinationsfunktion des Unternehmens eine zunehmend komplexe Aufgabe zu, die mit Hilfe wissensbasierter Systeme auf effiziente Weise unterstützt werden kann.

Auch das Marketing erscheint als Einsatzgebiet auf den ersten Blick eher ungewöhnlich, die Beiträge zeigen jedoch, daß auch hier gute Einsatzmöglichkeiten gegeben sind.

Der Finanzbereich ist seit längerem Gegenstand der Entwicklung wissensbasierter Systeme. Die vorgestellten Beispiele belegen auch die Eignung dieses Gebietes.

Die Produktion und Fertigung schließlich ist einer der Ausgangspunkte der Verbreitung wissensbasierter Technologie. Bereits zu einem frühen Zeitpunkt der Entwicklung hat sich gezeigt, daß hier bei einer Vielzahl von Aufgaben der wirkungsvolle Einsatz wissensbasierter Systeme möglich ist.

Literaturverzeichnis

Feigenbaum, E.: The art of AI: themes and case studies in knowledge engineering. 5th International Conference on Artificial Intelligence, Cambridge 1977.

Scheer, A.-W.: EDV-orientierte Betriebswirtschaftslehre – Grundlagen für ein effizientes Informationsmanagement, 4. Aufl., Berlin et.al. 1990.

Scheer, A.-W.: Wirtschaftsinformatik – Informationssysteme im Industriebetrieb, 3. Aufl., Berlin et.al. 1990.

Erster Teil

Einsatz, Voraussetzungen und Entwicklungstrends von Expertensystemen

Peter Mertens

Betriebliche Expertensysteme in der Bundesrepublik, in Österreich und in der Schweiz – Bestandsaufnahme und neuere Entwicklungen

1. Einleitung

2. XPS gegliedert nach Aufgabenklassen

3. XPS in den Wirtschaftszweigen

4. XPS im Industriebetrieb

    4.1 Vertriebsfunktionen vor der Auslieferung
        4.1.1 Angebotsauswahl
        4.1.2 Angebotserstellung
        4.1.3 Auftragsprüfung
        4.1.4 Produktgestaltung

    4.2 Materialwirtschaft und Produktion
        4.2.1 Variantenverwaltung
        4.2.2 Arbeitsplangenerierung
        4.2.3 Lieferantenauswahl
        4.2.4 Feinsteuerung
        4.2.5 Umdisposition
        4.2.6 Prozeßsteuerung
        4.2.7 Qualitätsdiagnose
        4.2.8 Fertigungsmonitoring
        4.2.9 Parametereinstellung

    4.3 Vertriebsfunktionen bei bzw. nach der Auslieferung
        4.3.1 Versandlogistik
        4.3.2 Außendienstdiagnose

5. XPS im Bankbetrieb

6. XPS im Versicherungsunternehmen

7. XPS in der Unternehmensberatung

8. Beobachtungen zum Stand und zur weiteren Entwicklung von XPS

Literaturverzeichnis

---

* Dieser Beitrag ist ein Nachdruck von: Mertens, P., Betriebliche Expertensysteme in der Bundesrepublik Deutschland, in Österreich und in der Schweiz, in: Ehrenberg, D., Krallmann, H. und Rieger, B. (Hrsg.), Wissensbasierte Systeme in der Betriebswirtschaft. Grundlagen, Entwicklung, Anwendung, Schriftenreihe „Betriebliche Informations- und Kommunikationssysteme", Band 15, München 1990. Dem Erich Schmidt Verlag sei für die Genehmigung zum Nachdruck gedankt.
Vgl. auch: Mertens, P., Borkowski, V. und Geis, W., Betriebliche Expertensystem-Anwendungen, 2., völlig neu bearbeitete und erweiterte Auflage, Berlin u.a. 1990.
Mertens, P., Borkowski, V. und Geis, W., Status der Einführung von Expertensystemen in die Praxis, in: Behrendt, R. (Hrsg.), Angewandte Wissensverarbeitung, München-Wien 1990.
Mertens, P., Expertensystem im Auftragsdurchlauf: Möglichkeiten und Stand, in: Mertens, P., Wiendahl, H.-P. und Wildemann, H. (Hrsg.), PPS im Wandel, München 1990, S. 311 ff.

1. Einleitung

Eine Hinführung zu den potentiellen und schon realisierten Anwendungen der Expertensysteme (XPS) bzw. Wissensbasierten Systeme (WBS) im betriebswirtschaftlichen Bereich kann in Anbetracht der relativen Neuartigkeit dieses Teilgebietes der Angewandten Informatik im wesentlichen nur induktiv-kasuistisch erfolgen. Wir bauen daher auf einer im Rahmen des Schwerpunktprogrammes „Interaktive betriebswirtschaftliche Planungs- und Steuerungssysteme" mit Unterstützung der Deutschen Forschungsgemeinschaft in der Abteilung Wirtschaftsinformatik der Universität Erlangen-Nürnberg erstellten Materialsammlung in Form einer Datenbank auf, die momentan über 2000 Einträge zu betrieblichen XPS in aller Welt enthält. Literaturhinweise zu den in diesem Beitrag erwähnten WBS, die aus Platzgründen hier nicht alle abgedruckt werden können, findet der Leser in Mertens/Borkowski/Geis[1]. Entsprechend seiner vorherrschenden Stellung in der Sammlung und damit in der Praxis des XPS-Einsatzes bezieht sich der größte Teil der folgenden Ausführungen auf den Industriebetrieb. Es schließen sich ergänzende Ausführungen zu einzelnen anderen Wirtschaftszweigen an. Wir geben jeweils einen Überblick und Hinweise auf ausgewählte Beispiele, wobei wir solche aus dem deutschsprachigen Raum bevorzugen. Deren Auswahl erfolgte mit dem Ziel, möglichst charakteristische Systeme zu beschreiben, die entweder hohen Anregungswert besitzen oder geeignet erscheinen, das gesamte Spektrum des WBS-Einsatzes im Betrieb zu demonstrieren.

2. XPS gegliedert nach Aufgabenklassen

Unter der Vielzahl der möglichen und in der Literatur vorgeschlagenen Klassifikationsansätze erscheinen solche, die Aufgabentypen bilden, für betriebswirtschaftliche Zwecke am sinnvollsten.

Eine nach Aufgabenklassen vorgenommene Einordnung der uns bekannten betrieblichen Expertensysteme aus dem Raum Bundesrepublik Deutschland – Österreich – Schweiz wird in Abbildung 1 dargestellt.

Für XPS-Anwendungen besonders geeignet zeigen sich Aufgaben der Typen Diagnose, Beratung, Konfiguration und Planung (rund drei Viertel aller Entwicklungen im untersuchten Bereich), wohingegen Unterrichts-, Hilfesysteme oder auch Intelligente Checklisten bis heute – trotz ihrer Bedeutung in einzelnen Anwendungsbereichen, z.B. CAI oder Verwaltung – eher ein „Schattendasein" führen. Diese Beobachtung stützt sich auf die kontinuierliche Fortschreibung von statistischen Auswertungen über einen Zeitraum von drei Jahren.

---

1 Mertens, P., Borkowski, V. und Geis, W., Betriebliche Expertensystem-Anwendungen, 2. Auflage, Berlin u.a. 1990.

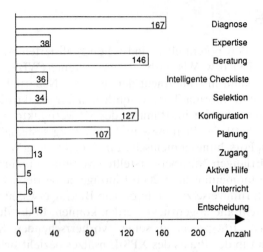

Abb. 1: XPS nach Aufgabenklassen

Dabei ist allerdings zu berücksichtigen, daß sich die Systeme des Planungstyps im wesentlichen mit der Reihenfolgeplanung beschäftigen. Planungsprobleme über der Zeitachse können bisher von Expertensystemen nur in sehr geringem Maße unterstützt werden. Ein Hauptgrund dafür ist, daß zur Planung der übernächsten Periode bekannt sein muß, was zum Ende der nächsten Periode geschehen sein wird, usw. Da das XPS diese Abläufe einschließlich ihrer Störungen im allgemeinen nicht prognostizieren kann, müssen entsprechend viele Alternativen in der Lösung behalten werden. Daraus resultiert wiederum eine so große Kombinatorik, daß die Regelwerke „explodieren". Man stößt so auf ähnliche Grenzen wie mit der Dynamischen Programmierung, einem Zweig des Operations Research.

Zu den Beratungssystemen ist anzumerken, daß es sich hier um sehr heterogene Anwendungen handelt (z.B. Vermögensanlageberatung, Beratung im Umgang mit speziellen (statistischen) Methoden, Beratung zur Vorgehensweise bei der Software-Entwicklung), so daß eine allgemeingültige Interpretation dieser Systemkategorie sehr schwierig ist.

Untersucht man, welche Prototypen in die betriebliche Praxis überführt worden sind, so dominieren Konfiguratoren vor Diagnosesystemen:

- 35 Konfiguratoren im weiteren Sinn
- 30 Diagnosesysteme in der Produktion
- 6 Beratungssysteme zur Werkstoffauswahl
- 5 Systeme zur Unternehmensberatung im weiteren Sinn
- 5 Planungssysteme zur Arbeitsplanerstellung
- 4 Systeme zur Unterstützung der Prozeßsteuerung
- 4 Systeme zur Unterstützung der Werkstattsteuerung/Fertigungsleittechnik

- 4 Beratungssysteme zur Finanzierung/Vermögensanlage
- 4 Beratungssysteme zur Durchführung von DV-Projekten
- 3 Systeme zur Auftragsprüfung und -überwachung
- 3 Beratungssysteme zur Tarifierung von Versicherungsanträgen
- 2 Beratungssysteme zur Risikoabschätzung
- 2 Beratungssysteme zur Subventionsauswahl
- 2 Beratungssysteme zur Altersvorsorge
- 2 Systeme zur Kreditwürdigkeitsprüfung
- 2 Systeme für das Back-Office in Banken
- 2 Systeme zur Installation und Überwachung von Kommunikationsnetzwerken
- 2 Beratungssysteme zur DV-Systemprüfung
- 27 Sonstige Systeme.

3. XPS in den Wirtschaftszweigen

Aus Abbildung 2 geht hervor, daß der überwiegende Teil der XPS-Entwicklungen im Industriebetrieb angesiedelt ist. Es lassen sich allerdings verschiedene Anwendungen aus Funktionsbereichen wie Verwaltung, Finanzierung oder Rechnungswesen ohne weiteres auf andere Wirtschaftszweige übertragen.

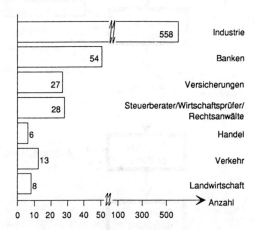

Abb. 2: XPS nach Wirtschaftszweigen

4. XPS im Industriebetrieb

Abbildung 3 zeigt in schematisierter und vereinfachter Form die Stationen, die ein Kundenauftrag von der Anfrage bis zur Nachsorge nach der Auslieferung des Erzeugnisses durchläuft. Von den in der Mitte befindlichen Rechtecken bezeichnen die dick umrandeten diejenigen Stellen, an denen ein XPS-Einsatz sinnvoll sein kann oder bereits erprobt ist. Bei den kleineren Rechtecken, die sich links oder rechts davon befinden und die einzelnen Unterfunktionen repräsentieren, die durch XPS unterstützt werden können, gibt die Art der Umrandung die Intensität der XPS-Durchdringung an: Eine durchgezogene Linie steht für eine starke, eine unterbrochene für eine mäßige und eine gepunktete für eine schwache Durchdringung.

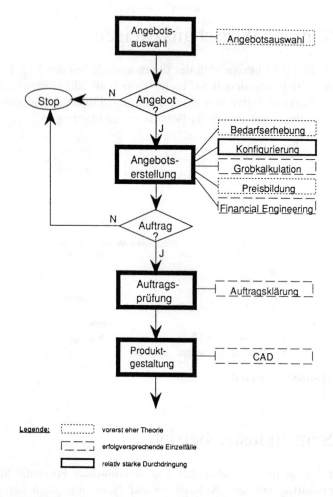

Abb. 3: XPS-Einsatz im Auftragsdurchlauf (Teil 1) und 2)

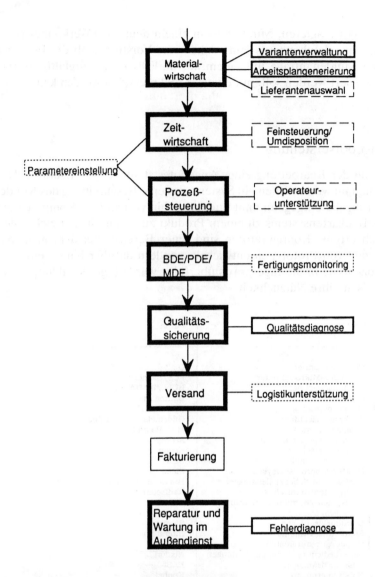

Abb. 3: XPS-Einsatz im Auftragsdurchlauf (Teil 2)

4.1 Vertriebsfunktionen vor der Auslieferung

4.1.1 Angebotsauswahl

In vielen Branchen, so z.B. im Schwermaschinenbau, fallen bereits für die Beantwortung einer Kundenanfrage und für die Erstellung eines Angebotes mehrere Personenwochen an. Infolgedessen wird man nicht auf jede Kundenanfrage mit einem Angebot reagieren. Mindestens in einem deutschen Werk eines internationalen Maschinenbaukonzerns läuft daher eine Vorstudie, ob die Entscheidung, auf welche Kundenanfrage mit einem ausführlichen und sorgfältig erarbeiteten Angebot reagiert werden soll, mit einem XPS unterstützt werden kann.

4.1.2 Angebotserstellung

Im Zentrum der Bearbeitung eines Angebotes steht der Konfigurator. Darunter versteht man im wesentlichen ein System, das eine Beschreibung des Kundenwunsches als Eingabe entgegennimmt und daraufhin vorhandene Komponenten nach Art eines Baukastensystems zu einem Produkt zusammenfügt, welches den Kundenwunsch erfüllt. Konfiguratoren sind jener Bereich, bei dem nicht nur eine große Anzahl von Prototypen entwickelt, sondern darüber hinaus ein besonders hoher Prozentsatz in die Tagespraxis überführt wurde (vgl. Abbildung 4). Dies ist ein Hinweis auf ihre Nützlichkeit.

Produkt	Firma
Universalrechner	Digital
Mehrplatz-Mikrocomputer	PCS/Siemens
Abteilungsrechner	BULL/IBM/Nixdorf
Rolladen	Baumann
Mehrstrompumpen	Otto Eckerle
Werkzeugmaschinen	Gildemeister/Schäublin
Druckmaschinen	MAN Roland
Kunststoffspritzmaschinen	Arburg
Blasformmaschinen	Krupp
Elektrische Schalter	Saia
Multi-Mikroprozessorsysteme	Siemens
Telefon- und Nebenstellenanlagen	Bundespost/Nixdorf/Telenorma
Nachrichtentechnische Geräte	Radiocom
Fernsprech-/Kommunikationsanlagen	Siemens
Brandschutzklappen	Hesco
Brandmeldeanlagen	Siemens
Rohrleitungssysteme	Interatom
Geldausgabeautomaten	Nixdorf
Selbstbedienungsterminals in Banken	Nixdorf
Gasscheideanlagen	BASF
Notstromgruppen	Knobel
Automatikgetriebe	ZF
Datenverwaltungssysteme	Siemens/Infodas
BDE-Systeme	Sema Group
Software	Digital

Abb. 4: Konfiguratoren im paktischen Einsatz

Ein gutes Angebotssystem enthält jedoch nicht nur den Konfigurator. Vielmehr kann man sich ein ideales Angebotssystem gemäß Abbildung 3 aus folgenden Bestandteilen zusammengesetzt denken[2]:

2 O.V., LSX Configuration System, Informationsschrift von Olivetti, TA-Research 1989.

1. Der Kundenwunsch wird im Dialog mit der Maschine beschrieben. Dabei sollten möglichst viele Informationen der Kundendatenbank entnommen werden oder durch Default-Werte vorbesetzt sein. Die Default-Werte können wiederum aus externen Datenbanken, die Branchenkennzahlen o.ä. enthalten, stammen. In diesem Stadium ist es Aufgabe einer Expertensystemkomponente, den Dialog möglichst effizient zu gestalten. Dies erreicht man dadurch, daß das System nicht linear eine Frageliste wie einen Fragebogen aus Papier abarbeitet, sondern die jeweils nächste Frage aufgrund der Antworten auf die vorherigen generiert („Intelligente Checkliste").
2. Das Produkt ist wissensbasiert zu konfigurieren.
3. Die Kosten für das konfigurierte Erzeugnis werden kalkuliert. Auch hierfür gibt es WBS, mit denen aus den Produkteigenschaften auf die voraussichtlichen Kosten geschlossen wird. Eine XPS-Unterstüzung bei der Kalkulation ist allerdings nur bei Grob- bzw. Schnellkalkulationen sinnvoll, bei denen es im wesentlichen darum geht, anhand unvollständiger Produktspezifikationen mit Hilfe von Daumenregeln einen Schätzwert für die Kosten zu ermitteln[3] Ist der Aufbau des Produktes hingegen bereits genau bekannt, so empfiehlt es sich, auf eine konventionelle Zuschlagskalkulation zurückzugreifen.
4. Von der Kalkulation ist auf den Angebotspreis zu schließen. Ein deutsches Unternehmen des Maschinenbaus experimentiert mit einem XPS zur Preispolitik. Dieses XPS kann dazu beitragen, Preisentscheidungen bei Kundenanfragen zu standardisieren und somit eine Kontinuität der Preisstellung erkennen zu lassen. Außerdem ermöglicht es, alle Faktoren, welche die Preisbildung beeinflussen, zu berücksichtigen. In einem ersten Schritt ist die Ausgangssituation zu spezifizieren. Das XPS erhebt dazu u.a. Kunden- und Auftragsdaten sowie nachgefragte Mengen des Kunden. Anhand dieser Daten prüft das XPS, ob dem Kunden ein Sonderpreis eingeräumt werden kann oder ob der Listenpreis übernommen wird. Im letzten Fall bricht das System an dieser Stelle ab. Wurde der Kunde als „sonderpreiswürdig" eingestuft, so versucht das XPS in einer abschließenden Phase, einen Preis zu ermitteln, der dem Kunden angeboten werden soll. Es trägt bei dieser Entscheidung auch Gesichtspunkten Rechnung, die man in der Lehrbuchliteratur zur Preispolitik nicht findet. Beispielsweise wird dann, wenn ein Entwicklungsingenieur aus dem Kundenbetrieb nach einem Preis fragt, ein leicht erhöhter genannt; wenn sich später der Einkäufer des gleichen Unternehmens erkundigt, kann man ihm dann einen Rabatt gewähren.
5. Das letzte Modul übernimmt das Financial Engineering[4]. In der Bundesrepublik kommt es zum ersten darauf an, zu überprüfen, ob dem Kunden die Beantragung einer Subvention zur Beschaffung des Wirtschaftsgutes empfohlen werden kann. Hierzu mag ein WBS wertvolle Hilfe leisten. Zum zweiten ist zwi-

---

[3] Scheer, A.-W., Bock, M. und Bock, R., Konstruktionsbegleitende Kalkulation in CIM-Systemen aus betriebswirtschaftlicher Sicht, in: Männel, W. (Hrsg.), Perspektiven, Führungskonzepte und Instrumente der Anlagenwirtschaft, Schriftenreihe Anlagenwirtschaft, Verlag TÜV Rheinland, Köln 1989.

[4] Bauer, J., Grundlagen eines Financial Engineering. Eine Darstellung und Erklärung der Probleme des Financial Engineering, Idstein 1988.

schen Kauf, Miete und Leasing zu entscheiden und gegebenenfalls eine Leasingvariante anzuraten. Drittens sind Subventionen, die gewählte Leasingvariante und eventuell weitere Kredite geeignet miteinander zu kombinieren. Hierbei handelt es sich um eine sehr anspruchsvolle Aufgabe für ein Expertensystem. In der Bundesrepublik arbeiten zur Zeit mindestens zwei Computerhersteller an diesem Problem. Abbildung 5 vermittelt einen Eindruck von den Fragestellungen, die im Zusammenhang mit dem Financial Engineering zu berücksichtigen sind.

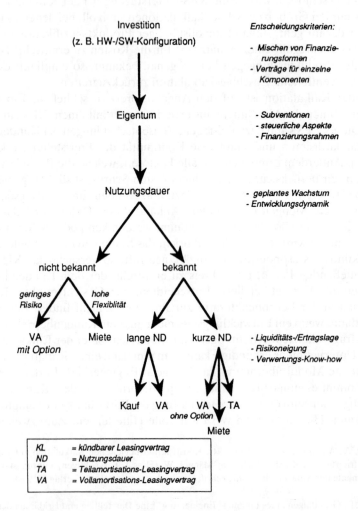

Abb. 5: Financial Engineering (stark vereinfacht)

4.1.3 Auftragsprüfung

Wegen der komplizierten Vorgänge beim Konfigurieren der Produkte können sich leicht Fehler einschleichen. Ein deutscher DV-Hersteller hat ein leistungsfähiges XPS mit dem Namen OCEX geschaffen, das diese Fehler beim Auftragseingang zu einem hohen Prozentsatz erkennt und einen Teil davon automatisch korrigiert[5]. Dadurch werden Rückfragen beim Vertriebsaußendienst und beim Kunden vermieden. Erfahrungsgemäß müssen 70-80 % der eingehenden Bestellungen korrigiert werden, weil aufgrund der großen Variantenvielfalt der Kunde z.B. Optionen für ein Gerät wünscht, die bei jenem Gerätetyp nicht lieferbar sind.

Welches Kosteneinsparungspotential in Systemen zur Auftragsprüfung steckt, verdeutlichen folgende Zahlen, die sich auf OCEX beziehen: In der Sparte „Medizintechnik" eines großen Unternehmens erbringt es innerhalb der Bundesrepublik direkte Kosteneinsparungen von ca. 7.000 DM pro Monat und indirekte Kosteneinsparungen von ca. 35.000 DM pro Monat; weltweit ergibt sich folgendes Bild: Entwicklungskosten von ca. 250.000 US-$ stehen jährliche Einsparungen von ca. 1.060.000 US-$ gegenüber, so daß sich die gesamte Investition in etwa drei Monaten amortisiert hat.

4.1.4 Produktgestaltung

In diesem Sektor dominieren wissensbasierte CAD-Systeme. Sie versprechen besonders viele Nutzeffekte. Mit einem gegebenen Zeitaufwand lassen sich mehr Alternativen untersuchen, die Durchlaufzeiten verkürzen sich, es wird zur Normierung beigetragen, Know-how der Spitzenkonstrukteure darüber, wie bestimmte Konstruktionsziele am besten erreicht werden, kann multipliziert werden, und man kann weniger geschultes Personal einsetzen.

CAD-Software-Pakete sind ganz besonders aufwendig; es ist daher anzunehmen, daß man weniger völlig neue wissensbasierte CAD-Systeme schaffen, als vielmehr vorhandene CAD-Software nach und nach um wissensbasierte Elemente ergänzen wird. Charakteristisch hierfür ist das Paket BOCAD 3D im Stahlbau[6].

Hinsichtlich der folgenden Merkmale führen wissensbasierte CAD-Systeme über konventionelle hinaus:

---

[5] Gamm, W. und Herrmann, F., OCEX – Ein Expertensystem zur Überprüfung von Kundenaufträgen und zur Konfiguration von Produktionssteuerungsanforderungen, in: Fähnrich, K.P. (Hrsg.), KOMMTECH '88, Proceedings zur 5. Europäischen Kongreßmesse für technische Automation, Symposium 13, Essen 1988, S. 13.1.01 ff.
Herrmann, F., OCEX – Ein Expertensystem zur Konfiguration von Kundenaufträgen, in: Wildemann, H. (Hrsg.), Expertensysteme in der Produktion, Passau 1987, S. 485 ff.
Hornung, G., Künstliche Intelligenz bei Hewlett-Packard, in: Techno Congreß GmbH (Hrsg.), Expertensysteme in der praktischen Anwendung, Frankfurt 1987.

[6] Pegels, G., Was ein Expertensystem zu leisten vermag, CAE Journal o.J. (1986) 5, S. 54 ff.

1. In der Wissensbasis werden firmenspezifische Richtlinien festgehalten, etwa die Vorschrift, bei den Sicherheitszuschlägen um 5 % über die gesetzliche Norm hinauszugehen; ergänzend kann man länder-, branchen- und/oder kundenspezifische Richtlinien ablegen.
2. Die CAD-Systeme können im Rahmen einer eleganten Benutzerführung teilautonom Konstruktionsalternativen anbieten und die Bewertung bzw. Auswahl dieser Alternativen unterstützen.
3. Die Systeme weisen auf Konstruktionsfehler hin, beispielsweise wenn eine Schraube so unglücklich plaziert ist, daß man sie mit dem Schraubenschlüssel nur schwer erreichen kann.

4.2 Materialwirtschaft und Produktion

4.2.1 Variantenverwaltung

Ein erstes Einsatzfeld, auf dem auch beachtliche Erfolge zu verzeichnen sind, ist die wissensbasierte Verwaltung von Variantenstücklisten[7]. Ziel ist es, weniger Varianten zu speichern und statt dessen die entsprechenden Stücklisten erst dann zu generieren, wenn der Kundenauftrag eingeplant werden soll. Das XPS bietet bei der Konstruktion eine Standard-Stückliste, die alle verfügbaren Teile enthält, und einen Standard-Arbeitsplan an. Daneben enthält die Wissensbasis firmenspezifisches Wissen über jede einzelne Position der Stückliste. Aus der Spezifikation des Konstrukteurs ermittelt das WBS dann die Stückliste.

4.2.2 Arbeitsplangenerierung

Hier finden sich interessante Beispiele für XPS, die aus den Stücklisten die Arbeitspläne ableiten.

Bekannt wurde das WBS eines Unternehmens der optischen Industrie[8]. Das Gesamtsystem besteht aus einem sogenannten Strategieteil, der die einzelnen Arbeitspläne auswählt, und einem Klassifikationsteil, in dem die Zustandsgrößen je Arbeitsgang bestimmt werden. Hierfür wurde in ersterem umfangreiches Kontrollwissen abgelegt, das die Ermittlung der Arbeitsgänge in der richtigen Reihenfolge gewährleistet.

---

7 Schönsleben, P., Product Configuration with Many Variants Using Expert System Techniques, in: Roubellat, F. (Hrsg.), Advanced Information Processing in CIM, Proceedings of Esprit CIM – CIM Europe SIG 2 Workshop in Bremen, 20.-22. Sept. 1989.
8 Jansen, R., Ein wissensbasiertes System für die Generierung von Arbeitsplänen in einem Unternehmen der Optik, Feinmechanik und Elektronik, in: Mertens, P., Wiendahl, H.-P. und Wildemann, H. (Hrsg.), CIM-Komponenten zur Planung und Steuerung, München 1988, S. 117 ff.

4.2.3 Lieferantenauswahl

Soweit Fremdbezugsteile beschafft werden müssen, kommt die Unterstützung des Einkäufers mit einem XPS zur Lieferantenauswahl in Betracht. Auch hierfür gibt es in der Bundesrepublik ein in der Tagespraxis eingesetztes System mit dem Namen BELI (*B*au*e*lemente-*L*eiteinkaufs- und *I*nformationssystem)[9]. Es unterstützt Einkäufer bei der Bewertung und Auswahl von Lieferanten sowie bei der optimalen Liefermengenzuteilung an die potentiellen Lieferanten elektronischer Bauelemente.

4.2.4 Feinsteuerung

Bekanntlich haben die meisten Industriebetriebe noch große Probleme mit ihren PPS-Systemen, soweit es die Feinsteuerung bzw. Kapazitätsterminierung angeht. Dies liegt an der Schwäche der Expertensysteme, daß sie nicht über der Zeitachse planen können (vgl. Abschnitt 2). Es können daher nur sehr wenige Expertensysteme nachgewiesen werden, die die Feinsteuerung unterstützen. Der Schweizer Schokoladenhersteller Lindt & Sprüngli verfügt über ein XPS zur Reihenfolgeplanung bei Verpackungsmaschinen[10].

4.2.5 Umdisposition

Da in methodisch-technischer Hinischt die PPS-Module zur Feinterminierung nicht durch ein XPS ersetzt werden können und ohnehin kaum ein Unternehmen bereit sein würde, seine bisherigen Investitionen für die eingeführten PPS-Systeme, die oft Millionenhöhe erreichen, abzuschreiben, um das ganze PPS-Paket durch ein XPS zu ersetzen, kommt es darauf an, vorhandene PPS-Systeme um wissensbasierte Elemente anzureichern. In diesem Sinne unterstützt UMDEX den Disponenten im kurzfristigen Bereich bei der Analyse der Abweichungen von Plänen, die mit dem konventionellen PPS-Paket COPICS generiert worden sind, und bei der Suche nach geeigneten Gegenmaßnahmen[11].

Ein weiterer Ansatzpunkt für einen XPS-Einsatz auf dem Gebiet der Umdisposition ist die wissensbasierte Simulation. In Abbildung 6 ist der Aufbau des Systems SIMULEX dargestellt, das dem Benutzer nach dem Eintritt von Störungen bei der Auswahl der geeignetsten Maßnahme hilft[12].

---

[9] Krallmann, H. und Kelemis, A., Ein wissensbasiertes System für den Einkauf, in: Siemens AG (Hrsg.), Tagungsband Künstliche Intelligenz in der Praxis, 30.11.-1.12.88, München 1988, S. 337 ff.
Suhr, R. und Kelemis, A., BELI – Ein Expertensystem für den Einkauf, CIM Management 3 (1987) 4, S. 20 ff.

[10] Lebsanft, E., Ein Expertensystem zur Auftragsreihenfolgeplanung für eine roboterisierte Packstraße, in: Mertens, P., Wiendahl, H.-P. und Wildemann, H. (Hrsg.), PPS im Wandel, München 1990, S. 539 ff.

[11] Rose, H., Computergestützte Störungsbewältigung beim Durchlauf von Produktionsaufträgen unter besonderer Berücksichtigung wissensbasierter Elemente, Dissertation, Nürnberg 1989.

[12] Mertens, P. und Ringlstetter, Th., Verbindung von Wissensbasierten Systemen mit Simulation im Fertigungsbereich, OR Spektrum o. Jg. (1989) 11, S. 205 ff.

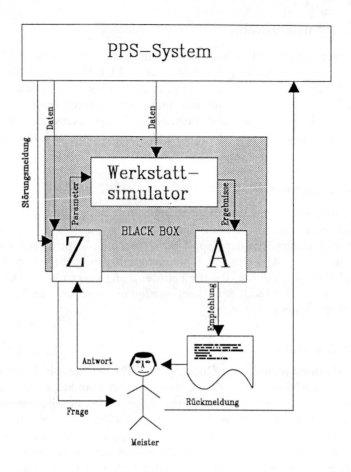

Abb. 6: Architektur von SIMULEX

Dem Werkstattsimulator ist ein Zugangssystem Z vor- und ein Abgangssystem A nachgeschaltet. Das Zugangssystem dient der Konfigurierung der Simulationsexperimente. Bei der Auslegung derartiger Experimente sind unter anderem die Anfangszustände festzulegen, die Alternativen, die betrachtet werden sollen, auszuwählen und die Lauflänge und -anzahl zu bestimmen. Da bei jedem dieser drei Probleme zahlreiche Möglichkeiten zur Auswahl stehen, ergibt sich eine ungeheure Komplexität, zu deren Bewältigung sich Expertsystem-Techniken anbieten. Das nachgeschaltete Abgangssystem A soll die Simulationsergebnisse, die in Form umfangreichen Zahlenmaterials anfallen, für den Benutzer verständlich aufbereiten.

4.2.6 Prozeßsteuerung

Ein sehr wichtiges Thema im deutschsprachigen Raum ist die Unterstützung von Prozeß-Operateuren. Operateure von komplexen Prozeß-DV-Anlagen oder auch Werkstatt-Leitständen verantworten teure Maschinenstillstandszeiten und Phasen des suboptimalen Betriebs, wenn sie die Vielzahl der an der Konsole erscheinenden Systemmeldungen nicht schnell und richtig interpretieren. XPS können hierbei auch weniger geschulten Operateuren behilflich sein und damit dem Trend entgegenwirken, immer mehr erfahrene, aber nur teilweise auf neue Anlagen umschulbare Kräfte durch höher qualifizierte und besser ausgebildete ersetzen zu müssen. Als Beispiel diene ein deutsches Chemieunternehmen[13]:

Dort wird ein Umesterungsprozeß mit einem WBS unterstützt. Beim Entwurf des Systems war man in der glücklichen Situation, daß ein vor der Pensionierung stehender Meister jahrelang ein Tagebuch über seine Erfahrungen mit dem Prozeß geführt hatte. Dies war eine hervorragende Hilfe für die Wissensakquisition. In diesem Tagebuch fanden sich z. B. Hinweise, daß man bei bestimmten Datenkonstellationen etwas Kies in den Kessel zu werfen habe. Die Ursache-Wirkungs-Beziehung ist bisher naturwissenschaftlich nicht begründet, jedoch funktioniert dieser Trick. Infolgedessen hat man ihn in das Expertensystem eingebaut.

4.2.7 Qualitätsdiagnose

Die Diagnose der Qualität bzw. des Zustandes von Produkten, Maschinen und Prozessen gehört weltweit zu den erfolgreichsten Einsatzfeldern der XPS-Methodik. So ist es auch im deutschsprachigen Raum. Im Prinzip tauchen immer wieder zwei Erscheinungsformen auf:

1. Aus wenigen Symptomen, d.h. Fehlern am Produkt, ist wissensbasiert darauf zu schließen, an welcher Stelle eines unübersichtlichen Prozesses eine Störung eingetreten ist oder Parameter nicht optimal eingestellt sind.
2. Es werden so viele Daten maschinell erfaßt und abgespeichert, daß ein Expertensystem benötigt wird, um die wesentlichen Erkenntnisse über die Qualität herauszufiltern.

Als Beispiel sei ein System herausgegriffen, das wissensbasiert Frühwarnungen gibt, wenn ein Glühprozeß in einem Stahlwerk nicht in Ordnung ist. Damit soll die Unterbrechung des Prozesses vermieden werden. Vom Betreiber des XPS wurden große Nutzeffekte berichtet. Man sagte: „Das XPS hat sich schon amortisiert, wenn damit nur ein Stillstand vermieden wird, denn wir holen eher die Feuerwehr, als daß wir die Produktion unterbrechen".

---

13 Soltysiak, R., Praktische Anwendungen von Expertensystemen in der Prozeßleittechnik, Automatisierungstechnische Praxis 30 (1988) 5, S. 247 ff.

Sehr bekannt wurden im deutschsprachigen Raum die beiden Systeme IXMO zur Motorendiagnose[14]. Sie wurden bei Daimler-Benz und bei BMW eingeführt. Bei Daimler-Benz läuft das System nach wie vor. Es ist stark in die administrativen Prozeduren, z.B. die Qualitätsberichterstattung, eingebunden. Bei BMW wurde IXMO hingegen aus dem produktiven Einsatz herausgenommen. Einer von mehreren Gründen ist der folgende: In der Motorendiagnose des Automobilherstellers ist hochqualifiziertes Personal beschäftigt. Anfänglich konsultierten auch diese sehr fähigen Leute das XPS, denn es enthielt nicht nur ihr eigenes Wissen, sondern auch das der Kollegen. Im Lauf der Zeit entwickelten die Mitarbeiter immer mehr ein Gefühl dafür, was das XPS bei bestimmten Datenkonstellationen sagen wird. Infolgedessen brauchen sie es nicht mehr zu konsultieren.

4.2.8 Fertigungsmonitoring

Die Funktionen, die bisher für den Fertigungsablauf beschrieben wurden, sind eher kurzfristiger Art und fallen für jeden einzelnen Auftrag an. Daneben gibt es Aufgaben, die gleichsam neben der eigentlichen Fertigung ablaufen und längerfristiger Natur sind. In diesem und im nachfolgenden Unterabschnitt sollen zwei davon näher beleuchtet werden, nämlich das Fertigungsmonitoring und die Parameterkonfiguration.

In der Literatur werden seit einiger Zeit sogenannte Monitor-Systeme diskutiert[15]. Darunter versteht man Programmpakete, welche die aus der Fertigung zurückgemeldeten Daten geeignet verdichten und dem Benutzer für flexible Auswertungen bereitstellen. Besonderer Wert wird auf anschauliche graphische Darstellungen gelegt. Auf diese Weise kann der Kontrolleur den Ursachen für auffällige Entwicklungen nachgehen. Einen Schritt weiter führen Diagnose-Expertensysteme: Sie sollen, aufbauend auf den betrieblichen Rückmeldedaten, Defizite automatisch diagnostizieren.

4.2.9 Parametereinstellung

Die zweite längerfristige Aufgabe im Produktionsbereich ist die Parametereinstellung. PPS-Systeme besitzen in der Regel eine große Anzahl von Parametern, die vom Menschen in ihren Wirkungen kaum zu übersehen sind. In einer von der Abteilung Wirtschaftsinformatik der Universität Erlangen-Nürnberg in einem In-

---

14 Raimondi, G., IXMO optimiert den Restlauf, MEGA 2 (1987) 1, S. 64.
Puppe, F., Erfahrungen aus drei Anwendungsbeispielen mit MEDI, in: Brauer, W. und Radig, B. (Hrsg.), Wissensbasierte Systeme, GI-Kongreß, Berlin u.a. 1985, S. 234 ff.
Ernst, G., Einsatz eines Expertensystems im Bereich der Motordiagnose, CIM Management 3 (1987) 4, S. 30 ff.
15 Holzkämper, R., Kontrolle und Diagnose des Fertigungsablaufs auf der Basis des Durchlaufdiagramms, Fortschritt-Berichte VDI, Reihe 2: Fertigungstechnik, Nr. 131, Düsseldorf 1987.

dustrieunternehmen der Hausgeräteindustrie durchgeführten Untersuchung fand man folgende Fehlerkategorien:

a) Aufgabenwidrige Parameterverwendung
   Beispiel: Verwendung des Rundungswertes als Mindestbestellmenge
b) Verwenden unwirksamer Parameter
   Beispiel: Rundungswert bei Meldebestandsverfahren.
c) Nichtverwenden wirksamer Parameter
   Beispiel: Sicherheitsbestand wird kaum eingesetzt.
d) Außerkraftsetzen von Parameterwirkungen
   Beispiel: Bestellmengenraffung auf Periodenbedarf wird durch zu hohe Mindestbestellmengen unwirksam.
e) Übersehen von Parameternebenwirkungen
   Beispiel: Die Planlieferzeit soll in erster Linie die Wiederbeschaffungszeit abbilden; Nebenwirkung: Berechnung des Sicherheitsbestandes bei prognosegestützten Dispositionsverfahren.

Die Einstellung von Parametern wird nicht unwesentlich durch das umfangreiche Mengengerüst erschwert, wie das folgende Beispiel verdeutlicht: Enthält das PPS-System 40 teilespezifische Parameter und umfaßt die Produktion 10.000 verschiedene Teile, so ergeben sich 400.000 konkrete Stellgrößen, die alle zielgerichtet zu konfigurieren sind. Daneben gilt es aber auch, komplexe Neben- und Wechselwirkungen in Betracht zu ziehen. Im allgemeinen beeinflußt ein einzelner Parameter mehrere Fertigungsprobleme; wählt man beispielsweise kleine Losgrößen, so sinken tendenziell die Bestände, während wegen der häufigeren Umrüstvorgänge die Gefahr einer Kapazitätsverknappung steigt; daneben ist auch der Einfluß der Losgrößen auf die mittlere Durchlaufzeit zu beachten. Abbildung 7 stellt diesen Sachverhalt dar. Umgekehrt bedarf es zur Lösung eines Fertigungsproblems häufig mehrerer Parameter; um etwa auf die Losgrößenbildung Einfluß zu nehmen, muß man bei einem weitverbreiteten PPS-Paket drei Parameter geeignet einstellen: Mindestauftragsmenge, maximale Auftragsmenge und Bestellpolitikschlüssel.

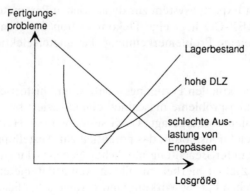

Abb. 7: Einfluß der Losgröße

Im Bereich der Parametereinstellung lassen sich zwei Aufgabentypen voneinander abgrenzen:

a) Bei der statischen Parametereinstellung gilt es, eine möglichst gute Initialeinstellung der PPS-Parameter zu finden.
b) Im Rahmen der dynamischen Parametereinstellung verfolgt man hingegen das Ziel, die Parameterwerte laufend hinsichtlich neuer Fertigungssituationen und veränderter Unternehmensziele zu überwachen und anzupassen.

In einem Kooperationsprojekt mit einem Industrieunternehmen wurde für die Initialeinstellung der Parameter eines PPS-Systems ein Konzept für ein entsprechendes XPS entwickelt.

Die Regeln der Wissensbasis bauen auf Grundsätzen auf, welche die Leitlinien einer guten Parametereinstellung beschreiben. Exemplarische Faustregeln, die bei der Konfigurierung des sogenannten Bestellmengenkennzeichens zu beachten sind, das für die Auswahl des Bestellverfahrens zuständig ist, lauten:

– Der Aufwand für die Verwendung kostenoptimierender Losgrößenverfahren sollte v.a. bei A-Teilen nicht gescheut werden, da hierbei signifikante Kostensenkungen zu erwarten sind. Daher sollten nach Möglichkeit Verfahren wie „Gleitende wirtschaftliche Losgröße" eingesetzt werden, sofern Kostendaten zu den betreffenden Materialien verfügbar sind.

– Wegen der stark bestandserhöhenden Wirkung der Wochen- bzw. Monatsbedarfsraffung sollte bei plangesteuerten A-Teilen vorzugsweise die „exakte Bestellmenge" verwendet werden.

– C-Teile sollten zur Aufwandsreduzierung im Zweifel mit höheren Bestellmengen disponiert werden. Hier sollten in jedem Fall Bedarfsraffungen verwendet werden.

Als Beispiel für ein Expertensystem zur dynamischen Parametereinstellung diene PAREX-CO. PAREX-CO liegt eine Dekomposition der Konfigurationsaufgabe in die drei Teilprobleme Problemerkennung, Parameterselektion und Parametereinstellung zugrunde.

Ausgehend von der aktuellen Fertigungssituation und historischen Daten werden vorliegende Fertigungsprobleme maschinell diagnostiziert bzw. demnächst eintretende Schwierigkeiten vorhergesagt. Gewissermaßen das Herz von PAREX-CO ist das Parameterselektionsmodul, das potentiell zur Abstellung der Probleme geeignete Parameter unter Beachtung möglicher Nebenwirkungen und Interdependenzen ermittelt. Ziel ist hierbei, möglichst wenig Parameter auszuwählen, die jedoch eine ausreichend große Wirkung und geringe schädliche Nebenwirkungen erwarten lassen. Den Abschluß bildet das Parametereinstellungsmodul, in dem

Wissen über die Regulierung der ausgewählten Parameter abgelegt ist; hier werden die selektierten Parameter situationsspezifisch umkonfiguriert. Abbildung 8 veranschaulicht den Ablauf der Parameterselektion.

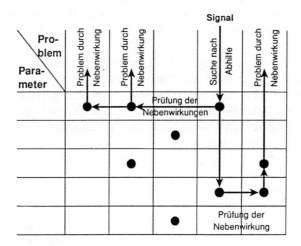

Abb. 8: Ablauf der Parameterselektion

Ein Signal, z.B. eine gravierende Soll-Ist-Abweichung, zeigt ein Problem an. Das System sucht in der zugehörigen Spalte der Problem-Parameter-Matrix geeignete Parameter. Eine Auswahlhilfe wählt unter mehreren alternativen Parametern einen aus. Durch Absuchen der Ziele, in der der Parameter steht, findet man weitere Probleme, die durch Umstellung des Parameters verschärft oder auch gemildert werden („Nebenwirkungen"). Ob der entsprechende Parameter tatsächlich ausgewählt wird, hängt davon ab, inwieweit bei ihm die positiven Auswirkungen gegenüber den negativen überwiegen.

4.3 Vertriebsfunktionen bei bzw. nach der Auslieferung

4.3.1 Versandlogistik

In der Versandlogistik sind die sogenannten W-Fragen zu beantworten (z.B.: Wieviel? Welche Produkte? Wann? Von wo aus? Wie? Wohin?). Aus den enormen Interdependenzen der Teilfragen resultiert eine nur sehr schwer beherrschbare Komplexität. Nachdem viele Versuche mit nicht wissensbasierten DV-Werkzeugen gescheitert sind, gibt es Überlegungen, auf diesem Gebiet WBS einzusetzen. Größere Erfolge sind bislang jedoch ausgeblieben.

4.3.2 Außendienstdiagnose

Primäres Ziel der XPS zur Wartung im Außendienst ist es, die Maschinenbediener vor Ort in die Lage zu versetzen, kleine und mittlere Störungen selbständig zu beheben. Sofern dies gelingt, spart der Hersteller während der Lebensdauer des von ihm gelieferten Aggregates eine Reihe von Kundenbesuchen seiner Außendiensttechniker ein. Dadurch reduzieren sich vor allem im Exportgeschäft über den gesamten Lebenszyklus gesehen die Wartungskosten erheblich. Als weiteren Nutzeffekt erhofft man sich davon einen strategischen Wettbewerbsvorteil gegenüber Konkurrenten, die über derartige Add-ons noch nicht verfügen.

Viele dieser Programme gehen über den Umfang reiner Diagnosesysteme hinaus und liefern dem Anwender nicht nur Beschreibungen der Fehlerursachen, sondern geben ihm zusätzlich Hinweise zu deren Beseitigung. Längerfristig beabsichtigen viele Hersteller von Betriebsmitteln, ihre Maschinen und Anlagen mit einem integrierten wissensbasierten Diagnosesystem auszuliefern. So stattet etwa ein Hersteller von Robotern die von ihm angebotenen Geräte mit einem XPS aus, das dem Bedienpersonal die Fehlersuche erleichtern soll[16].

Grundsätzlich sind bei derartigen Diagnose-XPS folgende Ausbaustufen denkbar:

1. Es sollen beim Hersteller Mitarbeiter mit vergleichsweise geringer fachlicher Qualifikation in die Lage versetzt werden, in Beratungsgesprächen Störungen, die beim Kunden aufgetreten sind, zu diagnostizieren.
2. Besonders befähigte Mitarbeiter des Kundenbetriebes sollen mit Hilfe eines Expertensystems Fehler diagnostizieren.
3. Auch weniger qualifizierten Mitarbeitern des Kundenbetriebes soll dies ermöglicht werden. Ein extremes Beispiel läge etwa dann vor, wenn die Bedienung des Systems ausschließlich mittels leicht verständlicher Ikonen erfolgen würde, um dessen Einsatz auch in Ländern zu ermöglichen, in denen Analphabetismus weit verbreitet ist.
4. Schließlich ist auch daran zu denken, das Produkt mit einem XPS zur Selbstdiagnose auszustatten.
5. Die höchste Stufe würden Produkte darstellen, die zur Selbstdiagnose und zur Selbstreparatur fähig sind.

5. XPS im Bankbetrieb

In Kreditinstituten spielen die Finanzierungs- und Anlageberatung einerseits und die Kreditbearbeitung andererseits etwa gleich große Rollen.

---

16 O.V., Reis-Service-Expert, Broschüre der Reis GmbH & CO Maschinenfabrik, Obernburg o.J.

In der Bedeutung dahinter zurück treten einige besondere Systeme, wie z.B. zur Wechselkursprognose, zur Unterstützung von komplizierteren Währungstausch- und Arbitrage-Operationen oder zur Überprüfung von Positionen im Terminhandel.

Beachtliche Erfolge erzielte man in verschiedenen Kreditinstituten mit WBS, die Zahlungsanweisungen, die als unformatierte Telexmeldungen eintreffen, interpretieren, in das gewünschte interne Format überführen und die weitere Verarbeitung veranlassen und überwachen.

Der Themenkomplex Finanzierungs-/Anlageberatung tauchte bereits in den ersten Publikationen über WBS oft als potentielles Einsatzgebiet auf, die Entwicklung in der Praxis hat bisher diese Vorhersagen jedoch nicht bestätigt[17]. Uns wurden im deutschsprachigen Raum bisher nur zwei laufende Systeme zur Beratung von Bankkunden bekannt. Dennoch ist es nicht unwahrscheinlich, daß sich auf lange Sicht derartige XPS-Applikationen durchsetzen, denn sie vereinen besonders viele Nutzeffekte auf sich (Durchrechnung von mehr Alternativen in gegebener Beratungszeit, Verkürzung der Beratungszeit, Individualisierung der Beratung, Berücksichtigung von mehr Komplexität, Rationalisierung, Gewährleistung von mehr Sicherheit/Vollständigkeit/Fehlerfreiheit und Wissensmultiplikation von den Anlagespezialisten der Bank auf weniger spezialisierte Kräfte, insbesondere in den Filialen).

6. XPS im Versicherungsunternehmen

Besonders enttäuschend, gemessen an den bisherigen Überlegungen und auch den Nutzeffekt-Potentialen, ist die geringe Zahl von Expertensystemen für den Versicherungsbetrieb. Ein Grund dafür könnte sein, daß Versicherungsunternehmen zum Teil schon jetzt über leistungsfähige Entscheidungsunterstützungs- und Beratungssysteme verfügen und es nicht leicht fallen dürfte, diese mit WBS so zu übertreffen, daß der zusätzliche Entwicklungsaufwand rasch amortisiert wird.

Ein Schwerpunkt ist die Unterstützung von Entscheidungen, ob und inwieweit eine Versicherungsgesellschaft Verträge abschließen soll („Underwriting"). Solche XPS sind aus den Zweigen Brand-, Lebens- und Rückversicherung bekanntgeworden.

7. XPS in der Unternehmensberatung

Ganz unterschiedliche Expertensysteme verwenden Unternehmensberater im deutschsprachigen Raum. Hier sollen zwei Beispiele skizziert werden:

17 Mertens, P., Expertensysteme in der Finanzwirtschaft – Ein Überblick, Betriebswirtschaftliche Forschung und Praxis 41 (1989), S. 282 ff.

1. Es ist für mittelständische Unternehmer in der Bundesrepublik Deutschland außerordentlich gefährlich, eine Subvention nicht zu kennen, die der unmittelbare Konkurrent schon erhält. Andererseits fällt es gerade diesem Personenkreis sehr schwer, das zu durchschauen, was wir in Deutschland den Subventionsdschungel nennen. Das XPS STAKNETEX stellt eine Reihe von Fragen zu den Merkmalen und Investitionsabsichten eines Unternehmens. Nach dem Dialog ermittelt es eine passende Subvention und empfiehlt diese. In unserem Beispiel hat es gefunden, daß ein Unternehmer sich über seine Hausbank an die Kreditanstalt für Wiederaufbau in Frankfurt wenden sollte; diese hält für ihn einen Kredit mit günstigen Konditionen bereit, der aus dem ERP-Programm zur Luftreinhaltung finanziert wird.
2. Die Datev eG betreibt in Nürnberg eines der größten Dienstleistungsrechenzentren der Welt. Angeschlossen sind ca. 30.000 Steuerberater mit rund 40.000 Terminals. Sie nutzen das Hard- und Softwareangebot der Datev, um für ihre Mandanten, meistens mittelständische Unternehmen, die Buchführung durchzuführen und den Jahresabschluß zu produzieren. In der Regel kann der Steuerberater seinem Klienten die Bilanz und die Gewinn- und Verlustrechnung nicht ohne Kommentar übergeben, sondern er muß einen mehrseitigen Begleitbrief schreiben, in dem er die Entwicklung der Zahlen kommentiert. Das XPS UNTERNEHMENSREPORT erarbeitet hierzu eine Art Gutachten, das bis zu 30 Seiten dick sein kann. Der Steuerberater kann dieses Gutachten unmittelbar seinem Mandanten senden. Da das auf dem zentralen Host in Nürnberg laufende Expertensystem den Text auch auf die Magnetplatte des PCs in der Steuerkanzlei spielt, kann der Steuerberater aber auch den Output des XPS mit Hilfe des Textverarbeitungssystems redigieren, beispielsweise um Hintergrundinformationen einzubringen.

8. Beobachtungen zum Stand und zur weiteren Entwicklung von XPS

1. Die Zahl der laufenden Systeme im deutschsprachigen Raum ist nach wie vor enttäuschend, auch wenn wir bei der Bewertung unserer eigenen Sammlung eine größere „Dunkelziffer" einkalkulieren müssen. Man beobachtet einen starken Anstieg der „Running Systems". Ferner beabsichtigen viele Unternehmen, ihre Prototypen bald in die Praxis zu überführen.
2. Von den XPS, die im deutschsprachigen Raum als erste in die Praxis überführt bzw. schon als Prototypen in der Fachöffentlichkeit stark diskutiert wurden, ruht bei einem Großteil der Praxiseinsatz bzw. die Weiterentwicklung. Es bleibt abzuwarten, ob es sich dabei um Anfangsschwierigkeiten mit der neueren Methodik handelt oder ob ein hoher Prozentsatz der XPS nur eine kurze Lebensdauer hat.
3. Recht häufig wird geäußert, daß sich ein XPS neben seinem produktiven Ein-

satz als sehr gutes Trainingsinstrument eigne. Zuweilen verwendet man ein XPS, das noch nicht voll ausgereift bzw. in die DV-Abläufe integriert ist, vorerst als Hilfsmittel in der betrieblichen Aus- und Weiterbildung.

4. Je größer die XPS werden und je mehr man sie in integrierte Lösungen einbettet, desto mehr werden Schwächen der Shells offenkundig. Der Unmut über die Produzenten dieser Tools wächst im deutschsprachigen Raum beträchtlich.
5. Ein in den USA erfolgreiches XPS kann oft in der Bundesrepublik keine vergleichbaren Erfolge bringen. Dies mag teilweise auf die gehobenere Qualifikation deutscher Mitarbeiter zurückgeführt werden, die es erübrigt, mit einem XPS zu operieren.
6. Mehr als früher wünschen relativ viele Unternehmen die Geheimhaltung ihrer XPS-Entwicklungen. Dies kann auch als Hinweis auf deren strategische Bedeutung im Wettbewerb gesehen werden.
7. Module, die einerseits kompliziert sind, andererseits bei guter Gestaltung aber das wirklich Neue und Reizvolle an XPS ausmachen, sind noch wenig ausgereift. Dies gilt für Erklärungskomponenten, die mehr sind als ein reiner Trace der Regelwerksabarbeitung, und erst recht für Benutzermodelle.
8. Legt man die Ausbreitungskurve für neue informationstechnische Ideen gemäß Abbildung 9 zugrunde, so spricht manches dafür, daß der Euphorie-Höhepunkt schon überschritten ist. Mit den beiden erfolgreichsten Anwendungen, der Diagnose im technischen Bereich und der Konfiguration, befindet man sich möglicherweise schon auf dem „Wiederanstieg".

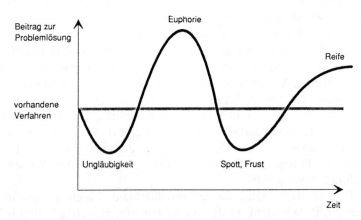

Abb. 9: Durchsetzung neuer Ideen/Verfahren

Literaturverzeichnis

Bauer, J. Grundlagen eines Financial Engineering. Eine Darstellung und Erklärung der Probleme des Financial Engineering. Idstein 1988.

Gamm, W. und Herrmann, F., OCEX – Ein Expertensystem zur Überprüfung von Kundenaufträgen und zur Konfiguration von Produktionssteuerungsanforderungen, in: Fähnrich, K.P. (Hrsg.). KOMMTECH '88. Proceedings zur 5. Europäischen Kongreßmesse für technische Automation. Symposium 13, Essen 1988.

Herrmann, F., OCEX – Ein Expertensystem zur Konfiguration von Kundenaufträgen, in: Wildemann, H. (Hrsg.), Expertensysteme in der Produktion, Passau 1987.

Hornung, G., Künstliche Intelligenz bei Hewlett-Packard, in: Techno Congreß GmbH (Hrsg.). Expertensysteme in der praktischen Anwendung, Frankfurt 1987.

Jansen, R., Ein wissensbasiertes System für die Generierung von Arbeitsplänen in einem Unternehmen der Optik, Feinmechanik und Elektronik, in: Mertens, P., Wiendahl, H.-P. und Wildemann, H. (Hrsg.). CIM-Komponenten zur Planung und Steuerung. München 1988.

Krallmann, H. und Kelemis, A., Ein wissensbasiertes System für den Einkauf, in: Siemens AG (Hrsg.), Tagungsband Künstliche Intelligenz in der Praxis, 30.11.-1.12.88, München 1988.

Lebsanft, E. Ein Expertensystem zur Auftragsreihenfolgeplanung für eine robotisierte Packstraße, in: Mertens, P., Wiendahl, H.-P. und Wildemann, H. (Hrsg.), PPS im Wandel, München 1990.

Mertens, P., Betriebliche Expertensysteme in der Bundesrepublik Deutschland, in Österreich und in der Schweiz, in: Ehrenberg, D., Krallmann, H. und Rieger, B. (Hrsg.), Wissensbasierte Systeme in der Betriebswirtschaft. Grundlagen, Entwicklung, Anwendung, Schriftenreihe „Betriebliche Informations- und Kommunikationssysteme", Band 15, München 1990.

Mertens, P., Borkowski, V. und Geis, W., Betriebliche Expertensystem-Anwendungen, 2., völlig neu bearbeitete und erweiterte Auflage, Berlin u.a. 1990.

Mertens, P., Borkowski, V. und Geis, W., Status der Einführung von Expertensystemen in die Praxis, in: Behrendt, R. (Hrsg.), Angewandte Wissensverarbeitung, München-Wien 1990.

Mertens, P., Expertensysteme im Auftragsdurchlauf: Möglichkeiten und Stand, in: Mertens, P., Wiendahl, H.-P. und Wildemann, H. (Hrsg.), PPS im Wandel, München 1990.

Mertens, P. und Ringlstetter, Th., Verbindung von Wissensbasierten Systemen mit Stimulation im Fertigungsbereich, OR Spektrum o.Jg. (1989) 11.

O.V. LSX Configuration System, Informationsschrift von Olivetti, TA-Research 1989.

O.V., Reis-Service-Expert, Broschüre der Reis GmbH & Co Maschinenfabrik, Obernburg o.J.

Pegels, G., Was ein Expertensystem zu leisten vermag, CAE Journal o.J. (1986) 5.

Rose, H., Computergestützte Störungsbewältigung beim Durchlauf von Produktionsaufträgen unter besonderer Berücksichtigung wissensbasierter Elemente, Dissertation, Nürnberg 1989.

Scheer, A.-W., Bock, M. und Bock, R., Konstruktionsbegleitende Kalkulation in CIM-Systemen aus betriebswirtschaftlicher Sicht, in: Männel, W. (Hrsg.), Perspektiven, Führungskonzepte und Instrumente der Anlagenwirtschaft, Schriftenreihe Anlagenwirtschaft, Verlag TÜV Rheinland, Köln 1989.

Schönsleben, P., Product Configuration with Many Variants Using Expert System Techniques, in: Roubellat, F. (Hrsg.), Advanced Information Processing in CIM, Proceedings of Exprit CIM – CIM Europe SIG 2 Workshop in Bremen, 20.-22. Sept. 1989.

Soltysiak, R., Praktische Anwendungen von Expertensystemen in der Prozeßleittechnik, Automatisierungstechnische Praxis 30 (1988) 5.

Suhr, R. und Kelemis, A., BELI – Ein Expertensystem für den Einkauf. CIM Management 3 (1987) 4.

Helmut Kremar

Einsatzkriterien für Expertensysteme

1. Einleitung
2. Zum Problem der Beurteilung des Einsatzes von Expertensystemtechnologie zur Aufgabenunterstützung
   2.1 Das Auswahlproblem
   2.2 Werkzeug – Aufgabe – Fit

3. Auswahlkriterien für Expertensystemprojekte

4. Ergebnisse einer Untersuchung erfolgreicher und nicht erfolgreicher Expertensystem-Projekte
   4.1 Vorgehensweise der Untersuchung
   4.2 Population der Studie
   4.3 Eigenschaften erfolgreicher Expertensysteme
   4.4 Wichtigkeit der Einsatzkriterien

5. Schlußfolgerungen

Literaturverzeichnis

1. Einleitung

In der Literatur zu Expertensystemen (ES) finden sich neben Vorschlägen zu den Einsatzgebieten von ES auch Bewertungskriterien, mit deren Hilfe vielversprechende von den nicht so vielversprechenden Projekten getrennt werden sollen.

Der folgende Beitrag stellt zunächst die Frage „Einsatz von Expertensystemtechnologie zur Aufgabenunterstützung" systematisch dar. Er leitet dann eine Liste von 15 Beurteilungskriterien ab und definiert diese. Die Bedeutung der einzelnen Beurteilungskriterien wurde empirisch untersucht, indem Projektleiter erfolgreicher und nicht erfolgreicher ES-Projekte befragt wurden. Die Ergebnisse dieser Untersuchung und eine verkürzte Liste wichtiger Einsatzkriterien werden vorgestellt.

2. Zum Problem der Beurteilung des Einsatzes von Expertensystemtechnologie zur Aufgabenunterstützung

2.1 Das Auswahlproblem

Im Rahmen dieser Erörterungen werden als Expertensysteme rechnergestützte Systeme verstanden, deren Verarbeitung sich durch die Trennung von Wissensbasis und Inferenzmaschine auszeichnen[1]. In diesem Verständnis können ES als ein neues Werkzeug für die DV-Unterstützung von Aufgaben gesehen werden. Es enthält weder Aussagen darüber, wie schwierig, umfänglich oder wirtschaftlich begehrenswert diese Aufgaben zu sein hätten noch Aussagen darüber, ob eine Implementierung mittels des Expertensystemansatzes prinzipiell besser oder schlechter sei als beispielsweise eine Implementierung mittels der Sprache BASIC. Unter ES-Technologien wird im folgenden die für die Erstellung von ES erforderliche Sammlung von Hardware, Sprachen, Werkzeuge und Vorgehensweisen verstanden.

Diese technozentrische Sicht der Expertensysteme als ein weiteres Werkzeug wirft bei der Einführung von DV-Unterstützung folgende Fragen auf. Dies sind:

1. Bedeutet die Verfügbarkeit von ES-Technologien, daß die gewünschte Unterstützung nunmehr erfolgen kann, während sie bisher ausserhalb des wirtschaftlich und technisch sinnvoll Erreichbaren lag?

---

1 Vgl. zu verschiedenen Konzeptionen: Kurbel, Expertensysteme 1989, S. 22, Puppe, Expertensysteme 1988, S. 2, Zelewski, Konzeptionen Expertensysteme 1986.

2. Sind Projekte zur DV-Unterstützung von Aufgaben mit ES anders zu behandeln als solche ohne Verwendung von ES-Technologien?
3. Gibt es bei Nutzung von ES-Technologien spezifische Erfolgs- und Mißerfolgskriterien?

2.2. Werkzeug – Aufgabe – Fit

Der Einsatz von ES-Technologien zur Unterstützung von Aktivitäten ist abhängig davon, inwieweit diese ES-Technologien eine Arbeitsaufgabe unterstützen können. Es ist zu ermitteln, wie gut das Werkzeug „ES-Technologie" zu einer Aufgabe paßt. Dieses Zusammenpassen wird als Werkzeug-Aufgabe-Fit bezeichnet. Der Werkzeug-Aufgabe-Fit kann aus dem Blickwinkel der Aufgabe (Welches sind geeignete Werkzeuge für eine gegebene Aufgabe?) oder aus dem Blickwinkel des Werkzeuges (Welches sind geeignete Aufgaben für ein gegebenes Werkzeug?) erfolgen. Im folgenden wird von ES-Technologie ausgegangen, also der zweiten Teilfrage nachgegangen.

Um zu einer Beurteilung des Verhältnisses von Werkzeug und Aufgabe zu gelangen, müssen zunächst das Verständnis der Arbeitsaufgabe und der Stand der Technik des Werkzeugs untersucht werden. Um den Fit zu bestimmen, müssen darüber hinaus Überlegungen hinsichtlich des Abdeckungsgrades der Aufgabenunterstützung durch den Werkzeugeinsatz angestellt werden.

Es ist offensichtlich, daß nicht verstandene oder unstrukturierte Arbeitsaufgaben Schwierigkeiten bei ihrer DV-mäßigen Unterstützung aufwerfen. Anders sieht es bei halbstrukturierten oder strukturierten Aufgaben aus. Für strukturierte Aufgaben liegen Werkzeuge und Vorgehensweisen vor. Viele der heute voll verstandenen und damit routinisierbaren Arbeitsaufgaben sind daher bereits DV-unterstützt. Der Ansatz der Entscheidungsunterstützungssysteme zielt darauf, semi-strukturierte Aufgaben zu unterstützen. Der Versuch, weitere Aufgaben einer Unterstützung zu erschließen, war eine treibende Kraft bei der Entwicklung der ES-Technologien. Andererseits erklärt dieser Antrieb auch die Versuchung, sich in ES-Projekten solcher Aufgaben anzunehmen, die durch die bisherigen Werkzeuge noch nicht lösbar waren, aber auch durch ES nicht werden, da kein ausreichendes Verständnis vorliegt.

Der Stand der Technologie, insbesondere des Werkzeuges, versucht die Angebotsseite des Werkzeuges zu erfassen. Hier ist festzuhalten, welche Möglichkeiten der Rechnerunterstützung von bestimmten Werkzeugen geliefert werden und welche Möglichkeiten solche Werkzeuge nicht bieten. Gleicherweise hat der Stand der Technik intensiven Einfluß auf die Kosten – Nutzenverhältnisse der Anwendung.

Die Abdeckung der Arbeitsaufgabe durch das verwendete Werkzeug ist für das Verständnis des möglichen Projektaufwandes wichtig. Unter vollständiger Abdek-

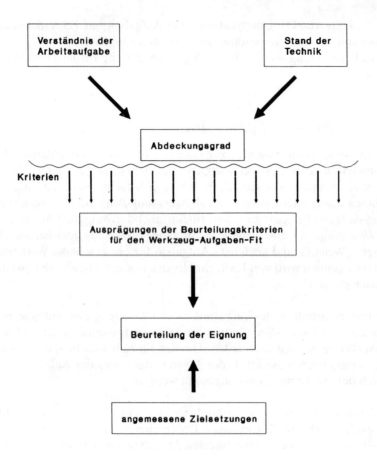

Abb. 1: Ablaufplan

kung der Arbeitsaufgabe wird verstanden, daß das DV-Unterstützungssystem alle Aspekte dieser Arbeitsaufgabe vom Beginn bis zum Ende vollständig erfaßt. Vollständigkeit kann sich dabei (1) auf alle Teilschritte einer Vorgangskette, (2) auf alle gleichartigen Aufgabentypen oder (3) auf die inhaltliche Angemessenheit der Aufgabenbearbeitung beziehen. Eine nach dem ersten Verständnis angestrebte aufgabenbezogene Durchgängigkeit wird auch heute nur selten erreicht, wie die Diskussion um Bedeutung und Formen der Integration und insbesondere der Prozeßkettenintegration zeigt. Bisherige Erfahrung bei DV-Unterstützung für organisatorische Aufgaben zeigen, daß das Streben nach vollständiger Abdeckung zu hohen Kosten führt. Bei routinisierbaren, d. h. strukturierten Aufgaben bedeutet eine nicht vollständige Arbeitsabdeckung der Arbeitsaufgabe im Sinne des zweiten Verständnisses beispielsweise das Erkennen und Weiterbehandeln von Sonderfällen, während alle einfachen Fälle vollständig behandelt werden. Inwieweit im Bereich von Expertenaufgaben eine unvollständige Abdeckung der Aufgabe im Sinne des dritten Verständnisses ausreicht, ist fraglich. Für ES ist im allgemeinen auch die Unterstützung von Entscheidungen oder Vorgängen statt deren Automatisierung typisch. Eine gesamte Fragestellung wird im Wechselspiel zwischen Nutzer und ES interaktiv, fast schon symbiotisch gelöst.

Die Feststellung des Fit zwischen Werkzeug und Aufgabe kann aus mehreren Gründen problematisch werden:

– Erstens führt die ex ante Feststellung von Aufgaben- und Werkzeugcharakteristika zu Schwierigkeiten. Dann muß ein Abgleich von vermuteten Aufgabencharakteristika und vermuteten Werkzeugcharakteristika erfolgen.

– Zweitens ergeben sich Schwierigkeiten, wenn nicht die gesamte Arbeitsaufgabe unterstützt werden soll oder kann. Dann sind Teilaufgaben zu definieren, für jede diese Teilaufgaben der Fit zu ermitteln und schließlich die Durchgängigkeit zwischen unterstützten und nicht unterstützten Aufgaben sicher zu stellen. Bei vielen ES handelt es sich um die Teilabdeckung einer umfangreicheren Aufgabe. In dem Moment, in dem es sich um Teilabdeckungen handelt, ist das Integrationsproblem zu den anderen Teilen zu bewältigen. Dieses Problem kann sowohl in der datenmäßigen, als auch der organisatorischen Einbettung liegen. Werden Aufgaben nur teilabgedeckt, wächst die Bewertungsaufgabe, da nun für unterschiedliche Teilaufgabe vermutlich unterschiedliche Werkzeuge einzusetzen sind. Dann sind nicht nur die Integrationsmöglichkeiten der Aufgabe, sondern auch diejenigen der Werkzeuge zu prüfen. Auf der anderen Seite ist die Aufteilung der Aufgabe in kleinere Bestandteile ein probates Mittel, um handhabbare Aufgabengrößen zu erhalten.

– Drittens erschwert sich die Feststellung des Fit, wenn sich das Verständnis der Arbeitsaufgabe durch den Untersuchungs- oder Implementierungsprozeß verändert. Dies liegt immer dann vor, wenn das neu einzusetzende Werkzeug in der Lage ist, den bisherigen Arbeitsablauf in Frage zu stellen und zu verändern. Für ES gilt dies sicherlich. Während eines Expertensystemprojektes verändert sich oftmals das Verständnis der Aufgabe. Sviokla stellte fest[3], daß, wie bei fast allen anderen organisatorischen Bemühungen, sich auch im Laufe der Entwicklung des ES das Verständnis und damit die Strukturierungsmöglichkeiten der Aufgabe erhöhen. Während zu Beginn eines ES-Projektes eine halbstrukturierte Aufgabe vorgelegen hat, die den ES-Einsatz erfordert und auch erlaubt, liegt am Ende des ES-Projektes u.U. eine Aufteilung dieser Aufgabe in einen strukturierten Teil, der in dieser Form den Einsatz von ES-Technologie nicht erfordert hätte, und in einen unstrukturierten Teil vor, der auch durch ES-Technologien nicht unterstützbar wird. Es ist auch möglich, daß sich eine zu Beginn der Bearbeitung als strukturiert oder halbstrukturiert betrachtete Aufgabe bei näherem Hinsehen als unstrukturiert und damit nicht bewältigbar erweist.

2 Vgl. Krcmar, Entscheidungsunterstützungssysteme 1990, S. 403 ff.
3 Sviokla, Planpower, XCON, and Mudman 1986, S. 308 ff.

- Viertens erschwert sich die Feststellung des Fits, wenn das Werkzeug selbst einer steten Fortentwicklung unterliegt oder es spezifisch an die Aufgabenstellung angepaßt werden kann. Dies gilt für die Techniken zur Erstellung von ES. Schließlich sind die beim Expertensystemansatz verwendeten Werkzeuge, also zum Beispiel Programmiersprachen, Expertensystem, Entwicklungsumgebungen und Rechner Artefakte. Artefakte können verändert werden. Zum einen bauen ES auf Computern auf. Die Leistungsfähigkeit dieser Hardware bringt physikalische Grenzen mit sich (Größe, Geschwindigkeit). Andererseits werden die konzeptionellen Grundlagen, auf denen ES-Technologien aufbauen ständig weiterentwickelt. Beide Entwicklungen – Veränderungen in der zugrunde liegenden Hardwaretechnologie und konzeptionelle Weiterentwicklungen – führen zu einer großen Dynamik bei den ES-Technologien selbst.

Diese Schwierigkeiten bei der Messung des Zusammmenpassens zwischen Aufgabenverständnis, Aufgabenabdeckung und Stand der Technik treten nicht unabhängig voneinander auf. Unterstellt man die ex ante Beurteilung als immer gegeben, so ergibt sich der Schwierigkeitsgrad der Gesamtbeurteilung aus der Kombination der einzelnen Schwierigkeitsgrade bei Aufgabenverständnis, Stand der Technik und Aufgabenabdeckung. Unterteilt man nun, wie oben geschehen, das Aufgabenverständnis und den Stand der Technik hinsichtlich Statik und Dynamik und die Aufgabenabdeckung hinsichtlich der Voll- oder Teilabdeckung, ergibt sich der in Abbildung 2 dargestellte Raum. Je weiter dabei die zu beurteilende Situation vom Nullpunkt entfernt ist, desto schwieriger wird die Beurteilung des Werkzeug-Aufgabe-Fit.

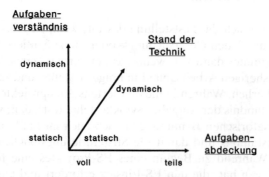

Abb. 2: Schwierigkeiten der Messeung des Werkzeug- Aufgabe-Fit

Die Situation, von der die meisten bisherigen ES-Bewertungen ausgehen, ist die eines statischen Standes der Technik, einer vollen Aufgabenabdeckung und eines statischen Aufgabenverständnisses. Bei tatsächlichen ES-Projekten findet sich gerade das Gegenteil. Das tatsächliche Bewertungsproblem wird von einem dynamischen Stand der Technik, der teilweisen Aufgabenabdeckung und einem dynamischen Aufgabenverständnis gekennzeichnet. Damit wird deutlich, daß das Beurteilungsproblem für das Zusammenpassen von ES-Technologie und Aufgabe schwieriger ist, als die Bezeichnung als „Werkzeug-Aufgabe-Fit" zunächst vermuten ließe.

Das krasse Mißverhältnis von tatsächlichen Ausprägungen der Situation zur Bewertung des Werkzeuge-Aufgabe-Fit und der erhofften Situation erfordert „angemessene" Zielsetzungen für den Einsatz von ES-Technologien. Die rückgekoppelte Fortentwicklung von Aufgabenverständnis und Werkzeug im Laufe des Projektes erfordert eine präzise Zielsetzung, um Enttäuschungen bei dem Einsatz von Expertensystemtechniken zu vermeiden. Ausgehend davon, daß es sich beim Einsatz von ES-Technologien immer um eine Mischung von Aufgaben- und Werkzeugverständnis handelt und beide Verständnisse dynamisch sein können, ergeben sich drei sinnvolle Zielsetzungen.

Die erste Zielsetzung zielt auf eine parallele Fortentwicklung des Verständnisses von Aufgabe und Werkzeug. Dabei geht es sowohl darum, die Aufgabe besser zu verstehen, also in ihrem Strukturierungsgrad auszuleuchten, als auch darum, die Grenzen und Möglichkeiten des Werkzeuges auszuloten. Es ergibt sich die Schwierigkeit, für beide Dimensionen Zielsetzungen vorzugeben, die im Rahmen des Machbaren liegen.

Die zweite Zielsetzung bevorzugt das Aufgabenverständnis vor der Werkzeugentwicklung. Sie geht davon aus, daß ein gegebenes Entwicklungswerkzeug verwendet und auch in seinen Grenzen akzeptiert wird. Das Schwergewicht liegt auf dem Entwickeln des Aufgabenverständnisses und damit der Lösung der tatsächlichen Arbeitsaufgabe. Es ist offensichtlich, daß krasse Mißverhältnisse zwischen Aufgabe und Werkzeug zu großen Schwierigkeiten führen, da die Konzeptionalisierungsmöglichkeiten einer Expertensystemumgebung auch die Grenzen des Aufgabenverständnisses und der Wissensrepräsentation vorgeben.

Die dritte Zielsetzung stellt die Werkzeugentwicklung vor das Aufgabenverständnis. Sie ist typisch für Entwicklungsabteilungen für Expertensystemumgebungen oder Forscher auf dem Gebiet der Informatik. Hier geht es darum, anhand einer bestimmten Aufgabe – entweder „klassische" Expertensystemaufgaben oder relativeinfach erscheinende Aufgaben – Werkzeuge fortzuentwickeln. Man wird in aller Regel Aufgaben nehmen, die aus vorangegangenen Projekten allen in den Schwierigkeiten ihrer Implementierung bekannt sind. Aus diesen Schwierigkeiten lassen sich neue Anforderungen an Werkzeuge ableiten und auch implementieren.

Um den Erfolg eines Expertensystemprojektes zu beurteilen, sind die Ergebnisse des Projektes an den Zielsetzungen zu messen. Die Erörterungen zeigen, daß für das Scheitern oder vermutete Scheitern eines Projektes auch falsch gewählte Zielsetzungen verantwortlich gemacht werden können. Es ist daher eine Abwägung zur Bestimmung einer angemessenen Zielsetzung nötig.

3. Auswahlkriterien für Expertensystemprojekte

Die beschriebenen Aspekte des Werkzeug-Aufgabe-Fit erfordern zu ihrer Messung eine Vielzahl von Kriterien, anhand derer Aufgabenverständnis, Aufgabenabdeckung und Stand der Technik beurteilt werden können. Gleichzeitig erfordert auch die Festlegung angemessener Ziele für ein Projekt die Untersuchung dieser Kriterien. Der Abgleich von Kriterienerfüllung und Zielsetzung dient dazu, die Eignung einer Aufgabenunterstützung als ES-Projekt abzuleiten. In Abbildung 1 ist dieser Zusammenhang dargestellt.

Aus den Erläuterungen zum Werkzeug-Aufgabe-Fit und den Schwierigkeiten seiner Ermittlung folgt, daß nur mehrere Meßgrößen in der Lage sein werden, die Eignung von ES- Technologien für die Aufgabenunterstützung zu ermitteln. Es existieren mehrere Ansätze aus der Literatur, die versuchen, eine solche ex ante Bewertung der Geeignetheit von ES-Projekten durchzuführen[4]. Diese Quellen sollen im einzelnen nicht referiert werden. Allen Ansätzen ist gemeinsam, daß eine mehr oder weniger lange Liste von Einzelkriterien vorgelegt wird. Eine Sichtung dieser Kriterienliste war die Basis der in Abbildung 3 dargestellten und im folgenden begründeten Auswahl von Einzelkriterien.

```
A. Technische Machbarkeit
   Lösbare Problem Struktur
            Problemtyp
            Problemumfang
            Wissensmerkmale

   Technische Umgebung
            Entwicklungs- und Überbringungsmaschinen
            Integration von ES
            Werkzeuge

B. Wissensverfügbarkeit
            Wissenserfaßbarkeit
            Einigkeit der Experten
            Sharing
            Wartbarkeit

C. Kosten/Nutzen Analyse
            Managementbewußtsein
            Benutzerakzeptanz
            Nutzengrößen
            Aufwand
            Risiken
```

Abb. 3: Überblick Einzelkriterien

4 Vgl. Bobrow u.a., Expert systems: perils and promise 1986; Brandes, Integration von Expertensystemen 1986; Dibble u.a., Managing Expert System Projects 1987; Gill, Expertensysteme in der Praxis 1987; Gill, Kriterien für den erfolgreichen Einsatz von Expertensystemen 1988; Harmon u.a., Expertensysteme in der Praxis 1987; Hayes-Roth u.a., Expertensysteme in der Praxis 1987; Hayes-Roth u.a., Building Expert Systems 1983; Krcmar, Caution on Criteria 1988; Krcmar, Criteria 1986; Prerau, Selection of an Appropriate Domain for an Expert System 1985; Rauch-Hindin, Artificial Intelligence 1985; Savory, Expertensysteme 1987; Slagle u.a., A Method 1988; Waterman, A Guide to Expert Systems 1986; Weiss u.a.; A practical Guide to Designing Expert Systems 1984.

Zur Beurteilung des Geeignetheit von ES-Projekten kann versucht werden, aus den Komponenten des Werkzeug-Aufgabe-Fit einzelne Kriterien abzuleiten. Aus der Komponente Aufgabenverständnis lassen sich die Kriterien „Problemtyp" und „Wissensmerkmale" direkt ableiten und zuordnen. Auch die Kriterien „Problemumfang", „Wissenserfaßbarkeit", „Einigkeit der Experten" und „Wartbarkeit" hängen mit dieser Komponente zusammen. Aus der Komponente Werkzeugverständnis läßt sich das Kriterium „Entwicklungs- und Überbringungsmaschine" ableiten und direkt zuordnen. Die Kriterien „Wissenserfaßbarkeit" und „Wartbarkeit" stehen mit dieser Komponente ebenfalls in Zusammenhang. Dies bedeutet, daß die aus der Literatur abgeleiteten Kriterien nicht ausschließlich einer Komponente zuordenbar sind. Während die Erfassung der Aufgaben- und Werkzeugcharakteristika direkt erfolgen kann, erfordert die Beurteilung der Aufgabenabdeckung bereits eine erste Entscheidung in der Projektgestaltung. Jede Entscheidung für eine Teilabdeckung führt zu Integrationsforderungen. Damit kann das Kriterium „Integration" direkt dieser Komponente zugeordnet werden. Auch die Kriterien „Problemumfang", „Einigkeit" und „Sharing" hängen mit dieser Komponente zusammen. Diese Beurteilung des Werkzeug-Aufgabe-Fit geht wiederum ein in die Abschätzung von Nutzen- und Kostengrößen eines ES-Projektes. Nur aufgrund dieser Analyse lassen sich beispielsweise aus mehreren Unterstützungsvorschlägen die geeigneten, d. h. wirtschaftlich sinnvolle und technisch machbaren Projekte heraus filtern.

Die Beurteilung des Einsatzes von ES-Technologien erfordert demnach die Betrachtung des potentiellen Nutzens und der Kosten, der Geeignetheit eines Problems, der Werkzeugeigenschaften und der Eigenschaften des im ES darzustellenden Wissens. Diese Kriterien lassen sich in die Gruppen „Technische Machbarkeit" mit den Untergruppen „lösbare Problemstruktur" und „technische Umgebung", das Kriterium „Wissensverfügbarkeit" und das Kriterium „Kosten-Nutzen Analyse" einteilen. Diese Einteilung vermeidet die übliche Techniklastigkeit anderer Kriterienlisten. Um die Geeignetheit zu untersuchen, soll für jedes Kriterium festgehalten werden, inwieweit für eine festgelegte Zielsetzung und eine definierte Aufgabe mit bestimmten Werkzeugen ein Fit festgestellt werden kann. Es ist sinnvoll, die Anzahl der Kriterien auf die mindesterforderliche Zahl zu beschränken.

Die fünfzehn Kriterien werden im folgenden kurz erläutert:

Technische Machbarkeit – Lösbare Problemstruktur – Problemtyp

Wohlstrukturierte Aufgaben oder solche mit umfangreichen common sense reasoning oder geringem Wissensinhalt gewinnen nicht durch die Anwendung von ES-Techniken. Nach dem heutigen Stand der Technik eignen sich strukturierte Selektionsprobleme eher als Planungsprobleme. Strukturierte Selektionsprobleme wählen aus einer begrenzten Anzahl relativ komplex definierter Alternativen eine bestimmte Alternative aus. In planungsorientierten Systemen liegt die Art und Definition der zu bestimmenden Alternativen nicht von vorneherein fest. Aufgrund von prozeßbestimmenden Regeln in der Wissensbasis wird eine Lösung erarbeitet.

Technische Machbarkeit – Lösbare Problemstruktur – Problemumfang

Probleme, die semi-strukturiert und wohl begrenzt sind, sind leichter zu implementieren. Durch die Auswahl eines Unterproblems kann aus einer umfangreichen Fragestellung der Problemumfang eingegrenzt werden.

Technische Machbarkeit – Lösbare Problemstruktur – Wissensmerkmale

Wissensmerkmale sind Kontextabhängigkeit und Wissensstabilität. Kontextabhängigkeit beschreibt die Universalität des Wissens und Wissensstabilität die Veränderungen über die Zeit. Je stabiler Wissen ist, desto weniger Wartungsaufwand für die Wissensbasis fällt an. Wissen wird von den Datenstrukturen einer Unternehmung über die Planungs- und Ablaufprozeduren bis zu den aktuellen Daten zunehmend instabil. In firmenbezogenen ES müssen die Ergebnisse der Kontingenzforschung der Organisationstheorie berücksichtigt werden. Für Planungsaufgaben sind die Beziehungen zwischen Umwelt, Planungsinhalt und -prozess abzubilden. ES im organisatorischen Umfeld müssen Umweltveränderungen beobachten können, um die Anwendbarkeit des Wissens sicherzustellen. Daher müssen die Anwendungsvoraussetzungen für Wissen explizit angegeben werden können.

Technische Machbarkeit – Technische Umgebung – Entwicklungs- und Überbringungsmaschinen

Die Auswahl der Hardware wird von der Art des ES, der Verfügbarkeit von Personal und der Notwendigkeit des externen Datenzugriffs beeinflußt. Betriebswirtschaftliche Probleme verlangen oft den Zugriff auf Daten, die nicht im ES gespeichert sind, sondern bereits in anderer Form vorliegen.

Technische Machbarkeit – Technische Umgebung – Integration von ES

In vielen Fällen sind ES-Techniken nicht in der Lage, eine gesamte Arbeitsaufgabe abzudecken. Sie müssen daher in die eigentliche Arbeitsumgebung, die oft aus Transaktionssystemen besteht, eingebettet werden. Wegen der Unterschiede, die in Bezug auf Hardware, Systemsoftware und verwendeten Sprachen und Systemverhalten zwischen dem Host-System und dem ES bestehen können, muß die technische Machbarkeit dieser Integration von vorneherein mit in Betracht gezogen werden. Neben der Datenintegration ist die organisatorische Integration von Bedeutung.

Technische Machbarkeit – Technische Umgebung – Werkzeuge

Die Verfügbarkeit angemessener Werkzeuge insb. von Expertensystementwicklungsumgebungen ist sicherzustellen.

Wissensverfügbarkeit – Wissenserfassbarkeit

Ohne Wissen können ES nicht erstellt werden. Wissen ist in unterschiedlichem Ausmaß verfügbar und erhältlich. Je stärker technisch begrenzt ein Gebiet ist, desto leichter ist Wissen zu erfassen. Der Prozeß des Wissenserwerbs stellt einen Engpaß in der ES-Entwicklung dar. Typischerweise sind Experten rar, oft gebraucht und nicht immer willig, sich ihres Wissens zu entäußern.

Wissensverfügbarkeit – Einigkeit der Experten

Üblicherweise wird Einigkeit der Experten über den gesamten Wissensumfang und -inhalt gefordert. Für betriebswirtschaftliche Fragestellungen ist diese Forderung eher unrealistisch. Deshalb wird meist nur mit einem Experten gearbeitet.

Wissensverfügbarkeit – Sharing

Wenn das Wissen eines Experten ausreicht, um die Wissensbasis zu füllen, steht die Einigkeit der unterschiedlichem Experten im Vordergrund. Wenn zur Abarbeitung einer Gesamtaufgabe das Wissen mehrerer Experten erforderlich ist, steht die Verfahren und Probleme der gesharten Wissensbasis im Vordergrund. Das Finden einer einheitlichen Sprache oder zumindest von Übersetzungsregeln und die kommunizierbare Abgrenzung der Teile der Wissensbasis sind nun zusätzlich zur Einigkeit der Experten auf jedem Teilgebiet erforderlich.

Wissensverfügbarkeit – Wartbarkeit

Die Wissensbasis muß wartbar bleiben, so daß sie tatsächlich für Aussagen über die reale Welt benutzt werden kann. Wartungsursachen sind technischer Art, sich verändernde Umwelt und sich verändernde Aufgaben.

Kosten / Nutzen Analyse – Managementbewußtsein

Wenn die Entwicklung von ES als Forschungs- und Entwicklungsaufgabe betrachtet wird, muß die entsprechende Bereitschaft und Unterstützung im Management vorhanden sein. Diese Managementbewußtsein darf sich allerdings nicht auf überzogene Erwartungen gründen.

Kosten / Nutzen Analyse – Benutzerakzeptanz

Neben den üblichen Voraussetzungen der Benutzerakzeptanz muß die Anwendung des ES einen für den Nutzer wahrnehmbaren Nutzen zeigen. Die Anforderungen von Laien und Experten sind dabei unterschiedlich. Für künftige Nutzer des Systems, die selbst Experte sind, ist nur schwer zu begründen, Dinge zu erfassen, die der Experte ‚auf einen Blick' erkennt. Für Experten-Nutzer resultiert Nutzen aus der Verringerung übermäßig großer kognitiver Last. Wenn Knowledge Engineer, Experte und Nutzer unterschiedliche Personen sind, sind gute Benutzerschnittstelle und Erklärungskomponente erforderlich.

Kosten / Nutzen Analyse – Nutzengrössen

Als Nutzeffekte werden genannt[5]: Akzeptanzverbesserungen bei komplexen Produkten, Berücksichtigung von mehr Alternativen, Arbeitsreintegration, Verkürzung von Durchlauf- und Reaktionszeiten, Individualisierung von Produkten und Dienstleistungen, Berücksichtigung von mehr Komplexität, Normierung und dadurch verringerte Risiken durch bessere oder konsistentere Entscheidungen, Rationalisierung, Sicherheit /Vollständigkeit /Fehlerfreiheit, verbesserte Wettbewerbsposition, Wissenssicherung, Wissensmultiplikation insb. für unterschiedliche Orte, weniger qualifizierte Arbeitskräfte notwendig und Reduktion des Schulungsumfangs für bestimmte Aufgaben, Einbehalten des Firmen Know Hows sowie neu erworbene und zur Oberfläche gebrachte Expertise. Auch die zunehmende Strukturierung der Arbeitsaufgaben kann als Nutzeffekt eines ES-Projektes aufgeführt werden.

Kosten / Nutzen Analyse – Aufwand

Der Aufwand für die Entwicklung von Expertensystemen darf nicht unterschätzt werden[6].

Kosten / Nutzen Analyse – Risiken

Neben den typischen Risiken von Softwareprojekten kann vor allem eine überzogene Erwartungshaltung problematisch werden. Im einzelnen lassen sich wirtschaftliches, technisch- und infrastrukturelles, integrations- und organisatorisch-kulturelles Risiko unterscheiden. Das wirtschaftliche Risiko betrachtet, ob die

---

5 Vgl. Mertens u.a., Betriebliche Expertensystemanwendungen 1988; Sviokla, Planpower, XCON, and Mudman 1986 S. 18 ff., König, Einsatz wissensbasierter Systeme 1988, S. 13.
6 Vgl. Waterman, A Guide to Expert Systems 1986; Kurbel, Expertensysteme 1989, S. 182 f.; Harmon King, Expertensysteme in der Praxis 1987, S. 224.

gewünschte Aufgabenunterstützung tatsächlich erreicht wird. Das technisch- und infrastrukturelle Risiko bezieht sich auf die Frage, ob eine angemessene Wissensrepräsentation gefunden werden kann und läßt sich beim Prototypansatz frühzeitig erkennen. Auf das organisatorisch-kulturelle Risiko ist hinzuweisen, weil die Bereitschaft aller Mitarbeiter bestehen muß, dieses System auch tatsächlich anzunehmen.

4. Ergebnisse einer Untersuchung erfolgreicher und nicht erfolgreicher Expertensystem-Projekte

Die Auflistung von für den Einsatz von ES wichtigen Kriterien bedarf der Begründung. In vielen Veröffentlichungen wird zur Begründung auf die Erfahrung der Autoren verwiesen. Im Rahmen einer Studie[7] sollte versucht werden, diese Erfahrungswerte empirisch abgesichert zu untermauern.

4.1 Vorgehensweise der Untersuchung

Um zu untersuchen, ob die Erfüllung von Auswahlkriterien den Erfolg des Einsatzes der ES-Technologie beeinflußt, können erfolgreiche und nicht erfolgreiche ES bezüglich der gleichen Auswahlkriterien untersucht werden. Aus möglichen Differenzen lassen sich durchaus Schlüsse ziehen, welche Kriterien als Erfolgskriterien und welche Bewertungen zu Mißerfolgen führen.

Die Projektleiter für die untersuchten ES wurden durch halbstrukturierte Interviews befragt. Mit geschlossenen Fragen wurden Art des Systems, Systemklasse, Funktionsweise, Projektdauer, Arbeitsumfang, Entwicklungsbeteiligung, Systemgröße, Entscheidungsebene, mögliche Alternativprojekte und Maßnahmen zur Entscheidungsfindung erfragt. Danach wurden die oben dargestellten Kriterien erklärt und jeweils eine Frage zu den Kriterien gestellt, um ihr Vorhandensein für jedes ES-Projekt im Detail zu erheben. Im dritten Teil des Interviews wurden die Kriterien als Auswahlkriterienchecklist verwendet. Die Erfolgs- und Mißerfolgskriterien und deren Wichtigkeit wurden identifiziert. Alle Projektleiter wurden bezüglich der Wichtigkeit für das abgewickelte Projekt und der Wichtigkeit für künftige Projekte befragt. Im Interview wurde die Fallgeschichte im Detail erhoben.

---

7 Schlabschi, Auswahlkriterien 1989.

4.2 Population der Studie

Zur Identifikation möglicher ES-Projekte und ihrer Projektleiter konnten im Sommer 1988 in einer Datenbasis für Expertensysteme[8] 68 laufende ES in 45 Firmen in deutschsprachigen Ländern festgestellt werden. Darunter waren 57 laufende ES in 35 Firmen in der Bundesrepublik Deutschland. Zusammen mit dem Wissen um nicht laufende ES wurden insgesamt 18 ES-Projekte identifiziert. Darunter waren 11 laufende Systeme und 7 nicht laufende Systeme. Als laufende ES wurden Systeme bezeichnet, die die gestellte Aufgabe lösen und im betrieblichen Einsatz sind. Ein tatsächlich erfolgreiches laufendes System liegt vor, wenn die Aufgabenstellung gelöst wird, kein Ende des betrieblichen Einsatzes in Sicht ist und dieser Einsatz von qualitativem Nutzen ist. Ein zukünftig erfolgreiches laufendes System, löst die Aufgabenstellung in der positiv verlaufenden Testphase, kommt in Kürze zum Einsatz und es wird vom Betreiber ein zukünftiger qualitativer Nutzen stark vermutet. Ein fehlgeschlagenes System liegt vor, wenn das ES-Projekt während der Entwicklungsphase oder später eingestellt wurde. Alle andere ES-Projekte wurden als nicht laufende Systeme klassifiziert.[9]

Von den untersuchten 18 ES waren 7 Systeme der Konfiguration, 6 Systeme der Diagnose und 3 Systeme der Planung zuzuordnen. 10 der Anwendungen wurden für interne Zwecke entwickelt, 6 waren kommerzielle Entwicklungen als kundenspezifische Entwicklungen. Die Verteilung der Entwicklungszeit ist in Abbildung 4 (Entwicklungsdauer) dargestellt. Der Zeitpunkt zu dem die Überlegungen für einen Projektstart angestellt wurden, ist in Abbildung 5 dargestellt. Daraus ergibt sich, daß die betrachteten System zu einem großen Teil in 1986 gestartet wurden und die Befragten über einen Erfahrungszeitraum zwischen 2 und 4 Jahren verfügten.

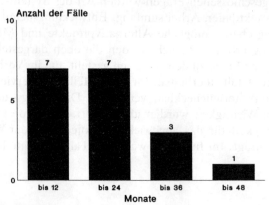

Abb. 4: Entwicklungsdauer

8 Mertens u.a., Betriebliche Expertensystemanwendungen 1988.
9 Vgl. Schlabschi, Auswahlkriterien 1989, S. 40.

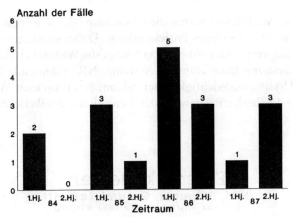

Abb. 5: Zeitpunkt der ersten Überlegungen

4.3 Eigenschaften erfolgreicher Expertensysteme

Die Zusammenfassung der Ergebnisse der Detailuntersuchung ergab, daß Expertensystem-Projekte erfolgreich waren, wenn bestimmte Eigenschaften vorlagen. Diese Eigenschaften waren[10]:

- Strukturierbarer Problemtyp – begrenzter und definierter Problemumfang. Dieser Problemumfang durfte dann auch komplex sein.
- Kein überwiegender Anteil heuristischen Wissens
- Relativ stabiles Wissensgebiet. Wenn dies nicht der Fall war, wurde die Wartung des ES sichergestellt.
- Hardware und Werkzeug wurden nicht als das eigentliche Problem gesehen.
- Gelungene Organisationsintegration. Die Datenintegration gelang immer, wenn sie erforderlich war.
- Erfolgreiche Wissenserfaßbarkeit
- Einigkeit der Experten erzielt.
- Gewährleistung der Wartung
- Weitergehendes Managementverständnis als nur die Bewilligung eines Budgetbetrages.
- Hoher Nutzen erwartet oder eingetreten.
- Geringes Entwicklungsrisiko durch intensive Durchführbarkeitsstudien oder Prototypenbau.

Diese Ergebnisse können als Erfolgsfaktoren bisher laufender ES interpretiert werden.

10 Vgl. Schlabschi, Auswahlkriterien 1989, S. 74.

4.4 Wichtigkeit der Einsatzkriterien

Zur Erhebung der Wichtigkeit wurde die Einordnung der Kriterien für das vergangene Projekt und ein zukünftiges Projekt erfragt. Dabei wurde eine fünffach abgestufte Likert Skala verwendet. Abbildung 6 zeigt die Wichtigkeit der Kriterien für nicht-laufende Systeme (Not Running Systems, NRS), laufende Systeme (Running Systems, RS) und die Wichtigkeit bei zukünftigen Projekten. Wird ein Grenze bei Skalenpunkt 4 gelegt, so waren bei der Beurteilung des Werkzeug-Aufgabe-Fit

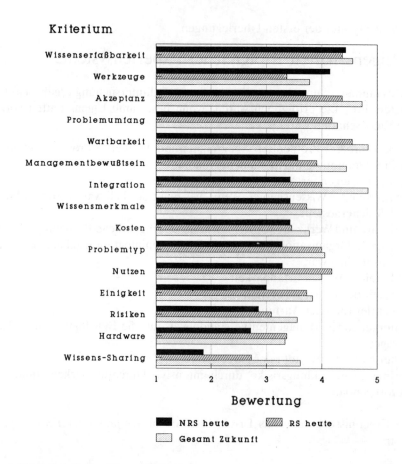

Abb. 6: Wichtigkeit der Einsatzkriterien

bei später nicht laufenden Systeme nur die Wissenserfaßbarkeit und das Werkzeug wichtig. Bei erfolgreichen Systemen waren Problemtyp, Problemumfang, Integration, Wissenserfaßbarkeit Wartbarkeit, Benutzerakzeptanz und Nutzen als wichtig betrachtet worden. Für zukünftige Projekte werden darüberhinaus noch die Wissensmerkmale und das Managementbewußtsein als wichtig erachtet.

Dem Risiko wird sowohl bei nicht laufenden als auch bei laufenden ES eine geringe Bedeutung beigemessen. Dies läßt sich so interpretieren, daß viele ES-Projekte mit dem Ziel der Erfahrungssammlung gestartet wurden.

Das Kriterium „Werkzeuge" ist bei erfolglosen ES wichtiger gewesen als bei erfolgreichen ES. Dies ist das einzige Kriterium, bei dem dies der Fall war.

Das Kriterium „Wartbarkeit" war dagegen bei erfolgreichen Es deutlich wichtiger als bei den erfolglosen ES. Die Falluntersuchungen haben gezeigt, daß hier in fast allen Fällen der Grund für den Nichteinsatz des ES zu suchen war.

Für zukünftige ES-Projekte werden „Integration", „Wartbarkeit" und „Akzeptanz" als am wichtigsten eingestuft. Dies sind keine nur für ES-Projekte geltenden Kriterien.

Die Unterschiede zwischen den Kriteriendeutungen lassen den Erfolg als intervenierende Variable für die Verschiebung der Wichtigkeit zwischen vergangenen und zukünftigen Projekten erscheinen. Bei erfolgreichen Projekten gewinnen für die Zukunft die ökonomischen Kosten-Nutzen-Überlegungen an Bedeutung. Bei erfolglosen Projekten wird auch für zukünftige Projekte der Hauptaugenmerk wieder mehr auf Werkzeuge und die Hardwareplattform gelegt.

vergangene Projekte (NRS = 7)	vergangene Projekte (RS = 11)	zukünftige Projekte (n = 18)
	Problemtyp	Problemtyp
	Problemumfang	Problemumfang
Werkzeuge		
Wissenserfaßbarkeit	Integration	Integration
	Wissenserfaßbarkeit	Wissenserfaßbarkeit
	Wartbarkeit	Wartbarkeit
	Benutzerakzeptanz	Benutzerakzeptanz
	Nutzen	Nutzen
= 2 Kriterien	= 7 Kriterien	= 9 Kriterien

Abb. 7: Verschiebung der Wichtigkeit der Kriterien

In Abbildung 7 ist dargestellt, wie bei Übergang von nicht-laufend zu laufend zu zukünftigen Projekten die Anzahl der als wichtig erachteten Kriterien zunimmt.

Das Kriterium „Werkzeug" taucht in der Liste der für zukünftige Projekte als wichtig erachteten Kriterien nicht mehr auf. Gleichzeitig wird deutlich, daß sich die Zahl der als wichtig erachteten Kriterien von 15 vorgeschlagenen auf 9 reduzieren ließe. Diese Liste ist als Abbildung 8 zum Abschluß aufgeführt.

```
Problemtyp
Problemumfang
Wissensmerkmale
Integration von ES
Wissenserfassbarkeit
Wartbarkeit
Managementbewßtsein
Benutzerakzeptanz
Nutzengrößen
```

Abb. 8: Wichtige Kriterien für zukünftige Projekte

5. Schlußfolgerungen

Trotz aller methodischen Schwierigkeiten einer Erarbeitung von Erfolgsfaktoren durch ex post Analyse zeigt sich, daß bei ES-Projekten die technischen Fragen nicht ausschließlich im Vordergrund stehen. Auch lassen sich aus der Vielzahl in der Literatur zu findenden Kriterien einige herausfiltern, die nach Meinung der Projektleiter von ES-Projekten geeignet sind, eine ex-ante Beurteilung des Erfolges zu ermöglichen. Diese Liste von neun Kriterien enthält mit den Kriterien „Wissensmerkmale" und „Wissenserfaßbarkeit" einige Kriterien, die aus dem Charakter der ES-Technologien ableitbar sind. Die anderen aufgeführten Kriterien unterscheiden sich jedoch keineswegs von den „üblichen" Erfolgsfaktoren für Informationssystem-Projekte. Aus dieser Sicht sind ES-Projekte nur zu einem geringen Teil verschieden zu behandeln als normale Projekte.

Die weitere Forschung auf dem Gebiet der Erfolgs- und Mißerfolgsfaktoren sollte insbesondere Folgeprojekte nicht laufender und laufender Systeme umfassen. Sie muß angesichts der raschen Fortentwicklung der ES-Technologien auch prüfen, welchen Einfluß die Überlegungszeitpunkte auf Tiefe und Gründlichkeit der Kriterienbeurteilung haben. Die Trennung und Untersuchung laufender und nicht laufender Systeme erweist sich als tragfähig.

Literaturverzeichnis

Bobrow, D.G.; Mittal, S.; Stefik, M.S: (Expert systems: perils and promise 1986) Expert systems: perils and promise. In: Communications of the ACM Sept. 1986, S. 880 – 894.

Brandes, W. P.: (Integration von Expertensystemen 1986) Integration von Expertensystemen in die betriebliche IV-Umgebung, 16. Jahrestagung der GI, Springer, Berlin u.a. 1986.

Dibble D.; Bostrom, R. (Managing Expert System Projects 1987) Managing Expert System Projects: Factors Critical for Successful Implementation. In: Proceedings of the 1987 ACM SIGBDP-SIGCPR Conference, Coral Gables, Florida 1987, S. 96 – 128.

Gill, Uwe: (Expertensysteme in der Praxis 1987) Expertensysteme in der Praxis – Kriterien für die Verwendung von Expertensystemen zur Problemlösung. In: Expertensyteme: Nutzen für Ihr Unternehmen. Hrsg: Savory, S., Oldenburg, München u.a. 1987, S. 140.

Gill, Uwe (Kriterien für den erfolgreichen Einsatz von Expertensystemen 1988) Kriterien für den erfolgreichen Einsatz von Expertensystemen. In: IBM Wissensverarbeitung, Zweites Symposium „Wissensbasierte Systeme", 28. und 29. September 1988, Würzburg 1988.

Harmon, P.; King, D.: (Expertensysteme in der Praxis 1987) Expertensysteme in der Praxis, 2. Auflage, Oldenbourg, München u.a. 1987.

Hayes-Roth F.; Waterman, D.A.; Lenat, D.B., Hrsg.: (Building Expert Systems 1983) Building Expert Systems; Addison Wesley, London u.a. 1983.

König, W.: Einsatz wissensbasierter Systeme im Wettbewerb der Unternehmen. In: IBM Wissensverarbeitung, Zweites Symposium „Wissensbasierte Systeme", 28. und 29. September 1988, Würzburg 1988.

Krcmar, Helmut: (Caution on Criteria 1988) Caution on Criteria. In Database, Vol. 19, Nr 2, Summer 1988 S. 403 – 418.

Krcmar, Helmut: (Criteria 1986) Criteria to select Expert Systems for Business Use. In: Economics and Artificial Intelligence, Aix-en-Provence, Sept 1986, S. 273 – 275.

Krcmar, Helmut: (Entscheidungsunterstützungssysteme 1990) Entscheidungsunterstützungssysteme: Hilfsmittel und Werkzeuge. In: Handbuch Wirtschaftsinformatik. Hrsg: Kurbel, K.; Strunz, H.. Poeschel, Stuttgart 1990, S 403-418.

Kurbel, Karl: (Expertensysteme 1989) Entwicklung und Einsatz von Expertensystemen, Springer, Berlin u.a. 1989.

Mertens, P., Borkowski, V., Geis, W.: (Betriebliche Expertensystemanwendungen 1988) Betriebliche Expertensystemanwendungen, Springer, Berlin u.a. 1988.

Prerau, D. S.: (Selection of an Appropriate Domain for an Expert System 1985) Selection of an Appropriate Domain for an Expert System. In AI magazine, Summer 1985, S. 26 – 30.

Puppe, Frank: (Expertensysteme 1988) Einführung in Expertensysteme, Springer, Berlin u.a. 1988.

Rauch-Hindin, W.: (Artificial Intelligence 1985) Artificial Intelligence in business, science and industry, Bd.I: Fundamentals, Englewood Cliffs, New Jersey 1985, S68 f.

Savory, S.: (Expertensysteme 1987) Expertensysteme: Welchen Nutzen bringen Sie für Ihr Unternehmen. In: Expertensysteme: Nutzen für Ihr Unternehmen, Oldenbourg, München u.a. 1987, S. 24 f.

Schlabschi, S.: (Auswahlkriterien 1989) Auswahlkriterien für den erfolgreichen Einsatz von Expertensystemen, unveröffentlichte Diplomarbeit, Lehrstuhl für Wirtschaftsinformatik, Universität Hohenheim, Stuttgart 1989.

Slagle J; Wick, M.: (A Method 1988) A Method for Evaluating Candidate Expert System Applications. In: AI Magazine, Winter 1988, S. 44 – 53.

Sviokla, J.: (Planpower, XCON, and Mudman 1986) Planpower, XCON, and Mudman: An in-depth analysis into three commercial expert systems in use, PhD Thesis, Harvard University 1986.

Waterman, D. A.: (A Guide to Expert Systems 1986) A Guide to Expert Systems; Addison Wesley, London u.a. 1986.

Weiss, S.M.; Kulikowski, C.A.: (A practical Guide to Designing Expert Systems 1984) A practical Guide to Designing Expert Systems, Roman & Allanhead 1984.

Zelewski, Stephan: (Konzeptionen Expertensysteme 1986) Expertensysteme – Übersicht über Konzeptionen und betriebswirtschaftliche Anwendungsmöglichkeiten – , Arbeitsbericht 14/1986, Seminar für Allgemeine Betriebswirtschaftslehre, Industriebetriebslehre und Produktionswirtschaft, Universität zu Köln, Köln 1986.

Stephan Zelewski

Problemfelder der Expertensystem-Technologie

1. Übersicht

2. Grundsatzthesen
   2.1 Semi-Entscheidbarkeit
   2.2 Potentielle Inkorrektheit
   2.3 Mangelhafte Realzeitfähigkeit
   2.4 Ungeklärte Wissensintegration
   2.5 Natürlichsprachliche Interpretationsdissense

3. Implementierungsthesen
   3.1 Willkür unsicherer Folgerungszusammenhänge
   3.2 Entscheidungsdelegierender Autonomieverlust
   3.3 Unsystematische Wissenssegmentierung
   3.4 Mangelhafte Konsistenzüberwachung
   3.5 Informationsfilterung
   3.6 Mangelhafte Erklärungsfähigkeit

4. Umfeldthesen
   4.1 Akquisitionsengpaß
   4.2 Validierungslücke
   4.3 Evaluierungsdefizit
   4.4 Ungeklärte Entscheidungsverantwortlichkeit

5. Einordnung der kritischen Thesen in einen umfassenderen Beurteilungszusammenhang

Literaturverzeichnis

1. Übersicht

Die Erforschung Künstlicher Intelligenz (KI) hat in der Gestalt von Expertensystemen auch seitens der Betriebswirtschaftslehre größere Beachtung gefunden. Noch dominieren optimistische Einschätzungen der KI-Technologie. Kritische Beiträge, wie z.B. die von Weizenbaum und Dreyfus, verlassen zumeist nicht den Argumentationskontext der Informatik. Darüber hinaus leiden sie unter dem Mangel, sich überwiegend auf einen Entwicklungsstand der KI-Technologie zu beziehen, der in den sechziger Jahren galt. Daher werden Faktoren, die sich auf den Einsatz Künstlicher Intelligenz besonders kritisch auswirken können, anhand einer neueren KI-Entwicklungsstufe, der Expertensysteme, näher beleuchtet.

Die kritischen Faktoren, die den erfolgreichen Einsatz von Expertensystemen wesentlich bestimmen, werden aufgrund der gebotenen Kürze in der Gestalt von 15 Thesen dargelegt. Dabei werden die Thesen danach unterschieden, welche Qualität sie in bezug auf die KI-Technologie besitzen:

– Grundsatzthesen gelten für die Künstliche Intelligenz prinzipiell. Die Schwierigkeiten, die sie ausdrücken, lassen sich nach heutigem Erkenntnisstand nicht beseitigen, allenfalls durch kompensierende Maßnahmen eindämmen.
– Implementierungsthesen erstrecken sich nur auf diejenigen Expertensysteme, die derzeit als Produkte der KI-Technologie implementiert vorliegen und für betriebswirtschaftliche Anwendungsfelder angeboten werden.
– Umfeldthesen beziehen sich auf Charakteristika des Umfelds, in dem Applikationen von Expertensystemen für die betriebliche Praxis derzeit diskutiert werden.

2. Grundsatzthesen

2.1 Semi-Entscheidbarkeit

Expertensysteme, die auf einer prädikatenlogisch-arithmetischen Wissensrepräsentation beruhen, können nicht garantieren, ihnen vorgelegte Entscheidungsprobleme mit endlichem Ressourceneinsatz zu lösen.

Es besteht eine bemerkenswerte Diskrepanz zwischen der fundamentalen Bedeutung der Semi-Entscheidbarkeit und ihrer Würdigung bei Erörterungen von Expertensystemen. Immerhin entzieht sie einem naiven Glauben an die universelle Lösungskompetenz von Expertensystemen die Grundlage. Dabei wird nicht – wie etwa bei heuristischen Problemlösungskonzepten – im Interesse der praktischen Lösungseffizienz auf eine theoretisch bestehende Lösungsgarantie bewußt verzichtet. Vielmehr drückt das Phänomen der Semi-Entscheidbarkeit eine *theoretische*

Beschränkung der Lösungsgarantie aus. Diese Garantieschranke läßt sich grundsätzlich nicht überwinden, sobald ein Expertensystem die Ausdruckskraft von Prädikatenlogik und Arithmetik in sich vereint. Da die Semi-Entscheidbarkeit solcher Expertensysteme nur selten Berücksichtigung findet, wird sie nachfolgend ausführlicher dargelegt.

Anfragen an ein Expertensystem lassen sich formal als Probleme auffassen, bei denen es zu entscheiden gilt, ob ein anfragespezifischer Sachverhalt eine logische Konsequenz derjenigen Informationen ist, die das Expertensystem in seiner Wissensbasis vorhält. Formal handelt es sich dabei um die Aufgabe, die Allgemeingültigkeit einer Formel zu untersuchen, die ausdrückt, daß der fragliche Sachverhalt aus der Wissensbasis gefolgert werden kann. Diese Allgemeingültigkeitsbehauptung soll vom Expertensystem mit der Hilfe von logischen Ableitungen (Inferenzen) entweder bewiesen oder aber widerlegt werden.

Die Semi-Entscheidbarkeit[1] der arithmetisch angereicherten Prädikatenlogik bedeutet, daß das zuvor skizzierte Entscheidungsproblem nur dann mit Sicherheit in endlicher Zeit gelöst werden kann, wenn die untersuchte Formel tatsächlich allgemeingültig ist. Dies garantiert die Vollständigkeit prädikatenlogischer Inferenzkonzepte. Ebenso stellt die Korrektheit dieser Inferenzkonzepte sicher, daß eine Formel, deren Allgemeingültigkeit durch Inferenzen abgeleitet wurde, auch tatsächlich allgemeingültig ist. Für Formeln, die nicht allgemeingültig sind, ist ein derart terminierendes Entscheidungsverhalten dagegen nicht mehr sichergestellt[2]. Vollständigkeit und Korrektheit der prädikatenlogischen Inferenzkonzepte erstrecken sich leider nicht auf Formeln, die nicht allgemeingültig sind.

Das Dilemma besteht nun darin, daß im allgemeinen nur dann eine Anfrage an ein Expertensystem gerichtet wird, wenn der Anfragende nicht weiß, ob die prädikatenlogische Reformulierung seines Auskunftbegehrens zu einer allgemeingültigen Formel führt oder nicht. Folglich ist es im Anfragezeitpunkt auch unbekannt, ob das Expertensystem das vorliegende Entscheidungsproblem entweder in endlicher Zeit mit Sicherheit lösen kann oder ob es diese Lösungsgarantie grundsätzlich nicht zu geben vermag. Daher darf aus der Existenz vollständiger und korrekter Inferenzkonzepte nicht der Fehlschluß gezogen werden, jede Allgemeingültigkeitsbehauptung lasse sich in endlicher Zeit korrekt entscheiden. Vielmehr vermögen selbst vollständige und korrekte Inferenzkonzepte das Terminieren von Behauptungsuntersuchungen grundsätzlich nicht zu garantieren.

---

1 Vgl. Boolos, G., Jeffrey, R., Computability and Logic, 2. Aufl., Cambridge ... 1980, S. 112 und 142 f.
  Habel, C., Logische Systeme und Repräsentationsprobleme, in: Neumann, B. (Hrsg.), GWAI-83, 7th German Workshop on Artificial Intelligence, Berlin... 1983, S. 118-142, darin S. 121 f.
  Zelewski, S., Das Leistungspotential der Künstlichen Intelligenz, Bd. 1-3, Witterschlick/Bonn 1986, S. 943 ff.
  Delahaye, J.-P.: Formal Methods in Artificial Intelligence, Oxford 1987, S. 33 f., 44 f., 126 u. 163.
2 Vgl. Boolos (1980), a.a.O., S. 112 ff.
  Delahaye (1987), a.a.O., S. 34.

Es könnte der Einwand erhoben werden, die fehlende Lösungsgarantie sei ein theoretischer Spezialfall ohne praktische Relevanz, weil sich die zugrundeliegende Semi-Entscheidbarkeit nur auf prädikatenlogisch-arithmetische Wissensrepräsentationen und Entscheidungen über Allgemeingültigkeitsbehauptungen beziehe. Beides trifft jedoch nicht den Kern des Problems. Denn erstens lassen sich die meisten Anfragen an ein Expertensystem in der oben skizzierten Weise in Entscheidungsprobleme umformulieren, in denen jeweils die Allgemeingültigkeit einer Behauptung untersucht werden muß. Zweitens läßt sich das Phänomen der Semi-Entscheidbarkeit auch für alle anderen Wissensrepräsentationsformen aufzeigen, sobald sie nur das Ausdrucksvermögen von Prädikatenlogik und Arithmetik umfassen. Dann wird das gleiche Phänomen zumeist nur in einer etwas anderen formalen Darstellungsweise konzeptualisiert: als Unentscheidbarkeit des Halteproblems für TURING-Automaten[3].

2.2 Potentielle Inkorrektheit

Wenn Expertensysteme auf prädikatenlogischen Inferenzkonzepten beruhen und zusätzlich mit der „negation by failure"-Regel arbeiten, dann verhalten sie sich potentiell inkorrekt.

Die Semi-Entscheidbarkeit spricht zwar eine Lösungsgarantie für alle Entscheidungsprobleme aus, in denen die Allgemeingültigkeit einer tatsächlich allgemeingültigen Formel behauptet wird. Diese Lösungsgarantie besitzt aber theoretischen Charakter, da sie nur die Erkenntnis der korrekten Problemlösung in *endlicher* Zeit gewährleistet. Wie groß dieser endliche Zeitraum im Einzelfall ist, darüber erfolgt keine Festlegung. Er kann im Prinzip beliebig groß sein – z.B. auch mehrere Milliarden Jahre betragen. Daher wird die Inferenzkomponente von Expertensystemen, die auf prädikatenlogischer Basis operieren, zumeist um die Entscheidungsregel des negation by (as) failure-Prinzips[4] „bereichert": Ihr zufolge wird eine Allgemeingültigkeitsbehauptung als widerlegt *festgesetzt,* wenn es mit beschränkt verfügbaren Ressourcen nicht gelingt, die Behauptung definitiv zu beweisen.

Diese Entscheidungsregel führt zu einem korrekten Ergebnis, falls eine Allgemeingültigkeitsbehauptung untersucht wurde, die tatsächlich nicht allgemeingültig ist. Wenn jedoch eine Behauptung betrachtet wird, die tatsächlich allgemeingültig ist, deren Allgemeingültigkeit aber innerhalb der realen Ressourcenbeschränkungen nicht erkannt wurde, dann liefert die Entscheidungsregel ein falsches Ergebnis.

---

3 Vgl. Boolos (1980), a.a.O., S. 49 f.
4 Vgl. Clark, K.L., Negation as failure, in: Gallaire, H., Minker, J. (Hrsg.), Logic and data Bases, New York ... 1978, S. 293-322, insbesondere S. 294.
   Kowalski, R., Directions for Logic Programming, in: Brauer, W., Wahlster, W. (Hrsg.), Wissensbasierte Systeme, 2. Internationaler GI-Kongreß, Berlin ... 1987, S. 128-146, darin S. 136 u. 138 ff.

Wenn eine Anfrage an ein Expertensystem gerichtet wird, ist es in der Regel unbekannt, ob sie zu einer allgemeingültigen Behauptung führt. Sofern dies tatsächlich zutrifft, bleibt darüber hinaus offen, ob sich diese Allgemeingültigkeit mit den real verfügbaren Ressourcen nachweisen läßt. In ungünstigen Fällen ist dies nicht möglich. Daher besteht bei jedem Expertensystem, das mit der negation by failure-Regel arbeitet, die Gefahr inkorrekter Antworten.

Abermals könnte der Einwand erhoben werden, die problematische Entscheidungsregel stelle einen exotischen Sonderfall dar. Dies trifft jedoch keineswegs zu. Denn sie liegt zumindest allen gängigen Implementierungen der Programmiersprache PROLOG zugrunde. Diese Programmiersprache stellt aber *die* Standardsprache für die Implementierung von Expertensystemen dar, die auf einer prädikatenlogischen Wissensrepräsentation beruhen. Darüber hinaus liegt das negation by failure-Prinzip auch den meisten deduktiven Datenbanksystemen zugrunde.

Es ist schon bemerkenswert, wie häufig dieses Prinzip in den Inferenzkomponenten von Expertensystemen verankert ist, ohne daß seine Schwächen offengelegt werden. Es drängt sich der Verdacht auf, daß hier die Erzeugung *irgendeiner Systemantwort* praktisch wichtiger eingeschätzt wird als die theoretische Garantie der *Antwortkorrektheit*. Eine theoretisch einwandfreie Inferenzkomponente würde dagegen erst dann vorliegen, wenn auf die Entscheidungsregel des „negation by failure" verzichtet würde. Statt dessen müßte ein Inferenzversuch, der mit den verfügbaren Ressourcen nicht durch den Beweis oder die Widerlegung einer Allgemeingültigkeitsbehauptung erfolgreich abgeschlossen werden konnte, als das ausgewiesen werden, was er tatsächlich darstellt: Es liegt ein gescheiterter Inferenzversuch vor. Entsprechend ist die korrekte Antwort auf die Anfrage des Systembenutzers *unbekannt*.

2.3 Mangelhafte Realzeitfähigkeit

Expertensysteme, die das Ausdrucksvermögen von Arithmetik und Prädikatenlogik in sich vereinen, können uner Realzeitbedingungen nicht vollkommen zuverlässig arbeiten.

Des öfteren wird vorgeschlagen, das umfangreiche Wissen und die hohe Inferenzgeschwindigkeit von Expertensystemen zu nutzen, um sie in zeitkritischen Situationen autonome Entscheidungen fällen zu lassen. Dies gilt z.B. für die Steuerung von Kernkraftwerken oder für das Management militärischer Aufklärungs- und Einwirkungssysteme. Solche Realzeitexpertensysteme arbeiten nur dann vollkommen zuverlässig, wenn sichergestellt ist, daß sie innerhalb enger Zeitschranken (Realzeitbedingungen) die jeweils korrekten Ergebnisse liefern.

Aufgrund der Semi-Entscheidbarkeit ist diese Garantie für diejenigen „pathologischen" Fälle, in denen nicht-allgemeingültige Formeln untersucht werden, bereits aus theoretischen Gründen ausgeschlossen. Aber auch in allen anderen Fällen, in denen sich die Allgemeingültigkeit in endlicher Zeit erkennen ließe, können die realen Zeitschranken dazu führen, daß diese Erkenntnis praktisch nicht gewonnen werden kann. Dann stehen Expertensystemen zwei Möglichkeiten offen:

- Entweder wird die Unkenntnis der tatsächlichen Problemlösung ausgewiesen. Dies ist zwar korrekt, hilft aber nicht weiter. Denn in den vorausgesetzten zeitkritischen Situationen muß eine Entscheidung getroffen werden.
- Oder es wird die Entscheidungsregel des negation by failure-Prinzips angewendet. Sie kann zufällig das korrekte Ergebnis treffen, aber ebenso auch zu einem fehlerhaften Resultat führen. Da sich einer Expertensystemantwort nicht ansehen läßt, ob sie korrekt oder fehlerhaft ist, kann auf ihre Richtigkeit nicht vertraut werden.

In beiden Fällen ist es logisch ausgeschlossen, das korrekte Entscheidungsverhalten eines Expertensystems unter allen denkmöglichen Umständen zu garantieren. Dies bedeutet partielle Unzuverlässigkeit unter Realzeitbedingungen. Ob sich diese theoretisch unvermeidbare Unzuverlässigkeit auch praktisch auswirkt, läßt sich durch simulative Systemtests ex ante niemals mit vollständiger Sicherheit klären.

2.4 Ungeklärte Wissensintegration

Für fortschrittliche Expertensysteme, die in ihrer Wissensbasis den Formulierungsreichtum verschiedener Repräsentationskonzepte vereinen, ist die Integration unterschiedlich repräsentierter Wissensteile zu einer kohärenten Gesamtheit noch nicht überzeugend geklärt.

In der neueren KI-Forschung hat sich die Einsicht durchgesetzt, daß sich nur relativ einfache und eng beschränkte Realprobleme mittels eines einzigen Formalismus für die explizite Wissensrepräsentation bewältigen lassen. Anspruchsvollere Realprobleme scheinen dagegen den simultanen Einsatz unterschiedlicher Repräsentationskonzepte zu erfordern, die zu *hybriden* Wissensbasen führen[5]. Entsprechend räumen subtilere Werkzeuge für den Aufbau von Wissensbasen – wie z.B. das Exemplar BABYLON – die Möglichkeit ein, innerhalb desselben Expertensystems so verschiedenartige Repräsentationsformen wie prädikatenlogische Formeln (Horn-Klauseln), Produktionsregeln, abstrakte Datentypen („Objekte", frames) und Restriktionen (constraints) miteinander zu kombinieren. Als problematisch hat es sich aber erwiesen, innerhalb eines Inferenzprozesses Objektwissen zusammenzuführen, das durch unterschiedliche Repräsentationsformen ausgedrückt ist.

---

5 Vgl. Christaller, T., Di Primo, F., Voss, A. (Hrsg.), Die KI-Werkbank Babylon, Bonn ... 1989, S. 37 ff.

Beispielsweise lassen sich Sicherheitsfaktoren hervorragend in die Repräsentationsform der Produktionsregeln einbetten, aber nur schwer mit prädikatenlogischen Formeln vereinbaren. Ungeachtet der schon oben thematisierten Schwierigkeiten solcher Sicherheitsfaktoren bleibt dann aber zusätzlich ungeklärt, welches Sicherheitsmaß einem Gesamturteil zugesprochen werden soll, in das Produktionsregeln mit Sicherheitsfaktoren ebenso wie prädikatenlogische Formeln eingeflossen sind. Ebenso bleibt bislang im dunkeln, wie sich überprüfen läßt, ob unterschiedlich repräsentierte Teile einer Wissensbasis, die jeweils intern konsistent sind, auch eine widerspruchsfreie Ganzheit bilden.

2.5 Natürlichsprachliche Interpretationsdissense

Expertensysteme, die über natürlichsprachliche Benutzerschnittstellen verfügen, können zu Mißverständnissen beim Informationsaustausch mit ihren Benutzern führen.

Als herausragende Perspektive der Entwicklung von Expertensystemen wird hervorgehoben, vermittels ihrer Dialogkomponente eine – zumindest nahezu – natürlichsprachliche Kommunikation an ihren Benutzerschnittstellen zuzulassen. Die Natürlichsprachlichkeit soll vor allem dazu beitragen, die Akzeptanzbarrieren zu überwinden, die in der betrieblichen Praxis oftmals gegenüber syntaktisch rigiden konventionellen Computersprachen bestehen.

Allerdings besitzen natürlichsprachliche Dialogkomponenten einen ambivalenten Charakter. Einerseits unterstreichen sie die voranstehend skizzierte Kooperativität von Expertensystemen. Andererseits birgt die Möglichkeit, Anfragen an ein informationsverarbeitendes System in inhaltsbezogener, umgangssprachlicher Weise zu formulieren, auch die Gefahr in sich, daß die Mensch-Maschine-Kommunikation durch Mißinterpretationen verzerrt wird. Denn ein Expertensystem kann Instruktionen seines Benutzers in einer anderen Weise inhaltlich auslegen, als von diesem beabsichtigt wurde. Ebenso vermag der Benutzer die natürlichsprachlichen Ausgaben des Automaten anders zu deuten, als es dessen inhaltlichem Sprachverständnis gerecht würde. Es fehlt die Kontrollfunktion der strengen Syntax von konventionellen Computersprachen. Sie würde bei einem Dissens zwischen den Sprachanforderungen des automatischen Systems und der Sprachanwendung durch den menschlichen Benutzer zumeist zu einem Abbruch der Systemprozesse führen. Ein solcher Indikator für fehlerhafte Benutzungen fehlt jedoch bei kooperativen, natürlichsprachlichen Dialogkomponenten weitgehend.

Bei der natürlichsprachlichen Kommunikation mit einem kooperativen Expertensystem kann also der Fall eintreten, daß das System zwar von einer anderen Interpretation der unscharfen natürlichsprachlichen Ausdrücke ausgeht als sein Benutzer, aber beide Seiten von der Existenz dieses Dissenses keine Kenntnis erlangen. Das Expertensystem würde eine andere Informationsnachfrage befriedigen, als vom Benutzer intendiert wurde. Es läge ein typischer „Fehler 3. Art" vor. Da das

Expertensystem jedoch „ordnungsgemäß" arbeitet, ließe sich der interpretationsbedingte Dissens nur aufdecken, wenn der Benutzer die Gültigkeit der Automateninterpretation überprüfte. Dann träte aber der paradoxe Sachverhalt ein, daß die natürlichsprachliche Kommunikationsmöglichkeit, die den Umgang mit dem System „hinter" der Benutzeroberfläche erleichtern sollte, durch die Forderung der Interpretationskontrolle zu erheblichen Kommunikationsbelastungen führen würde. Wie groß die Gefahr natürlichsprachlicher Interpretationsdissense tatsächlich ist, kann zur Zeit noch nicht überblickt werden. Doch verdeutlicht sie, daß die Natürlichsprachlichkeit von Automaten keineswegs immer einen Beitrag zur Erhöhung ihrer Benutzerfreundlichkeit darstellen muß.

3. Implementierungsthesen

3.1 Willkür unsicherer Folgerungszusammenhänge

Expertensysteme, die bei ihren Schlußfolgerungen auf unsicheres Wissen zurückgreifen, beruhen oftmals auf einer willkürlichen Berechnung der Folgerungssicherheit.

Als eine besondere Qualität von Expertensystemen wird oftmals herausgestellt, daß sie mit unsicherem Wissen umgehen können. Hierfür steht eine Vielzahl unterschiedlicher Konzepte zur Verfügung, wie z.B. die Verwendung von Hypothesenwahrscheinlichkeiten auf der Basis des Bayes-Theorems, Glaubwürdigkeitsmaße im Anschluß an die Arbeiten von Dempster/Shafer, deren Erweiterung zu zweiwertigen Evidenzwerttupeln, unscharfe Möglichkeitsurteile mit der Hilfe von Zadeh's „fuzzy logic" sowie die Sicherheitsfaktoren vom Mycin-Typ. Nur für wenige dieser Konzepte existiert eine stringente Theorie, die darüber Auskunft gibt, wie einzelne unsichere Wissenskomponenten in Folgerungszusammenhängen zu einem Sicherheitsmaß für die Folgerungsgesamtheit aggregiert werden müssen. Zu den seltenen Ausnahmen zählt das Bayes-Theorem für die Aggregation von Hypothesenwahrscheinlichkeiten. Aber eben dieses wohlfundierte Konzept wird in Expertensystemen, die für betriebswirtschaftliche Applikationen vorgeschlagen werden, praktisch überhaupt nicht eingesetzt. Es sind derzeit nur einige eng begrenzte Anwendungen bekannt, die sich auf den medizinischen Bereich konzentrieren.

Die allgemein bevorzugten Konzepte für die Repräsentation unsicheren Wissens bieten dagegen keine stringente Theorie an, um ein Sicherheitsmaß für eine Folgerungsgesamtheit zu ermitteln. Dies gilt sowohl für die Verwendung unscharfer Mengen (fuzzy sets) als auch für den Gebrauch von Sicherheitsfaktoren (certainty factors). Zwar existieren in beiden Fällen Aggregationsregeln. Diese Vorschriften stellen jedoch ad hoc-Konzepte dar, die sich nicht streng logisch rechtfertigen lassen. So ist die Aggregationsvorschrift des Schnittmengenoperators für unscharfe Mengen umstritten. Auch die wenigen empirischen Experimente, die zumindest die psychologische Validität der Operatordefinition aufweisen sollen, sehen sich berechtigten Zweifeln ausgesetzt.

Noch schlimmer steht es um das Konzept der Sicherheitsfaktoren. Hierfür wird zwar eine Vielzahl unterschiedlicher Aggregationsformeln angeboten. Doch allein ihre Divergenz bietet hinreichenden Anlaß, die Berechtigung jeder einzelnen Formel anzuzweifeln. Darüber hinaus wird oftmals noch nicht einmal der Versuch unternommen, die Aggregationsformeln für Sicherheitsfaktoren plausibel erscheinen zu lassen. Allenfalls wird in finaler Weise argumentiert, daß ihre Anwendung sicherstelle, auch bei längeren Inferenzketten nicht zu „inakzeptabel" niedrigen Sicherheitsmaßen für die Folgerungsgesamtheit zu führen.

Die Aggregation unsicherer Einzelurteile führt – wenn sie theoretisch wohlfundiert erfolgt – immer dazu, daß die Sicherheit eines Gesamturteils um so stärker gegen Null strebt, je mehr unsichere Einzelurteile miteinander verknüpft werden. Dem Benutzer eines Expertensystems wird das Einsichtsvermögen in diesen Aggregationseffekt aber anscheinend nicht zugetraut. Statt dessen greifen die Konstrukteure der Inferenzkomponenten von Expertensystemen zumeist zu den o.a. Aggregationsformeln, welche das Sicherheitsmaß eines Gesamturteils künstlich hoch halten. Daher besteht die Gefahr, daß durch solche ad hoc oder final eingeführten Aggregationsweisen eine Urteilssicherheit vorgetäuscht wird, die sich durch keine stringente Theorie unsicherer Urteilsfindung rechtfertigen läßt. Diese Aggregationswillkür wiegt um so schwerer, als die meisten der derzeit präsentierten Expertensysteme, die mit unsicherem Wissen umgehen sollen, auf der Verwendung solcher Sicherheitsfaktoren beruhen.

3.2 Entscheidungsdelegierender Autonomieverlust

Expertensysteme enthalten in ihren Inferenzkomponenten eine Vielzahl von Mikroentscheidungen, welche die Entscheidungsautonomie eines Systembenutzers auf der Makroebene unbewußt einschränken können.

Wenn ein Expertensystem nicht unter Realzeitbedingungen eingesetzt werden soll, ist zumeist sein Einsatz als ein entscheidungsunterstützendes System vorgesehen[6]. Damit wird die Absicht verbunden, daß das Expertensystem einen betrieblichen Entscheidungsträger zwar durch die Auswertung seiner breiten Wissensbasis berät. Aber die Letztentscheidung, ob dem Ratschlag eines Expertensystems tatsächlich gefolgt wird, bleibt dem autonomen Entschluß eines menschlichen Entscheidungsträgers vorbehalten. Diese Einstellung mag theoretisch zutreffen, droht aber in der betrieblichen Entscheidungspraxis unterlaufen zu werden.

Denn ein Entscheidungsträger wird sich erheblichem Rechtfertigungsdruck ausgesetzt sehen, wenn er von den Entscheidungsempfehlungen eines Expertensystems abweicht. Umgekehrt wird er sich in der Regel von weiterführenden Rechtferti-

---

6 Vgl. Mertens, P., Expertisesysteme als Variante der Expertensysteme zur Führungsinformation, in: Zeitschrift für betriebswirtschaftliche Forschung, 41. Jg. (1989), S. 835-854.

gungen seiner Entscheidungen exculpieren können, wenn er auf die Expertise des gleichlautenden Ratschlags eines Expertensystems verweisen kann. Angesichts des permanenten Entscheidungs- und Rechtfertigungsdrucks wird tendenziell eine Verhaltensweise gefördert, in der sich Entscheidungsträger den „Empfehlungen" von Expertensystemen anschließen. Eine unkritische Einstellung gegenüber „Expertenurteilen", die in die Wissensbasis eines Expertensystems eingeflossen sein sollen, wird diese Verhaltenstendenz noch bestärken. Daher ist zu befürchten, daß die Entscheidungsautonomie betrieblicher Entscheidungsträger um so mehr erodiert, je stärker sie sich an Entscheidungsempfehlungen von Expertensystemen anlehnen.

Unter diesen Voraussetzungen erlangen die Mikroentscheidungen besonderes Gewicht, die bei der Implementierung von Inferenzkonzepten in Expertensystemen getroffen werden. Die Vielfalt solcher Mikroentscheidungen kann in der gebotenen Kürze an dieser Stelle nicht dargestellt werden[7]. Aber zwei Beispiele wurden bereits thematisiert. Einerseits handelt es sich um die Entscheidungsregel des negation by failure-Prinzips, eine Behauptung als widerlegt *festzusetzen,* wenn sie nicht erfolgreich bewiesen werden konnte. Andererseits verkörpern die fragwürdigen Aggregationsformeln für Sicherheitsfaktoren Vorentscheidungen darüber, wie unscharfe Teilurteile zu Gesamturteilen zusammengefaßt werden. Ebenso können in den Inferenzkomponenten von Expertensystemen Aufgriffs- oder Ausweisschwellen festgelegt werden, welche die Initiierung von Inferenzprozessen bzw. die Ausgabe von Inferenzergebnissen beeinflussen[8]. Darüber hinaus greifen Diagnose-Expertensysteme auf Abduktionsprinzipien zurück, mit deren Hilfe aus konkurrierenden Diagnosevorschlägen eine hypothetische Diagnose als „beste" ausgezeichnet werden kann. Diese Abduktionsprinzipien stellen diagnoserelevante Vorentscheidungen dar, für die keine zwingenden Begründungen existieren.

Auf diese Weise läßt sich eine Vielzahl von Mikroentscheidungen über den Verlauf von Inferenzprozessen in der Inferenzkomponente eines Expertensystems verbergen, von denen der gewöhnliche Systembenutzer niemals Kenntnis erlangt. Solche Mikroentscheidungen können sich aber durchaus auf die Makroebene auswirken, auf der ein Expertensystem eine bestimmte Aktivität empfiehlt oder aber von ihr abrät. Beispielsweise hängt es vom Aggregationsmechanismus für unsicheres Wissen ab, ob eine Handlungsempfehlung durch eine „hinreichende" Empfehlungssicherheit psychologich nahegelegt wird oder nicht. Ebenso ist es möglich, daß durch systeminterne Aufgriffsschwellen die inferentielle Generierung einzelner Empfehlungen stimuliert oder aber unterdrückt wird. Dies spielt insbesondere für Diagnose-Expertensysteme eine Rolle, in denen das Etablieren einzelner Störungsdiagnosen zumeist von solchen Schwellenwerten gesteuert wird. Schließlich kann das negation by failure-Prinzip sogar zu fehlerhaften Entscheidungsempfeh-

---

7 Näheres dazu bei Zelewski (1986), a.a.O., S. 1107 ff. u. 1122 ff.; vgl. auch die instruktiven Beispiele von Mertens (1989), a.a.O., S. 840 ff.
8 Vgl. Mertens (1989), a.a.O., S. 841 ff.

lungen führen, die dem logischen Gehalt seiner Wissensbasis widersprechen. Dies wurde bereits dargelegt.

Das Inferenzverhalten eines Expertensystems hängt also von zahlreichen Vorentscheidungen ab, die während der Implementierung seines Inferenzkonzepts auf der Mikroebene getroffen werden. Das Ausmaß, in dem sich diese Mikroentscheidungen auf Entscheidungsempfehlungen des Expertensystems auszuwirken vermögen, bleibt für seinen Benutzer auf der Makroebene jedoch opak. Dabei erweist sich als besonders schwerwiegend, daß Expertensysteme gerade für solche Einsatzfelder konzipiert werden, in denen sie von informationstechnischen Laien bedient werden sollen. Von solchen Systembenutzern zu erwarten, sie könnten die internen Inferenzprozesse von Expertensystemen durchschauen, wäre selbstwidersprüchlich.

Zugleich besteht die Gefahr, daß die autonomen Letztentscheidungen der Systembenutzer aufgrund der o.a. Verhaltenstendenzen um so stärker ausgehöhlt werden, je mehr Entscheidungsinhalte in der Gestalt von Mikroentscheidungen an die Inferenzkomponente eines Expertensystems delegiert werden. Solche Mikroentscheidungen können eine Entscheidungsempfehlung auf der Makroebene so „eindeutig" erscheinen lassen, daß ein Systembenutzer gar nicht mehr daran denkt – oder zumindest nicht mehr wagt –, seine Letztentscheidungsautonomie auszuschöpfen, um die Systemempfehlung zu verwerfen. Als pars pro toto sei an die Möglichkeit erinnert, durch die Aggregation von Sicherheitsfaktoren das Sicherheitsmaß eines Gesamturteils künstlich so hoch zu veranschlagen, daß der unkundige Systembenutzer an eine „hinreichend" zuverlässige Entscheidungsempfehlung glaubt.

3.3 Unsystematische Wissenssegmentierung

Der Aufteilung der Wissensausstattung eines Expertensystems in das explizit repräsentierte Objektwissen seiner Wissensbasis und das implizit implementierte Metawissen der übrigen Systemkomponenten liegt kein systematisches Konzept für die Wissenssegmentierung zugrunde.

Es ist ein Mythos falsch verstandener KI-Technologie, daß in Expertensystemen das gesamte leistungsbestimmende Wissen in der Wissensbasis explizit repräsentiert würde. Vielmehr handelt es sich nur um denjenigen Wissensausschnitt, auf den alle wissensverarbeitenden Prozesse eines Expertensystems als Verarbeitungsobjekt zugreifen. Die Implementierung der Verarbeitungsprozeduren involviert aber weiteres Wissen. Dieses Metawissen kann die Verarbeitungsergebnisse erheblich beeinflussen, bleibt jedoch in der Regel im Design der Verarbeitungsprozeduren implizit verborgen. Auf die vielfältigen Möglichkeiten, verarbeitungsrelevantes Metawissen in den Mikroentscheidungen der Inferenzkomponente unterzubringen, wurde bereits hingewiesen. Ebenso läßt sich Metawissen über die mutmaßlichen Informationsbedürfnisse der Systembenutzer in den Benutzermodellen festschreiben, die der Dialogkomponente eines Expertensystems zugrundeliegen können. Darauf wird später unter dem Aspekt der Informationsfilterung zurückgekommen.

Es besteht ein trade off zwischen der Transparenz der Wissensvorhaltung und der Effizienz der Wissensanwendung. Die Wissensbasis eines Expertensystems genügt dem Gebot der Transparenz aufgrund ihrer expliziten Repräsentation des Objektwissens. Die Inferenzkomponente und die übrigen Systemkomponenten sollen dagegen durch ihre impliziten Wissensformen für eine effiziente Auswertung des Objektwissens sorgen[9]. Dabei ist es grundsätzlich möglich, Teile des Metawissens aus ihrer impliziten Darstellungsweise herauszulösen und explizit in die Wissensbasis zu übernehmen. Dadurch wird aber die Struktur des explizit repräsentierten Systemwissens vielschichtiger und seine Auswertung komplizierter. Entsprechend sinkt die Auswertungseffizienz.

Wesentlich ist, daß die KI-Technologie derzeit noch keine Konzepte anzubieten vermag, mit deren Hilfe sich die voranstehend skizzierte Gestaltungsfreiheit in ein systematisches Design der Wissenssegmentierung überführen ließe. Bis heute fehlt eine detaillierte Konstruktionslehre, die darüber Auskunft erteilen könnte, welche Segmentierungsformen für die Erreichung welcher Konstruktionsziele förderlich oder hinderlich sind[10]. Daher bewegt sich das knowledge engineering noch in einer embryonalen Phase von ad hoc-Konstruktionen, denen eine befriedigende konzeptionelle Basis fehlt.

3.4 Mangelhafte Konsistenzüberwachung

Falls die Wissensbasis eines Expertensystems aus unterschiedlichen Wissensquellen gespeist wird, findet die innere Konsistenz der repräsentierten Wissensgesamtheit oftmals keine Berücksichtigung.

Als ein wesentlicher Vorzug von Expertensystemen wird mitunter hervorgehoben, Wissen aus unterschiedlichsten Quellen zu akkumulieren. Konzepte, mit deren Hilfe sich darüber wachen läßt, ob dieses Wissen insgesamt noch widerspruchsfrei ist, bleiben jedoch weitgehend unberücksichtigt. Diese Nachlässigkeit kann sich gerade bei Expertensystemen besonders gravierend auswirken, weil sie die Expertise menschlicher Experten zugänglich machen sollen. Expertenwissen zeichnet

---

9 Daß selbst diese Auswertungseffizienz auf dem heutigen Stand der KI-Technologie und verfügbarer Hardwarearchitekturen oftmals als unzureichend empfunden wird, bleibt im folgenden unberücksichtigt.
10 Oben wurde zwar die Tendenz angedeutet, daß explizite Wissensrepräsentationen das Gestaltungsziel der Transparenz fördern, während implizite Darstellungsformen der Auswertungseffizienz zugute kommen. Diese beiden Argumente bleiben aber so grob und undifferenziert, daß es vermessen wäre, sie als eine konzeptionelle Basis für die systematische Wissenssegmentierung von Expertensystemen ausgeben zu wollen.

sich aber oftmals dadurch aus, daß die Ansichten verschiedener Experten erheblich voneinander abweichen. Dabei muß die Wissensdivergenz keineswegs offensichtlich sein. Den Regelfall stellen vielmehr geringe Nuancierungen einzelner Einschätzungen dar. Diese können aber über längere Inferenzketten hinweg zu vollkommen unterschiedlichen Gesamturteilen führen. Aus der technischen und juristischen Gutachterpraxis ist dieses Phänomen hinlänglich bekannt.

Wenn eine Wissensbasis durch Befragen mehrerer Experten aufgebaut wurde, besteht durchaus das Risiko, daß sie Wissensbestandteile enthält, die sich inhaltlich widersprechen. Es hängt dann wiederum von impliziten Mikroentscheidungen der Inferenzkomponente ab, welche Wissenskomponente sich in einem Inferenzprozeß durchzusetzen vermag und das Antwortverhalten des Expertensystems auf der Makroebene maßgeblich bestimmt. Beispielsweise können in einem Diagnose-Expertensystem Diagnoseregeln vorgehalten werden, die von unterschiedlichen Experten stammen und zu verschiedenen Diagnoseergebnissen führen würden. Die Auswahl unter mehreren, sich gegenseitig ausschließenden Diagnoseregeln stellt einen wesentlichen Aspekt der Inferenzleistung von Diagnose-Expertensystemen dar. Die Metaregeln, welche die Auswahl derart konfligierender Diagnoseregeln kontrollieren, bleiben jedoch dem gewöhnlichen Systembenutzer verborgen.

Daher wäre es wünschenswert, zumindest der Konsistenz einer Wissensbasis sicher zu sein. So ließe sich verhindern, daß aus *derselben* Wissensbasis widersprüchliche Inferenzergebnisse abgeleitet werden können, je nachdem welche – für den Systembenutzer undurchschaubaren – Inferenzkonzepte auf das explizite Objektwissen angewendet werden. Das Inferenzpotential der Wissensbasis eines Expertensystems ist im allgemeinen aber so groß, daß sich ihre Konsistenz weder mit dem „gesunden Menschenverstand" noch durch das simulative Austesten einiger Demonstrationsbeispiele feststellen läßt. Seitens der KI-Technologie werden zwar Konzepte diskutiert, um die Konsistenz von Wissensbasen systematisch zu überprüfen[11]. Sie werden jedoch bei den derzeit präsentierten Expertensystemen noch in keiner Weise berücksichtigt.

Das Konsistenzproblem verschärft sich noch, weil die Wissensbasis eines Expertensystems zumeist nicht einmalig erstellt wird. Statt dessen unterliegt sie einer fortwährenden Evolution. Denn im Verlaufe der Systementwicklung und -nutzung werden neue Erkenntnisse über den jeweils betroffenen Problembereich gewonnen. Dies führt – zumindest idealtypisch – zu einer fortwährenden Überarbeitung der Wissensbasis. An dieser Wissenspflege nehmen im Zeitablauf sowohl unter-

---

11 Vgl. Liu, N.K., Dillon, T., Detection of consistency and completeness in expert systems using Numerical Petri Nets, in: Gero, J.S., Stanton, R. (Hrsg.), Artificial Intelligence Developments and Applications, Amsterdam... 1988, S. 119-134.

schiedliche Personen teil als auch dieselben Personen, deren Problemwahrnehmungen sich jedoch durch Lernprozesse verändert haben. Beide Einflüsse bewirken, daß in der Wissensbasis eines Expertensystems Wissenskomponenten aus unterschiedlichen Problemperspektiven miteinander vermengt werden, die sich nicht immer widerspruchsfrei miteinander vereinbaren lassen.

3.5 Informationsfilterung

Expertensysteme, die sich in kooperativer Weise auf die mutmaßlichen Informationsbedürfnisse ihrer Benutzer einstellen sollen, bergen die Gefahr in sich, ihre Informationsausgabe so zu filtern, daß sie den tatsächlichen Benutzerinteressen nicht entsprechen.

Expertensysteme werden manchmal als „kooperative" oder „konviviale" Systeme ausgezeichnet. Sie sollen aufgrund ihrer Dialogkomponente in der Lage sein, sich auf die Informationsbedürfnisse ihrer Benutzer einzustellen. Damit werde der frühere, „maschinenzentrierte" Ansatz der konventionellen Informationsverarbeitung verlassen, die Systembenutzer an die Verarbeitungsstrukturen von Computern anzupassen, indem Benutzerschulungen, Formalisierungen von Arbeitsabläufen und ähnliche Maßnahmen erfolgen. Statt dessen werde nunmehr das Verhalten von Expertensystemen an ihrer Benutzeroberfläche so gestaltet, daß es den kognitiven Eigenarten menschlicher Informationsverarbeitungsprozesse entspreche. Zentrales Instrument für die Verwirklichung dieser Kooperationsleistungen sind Benutzermodelle[12], die in den Dialogkomponenten von Expertensystemen verwaltet werden. Ein solches Benutzermodell kann z.B. Angaben über das Wissensniveau eines Systembenutzers enthalten. Ebenso vermag es auszudrücken, an welchen neuartigen Informationen ein Systembenutzer vorrangig interessiert ist. Zusätzlich kann es festhalten, welche Art der Informationspräsentation – z.B. graphischer, numerischer oder verbaler Art – der Benutzer bevorzugt.

Benutzermodelle können daher durchaus dazu führen, daß Expertensysteme an ihren Benutzerschnittstellen genau jene Informationen darbieten, die ihre Benutzer als relevant erachten. Dabei werden sowohl solche Informationen herausgefiltert, die ein Systembenutzer aufgrund seines Vorwissens bereits kennt, als auch solche, an denen er nicht weiter interessiert ist. Hierdurch läßt sich die Mensch-Maschine-Kommunikation in benutzerfreundlicher Weise auf das jeweils „Wesentliche" konzentrieren. Eine derart kooperative Informationsfilterung setzt aber voraus, daß das Benutzermodell, das in der Dialogkomponente eines Expertensystems vorgehalten wird, valide ist. Die tatsächlichen Informationsinteressen der Systembenutzer müssen korrekt widergespiegelt werden.

---

12 Vgl. Zelewski (1986), a.a.O., S. 462 ff.
    Wahlster, W., Kobsa, A., User Models in Dialog Systems, in: Kobsa, A., Wahlster, W. (Hrsg.), User Models in Dialog Systems, Berlin ... 1989, S. 4-34.

Dies braucht jedoch keineswegs der Fall zu sein. Denn das Benutzermodell stellt jeweils nur eine *Hypothese* des Expertensystementwicklers über die mutmaßlichen Interessen der zukünftigen Systembenutzer dar. Wenn die Hypothese falsch ist, können die unterstellten von den tatsächlichen Benutzerinteressen erheblich abweichen. Besonderes Gewicht erlangt diese Gefahr, wenn dasselbe Expertensystem zeitgleich von heterogenen Benutzergruppen in Anspruch genommen werden soll oder wenn die Informtionsbedürfnisse seiner Benutzer im Zeitablauf stärkeren Veränderungen unterliegen.

Falls eine größere Diskrepanz zwischen dem Benutzermodell eines Expertensystems und den tatsächlichen Informationsbedürfnissen seiner Benutzer besteht, kann die intendierte Kooperativität der Dialogkomponente in ihr Gegenteil umschlagen. Dann ist es durchaus möglich, daß aufgrund des invaliden Benutzermodells tatsächlich interessierende Informationen unterdrückt werden. Ebenso können andere Informationen, für die überhaupt kein Bedarf besteht, als „Informationsschrott" ausgegeben werden. Trotz der erheblichen Bedeutung, welche die Informationsfilterung durch Benutzermodelle erlangen kann, ist für betriebswirtschaftliche Expertensystemeinsätze noch keine Untersuchung der Validität ihrer Benutzermodelle bekannt geworden.

3.6 Mangelhafte Erklärungsfähigkeit

Die angebliche Fähigkeit von Expertensystemen, ihr eigenes Verhalten einem anfragenden Benutzer einsichtig erklären zu können, wird durch die derzeit angebotenen Expertensysteme nicht eingelöst.

Als ein wesentlicher Vorzug von Expertensystemen gegenüber konventioneller Software wird des öfteren angeführt, sie könnten die Ergebnisse ihrer Informationsverarbeitung selbständig erläutern[13]. Darüber hinaus seien sie in der Lage, bei interaktiver Benutzung ihre einzelnen Verarbeitungsschritte zu erklären. Dies gelte insbesondere auch für Aufforderungen an den Systembenutzer, das Expertensystem im Bedarfsfall mit zusätzlichen Informationen zu versorgen. Diese Fähigkeit zur Selbsterklärung werde erheblich dazu beitragen, daß Expertensysteme auch von solchen Benutzern akzeptiert würden, die der automatischen Informationsverarbeitung sonst mit großer Skepsis entgegenträten.

Die „Erklärungskomponenten" von Expertensystemen, die zur Zeit für betriebswirtschaftliche Applikationen präsentiert werden, erfüllen die vorgenannten Verheißungen in keiner – allenfalls rudimentärer – Weise. Es handelt sich lediglich um Protokollierungen der jeweils erfolgten Inferenzprozesse. Die Auflistung der dabei ausgeführten Inferenzschritte, z.B. der angewandten Pro-

---

13 Vgl. Klee, H.W., Relevanz der Erklärungskomponente – Erkenntnisse einer empirischen Untersuchung, in: Information Management, 4. Jg. (1989), Heft 3, S. 44-49.

duktionsregeln, besitzt aber für den informationstechnischen Laien überhaupt keine Erklärungskraft. Mitunter werden auch standardisierte „Erklärungstexte" angeboten, die jeweils mit einer Produktionsregel fest verknüpft sind. Hiermit wird aber das informationstechnische Niveau der starren „Hilfetexte", die etwa im Rahmen der konventionellen Textverarbeitung schon lange zum Stand der Kunst zählen, nicht überschritten. Diesbezüglich von einem Fortschritt der KI-Technologie sprechen zu wollen, erschiene anmaßend. Es würde der Anspruch der KI-Forschung übersehen, keine standardisierten Textbausteine zu präsentieren. Vielmehr sollen variable Erklärungstexte generiert werden, die sowohl an die aktuelle Inferenzsituation als auch an den aktuellen Systembenutzer angepaßt sind.

Für beide Erklärungsaspekte kann die KI-Forschung auf subtile Konzepte verweisen, mit deren Hilfe sich tatsächlich „intelligente" Erklärungsleistungen verwirklichen ließen. Beispielsweise wird erörtert, spezielles Erklärungswissen vorzuhalten, das nicht auf die Erzeugung korrekter Inferenzen, sondern auf die Generierung anschaulicher Inferenzerklärungen zugeschnitten ist[14]. Denn es ist seit langem bekannt, daß sich die typischen Inferenzkonzepte der Künstlichen Intelligenz von den typisch menschlichen Erklärungsmustern fundamental unterscheiden. Daher reicht die heute übliche Praxis, die Protokolle von Inferenzprozessen als „Erklärungen" auszugeben, überhaupt nicht aus. Sie bleibt auch hinter den konzeptionellen Möglichkeiten der KI-Forschung weit zurück.

4. Umfeldthesen

4.1 Akquisitionsengpaß

Die Akquisition des Objektwissens, mit dessen expliziter Repräsentation die Wissensbasen von Expertensystemen gefüllt werden sollen, erweist sich als fundamentaler Engpaß bei der Systementwicklung.

Die Erkenntnis, daß sich die Wissensakquisition als ein zentraler Schwachpunkt nahezu jedes Expertensystem-Projekts herausgestellt hat, ist mittlerweile allgemein bekannt. Sie bedarf daher keiner weiteren Erläuterung. Statt dessen seien nur zwei Randbemerkungen erlaubt. Die praktische Bedeutung des Akquisitionsengpasses wird u.a. daran deutlich, daß sich die Softwareindustrie schon frühzeitig auf die Entwicklung von Expertensystem-Schalen oder -Entwicklungswerkzeugen konzentriert hat, die keine eigenen, inhaltlich gefüllten Wissensbasen besitzen. In vornehmer Zurückhaltung bleibt die Wissensakquisition dem Schalen- bzw. Werkzeugerwerber überlassen.

---

14 Vgl. Kassel, G., The use of deep knowledge to improve explanation capabilities of Rule-Based Expert Systems, in: Balzert, H., Heyer G., Lutze, R. (Hrsg.), Expertensysteme '87, Stuttgart 1987, S. 315-326.

Darüber hinaus wird behauptet, der Akquisitionsengpaß lasse sich aus theoretischen Gründen niemals vollständig überwinden. Dies wird mit der Existenz von „tacit knowledge" und „skills" begründet, auf die sich Experten in ihren Expertenurteilen immer stützten, die sich aber jeder Explizierung *grundsätzlich* entzögen. Aus erkenntnistheoretischer Perspektive ist es höchst interessant, ob die Vertreter der KI-Technologie in Zukunft immer weitere Wissensbereiche, die vormals als Domänen des tacit knowledge ausgegeben wurden, in explizite Repräsentationsformen zu überführen vermögen. Sollte dies zunehmend gelingen, besäße die KI-Technologie aufklärerischen Charakter: Denn sie würde dazu beitragen, behauptete Bereiche opaken Wissens in explizit repräsentierte und damit allgemein zugängliche Erscheinungsformen dieses Wissens zu transformieren.

4.2 Validierungslücke

Die Überprüfung, in welchem Ausmaß ein Expertensystem die Sachziele tatsächlich erfüllt, zu deren Befriedigung es entwickelt wurde, erfolgt in der Praxis entweder überhaupt nicht oder aber methodisch unzulänglich.

In der Literatur, die sich mit dem betrieblichen Einsatz von Expertensystemen beschäftigt, wird zwar oftmals über den „erfolgreichen" Systemeinsatz berichtet[15]. Die Erfolgsmeldungen beschränken sich aber darauf, subjektive Einschätzungen der Systementwickler wiederzugeben oder einzelne – zumeist noch stark vereinfachte – Einsatzbeispiele zu beschreiben. Beides stellt keine überzeugende Validierung der angeblichen Systemfähigkeiten dar. Denn die optimistischen Einschätzungen derer, die ein Expertensystem entwickelt haben, läßt sich psychologisch allzu leicht als ex post-Rechtfertigung der eigenen Entwicklungsarbeit deuten. Eine verläßliche Auskunft darüber, wie die intendierten Sachziele tatsächlich erfüllt wurden, kann von solchen Entwickleransichten allein nicht erwartet werden. Exemplarische Einsatzbeschreibungen überzeugen ebensowenig. Denn sie vermitteln keine repräsentative Einsicht in das Systemverhalten für den gesamten intendierten Einsatzbereich. Darüber hinaus werden Demonstrationsbeispiele oftmals so zurechtgelegt, daß sich die vorgeführten Expertensysteme von ihrer besten Seite präsentieren.

Eine methodisch akzeptable Validitätsprüfung müßte hingegen zunächst einmal ein Pflichtenheft oder ein äquivalentes Dokument vorlegen, in dem explizit festgelegt ist, welche Sachziele ein Expertensysytem erfüllen soll. Darüber hinaus müßte es operationale Maßstäbe enthalten, mit deren Hilfe sich die beabsichtigte und die realisierte Erfüllung jedes Sachziels in intersubjektiv nachvollziehbarer und reproduzierbarer Weise überprüfen ließe. Solche konkreten Sachziel- und Maßstabsspezifizierungen sucht der interessierte Leser in der oben angesprochenen

---

15 Vgl. z.B. Mumford, E., MacDonald, W.B., XSEL's Progress: The Continuing Journey of an Expert System, Chichester ... 1989, S. 142 ff.

Literatur jedoch vergeblich. Allenfalls lassen sich rudimentäre Ansätze erkennen, die jedoch den Anspruch einer seriösen Systemvalidierung auf keinen Fall einzulösen vermögen. Es mag zwar zutreffen, daß entsprechende Validierungen „intern" vorgenommen, aber nicht publiziert wurden. Doch solche Validierungsbehauptungen können aufgrund ihrer fehlenden Dokumentation nicht kritisch überprüft – und infolgedessen auch beliebig aufgestellt werden.

4.3 Evaluierungsdefizit

Behauptungen über das Ausmaß, in dem betriebswirtschaftliche Formalziele durch den Einsatz eines Expertensystems erfüllt werden, tauchen zwar des öfteren auf, überzeugen jedoch zumeist nicht.

Die betriebswirtschaftliche Vorteilhaftigkeit eines Expertensystems wird in der Regel dadurch begründet, daß ihre vermuteten Kosteneinsparungen herausgestellt werden[16]. Die Entwicklungskosten werden manchmal, aber keineswegs immer berücksichtigt. Solche Kosten(vergleichs)rechnungen erweisen sich in mehrfacher Hinsicht als unbefriedigend. Erstens handelt es sich bei der Entwicklung von Expertensystemen zumeist um langfristig angelegte Projekte, denen kurzfristig konzipierte Kostengrößen nicht gerecht werden. Aus betriebswirtschaftlicher Sicht wären Investitionsanalysen vorzuziehen, die jedoch in der einschlägigen Expertensystem-Literatur vergeblich gesucht werden. Zweitens erscheint die Beschränkung auf „harte", quantitative Kostengrößen mangelhaft. Die Beurteilung von Expertensystemen müßte dagegen vielfältige qualitative Kosten- und Nutzenwirkungen einbeziehen[17]. Beispielsweise werden in den Entwicklungskosten eines Expertensystems die „Kosten", die aus Anpassungen der Ablauforganisation von Arbeitsprozessen oder aus Akzeptanzwiderständen betroffener Systembenutzer resultieren können, nicht berücksichtigt. Ebenso bleiben positive Effekte ausgeklammert, die bei der Erstellung einer Wissensbasis aus der systematischen gedanklichen Durchdringung des intendierten Anwendungsbereichs resultieren können. Drittens werden die Datenprämissen, die den vorgelegten Schätzungen angeblicher Kosteneinsparungen zugrundeliegen, nicht oder nur oberflächlich dargelegt. Ob es sich bei diesen Einsparungspotentialen um Wunschvorstellunen oder um wohlfundierte Prognosen handelt, kann in der Regel nicht kritisch überprüft werden.

---

16 Vgl. Mumford (1989), a.a.O., S. 143 u. 157.
17 Näheres dazu bei Reminger, B., Wirtschaftlichkeit des Einsatzes von Expertensystemen, in: Zeitschrift für wirtschaftliche Fertigung und Automatisierung, 84. Jg. (1989), S. 613-616.
Zelewski, S., Einsatz von Expertensystemen in den Unternehmen, Ehningen ... 1989, S. 69 ff.

4.4 Ungeklärte Entscheidungsverantwortlichkeit

Die Frage, wer für fehlerhafte Entscheidungen verantwortlich ist, die auf der Benutzung eines Expertensystems beruhen, harrt noch ihrer verbindlichen Beantwortung[18]. Dies schafft eine Rechtsunsicherheit, deren Folgen sich derzeit kaum überblicken lassen.

Expertensysteme können eingesetzt werden, um sie in kritischen Situationen unter Realzeitbedingungen selbständig Entscheidungen treffen zu lassen. Damit können streßbedingte menschliche Fehlentscheidungen vermieden werden. Es wurde jedoch oben dargelegt, daß solche Realzeitexpertensysteme in einem strengen Sinne grundsätzlich unzuverlässig sind. Falls ein Expertensystem dennoch im Realzeitbetrieb eingesetzt wird und dabei eine Entscheidung trifft, die sich nachträglich – ohne die Last einschränkender Realzeitanforderungen – als Fehlentscheidung herausstellt, so liegt die Frage nach der Verantwortlichkeit für dieses Fehlverhalten nahe.

Zunächst könnte die Verantwortung dem Expertensystementwickler zugeschoben werden, weil er ein fehlerhaft funktionierendes System konstruiert habe. Der Entwickler wird aber darauf verweisen, daß er keinen vermeidbaren Konstruktionsfehler begangen hat. Vielmehr gelte die Unzuverlässigkeit unter Realzeitbedingungen für jedes hinreichend ausdrucksfähige Expertensystem *prinzipiell*. Also läßt sich die Verantwortung für die Fehlentscheidung ebenso dem Systemanwender anlasten, der das Expertensystem eingesetzt hat, obwohl er dessen grundsätzliche Unzuverlässigkeit wußte – oder zumindest bei näherer Befassung mit der KI-Technologie hätte wissen müssen. Der Systemanwender kann sich aber ebenso entschuldigen, indem er darauf verweist, zwischen dem Risiko einer Fehlentscheidung durch das Expertensystem und einer Fehlentscheidung durch einen streßgeplagten Menschen sorgfältig abgewogen zu haben. Da beide Seiten plausible Exculpationen vortragen können, bleibt es wohl juristischer Argumentationskunst überlassen, hier eine Zuordnung oder Aufteilung der Verantwortlichkeit festzulegen. Bisher ist dieser Streitfall noch nicht zweifelsfrei geregelt.

Aber selbst dann, wenn Expertensysteme nur als entscheidungsunterstützende Systeme eingesetzt werden, bleibt die Verantwortlichkeit für expertensystemgestützte Fehlentscheidungen ein derzeit ungelöstes Problem. In den oben vorgetragenen Thesen wurde eine Vielfalt möglicher Ursachen von Fehlentscheidunen aufgezeigt[19]. Exemplarisch läßt sich auf inkorrekte Inferenzergebnisse, die aus der

---

18 Vgl. zur Diskussion über die Verantwortlichkeit für expertensystemgestützte Entscheidungen Sietmann, R., Expertensysteme: Wer haftet bei Fehlentscheidungen? – Wenn Wissen zur Ware wird, in: VDI nachrichten, 43. Jg. (1989), Nr. 38, S. 20.
Lenk, H., Können Informationssysteme moralisch verantwortlich sein?, in: Informatik-Spektrum, Bd. 12 (1989), S. 248-255, insbesondere S. 251 ff.
Coy, W., Bonsiepen, L., Expert Systems: Before the Flood?, in: Ritter, G.X. (Hrsg.), Information Processing 89, Amsterdam ... 1989, S. 1167-1172, darin S. 1171 f.
19 Vgl. auch Sietmann (1989), a.a.O., S. 20.

Entscheidungsregel des negation by failure-Prinzips resultieren können, auf Interpretationsdissense bei natürlichsprachlichen Dialogkomponenten und auf inkonsistente, aus widersprüchlichen Quellen gespeiste Wissensbasen hinweisen.

Der Entwickler eines Expertensystems könnte sich auf eine Klausel zurückziehen, die ihn von jeder Haftung für Fehlentscheidungen freistellt, die ein Systembenutzer „autonom" treffe. Angesichts der ebenfalls skizzierten Tendenz, daß sich die Benutzer von Expertensystemen von deren Entscheidungs-„Empfehlungen" nur in Ausnahmefällen distanzieren werden, wäre ein solches Pochen auf autonome Benutzerentscheidungen jedoch lebensfremd. Darüber hinaus mutete es selbstwidersprüchlich an, einerseits Expertensysteme für die Entscheidungsunterstützung anzubieten, andererseits aber für die Folgen der tatsächlichen Nutzung dieser Unterstützungsleistung nachträglich nicht mehr einstehen zu wollen. Angesichts der neueren Rechtslage auf dem Gebiet der gefährdungsbezogenen Produkthaftung ist auch kaum damit zu rechnen, daß eine solche generelle Haftungsfreistellung der Systementwickler juristischen Bestand hätte.

Umgekehrt erscheint es aber ebensowenig plausibel, daß die Entwickler von Expertensystemen in Zukunft alle Fehlentscheidungen verantworten sollten, welche die Systembenutzer im Zusammenhang mit der Konsultierung eines Expertensystems begehen. Denn es bestehen zahlreiche Möglichkeiten, an sich korrekte Empfehlungen eines Expertensystems fehlerhaft zu interpretieren. Ebenso lassen sich richtig verstandene Systemempfehlungen mit weiteren Entscheidungen, die außerhalb des Beratungsbereichs des befragten Expertensystems liegen, so kombinieren, daß das gesamte Entscheidungsbündel inkorrekt wird. Ein eindeutiger Nachweis, welche Seite die Schuld an solchen fehlerhaften Interpretationen oder Bündelungen trägt, ist aber oftmals nicht möglich.

Schließlich könnte eine radikale Haftung von Expertensystementwicklern noch eine Nebenwirkung hervorrufen, die sicherlich nicht beabsichtigt wird. Denn das Risiko, daß ein Systembenutzer zu einer Fehlentscheidung veranlaßt werden könnte, ist aufgrund der oben vorgetragenen Gründe so groß, daß sich Softwareproduzenten angesichts einer radikalen Haftungsandrohung vermutlich aus der Konstruktion von Expertensystemen vollkommen zurückziehen würden. Dann gingen den potentiellen Systembenutzern aber auch alle Vorzüge der – nun nicht mehr zu verwirklichenden – Entscheidungsunterstützung durch Expertensysteme verloren. Eine haftungsinduzierte Einstellung der Expertensystementwicklung kann daher nicht im Eigeninteresse der potentiellen Systembenutzer liegen. Eine Risikoteilung zwischen den Entwicklern und Benutzern von Expertensystemen scheint hier der einzig realistische Ausweg zu sein. Wie diese Risikoteilung jedoch konkret ausgestaltet werden sollte und wie sie sich gegebenenfalls mit Plausibilitätsargumenten rechtfertigen ließe, stellt derzeit noch ein ungelöstes Problem dar.

5. Einordnung der kritischen Thesen in einen umfassenderen Beurteilungszusammenhang

Die voranstehenden Thesen, die ein kritisches Licht auf den Einsatz von Expertensystemen werfen, würden grundsätzlich mißverstanden, wenn aus ihnen herausgelesen würde, die Entwicklung und Implementierung von Expertensystemen sei schlechthin abzulehnen. Der Thesenkatalog bezweckt lediglich, den Blick für die prinzipiellen oder auch nur aktuellen Schwächen von Expertensystemen zu schärfen. Er dient nur als ein Gegengewicht gegen die oftmals allzu optimistischen Einschätzungen der KI-Technologie.

Dies sagt aber noch nichts darüber aus, ob von dem Einsatz von Expertensystemen für die Bearbeitung betriebswirtschaftlicher Probleme abzuraten sei. Denn diese Probleme harren auch dann noch ihrer Bewältigung, wenn auf Expertensysteme verzichtet wird. Eine umfassendere Beurteilung müßte daher alternative Informationsverarbeitungs-Technologien hinsichtlich ihres Lösungsbeitrags für die jeweils anstehenden Probleme vergleichen. Dabei wird sich zeigen, daß viele der oben thematisierten Schwierigkeiten sowohl für die konventionelle automatische als auch für die menschliche Informationsverarbeitung gelten.

Dies sei nur anhand zweier Beispiele verdeutlicht. Erstens leiden auch konventionelle Softwarepakete an ihrer mangelnden Erklärungsfähigkeit. Im relativen Leistungsvergleich schneiden Expertensysteme hier sogar besonders gut ab, sofern nicht nur die implementierten, sondern auch die konzipierten Exemplare berücksichtigt werden. Zweitens gilt die Semi-Entscheidbarkeit für alle Informationsverarbeitungsprozesse, sobald sie die Ausdrucksmächtigkeit von Prädikatenlogik und Arithmetik erreichen. Die daraus abgeleitete mangelhafte Realzeitzuverlässigkeit trifft insbesondere auch auf Menschen zu, falls sie versuchen sollten, korrekte Problemlösungen durch logische Schlußfolgerungen herzuleiten. Aus den oben vorgetragenen kritischen Faktoren z.B. eine angebliche Überlegenheit des Menschen über Expertensysteme zu deduzieren, wäre daher schlicht ein Fehlschluß.

Mit einem solchen relativen Leistungsvergleich haben sich die vorgelegten Thesen überhaupt nicht befaßt. Einen vielversprechenden Ansatz in dieser Richtung hat dagegen in jüngster Zeit eine Arbeitsgruppe um Mertens vorgelegt[20]. Dort wird in umfangreicheren Studien verglichen, welche Beiträge verschiedene Informationsrepräsentations- und -verarbeitungstechnologien für die Bewältigung jeweils gleicher Realprobleme zu leisten vermögen. Es ist aufschlußreich, wie wenig von der sonst oftmals behaupteten Überlegenheit der Expertensysteme in diesen Studien übrigbleibt. Damit wird nicht behauptet, daß diese Untersuchungen repräsentativ

---

20 Vgl. Geis, W., Straßer, N., Mertens, P., Ausgewählte Vergleiche von Expertensystemen mit alternativen Entscheidungsunterstützungs-Methoden, in: KI – Künstliche Intelligenz: Forschung, Entwicklung, Erfahrungen, 3. Jg. (1989), Heft 3, S. 68-72.

für das grundsätzliche Leistungs*potential* der KI-Technologie seien. Vielmehr beschränken sie sich auf einfache Expertensystem-Prototypen. Dadurch spiegeln sie aber das Entwicklungsniveu gerade jener Expertensysteme wider, die *derzeit* – mitunter euphorisch – für betriebswirtschaftliche Anwendungen angeboten werden. Darüber hinaus zielt ihr methodischer Ansatz des relativen Leistungsvergleichs genau in jene Richtung, die für die Bearbeitung betrieblicher Probleme am fruchtbarsten erscheint. Schließlich enthalten die Studien beachtenswerte Ansätze, um die oben kritisierten Mängel bei der betriebswirtschaftlichen Validierung und Evaluierung von Expertensystemen zu überwinden.

Literaturverzeichnis

Boolos, G.; Jeffrey, R., Computability and Logic, 2. Aufl., Cambridge... 1980.
Christaller, T.; Di Primio, F.; Voss, A. (Hrsg.), Die KI-Werkbank Babylon, Bonn... 1989.
Clark, K.L., Negation as failure, in: Gallaire, H.; Minker, J. (Hrsg.), Logic and data Bases, New York... 1978, S. 293-322.
Coy, W.; Bonsiepen, L., Expert Systems: Before the Flood?; in: Ritter, G.X (Hrsg.), Information Processing 89, Amsterdam... 1989, S. 1167-1172.
Delahaye, J.-P., Formal Methods in Artificial Intelligence, Oxford 1987.
Geis, W.; Straßer, N.; Mertens, P., Ausgewählte Vergleiche und Expertensysteme mit alternativen Entscheidungsunterstützungs-Methoden; in: KI – Künstliche Intelligenz: Forschung, Entwicklung, Erfahrungen, 3. Jg. (1989), Heft 3, S. 68-72.
Habel, C., Logische Systeme und Repräsentationsprobleme; in: Neumann, B. (Hrsg.), GWAI-83, 7th German Workshop on Artificial Intelligence, Berlin... 1983, S. 118-142.
Kassel, G., The use of deep knowledge to improve explanation capabilities of Rule-Based Expert Systems; in: Balzert, H.; Heyer, G.; Lutze, R. (Hrsg.), Expertensysteme '87, Stuttgart 1987, S. 315-326.
Klee, H.W., Relevanz der Erklärungskomponente – Erkenntnisse einer empirischen Untersuchung; in: Information Management, 4. Jg. (1989), Heft 3, S. 44-49.
Kowalski, R., Directions for Logic Programming; in: Brauer, W.; Wahlster, W. (Hrsg.), Wissensbasierte Systeme, 2. Internationaler GI-Kongreß, Berlin... 1987, S. 128-146.
Lenk, H., Können Informationssysteme moralisch verantwortlich sein?; in: Informatik-Spektrum, Bd 12 (1989), S. 248-255, insbesondere S. 251 ff.
Liu, N.K.; Dillon, T., Detection of consistency and completeness in expert systems using Numerical Petri Nets; in: Gero, J.S.; Stanton, R. (Hrsg.), Artificial Intelligence Developments and Applications, Amsterdam... 1988, S. 119-134.
Mertens, P., Expertisesysteme als Variante der Expertensysteme zur Führungsinformation; in: (Schmalenbachs) Zeitschrift für betriebswirtschaftliche Forschung, 41 Jg. (1989), S. 835-854.

Mumford, E.; MacDonald, W.B., XSEL's Progress: The Continuing Journey of an Expert System, Chichester... 1989.

Reminger, B., Wirtschaftlichkeit des Einsatzes von Expertensysteme; in: Zeitschrift für wirtschaftliche Fertigung und Automatisierung, 84. Jg. (1989), S. 613-616.

Sietmann, R., Expertensysteme: Wer haftet bei Fehlentscheidungen? – Wenn Wissen zur Ware wird; in: VDI nachrichten, 43. Jg. (1989), Nr. 38, S. 20.

Wahlster, W.; Kobsa, A., User Models in Dialog Systems; in: Kobsa, A.; Wahlster, W. (Hrsg.), User Models in Dialog Systems, Berlin... 1989, S. 4-34.

Zelewski, S., Das Leistungspotential der Künstlichen Intelligenz, Bd. 1-3, Witterschlick/Bonn 1986.

Zelewski, S., Einsatz von Expertensysteme in den Unternehmen, Ehningen... 1989.

Zweiter Teil

Expertensysteme in betrieblichen Funktionsbereichen

Erstes Kapitel

Strategische Unternehmensführung

Eberhard Plattfaut

Strategische Unternehmensführung – Portfolioanalyse mit dem Expertensystem STRATEX

1. Voraussetzungen für den Aufbau eines wissensbasierten Systems

2. Struktur der Wissensbasis zur Generierung von Strategieempfehlungen
    2.1 Generierung von Strategieempfehlungen durch Kombination verschiedener Portfolio-Ansätze
    2.2 Das Planungsmodell STRATEX

3. Realisierung des Systems
    3.1 Aufbau
    3.2 Wissensrepräsentation
    3.3 Wissensinterpretation
    3.4 Dialogablauf
    3.5 Wesentliche Erweiterungen STRATEX II

4. Beurteilung des vorgestellten Konzeptes
    4.1 Beurteilungskriterien
    4.2 Verminderung der Schwächen der Portfolio-Ansätze
    4.3 Beurteilung durch Praktiker

5. Einsatz und Grenzen

Literaturverzeichnis

---

* Der Beitrag stützt sich in wesentlichen Teilen auf die Darstellung in: Plattfaut, E., Portfolioanalyse mit dem prototypischen Expertensystem STRATEX, HMD 24(1987)5 Heft 138, S. 65-84. Herrn Professor Peter Mertens danke ich für wertvolle Hinweise.

1. Voraussetzungen für den Aufbau eines wissensbasierten Systems

Für die Ausarbeitung von Unternehmensstrategien wurden vielfältige Konzepte entwickelt, von denen die Portfolio-Ansätze die bekanntesten wurden. Portfolios unterscheiden sich nach ihrem Betrachtungsbereich, z. B. Markt- und Technologieportfolio, und nach der Zahl der Felder. Die Bewertung der Planungsdimensionen an den Achsen der Matrizen werden durch Fragebäume ermittelt, in denen aus Einschätzungen von speziellen Indikatoren durch Aggregation allgemeinere Indikatoren bewertet werden. Diese Portfolios sind zwar einfach anzuwenden, vereinfachen jedoch vielfach zu stark. Der Expertensystemansatz soll einen Mittelweg weisen zwischen der Einfachheit und Transparenz klassischer Portfolio-Ansätze und der Notwendigkeit, der komplexen Wirklichkeit im Modell eher gerecht zu werden. Es werden ein Konzept und verschiedene Realisierungen vorgestellt, die Ansätze zum Aufbau wissensbasierter Systeme für die Entwicklung von Unternehmensstrategien nutzbar machen.

Der Einsatz von Expertensystem-Technologie ist insbesondere in solchen Bereichen erfolgversprechend, in denen folgende Voraussetzungen erfüllt sind[1]:

1. Der Bereich ist gekennzeichnet durch den Gebrauch von Expertenwissen, Urteilsvermögen und Erfahrung.
2. Die Aufgabe erfordert den Gebrauch von Heuristik.
3. Experten sind vorhanden und in der Lage, ihr Wissen systematisch darzustellen.
4. Das zu untersuchende Problem muß abgrenzbar sein.

Die erste Voraussetzung kann für den Bereich der Strategiefindung sicher als erfüllt angenommen werden. Der zweite Punkt zielt darauf, daß es sich nicht um eine Aufgabe handelt, die streng deterministisch lösbar ist. Für den Bereich der Strategiefindung trifft dies wie für die meisten „real-world"-Probleme zu, mit Ausnahme solcher, für die es eindeutige mathematische Lösungen gibt.

Die dritte Anforderung ist sicherlich nur bedingt erfüllt. Zum einen gibt es nicht den Experten, der die „richtige" Lösung des Problems liefert und von allen anderen Experten anerkannt wird, wie dies in Wissensbereichen der Fall ist, denen klar erkennbare Gesetzmäßigkeiten zugrundeliegen. Die Situation bei der Strategiefindung ist eher so, daß mehrere unterschiedliche Lösungen existieren, die alle begründbar sind. Nur eine begrenzte Anzahl von Personen wird in der Lage sein, sich auf eine Wissensbasis zu einigen. Als Konsequenz ergibt sich, daß eine einmal entwickelte Wissensbasis nicht allgemeingültig ist, wie dies eher bei einem techni-

---

[1] Vgl. Prerau, D.: Selection of an Appropriate Domain of an Expert System, in: The AI Magazine (1985) 2, S. 26 ff. Siehe auch Waterman, D.: A Guide to Expert Systems. Reading u.a. 1986.

schen Expertensystem der Fall ist. Die Wissensbasis wird deshalb nur für ein Unternehmen oder gar für eine Person gültig sein.

Zum anderen sind die vorhandenen Experten nur bedingt in der Lage, ihr Wissen zu artikulieren und die Art ihres Problemlösungsansatzes zu beschreiben. Die Literatur liefert nur in sehr begrenztem Umfang Wissen, welches sich für den Aufbau eines Expertensystems einsetzen läßt. Dies hat mehrere Gründe:

– Strategien sind von ihrer Idee her innovativ. Der Versuch, Regeln (also feste Schemata) zur Formulierung kreativer Strategien zu finden, kann deshalb nur von begrenztem Erfolg sein. Die Beachtung von Regeln kann aber dabei helfen, gut begründete Strategien zu entwickeln. Ein wissensbasiertes System kann für typische Situationen eine plausible Entwicklungsrichtung vorschlagen, die inhaltlich noch erweitert werden muß, um den spezifischen Umständen Rechnung zu tragen.
– Ein anderer Grund liegt darin, daß die strategische Planung noch nicht so lange Objekt betriebswirtschaftlicher Forschung ist, wie dies in anderen Bereichen der Fall ist. Deshalb ist das Wissen über Methoden auch noch nicht so weit entwickelt und dokumentiert. Es muß jedoch Aufgabe der Betriebswirtschaftslehre sein, auch für strategische Entscheidungen dieses Wissen zu entwickeln[2].

Die vierte Voraussetzung trifft nicht zu, wenn man die strategische Planung als Ganzes betrachtet. Ein Wesensmerkmal der strategischen Planung ist, daß der zu betrachtende Bereich eben nicht eng abgrenzbar ist. Dies schließt jedoch nicht aus, Teilgebiete von handhabbarem Umfang auszugrenzen und mit Expertensystemen zu unterstützen.

Gründe, die für den Einsatz eines Expertensystems auch im Rahmen der strategischen Planung sprechen, sind insbesondere:

– Als relevant erkannte Faktoren und Überlegungen werden in allen Entscheidungssituationen berücksichtigt. Die Dokumentation des Wissens und der Einschätzungen erlaubt Entscheidungen nachzuvollziehen. Eine Strukturierung des Wissens ermöglicht auch, Bewertungen an Spezialisten zu delegieren, die wiederum gezwungen werden, ihre Meinung offenzulegen. Das Gewicht rhetorischer Fähigkeiten in der Strategiediskussion kann so teilweise zurückgedrängt werden.
– Das Know-how bleibt auch bei Verlust des menschlichen Experten erhalten.
– Die Auswirkungen strategischer Entscheidungen sind hoch.

Die Ausführungen machen deutlich, daß es eine besondere Herausforderung ist, die strategische Unternehemensführung und hier insbesondere die Strategieformulierung mit Expertensystemen zu unterstützen. Dies zeigt sich auch daran, daß es bisher kaum Ansätze in diesem Bereich gibt.

2 Grimm, U.: Analyse strategischer Faktoren. Wiesbaden 1983.

Um den genannten Voraussetzungen und Grenzen Rechnung zu tragen, insbesondere um den Bereich auf ein handhabbares Gebiet einzugrenzen, werden die Portfolio-Ansätze als eine Basis zur Generierung von Strategieempfehlungen herausgegriffen. Der vielfältige Einsatz der Portfolio-Methode hat auch dazu geführt, daß ein großer und dokumentierter Erfahrungsschatz vorliegt, der erst den Aufbau eines wissensbasierten Systems möglich macht.

2. Struktur der Wissensbasis zur Generierung von Strategieempfehlungen

2.1 Generierung von Strategieempfehlungen durch Kombination verschiedener Portfolio-Ansätze

Generierung grundsätzlich neuer Strategie-Empfehlungen
Ein Ansatz zur Formulierung von Strategieempfehlungen besteht darin, sie automatisch durch Kombination vieler Teilempfehlungen zu generieren. Dazu werden die Dimensionen und Indikatoren in Abhängigkeit von ihrer Bewertung mit strategischen Empfehlungen verknüpft. Voraussetzung wäre jedoch die Kenntnis eines Konfliktlösungsalgorithmus, der für die Konsistenz der Gesamtstrategie sorgt. Ein solcher Algorithmus ist aber nicht bekannt. Notwendig dafür wäre, daß eine formale Beschreibung der strategischen Empfehlungen und ihrer Konsistenzbedingungen gefunden wird, d. h., Teilstrategien durch Handlungen, Aktionen, Prämissen etc. adäquat repräsentiert und ihre Interdependenzen formuliert werden können. Um auch nur Ansätze hierfür zu entwickeln, ist erheblicher Forschungsaufwand notwendig.

Auswahl aus einer Menge vorgegebener Strategie-Empfehlungen

Eine Alternative zur generischen Strategieformulierung ist die Auswahl aus vorformulierten und auf Konsistenz geprüften Strategieempfehlungen, die für typische Situationen einen „robusten ersten Schritt" beinhalten. Durch Bewertung der einzelnen Indikatoren ergibt sich eine Beurteilung der Planungsdimensionen. Diese repräsentieren die strategische Einschätzung eines Produktes und bestimmen die Strategie.

Für jede mögliche Kombination von strategischen Positionen müssen die entsprechenden Strategieempfehlungen formuliert und auf Widerspruchsfreiheit geprüft werden. Mit einer wachsenden Zahl unterschiedlicher Planungsdimensionen wächst der Konstruktionsaufwand deshalb exponentiell. Bei einer 3x3-Matrix sind neun, bei zwei 3x3-Matrizen schon 81 Strategieempfehlungen notwendig (vgl. Abbildung 1).

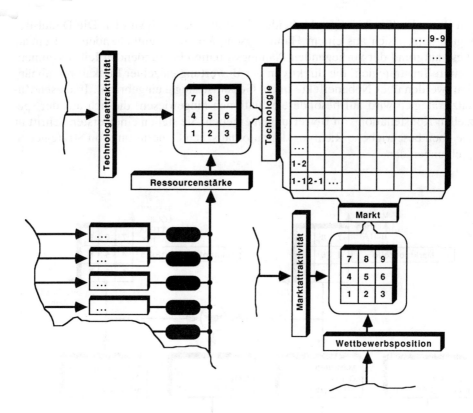

Abb. 1: Kombination zweier Portfolios

2.2 Das Planungsmodell STRATEX

Struktur des Planungsmodells

Ausgangspunkt bei der Entwicklung des Planungsmodells, im folgenden STRATEX genannt, ist die Kombination eines Markt-Portfolios und eines Technologie-Portfolios. Es handelt sich um ein vierdimensionales Planungsmodell[3].

Die Zusammensetzung der Strategieempfehlung ist verfeinert worden (vgl. Abbildung 2). Aus den Strategien der beiden Portfolios ergeben sich neun marktliche und neun technologische Grundstrategien, von denen jeweils eine in die Gesamtstrategie einfließt. Diese werden durch eine von 81 Detailstrategien ergänzt, die

---

3 Zur Verknüpfung des Technologie- mit dem Markt-Portfolio vgl. auch Wildemann, H.: Strategische Investitionsplanung für neue Technologien in der Produktion, in: Albach, H., Wildemann, H. (Hrsg.), Ergänzungsheft 1 1986 der Zeitschrift für Betriebswirtschaft, S. 1 ff.

auf Basis der Kombination der beiden Portfolios gebildet wurden. Die Detailstrategien setzen sich aus einem Handlungsempfehlungen enthaltenden und einem diese aufgrund der vorliegenden Planungssituation begründenden Teil zusammen. Weitere Teilstrategien, die direkt von der Bewertung einzelner Indikatoren abhängen, werden über Nebeneffekte in die Gesamtstrategie eingebracht. In diesen Zusatzstrategien wird auf besondere Situationen hingewiesen, die sich aus der speziellen Konstellation von Bewertungen ergeben. Sie stellen einen ersten Schritt in die oben beschriebene Richtung der automatischen Generierung von Strategieempfehlungen dar.

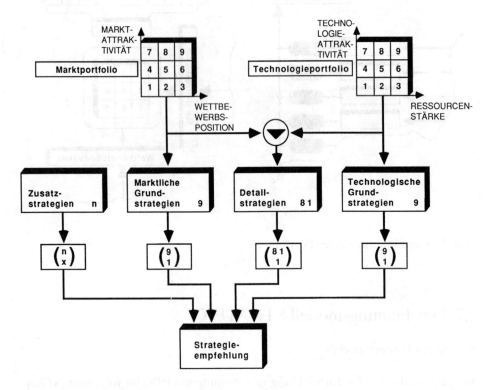

Abb. 2: Strategiebildung im Planungsmodell STRATEX

Bewertung der Planungsdimensionen

Größen wie die Technologieattraktivität sind direkt nur schwer zu bewerten, und es besteht die Gefahr, erfolgsentscheidende Einflußfaktoren nicht zu berücksichtigen. Durch die Einführung von Fragebäumen wird die Einschätzung der Portfoliodimensionen vereinfacht. Ziel der Fragebäume ist, die Indikatoren explizit zu nennen, d. h. diejenigen Größen, die bei der Bewertung einer Planungsdimension berücksichtigt werden müssen, zusammen mit einer Methode zur Aggregation festzulegen. Sie stellen gleichzeitig sicher, daß einmal als relevant erkannte Planungsfaktoren auch wirklich betrachtet werden. Abbildung 3 zeigt in Form eines Fragebaums, aus welchen Größen die Bewertung der Technologieattraktivität zusammengesetzt werden kann.

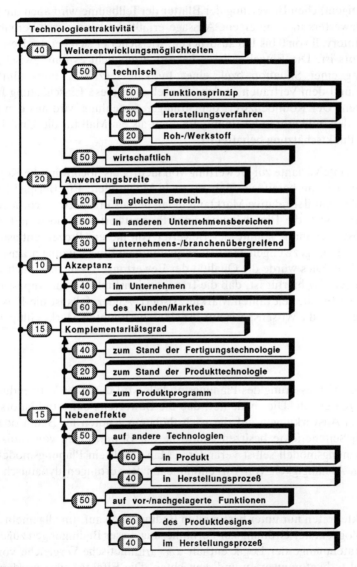

Abb. 3: Fragebaum für die Bewertung der Technologieatraktivität

Zulässige Bewertungen für die Indikatoren sollen aus der Wertemenge (niedrig, mittel, hoch) sein. Diese Wertemenge wurde hier erweitert auf den Bereich von minus fünf bis plus fünf. Als Aggregationsmethode dient die gewichtete Mittelwertbildung unter Einbezug der im Fragebaum dargestellten relativen Gewichte. Auf der Ebene der Planungsdimensionen werden die Einschätzungen durch Äquivalenzklassenbildung in diskrete Werte überführt, um die Zuordnung zu den Normstrategien zu ermöglichen.

Neben der eigentlichen Bewertung der Blätter der Teilbäume wird auch die Konfidenz des Bewerters in seine eigene Aussage erfaßt. Er kann durch Vergabe von Zahlen im Intervall von 0 bis 100 ausdrücken, wie sicher er sich bei der Bewertung des Indikators ist. Die Eingabe dieses Faktors ermöglicht es ihm, zwischen der Einschätzung einer Situation bzgl. eines Indikators (z. B. „minus fünf" bzw. „Schlecht") und dem Vertrauen, welches er selbst in diese Einschätzung hat, zu differenzieren. Der Konfidenzwert der Strategieempfehlung wird aus den Konfidenzwerten der Indikatoren bestimmt. Er dient als ein Maß für die Unsicherheit mit der die Punktschätzung behaftet ist.

Eine interessante Variante zur Bewertung von niedrig bis hoch wäre die Kopplung des Wertebereichs an bereits verfügbare, reale Meßgrößen. Ein Beispiel für eine solche Größe stellt der relative Marktanteil dar, der als Prozentwert vorliegt. Falls das Planungsmodell die Einschätzung eines Prozentwertes als hoch, mittel oder niedrig selbst vornimmt, könnte der Bewerter von diesem Prozeß entlastet werden. Er wäre dabei gezwungen, statt einer qualitativen Einschätzung präzise Angaben zu machen. Dies würde die Qualität der Bewertungen wahrscheinlich verbessern. Voraussetzung hierfür ist, daß die Transpositionsfunktion zur Anpassung der Wertebereiche für die relevanten Märkte existiert. Andernfalls ist die Flexibilität eingeschränkt, da die Wissensbasis nur für einen bestimmten Markt gültig wäre.

Nebeneffekte

Eine wichtige Verbesserung des Planungsmodells wird durch die Verwendung von Nebeneffekten erzielt. Dies bedeutet, daß die Bewertung eines Indikators außer den direkten Auswirkungen auf die nächsthöheren Knoten im Baum oder Netzwerk auch Seiteneffekte besitzen kann, die die Bewertungen von Indikatoren und das Planungsmodell selbst verändern. Man erhält ein Planungsmodell, welches sich in Abhängigkeit von vorgenommenen Bewertungen dynamisch verändert.

Nebeneffekte treten nur unter bestimmten Bedingungen auf. Im allgemeinen wird Prädikatenlogik erster Ordnung zur Formulierung dieser Bedingungen zugelassen. Die Prädikatenmenge der Logik enthält u.a. arithmetische Vergleiche von Konstanten und Indikatorenwerten und -gewichten. Die Effekte selbst werden durch auszuführende Aktionen beschrieben.

Änderung der Gewichtung

Die Änderung von Gewichten als Aktion eines Nebeneffektes bewirkt, daß Planungsindikatoren wachsenden oder fallenden Einfluß auf die Gesamtstrategien bekommen und damit Werte anderer Indikatoren indirekt ändern.

Wird bei den Fragen zur Bestimmung der Marktattraktivität die Konkurrenzsituation negativ beurteilt, z. B. weil es sich um einen von vielen leistungsfähigen Unternehmen intensiv bearbeiteten Markt handelt, dann kann damit gerechnet werden, daß die Gewinnerwartung ebenfalls eher niedrig anzusetzen ist. Diese beiden Faktoren sollten nicht zu großen (negativen) Einfluß auf die Bewertung erhalten, da eine besonders positiv eingeschätzte zukünftige Nachfrage diesen Effekt u.U. überkompensieren kann. In einer derartigen Situation sollte das Gewicht des Faktors „zukünftige Nachfrage" wachsen, für den Indikator „Gewinnerwartung" sinken. Dies wird durch das „Feuern" einer Regel erreicht (Abbildung 4). Eine solche wirkt wie ein Schaltwerk, das bei Eintritt bestimmter Bedingungen eine Reihe von Schaltern gleichzeitig umlegt und andere Gewichtungsfaktoren aktiviert. Die Regel ist so formuliert, daß das Gewicht der Gewinnerwartung sich von 0,2 auf 0,1 verringert und das Gewicht der zukünftigen Nachfrage von 0,35 auf 0,45 steigt, wenn die Konkurrenzsituation schlechter als 0 bewertet wird. Ergebnis ist, daß die Marktattraktivität bei hoher (niedriger) zukünftiger Nachfrage und schlechter Konkurrenzsituation höher (niedriger) beurteilt wird als ohne diese Regel. In der Abbildung wird die Konkurrenzsituation mit „minus zwei" bewertet.

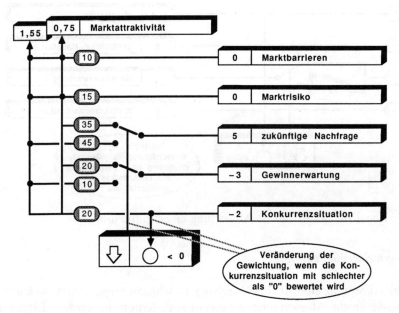

Abb. 4: Regel zur Änderung von Gewichten

Dies hat zur Folge, daß die Regel feuert und der Schalter betätigt wird. Ergebnis ist, daß die Gewichte der Indikatoren verändert werden und die Marktattraktivität mit „1,55" statt mit „0,75" bewertet wird, da die zukünftige Nachfrage als „sehr gut" eingeschätzt wurde.

Faktorisierte Ab-/Aufwertung

Die Art der Bewertung eines Indikators kann ein Indiz dafür sein, einen anderen Einflußfaktor gegenüber der vorgenommenen Bewertung ab- oder aufzuwerten.

Wird beispielsweise das Risiko in einem Markt sehr hoch eingeschätzt, so ist die Gewinnerwartung besonders kritisch zu betrachten. Um einer solchen Situation durch eine vorsichtige Bewertung Rechnung zu tragen, wird die Bewertung der Gewinnerwartung durch einen Faktor relativiert. Abbildung 5 zeigt eine solche Regel. Bei einer schlechteren Einschätzung des Marktrisikos als „minus zwei" wird die Einschätzung der Gewinnerwartung durch Multiplizieren mit dem Faktor 0,8 (bei Werten größer 0) bzw. 1,2 (bei Werten kleiner 0) um 20 % verringert. Im Beispiel der Abbildung hatte die Bewertung des Marktrisikos (minus drei) zur Folge, daß die Gewinnerwartung (fünf) um 20 % verringert wurde.

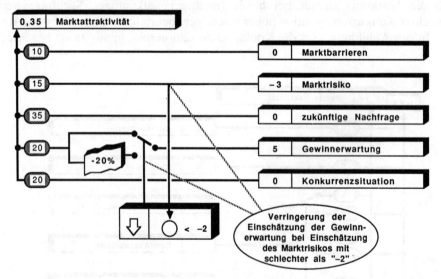

Abb. 5: Regel zur faktorisierten Abwertung eines Indikators

Einbringen einer Konstanten

Wird die Akzeptanz einer Technologie als sehr schlecht eingeschätzt, so kann dies, man denke an die Atomenergie, zu einem K.o.-Kriterium werden. Eine nähere Analyse der Technologieattraktivität erscheint nur unter besonderen Voraussetzungen sinnvoll. Werden beispielsweise die Weiterentwicklungsmöglichkeiten, die im Zeitverlauf zu einer besseren Beherrschung der Technologie und damit u.U. zu einer Verbesserung der Akzeptanz führen können, nicht als „sehr gut" bezeichnet, kann die Technologieattraktivität direkt als „schlecht" bewertet werden. Die schlechte Akzeptanz müßte durch besonders gute Weiterentwicklungsmöglichkeiten überkompensiert werden, um eine weitere detaillierte Bewertung der Technologieattraktivität zu rechtfertigen. Abbildung 6 zeigt das Wirken einer solchen Regel. Sind die Akzeptanz geringer als „minus vier" und die Weiterentwicklungsmöglichkeiten nicht besser als oder gleich „plus vier" bewertet worden, erhält die Technologieattraktivität den Wert „minus fünf".

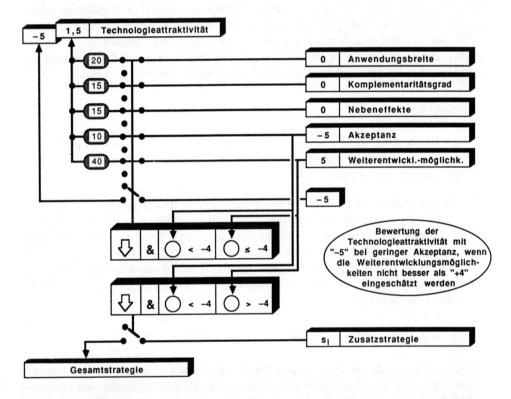

Abb. 6: Regel zur direkten Änderung eines Wertes und zum Einbringen einer Zusatzstrategie

Bedingte Strategien

Das Auftreten von Bewertungen über-/unterhalb bestimmter Schwellenwerte kann auf Situationen hindeuten, die besondere Aufmerksamkeit erfordern. Auf solche Konstellationen kann mittels einer Zusatzstrategie hingewiesen werden. Da Zusatzstrategien nur unter bestimmten Bedingungen gültig sind, können sie nicht in die Gesamtstrategien integriert werden. Definiert man eine Aktion, die solche Strategien mit einer Gesamtstrategie verbindet, so kann man durch Nebeneffekte die Aufnahme einer solchen Teilstrategie in den Strategievorschlag steuern und die Strategieempfehlung differenzierter gestalten. Dadurch wird vermieden, daß die Informationen über diese spezielle Datenkonstellation durch Aggregation der Werte vernichtet werden.

Im Beispiel des vorhergehenden Abschnitts würde bei einer Bewertung der Akzeptanz von kleiner „minus vier" und der Weiterentwicklungsmöglichkeiten von größer „plus vier" diese Konstellation durch eine Zusatzstrategie hervorgehoben (vgl. Abbildung 6). Es wird dann darauf hingewiesen, die Weiterentwicklungsmöglichkeiten insbesondere unter dem Aspekt der Verbesserung der Akzeptanz zu untersuchen bzw. die Technologie dort zu verwenden, wo die Akzeptanz besser beurteilt wird. Im anderen Fall, wenn die Weiterentwicklungsmöglichkeiten die schlechte Akzeptanz nicht überkompensieren, weist das System in einer Zusatzmitteilung den Grund dafür aus, daß die Technologieattraktivität abgewertet wurde.

Bedingte Fragen

Einige Indikatoren werden erst nach Eintritt bestimmter Vorbedingungen durch Bewertungen anderer Indikatoren relevant. Sie sind in der Regel mit weiteren Nebeneffekten verknüpft.

Ein Beispiel für einen bedingten Faktor tritt bei der Bewertung der Patentsituation auf (vgl. Abbildung 7). Wird diese schlecht beurteilt, so wird die Frage gestellt, ob eine Verbesserung der Patentsituation durch Kauf von Patenten oder Lizenzen möglich ist. Stehen die Chancen dafür gut, so ist dies ein finanzielles, aber kein unlösbares Problem, welches die Bearbeitung des Marktes unmöglich machen würde, da die dem Produkt zugrundeliegende Technologie im Unternehmen nicht verfügbar ist.

Verkürzung des Bewertungsprozesses

Eine Verkürzung der Analyse kann entweder durch das Abschneiden von Teilbäumen oder im Extremfall durch den Abbruch des Bewertungsprozesses erfolgen. Abbildung 6 zeigt ein Beispiel für das Abschneiden eines Teilbaumes. Wird die Akzeptanz schlecht beurteilt und sind die Weiterentwicklungsmöglichkeiten nicht besonders hoch, so wird die Technologieattraktivität ohne Berücksichtigung anderer Indikatoren dieses Teilbaumes mit schlecht bewertet.

Ein Beispiel für den Extremfall des völligen Abbruches zeigt Abbildung 7. Wird nach Einschätzung der Patentsituation mit schlechter als „minus vier" die Möglichkeit zum Erwerb von Lizenzen negativ beurteilt, so bringt das System in einer weiteren Zusatzfrage den Vorschlag, die Bewertung abzubrechen. Der Benutzer kann jedoch entscheiden, ob er die Bewertung fortsetzen oder beenden will.

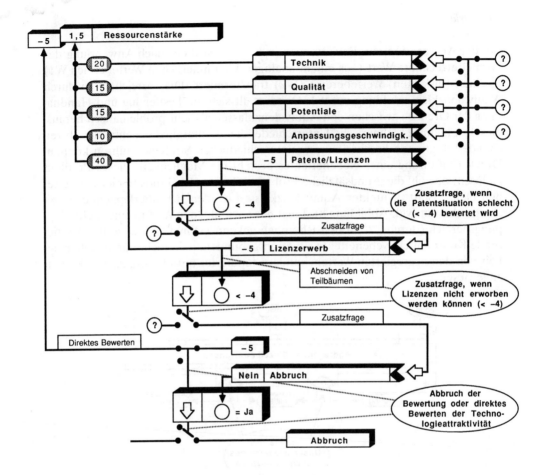

Abb. 7: Zusammenwirken mehrerer Regeln

Plausibilitätsprüfung

Bei der Vielzahl der verwendeten Indikatoren gibt es Faktoren, deren Einschätzung mit der anderer unter normalen Umständen korrelieren müßte. Wenn z. B. die Bewertung der Anpassungsgeschwindigkeit des Unternehmens an neue technologische Entwicklungen sehr stark davon abweicht, wie die personellen Potentiale des Unternehmens im technologischen Bereich eingeschätzt werden, so kann auf diesen Mangel an Plausibilität gesondert hingewiesen werden. Der Bewerter hat dann die Möglichkeit, eine seiner Einschätzungen zu ändern, oder er gibt an, warum er bei seiner Einschätzung bleibt. Ein solcher Regeltyp trägt dazu bei, die Konsistenz der vorgenommenen Bewertungen zu erhöhen.

Unschärfe

Bei der Aggregation von Bewertungen in Knoten wird der nach Anwendung der Formel errechnete Wert (aus einem analogen kontinuierlichen Wertebereich W1) in einen (diskreten) Wertebereich (W2) transformiert. Dies erreicht man durch Äquivalenzklassenbildung auf W1. Dabei stellt sich die Festlegung und Handhabung der Grenzen zwischen den Äquivalenzklassen als sehr problematisch heraus, da selbst kleinste rechnerische Unterschiede, die nur marginal voneinander abweichende Situationen beschreiben, zu unterschiedlichen Strategien führen können. Durch Einführung eines Nebeneffektes besteht die Möglichkeit, dieses Problem zu lösen, obwohl die grundsätzliche Problematik einer Punktpositionierung bestehen bleibt. Statt disjunkter Äquivalenzklassen werden sich überlappende Bereiche geschaffen (vgl. Abbildung 8). Liegt der abzubildende Wert in einem Überlappungsbereich (durch „?" in den Rhomben gekennzeichnet), so wird die resultierende Klasse durch Nebeneffekte situationsgebunden, d. h. nicht nur in Abhängigkeit von den aggregierten Werten, sondern fundierter mittels zusätzlicher Regeln zugewiesen.

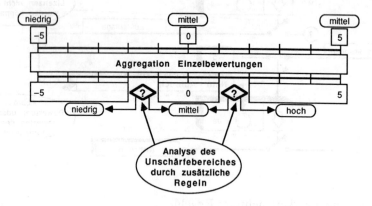

Abb. 8: Unschärfebereiche bei der Aggregation in Knoten

Befindet sich die Wettbewerbsposition z. B. im Unschärfebereich zwischen „mittel" und „gut", wird mit folgender Regel entschieden, ob sie als „gut" oder „mittel" bewertet wird.

Wenn
  ((Wert von Akquisitionsstärke > 1,5 und
  Wert von relativem Marktanteil > -0,5) oder
  (Wert von Akquisitionsstärke > -0,5 und
  Wert von relativem Marktanteil > 1,5)) und
  Konfidenz von Wettbewerbsposition > 70,
dann
  wird die Wettbewerbsposition mit gut bewertet.

3. Realisierung des Systems

STRATEX wurde mehrfach auf verschiedenen Trägersystemen implementiert und in einigen Bereichen erweitert ohne am grundsätzlichen Konzept etwas zu verändern. Die Grundversion wurde einmal mit einem speziellen, auf diese und verwandte Wissensbasen zugeschnittenen in PROLOG geschriebenen Systems und ein zweites Mal mit dem schon für zahlreiche andere Wissensbasen eingesetzten Expertensystemtool HEXE[4] realisiert, um Vergleiche der Eignung unterschiedlicher Expertensystemtools für die vorgestellte Wissensbasis zu ermöglichen. Weitere Realisierungen mit Erweiterungen in bestimmten Teilbereichen erfolgten unter ESE[5] und XI-Plus[6]. Im folgenden wird zur Darstellung der Grundstruktur die PROLOG-Realisierung skizziert.

3.1 Aufbau

Die im vorhergehenden Abschnitt beschriebene Wissensbasis wurde in einer PROLOG2-Umgebung realisiert. Abbildung 9 gibt einen Überblick über die Struktur des Systems[7].

Bei dem PROKEE-Kommunikationssystem (PROLOG Knowledge Engineering Environment) handelt es sich um eine objektorientierte Erweiterung von PROLOG2. Das PROKEE-Entwicklungssystem enthält Konstrukte, die den Aufbau des zu erstellenden Prototypen erleichtern. PPM (PROLOG Portfolio Manage-

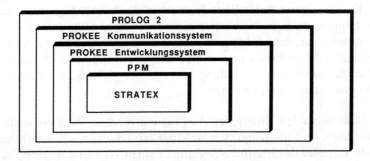

Abb. 9: Struktureller Aufbau der Implementierung

---

4 Mertens, P., Allgeyer, K., Schumann, M.: Ein Tool zur Entwicklung von Expertensystemen, in: Online (1986) 7, S. 29 ff.
5 Schumann, M., Gongla, P., Lee, K., Sakamoto, G.: Business Strategy Advisor. IBM Los Angeles Scientific Center. Report 1987-2821, Dezember 1987.
6 Deutsch, H.-J.; Erweiterung und Implementierung eines Ansatzes zur computergestützten Produktstrategieauswahl. Diplomarbeit, Nürnberg 1989.
7 Plattfaut, E.: DV-Unterstützung strategischer Unternehmensplanung – Beispiele und Expertensystemansatz. Berlin u.a. 1988.

ment) ist das Wissensrepräsentationssystem, mit dessen Hilfe die Wissensbasis STRATEX implementiert wurde.

3.2 Wissensrepräsentation

Das Wissensrepräsentationssystem PPM ist speziell für die Implementierung von Planungsmodellen auf Basis der Portfolio-Ansätze geschaffen worden, um eine der Struktur des Modells möglichst entsprechende und effiziente Repräsentation zu ermöglichen. Weiterentwicklungen und Modifikationen des Planungsmodells können dadurch flexibel vorgenommen werden. PPM versucht, durch Integration von Elementen verschiedener Basisrepräsentationsformen (Logik, Produktionsregeln, Frames und assoziative Netze) deren spezielle Vorteile zu nutzen, und ist damit ein hybrides Wissensrepräsentationssystem.

Basiselement ist ein Frame, der jeweils einzelne Indikatoren bzw. Knoten im Baum oder eine Strategie repräsentiert. Die Struktur der Fragebäume und der Strategiebildung wird durch die Definition eines Netzes auf der Menge der Frameinstanzen abgebildet. Für jede Frameinstanz werden ihre Verbindungen zu anderen durch Slots festgelegt. Das gesamte Planungsmodell enthält über 200 Frameinstanzen und ca. 300 Texte, die über Pointer mit den Frameinstanzen verbunden sind. Die oben dargestellten Nebeneffekte werden durch Regeln repräsentiert, die ebenfalls in Slots eingetragen werden.

Der Grundaufbau des Frames ist für Blätter, Knoten und Strategien gleich, wobei nicht alle Slots für alle Typen von Frameausprägungen relevant sind. Vorteil ist, daß auch „Knoten-Frames" als „Blatt-Frames" in der Inferenzmaschine verarbeitet werden können, da auch die Knoten die notwendigen Slots enthalten, um als Blätter verarbeitet werden zu können. Dies ermöglicht auf einfache Weise, den Inferenzprozeß zu beeinflussen und so die Analyse mit unterschiedlichem Detaillierungsgrad durchzuführen. Abbildung 10 zeigt beispielhaft eine Frameausprägung zur Repräsentation eines Knotens.

Im Identifikationsbereich wird jeder Ausprägung eines Frames ein eindeutiger Name zugewiesen und festgelegt, um welchen Typ (Blatt, Knoten, Strategie) es sich handelt. Der Slot des Blattbereichs enthält einen Verweis auf einen Fragetext und dient dem Erfassen der Bewertung von Blättern. Der Knotenbereich beschreibt die Aggregation von Indikatoren, d. h., wie das Ergebnis der Frameausprägung aus anderen ermittelt wird. Angegeben sind hier als Funktionen die gewichtete Mittelwertbildung; es können jedoch auch andere, verwendet werden. Im Slot „Strategie" werden die Strategien durch eine Liste von Regeln repräsentiert, deren Aktion die Ausgabe von Gesamt- und Teilstrategien ist. Die Slots des Ergebnisbereichs enthalten das Ergebnis der Frameausprägung und unter Umständen einen Voreinstellungswert. Durch den Scheduling-Bereich kann die Abarbeitungsreihenfolge der Frameinstanzen durch die Inferenzmaschine beeinflußt wer-

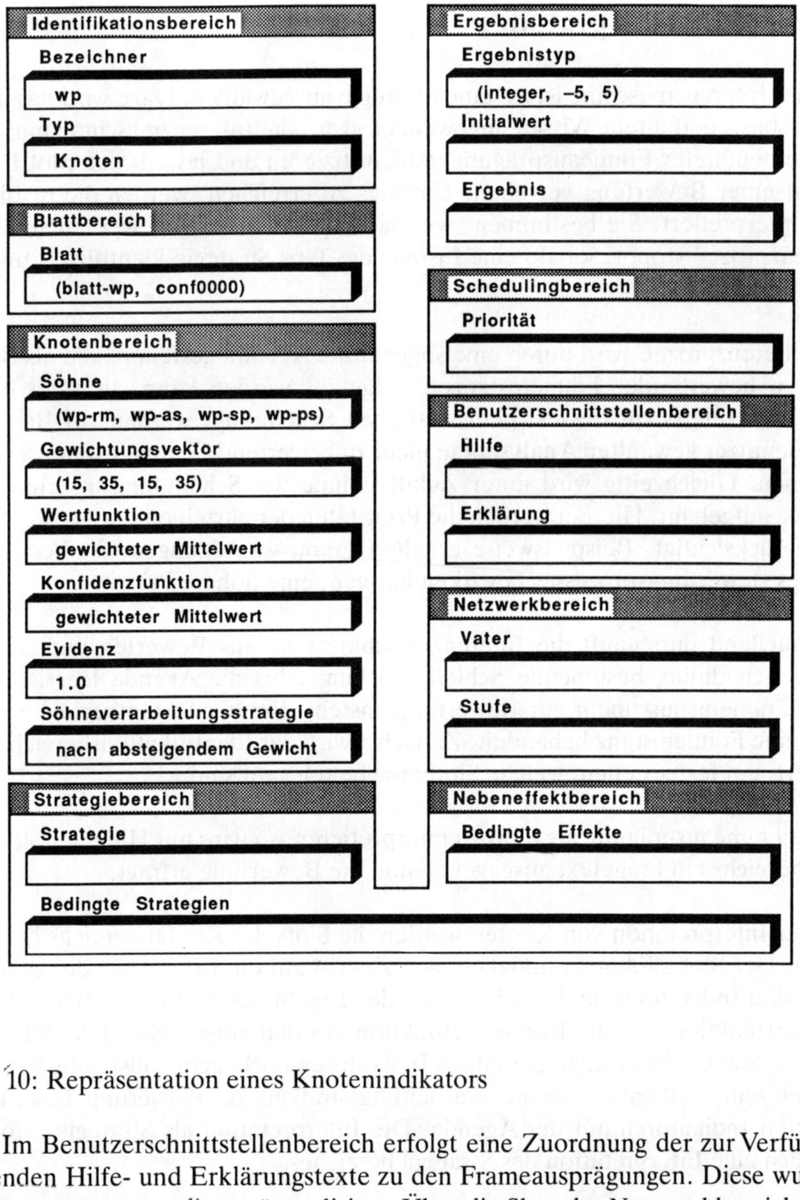

Identifikationsbereich		Ergebnisbereich
Bezeichner		Ergebnistyp
wp		(integer, −5, 5)
Typ		Initialwert
Knoten		
		Ergebnis
Blattbereich		
Blatt		Schedulingbereich
(blatt-wp, conf0000)		Priorität
Knotenbereich		
Söhne		Benutzerschnittstellenbereich
(wp-rm, wp-as, wp-sp, wp-ps)		Hilfe
Gewichtungsvektor		
(15, 35, 15, 35)		Erklärung
Wertfunktion		
gewichteter Mittelwert		Netzwerkbereich
Konfidenzfunktion		Vater
gewichteter Mittelwert		
Evidenz		Stufe
1.0		
Söhneverarbeitungsstrategie		
nach absteigendem Gewicht		
Strategiebereich		Nebeneffektbereich
Strategie		Bedingte Effekte
Bedingte Strategien		

Abb. 10: Repräsentation eines Knotenindikators

den. Im Benutzerschnittstellenbereich erfolgt eine Zuordnung der zur Verfügung stehenden Hilfe- und Erklärungstexte zu den Frameausprägungen. Diese wurden im Prototypen nur rudimentär realisiert. Über die Slots des Netzwerkbereichs und den Söhneslot im Knotenbereich wird der Aufbau von Taxonomien über die einzelnen Frameausprägungen ermöglicht. Der Nebeneffektbereich enthält die in Form von Regeln repräsentierten Nebeneffekte, zu denen auch die bedingten Strategien zählen.

3.3 Wissensinterpretation

Ziel der Inferenzmaschine ist es, eine Strategie auszuwählen. Dazu wird das in der Wissensbasis enthaltene Wissen angewendet, d.h., die Inferenzmaschine muß eine Menge benötigter Frameausprägungen identifizieren und jeweils den Slot Ergebnis mit einer Bewertung versehen. Um dies zu erreichen, werden die restlichen Slots interpretiert. Sie bestimmen, wie das Ergebnis ermittelt werden soll. Der Inferenzprozeß stoppt, sobald eine Instanz des Typs Strategie identifiziert und bewertet worden ist.

Der Inferenzprozeß wird durch eine sogenannte Agenda gesteuert, die als Stapel noch zu bewertender Frameinstanzen aufgefaßt werden kann. In einer ersten Phase des Inferenzprozesses, dem statischen Scheduling, werden auf Basis der vom Benutzer gewählten Analysetiefe nicht zu bewertende Frameinstanzen ausgeschlossen. Gleichzeitig wird unter Zuhilfenahme der Schedulingslots eine erste Agenda aufgebaut. Hierbei werden die Prioritäten der einzelnen Frameausprägungen berücksichtigt. Beispielsweise erhalten Frameausprägungen, die Verkürzungen des Bewertungsprozesses bewirken können, eine höhere Priorität.

Anschließend durchläuft die Inferenzmaschine eine aus Bewerten und dynamischem Scheduling bestehende Schleife so lange, bis die Agenda leer ist, d.h., keine Frameinstanz mehr zur Bewertung ansteht. Bei der Instantiierung wird jeweils eine Frameinstanz behandelt. Zunächst wird der Identifikationsbereich interpretiert, um festzustellen, welche Slotbereiche relevant sind.

Ist die Frameausprägung als Blatt zu interpretieren, so wird mit Hilfe der Slots des Blattbereichs ein Fragetext ausgegeben und die Bewertung erfragt.

Bei der Interpretation von Knoten werden die Slots des Knotenbereichs herangezogen. Der Slot „Söhne" ermöglicht den Zugriff auf die Ergebnisse der zu aggregierenden Indikatoren und das Erstellen der Ergebnisliste. Anschließend werden die Wertfunktion und die Konfidenzfunktion aus den entsprechenden Slots angewendet. Sollten die zu aggregierenden Indikatoren noch nicht vollständig bewertet worden sein, so dient die Söhneverarbeitungsstrategie zur Plazierung dieser unbewerteten Indikatoren auf der Agenda. Die Interpretation als Strategie erfordert lediglich eine Interpretation des Strategiebereiches.

Sind die Ergebnisse ermittelt, so können diese in die Slots eingetragen werden. In allen Fällen werden die Nebeneffekte überprüft und die Aktionsteile der Regeln mit erfüllter Vorbedingung ausgeführt. Ist eine Frameinstanz vollständig bearbeitet, so wird sie von der Agenda gelöscht.

3.4 Dialogablauf

Nach Aufruf des Systems und Wahl der Analysetiefe, die im Untermenü „Einstellen von Parametern" erfolgt (vgl. Abbildung 11), beginnt der Bewertungsprozeß. Abbildung 12 zeigt eine typische Dialogmaske zur Erfassung der Bewertung eines Blattindikators. Es werden so lange neue Bewertungen gefordert, bis aufgrund der eingegebenen Einschätzungen eine Strategie identifiziert werden kann. Die ausgewählte Strategie wird, ergänzt um eine Zusammenfassung aller Bewertungen eines oder mehrerer Bewerter, über Bildschirm oder Drucker ausgegeben. Dabei wird auch auf bestimmte im Verlauf des Bewertungsprozesses aufgetretene Nebeneffekte verwiesen.

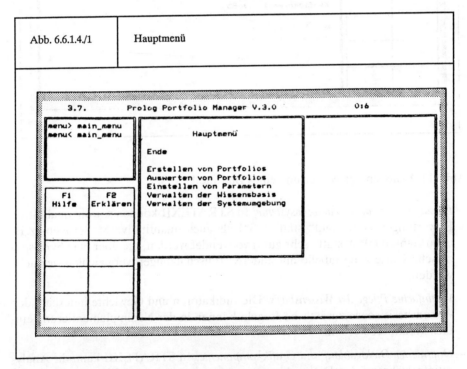

Abb. 11: Hauptmenue der STRATEX-Implementierung

3.5 Wesentliche Erweiterungen STRATEX II

In der Implementierung von STRATEX II wurden einige Schwächen von STRATEX behoben und Erweiterungen implementiert. Zu nennen sind hier insbesondere:

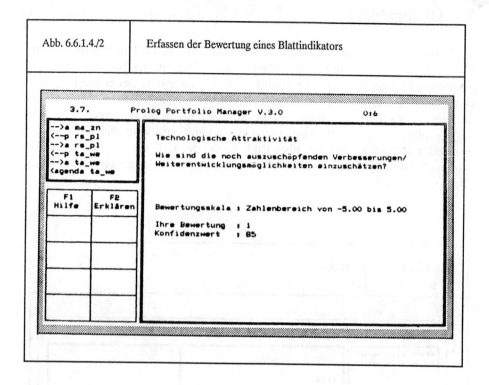

Abb. 12: Erfassen der Bewertung eines Blattindikators

- *Einsatz verschiedener Faktorensysteme:* In STRATEXII können sowohl qualitative Bewertungen (z.B. „gut" statt „+3") als auch quantitative Meßgrößen (z.B. „Marktanteil 60%" statt „sehr gut") verwendet werden, die über eine SGF-spezifische Umsetzungstabelle mit anderen Einschätzungen vergleichbar gemacht werden.

- *Vereinfachte Pflege der Wissensbasis:* Die Indikatoren und Gewichte innerhalb der Wissensbasis sowie zusätzliche Regeln können in der Neuimplementierung einfach verändert werden.

- *Optimierter Dialogablauf und Grafikkomponente:* In STRATEXII kann die Analysetiefe während des Dialogablaufs verändert werden und Einzelbewertungen können im Sinne einer What-if-Vorgehens angepasst werden. Die Grafikkomponente erlaubt die Ausgabe von Portfoliomatrizen und den Vergleich von mehreren Bewertungen.

- *Aufbau von SGF-Hierarchien:* Als ein erster Schritt, um die interdependente Bewertung von verschiedenen Produkte zu ermöglichen, wurden in STRATEXII SGF-Hierarchien geschaffen. Diese ermöglichen die Bewertung eines SGF auch aus den vorhandenen Bewertungen der untergeordneten SGF zu generieren.

4. Beurteilung des vorgestellten Konzeptes

4.1 Beurteilungskriterien

Der Einsatzbereich eines auf dem vorgestellten Konzept basierenden Systems schließt es aus, seine Leistungsfähigkeit anhand kurzfristig meßbarer quantitativer Leistungskriterien zu bewerten. Als Ersatz können die beiden folgenden Ansatzpunkte dienen:

- Inwieweit ist es gelungen, Schwächen der Portfolio-Ansätze auszuräumen bzw. ein über die Leistungsfähigkeit der Portfolio-Ansätze hinausgehendes Konzept zu schaffen?
- Wie wird das System von Experten, die sich mit dieser Problematik beschäftigen, beurteilt?

4.2 Verminderung der Schwächen der Portfolio-Ansätze

Die bekannten Ansätze enthalten nur zwei Dimensionen, die als bestimmend für die Einschätzung einer strategischen Situation angenommen werden. Dimensionen, die bei konventionellen Portfolio-Ansätzen unabhängig voneinander zu bewerten sind, wurden in ein Planungsmodell integriert. So ist es möglich, neben marktlichen auch technologische Kriterien in eine Analyse einzubeziehen.

Die Güte der Positionierung und die daraus abzuleitende Strategieempfehlung hängen u.a. davon ab, inwieweit die relevanten Erfolgsfaktoren berücksichtigt wurden. Die Verwendung von Fragebäumen zur Bestimmung der Bewertungen der Planungsdimensionen erlaubt eine Einschätzung auf einer weniger abstrakten Stufe und stellt auch sicher, daß alle als relevant erkannten Einflußfaktoren berücksichtigt werden.

Nicht alle einbezogenen Indikatoren sind jedoch in allen Situationen bedeutsam. Deshalb werden durch Regeln einzelne oder Gruppen von Indikatoren aktiviert bzw. deaktiviert. Hierdurch steigt die Handhabbarkeit des Modells, da langwierige Bewertungen von für die Situation nicht mehr relevanten Faktoren vermieden werden können. Ergänzt wird dies durch die steuerbare Analysetiefe.

Bei wachsender Komplexität des Faktorensystems werden die erfaßten Indikatoren immer spezifischer und detaillierter. Zwischen den Indikatoren treten vielfältige Interdependenzen auf. Mit Hilfe von Regeln wird auf solche besondere Bewertungskonstellationen hingewiesen. Es ist damit ein Ansatz entwickelt worden, der die Berücksichtigung von Interdependenzen zwischen den Bewertungsfaktoren bzw. sogar zwischen verschiedenen SGF erlaubt. Damit erreicht man auch, daß der Informationsverlust durch Aggregation vermindert wird und die Strategien durch entsprechende Hinweise spezifischer gestaltet werden können.

4.3 Beurteilung durch Praktiker

Das System wurde verschiedenen mit Planungsaufgaben betrauten Führungskräften vorgestellt. Dabei wurde es jeweils anhand von Bewertungsbeispielen auf die Plausibilität seiner Empfehlungen geprüft. Besonders positiv wurde gewertet, daß es durch die Kombination des Technologie- und Markt-Portfolios möglich wurde, die wesentlichen Kriterien zur Beurteilung eines Geschäftes zu berücksichtigen.

Die variable Analysetiefe erschien besonders für den praktischen Einsatz des Systems als sehr nützlich. Um dem Nachteil zu begegnen, den ein frühzeitiges Beschneiden der einzelnen Indikatoren mit sich bringt, müßte sie jedoch über den ursprünglichen Ansatz hinaus verfeinert werden. Diesem Kritikpunkt ist in der Realisierung von STRATEXII (vgl. 6) Rechnung getragen worden:

Der wesentliche Kritikpunkt ist, daß die ausgegebenen Strategien differenzierter gestaltet werden müssen. Bei einer Testbewertung eines Produktes, welches man bezüglich aller Dimensionen mittel bis hoch einschätzte, wurde die vorgeschlagene Strategie grundsätzlich als plausibel bewertet. Man kritisierte jedoch das Fehlen eines Hinweises darauf, daß die Fähigkeit des Unternehmens zur Vermarktung des Produktes im Gegensatz zu fast allen anderen Indikatoren sehr schlecht beurteilt worden war. Die Marketingschwäche und damit die Notwendigkeit, sich auf diese zu konzentrieren, wurde als das eigentliche Problem angesehen. Das Beispiel zeigt den typischen Fall des Fehlens einer Regel.

In einem anderen Bewertungsbeispiel gab das System die in Abbildung 13 gezeigte Empfehlung aus. Der Hinweis, warum die Wettbewerbsposition als schlecht beurteilt wurde, wies in den Augen der Beteiligten auf die mit dem Geschäft verbundene Hauptproblematik hin. Er wurde als ein Ausgangspunkt gesehen, die vorgeschlagene Normstrategie bzgl. des betrachteten Geschäftes stärker zu detaillieren.

Die Fälle zeigen, daß der Teil der Wissensbasis, der Hinweise auf typische Bewertungskonstellationen gibt, für einen praktischen Einsatz des Systems noch nicht umfangreich genug ist. Um diesem Mangel abzuhelfen, wäre es notwendig, das System einer längeren Testphase im praktischen Einsatz zu unterziehen. Die Wissensbasis könnte dabei ständig um die von den Nutzern vorgeschlagenen Regeln erweitert werden. Ergebnis wäre einerseits ein System, welches stärker differenzierte Vorschläge machen könnte und andererseits auf die Anforderungen der Nutzer zugeschnitten wäre.

Als eine wesentliche mögliche Erweiterung des Systems wurde angeführt, nicht nur 1:1-Bewertungen (eine Technologie zu einem Geschäft) zuzulassen, sondern auch n:1- bzw. 1:n-Bewertungen zu erlauben. Das XPS könnte dann z.B. auf die Unterschiede in der Bewertung verschiedener Technologien bzgl. eines Geschäftes bzw. einer Technologie bzgl. verschiedener Geschäfte hinweisen.

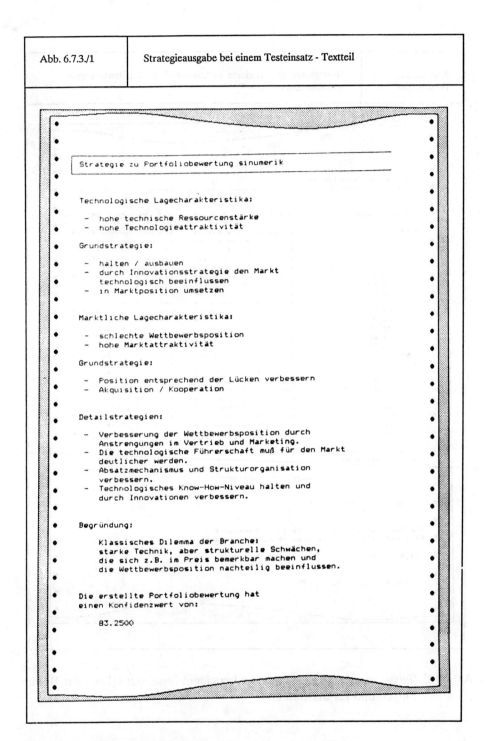

Abb. 13: Strategieausgabe bei einem Testeinsatz (Textteil)

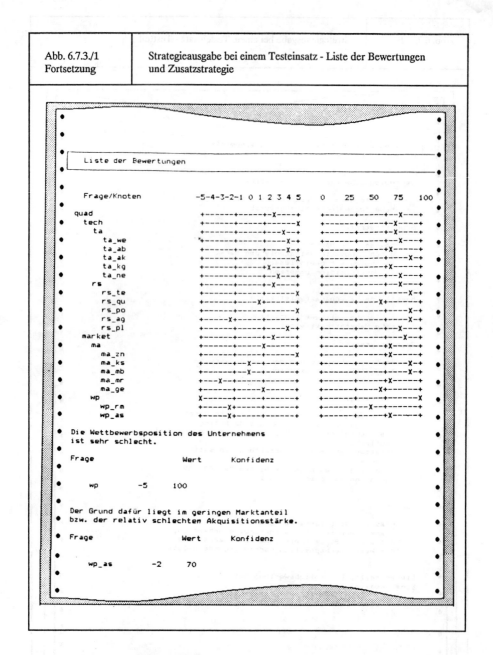

Abb. 13: (Fortsetzung): Strategieausgabe bei einem Testeinsatz (Liste der Bewertungen und Zusatzstrategie)

5. Einsatz und Grenzen

Als Einsatzbereich ist an eine Planungsabteilung zu denken, die ein solches System verwendet, um anhand der „intelligenten" Checkliste eine erste Bewertung eines Geschäftes vorzunehmen. Die generierten Handlungsempfehlungen weisen auf die typischen Merkmale einer Situation hin. Durch die bedingten Strategien und andere Nebeneffekte wird eine auf das spezifische Geschäft zugeschnittene Differenzierung der Strategieempfehlung ermöglicht, die in einer nachfolgenden detaillierten Analysephase als Basis für eine inhaltliche Ausgestaltung der Strategie dienen können.

Selbst wenn die Zahl der berücksichtigten Dimensionen und der sie bestimmenden Einflußfaktoren wesentlich erweitert wird, ist es dennoch möglich, daß in einer speziellen Bewertungssituation neue, in der Vergangenheit nicht bekannte Einflußfaktoren und Interdependenzen relevant werden können oder berücksichtigte Faktoren nicht mehr sinnvoll sind. Hieraus ergibt sich auch der Zwang zu einer ständigen Kontrolle der Annahmen, die dem ausgewählten Indikatorensystem zugrunde liegen[8]. Die Einbeziehung aller bekannten Einflußfaktoren und ihrer Interdependenzen in das System stellt jedoch sicher, daß vermeidbare Fehler in der (Grob-)Bewertung eines Geschäftes nicht gemacht werden. Es liefert außerdem eine Dokumentation der Bewertungen, die zum einen die Vorschläge nachvollziehbar macht und zum anderen die Basis für eine spätere Kontrolle der Richtigkeit der Handlungsempfehlungen liefert.

Da die Strategieempfehlungen nur dann zutreffend sein können, wenn es sich um typische Situationen handelt, ist es notwendig, kritisch zu hinterfragen, ob es sich um eine solche typische Situation handelt. Ist dies nicht der Fall, so liefert die Strategieempfehlung im Sinne eines dialektischen Vorgehens zumindest eine Diskussionsbasis für die Erarbeitung einer Strategie, die auch die besonderen Gegebenheiten berücksichtigt. Aufgabe muß es sein, die Qualität dieser Diskussionsbasis durch Verbesserung der Wissensbasis, Verknüpfung mit externen und internen Informationsbanken weiter zu erhöhen und den Planer von aufwendigen und somit fehlerträchtigen Basisanalysen zu befreien.

Literaturverzeichnis

Rentsch, H.-J.: Erweiterung und Implementierung eines Ansatzes zur computergestützten Produktstrategiewahl. Diplomarbeit, Nürnberg 1989.
Grimm, U.: Analyse strategischer Faktoren, Wiesbaden 1983.

---

[8] Steinmann, H., Schreyögg, G.: Strategische Kontrolle, in: Zeitschrift für betriebswirtschaftliche Forschung 37 (1985), S. 391 ff.

Mertens, P., Allgeyer, K., Schuhmann, M.: Ein Tool zur Entwicklung von Expertensysteme, in: Online (1986)7 S. 29 ff.

Plattfaut, E.: DV-Unterstützung strategischer Unternehmensplanung – Beispiele und Expertensystemansatz, Berlin u.a. 1988.

Preran, D.: Selection of an Appropriate Domain of an Expert System, in: The AI Magazine (1985)2, S. 26 ff.

Schuhmann, M., Gougla, P., Lee, K., Sakanoto, G.: Business Strategy Advinor. IBM Los Angeles Scientific Center. Report 1987-2821, Dezember 1987.

Steinmann, H., Schreyögg, G.: Strategische Kontrolle, in: Zeitschrift für betriebswirtschaftliche Forschung 37 (1985), S. 391 ff.

Waterman, D.: A Guide to Expert Systems. Reading u.a. 1986.

Wildemann, H.: Strategische Investitionsplanung für neue Technologien in der Produktion, in: Albach, H., Wildemann, H. (Hrsg.): Ergänzungsheft 1 der Zeitschrift für Betriebswirtschaft 1986, S. 1 ff.

Zweites Kapitel

Controlling

Wolfgang Kraemer

Wissenbasiertes Controlling – Einsatzmöglichkeiten und Entwicklungstrends

1. Problemstellung

2. Controlling als integraler Bestandteil von Management-Informationssystemen
   2.1 Gliederung des Controlling nach dem angestrebten Oberziel
   2.2 Gliederung des Controlling nach Funktionsbereichen
   2.3 Gliederung des Controlling nach Planungsphasen
   2.4 Weiterentwicklung von EDV-gestützten Controlling-Informationssystemen durch Einsatz von Expertensystemen

3. Expertensysteme im Controlling
   3.1 Einsatzmöglichkeiten von Expertensystemen in betriebswirtschaftlichen Anwendungsgebieten
   3.2 Expertensysteme im funktionsorientierten Controlling
   3.3 Aufgabenklassen für Controlling-Expertensysteme
   3.4 Expertensystem-Unterstützung für Controlling-Instrumente
   3.5 Nutzeffekte und Probleme betriebswirtschaftlicher Expertensysteme
   3.6 Unternehmensgrößenbezogene Analyse der Einsatzmöglichkeiten von Expertensystemen
   3.7 Expertenspezifische Analyse der Einsatzmöglichkeiten von Expertensystemen

4. Zusammenfassung und Ausblick

Literaturverzeichnis

1. Problemstellung

In jüngster Zeit wird die Forderung nach wissensbasierten Systemen im Controlling zur Entscheidungsunterstützung immer stärker[1], und die Einbindung dieser Systeme in den Entscheidungsprozeß industrieller Unternehmen weckt in zunehmendem Maße das Interesse von Entscheidungsträgern. Die Gefahr liegt darin, daß Illusionen über das Leistungspotential von Expertensystemen geweckt werden, die zu inadäquaten Anwendungen führen. Unklar bleibt oftmals, ob eine Übertragbarkeit des menschlichen Problemlösungsverhaltens auf einen intelligenten informationsverbeitenden Automaten überhaupt möglich ist und welche konkreten Entscheidungsprobleme in der entsprechenden Phase des Entscheidungsprozesses mit Expertensystem-Unterstützung gelöst werden können. Meist erfolgt auch keine Konkretisierung hinsichtlich der Einordnung eines Expertensystems innerhalb einer Unternehmens-Organisation.

Zielsetzung der vorliegenden Arbeit ist es, den derzeitigen Stand der Expertensystem-Technologie in einem konkreten betriebswirtschaftlichen Anwendungsgebiet, dem Controlling, zu diskutieren und die zukünftigen Einsatzmöglichkeiten abzuschätzen.

2. Controlling als integraler Bestandteil von Management-Informationssystemen

Für den Controlling-Begriff finden sich in der Literatur eine Vielzahl von diskutierten Ansätzen[2]. Ohne hier eine umfassende Begriffsdiskussion aufzunehmen, ergeben sich Definitionsprobleme dadurch, daß sich die amerikanische und deutsche Controlling-Konzeption in einigen Bereichen unterscheiden. Beim amerikanischen Controlling-Konzept verrichtet der Controller neben der ergebnisorientierten Planungs- und Kontrollrechnung die Aufgaben des externen und internen Rechnungswesens. Nach dem deutschen Controlling-Konzept gehören neben der Planungs- und Kontrollrechnung für die Gesamtunternehmung, Unternehmensbereiche, Produkte und Funktionsbereiche nur das interne Rechnungswesen zum Aufgabengebiet des Controllers. Die externen Aufgabenbereiche wie beispiels-

---

1 Vgl. z. B. Dressler, B.: Expertensysteme im Controlling: Entscheidungsprozesse verbessern, in: Gablers Magazin 2(1988)10, S. 29-31.
2 Zur Klärung der Definitionsproblematik vgl. Buchner, M.: Controlling – Ein Schlagwort? – Eine kritische Analyse der betriebswirtschaftlichen Diskussion um die Controlling-Konzeption, Frankfurt, et al. 1981; Richter, H.J.: Theoretische Grundlagen des Controlling – Strukturkriterien für die Entwicklung von Controlling-Konzeptionen, Frankfurt, et al. 1987.

weise die Bereiche Buchhaltung, Bilanz, Finanzwirtschaft, Steuern, Zölle und Versicherungen gehören nicht in den Bereich des Controlling[3].

Einer Arbeitsdefinition von Horváth folgend, wird Controlling verstanden als ein Subsystem der Führung, das Planung und Kontrolle, sowie Informationsversorgung systembildend und systemkoppelnd koordiniert[4]. Koordination bedeutet dabei einerseits den Entwurf und die Implementation von Planungs- und Kontrollsystemen, sowie von Informationssystemen, andererseits müssen im Sinne einer Systemkopplung innerhalb des bestehenden Systemzusammenhangs von Planung und Kontrolle laufend Abstimmungen vorgenommen werden, um die Informationsversorgung sicherzustellen. Abbildung 1 zeigt die Stellung des Controlling im Führungssystem.

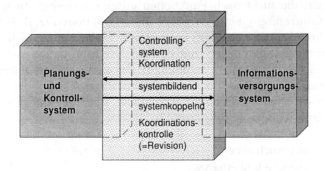

Abb. 1: Controlling-System[5]

Management-Informationssysteme haben ihre frühesten Anwendungen in der Informationsbereitstellung für Planung und Kontrolle durch das Management gefunden[6], wobei die Idee durch die Entwicklung von integrierten EDV-gestützten Informationssystemen einen neuen Aufschwung erhält.

Ein entsprechend übergreifendes Informationssystem versuchte man schon in den 70er Jahren zu entwickeln. Der Versuch der Integration aller Daten und Aufgaben war jedoch, aufgrund der Komplexität und Vielfalt der Daten, Verfahren und zu unterstützenden Fragestellungen, mit den unzulänglichen EDV-Möglichkeiten dieser Zeit nicht realisierbar.

3 Vgl. Hahn, D.: Controlling – Stand und Entwicklungstendenzen unter besonderer Berücksichtigung des CIM-Konzeptes, in: Scheer, A.-W. (Hrsg.): Rechnungswesen und EDV, Tagungsband zur 8. Saarbrücker Arbeitstagung, Heidelberg 1987, S. 9-12.
4 Vgl. Horváth, P.: Controlling, 3. Auflage, München 1986, S. 153.
5 Vgl. Horváth, P.: Controlling und Informationsmanagement, in: Handbuch der modernen Datenverarbeitung 25(1988)142, S. 37.
6 Vgl. Murdick, R.: MIS – concepts and design, Englewood Cliffs 1980, S. 198.
7 Vgl. Horváth, P.: Controlling der Informationsverarbeitung in: Handbuch der modernen Datenverarbeitung, 22(1985)124, S. 8.

Horváth schränkt im Hinblick auf das Controlling den Begriff der Management-Informationssysteme ein und spricht von Informations-Versorgungs-Systemen, unter welchen er nur Systeme versteht, die die Funktion der Verbesserung des Informationsstandes und der Informationskontrolle von Planung und Kontrolle erfüllen[7]. Von einem idealen Informationssystem kann man nach Scheer dann sprechen, wenn alle hierarchischen Stufen (vom operativen bis zum strategischen Management), alle Aktivitäten (Planung, Steuerung, Realisierung, Kontrolle) und alle Funktionen (Vertrieb, Finanzwesen, Kostenrechnung, Produktion, usw.) des Unternehmens Bestandteil eines computergestützten Informationssystems sind und dieses System gleichzeitig sicherstellt, daß der Informationsbedarf aller Beteiligten gedeckt und die zu lösenden Aufgaben optimal realisiert werden[8].

In einem ganzheitlichen Management-Informationssystem wird das Controlling, wie in Abbildung 2 dargestellt, in vertikaler Sicht, den Berichts- und Kontrollsystemen zugeordnet, die nicht nach Funktionen differenziert sind. In horizontaler Sicht werden Controllingsysteme entweder ihren Funktionen (z. B. Vertriebscontrolling oder Produktionscontrolling) untergeordnet oder können sich -wegen der teilweise schwierigen Abgrenzung- mit den Analyse-Informationssystemen überschneiden. Auch kann keine strike Trennung zu den wertorientierten Abrechnungssystemen vollzogen werden, da für ein funktionsfähiges Controlling ein managementorientiertes Rechnungswesen die wesentliche Basis des Informationsversorgungssystems einer Unternehmung darstellt.

Controlling läßt sich auch als ein geschlossenes System aus:
– Planung, Abweichung und Analyse,
– Berichterstattung und Steuerung
mit dem Ziel der nachhaltigen Existenzsicherung des Unternehmens und daraus abgeleiteter funktionsbezogener Teilbereiche betrachten, woraus bei gleichzeitiger Erfüllung dieser Funktionen auch der Anspruch eines Führungskonzeptes einer Unternehmung resultiert.

2.1 Gliederung des Controlling nach dem angestrebten Oberziel

Die Controllingziele korrespondieren mit den jeweiligen Organisationszielen. Die Ziele der Organisationseinheiten lassen sich grundsätzlich den drei Kategorien Rentabilität (kostenorientiert, erlösorientiert, deckungsbeitragsorientiert), Liquidität sowie den Abläufen und Ergebnissen von Handlungsprozessen (phasenorientiert, ergebnisorientiert) zuordnen.

---

8 Vgl. Scheer, A.-W.: Wirtschaftsinformatik – Informationssysteme im Industriebetrieb, 3. Auflage, Berlin et al. 1990, S. 3.
9 Vgl. Scheer, A.-W.: Wirtschaftsinformatik – Informationssysteme im Industriebetrieb, a. a. O., S. 8.

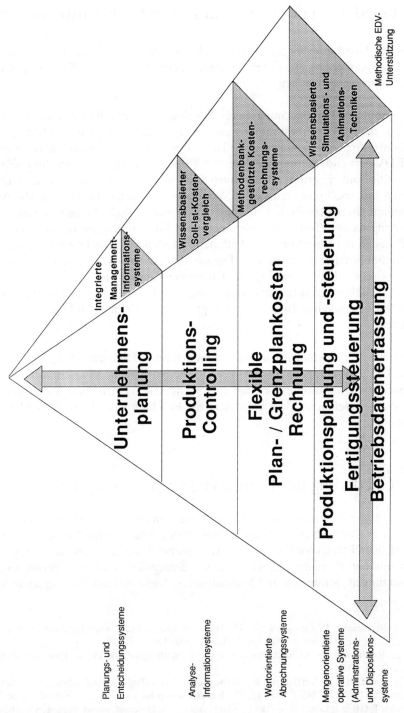

Abb. 2: Einordnung des Controlling in ein Management-Informationssystem[9]

2.2 Gliederung des Controlling nach Funktionsbereichen

Um einen Überblick des gegenwärtigen Entwicklungsstandes im Controlling nach deutscher Auffassung skizzieren zu können, empfiehlt es sich, Erhebungen neueren Datums heranzuziehen.

Eine empirische Untersuchung, deren Ergebnisse in Abbildung 3 zusammengefaßt wurden, zur Funktionsbestimmung und -abgrenzung ergab, daß dem EDV-gestützten Controlling eine herausragende Bedeutung zukommt[10]. Dabei handelt es sich um EDV-Anwenderkenntnisse, die zur Erfüllung weiterer Controllingaufgaben notwendig sind. Hierunter fallen auch Aufgaben wie der Aufbau eines EDV-gestützten Informationssystems oder Systemwirtschaftlichkeitsanalysen. Die Aufgabengebiete Berichtswesen, Unternehmensplanung, Budgetierung, Finanzwesen, Rechnungswesen, Controlling allgemein und Kostenrechnung nehmen die weiteren Plätze in der Rangfolge ein. Auffallend ist, daß auch das Finanzwesen als eine Controllingfunktion gesehen wird. Daraus wird ersichtlich, daß die klassische Trennung zwischen dem Treasuring und Controlling immer mehr aufgelöst wird. Die Möglichkeiten einer automatisierten, integrierten Datenverarbeitung haben hierbei einen wesentlichen Beitrag zur Integration von Erfolgs- und Finanzwirtschaft geleistet.

Eine neue Entwicklung ist in einer zunehmenden Differenzierung der Controllingstellen und -aufgaben im Hinblick auf die betrieblichen Funktionsbereiche zu beobachten. Die Aufteilung erfolgt entsprechend den betrieblichen Hauptfunktionen wie beispielsweise dem Produktions-, Beschaffungs-, Logistik- und Absatz-Controlling.

2.3 Gliederung des Controlling nach Planungsphasen

Bezüglich der Planungsphasen unterscheidet man zwischen dem strategischen und operativen Controlling. Gegenstand des strategischen Controlling ist der Aufbau langfristiger Erfolgspotentiale. Die strategische Planung befaßt sich im wesentlichen mit der Formulierung eines Unternehmensleitbildes, der Festlegung von Zielsetzungen, Strategien und Maßnahmen[12]. Diese Art der Planung erfordert in

---

10 Vgl. Reichmann, T., Kleinschnittger, U.: Die Controllingfunktion in der Unternehmenspraxis, in: Zeitschrift für Betriebswirtschaft 57(1987)11, S. 1090-1120.
11 Vgl. Reichmann, T., Kleinschnittger, U.: Die Controllingfunktion in der Unternehmenspraxis, a. a. O., S. 1093.
12 Vgl. Pfohl, H.-C., Zettelmeyer, B.: Strategisches Controlling?, in: Zeitschrift für Betriebswirtschaft 57(1987)2, S. 145-175; Pfohl, C.: Entwicklungen im strategischen Controlling, in: Reichmann, T. (Hrsg.): Controlling-Praxis – Erfolgsorientierte Unternehmenssteuerung, München 1988, S. 68-86.

	absolut	relativ zur Gesamtzahl der Stellenanzeigen	relativ zur Gesamtzahl der Aufgabennennungen
1. EDV-gestütztes Controlling	576	40,02 %	9,98 %
2. Berichtswesen	420	29,19 %	7,27 %
3. Unternehmensplanung	334	23,21 %	5,78 %
4. Budgetierung	313	21,75 %	5,42 %
5. Finanzwesen	291	20,22 %	5,04 %
6. Rechnungswesen	290	20,15 %	5,02 %
7. Controlling (allgemein)	267	18,55 %	4,67 %
8. Kostenrechnung	238	16,54 %	4,12 %
9. Kurzfristige Erfolgsrechnung	214	14,87 %	3,71 %
10. Jahresabschluß	205	14,25 %	3,55 %
11. Abweichungsanalysen	189	13,13 %	3,27 %
12. Organisation und Verwaltung	179	12,44 %	3,10 %
13. Investitionsplanung	162	11,26 %	2,81 %
14. Aufbau und Weiterentwicklung eines Controllingsystems	161	11,19 %	2,79 %
15. Überwachung von Hauptkennziffern	146	10,15 %	2,53 %
16. Finanzbuchhaltung	144	10,01 %	2,49 %
17. Steuern	132	9,17 %	2,29 %
18. Auf- und Ausbau sowie Anwendung von Controllinginstrumenten	124	8,62 %	2,15 %
19. Kostenplanung und -kontrolle	107	7,44 %	1,85 %
20. Operative Unternehmensplanung	102	7,09 %	1,77 %
21. Managementberatung	95	6,60 %	1,65 %
22. Überwachung von Tochtergesellschaften	94	6,53 %	1,63 %
23. Strategische Unternehmensplanung	87	6,05 %	1,51 %
24. Bwl. Sonderuntersuchungen	87	6,05 %	1,51 %
25. Absatz-Controlling	83	5,77 %	1,44 %
26. Kalkulation	81	5,63 %	1,40 %
27. Finanzplanung und -kontrolle	77	5,35 %	1,33 %
28. Personal-Controlling	70	4,86 %	1,21 %
29. Revision	67	4,66 %	1,16 %
30. Informationen	66	4,59 %	1,14 %
31. Laufende Liquiditätssicherung	59	4,10 %	1,02 %
32. Projekt-Controlling	44	3,06 %	0,76 %
33. Laufende Investitionskontrolle	39	2,71 %	0,68 %
34. Überwachung von Geschäftsbereichen	39	2,71 %	0,68 %
35. Sonstige Kostenrechnungsaufgaben	36	2,50 %	0,62 %
36. Produktions-Controlling	34	2,36 %	0,59 %
37. Finanzierung	31	2,15 %	0,54 %
38. Beschaffungs-Controlling	31	2,15 %	0,54 %
39. Werks-Controlling	25	1,74 %	0,43 %
40. Versicherungswesen	14	0,97 %	0,24 %
41. Rechtswesen	13	0,90 %	0,23 %
42. Logistik-Controlling	11	0,76 %	0,19 %
43. Forschungs- und Entwicklungs-Controlling	8	0,56 %	0,14 %

Abb. 3: Empirische Untersuchung zur Funktionsbestimmung des Controlling[11]

erster Linie qualitative Informationen über die Chancen und Risiken der Unternehmensumwelt und über die Stärken und Schwächen des Unternehmens. Bei den externen Entwicklungen sind insbesondere volkswirtschaftliche Rahmendaten, Ertragsquellen, Technologien, Aktivitäten des Gesetzgebers sowie Intensionen der Wettbewerber vorauszuschätzen und zu analysieren.

Das operative Controlling, das zukunfts- und aktionsorientiert ist, hat immer dann in das Betriebsgeschehen einzugreifen, wenn die Erreichung der kurzfristigen unternehmerischen Ziele gefährdet scheint. Einen Schwerpunkt des operativen Controlling bildet die operative Planung, mit den wesentlichen Aufgaben, der Planungsrechnung und des Rechnungswesens, insbesondere der Kosten- und Leistungsrechnung. In diesem Zusammenhang fällt dem Controller die Aufgabe zu, Plan- und Budgetwerte zu ermitteln. Die Analyse- und Kontrollaufgaben des operativen Controlling werden insbesondere durch den Soll-Ist-Kostenvergleich wahrgenommen, dessen Zielsetzung die Kostenabweichungsermittlung, die Analyse der Abweichungen sowie die Überwachung der Kostenentwicklung im Rahmen der betrieblichen Kostenkontrolle ist. Besonders wichtig ist hierbei, daß die Abweichungen zeitnah und differenziert aufgezeigt werden, damit rechtzeitig und gezielt Gegensteuerungsmaßnahmen eingeleitet werden können.

2.4 Weiterentwicklung von EDV-gestützten Controlling-Informationssystemen durch Einsatz von Expertensystemen

Durch die neuen Informationstechniken eröffnen sich heute auch für das Controlling neue Chancen. Erfolgreiches Controlling ist nur möglich mit integrierten DV-gestützten Informationssystemen, die alle für die Controllingaufgaben erforderlichen Daten aktuell und ohne großen Aufwand bereithalten. Neben den bekannten Elementen eines Informationssystems, wie Daten-, Modell- und Methodenbank, findet sich zunehmend die Tendenz, die Funktionsebenen von EDV-gestützten Informationssystemen entlang der in Abbildung 2 dargestellten horizontalen und vertikalen Informationskette durch neue Verfahren der EDV-technischen Entscheidungsunterstützung, wie z. B. wissensbasierte Simulations- und Animationstechniken[13] und wissensbasierte Controlling-Techniken[14], zu erweitern.

Vor allem der Realisierung von Expertensystemen wird ein großes Weiterentwicklungspotential von Informationssystemen in der Zukunft zugewiesen. Die Einbindung intelligenter Analysefunktionen in die Informationssysteme der Kostenrechnung beinhaltet das Potential zur Erweiterung des Controlling zu einem integralen Bestandteil eines Management-Informationssystems.

Insbesondere im Controlling lassen sich mit dem begrifflichen Instrumentarium der formalen Entscheidungstheorie nicht alle Entscheidungsprobleme vollständig beschreiben. So kann nicht immer von wohlstrukturierten Problemkomplexen ausgegangen werden, die mit Hilfe von analytisch-logischen Lösungsverfahren erfaßbar und aufgrund ihrer formalen Entscheidungsstruktur automatisierbar sind.

13 Vgl. Zell, M., Scheer, A.-W.: Benutzergerechte Fertigungssteuerung, in: CIM Management 5(1989)6, S. 72-78 sowie Zell, M., Scheer, A.-W.: Simulation als Entscheidungsunterstützungsinstrument in CIM, in: Scheer, A.-W. (Hrsg.): Veröffentlichungen des Instituts für Wirtschaftsinformatik, Heft 62, Saarbrücken 1989.
14 Vgl. O'Leary, D.E.: The Use of Artificial Intelligence in Accounting, in: Silverman, B.G. (Hrsg.): Expert Systems for Business, Reading et al. 1987, S. 83-98.

Aufgrund des großen Leistungsumfangs liefern konventionelle Kostenrechnungssysteme eine Vielzahl von Daten. Eine exakte Analyse ist häufig nicht möglich, weil zwar die operativen Systeme vorhanden sind, strukturierte Prüfungspfade, die eine gezielte Untersuchung der Datenfülle zulassen, aber nicht existieren. Die zur Problemlösung benötigten flexiblen Strategien können nur in langjähriger praktischer Erfahrung aufgebaut werden. Die Vielzahl der möglichen Zusammenhänge entzieht sich einer systematischen Beschreibung und wird von den Experten selbst nur mit Hilfe privater Heuristiken bewältigt. Aufgrund dieser Besonderheiten findet sich eine zunehmende Tendenz, auch Probleme im Bereich des Controlling mit Hilfe von Expertensystem-Ansätzen zu bearbeiten[15].

Erste Ergebnisse und Entwicklungen von prototypischen Systemen aus anwendungsnahen Forschungsprojekten der Wirtschaftsinformatik bestätigen, daß hier geeignete neue Anwendungsfelder identifiziert werden können. Eine Untersuchung anhand domänenunabhängiger Kriterien hinsichtlich der Anwendbarkeit der Expertensystem-Technologie für ein Controlling-Instrument, den Soll-Ist-Kostenvergleich, hat ergeben, daß es sich hier um eine geeignete Aufgabe handelt[16].

Das Forschungsgebiet der Künstlichen Intelligenz (KI) gewinnt zunehmend an Bedeutung und findet auch seit Beginn der achtziger Jahre seitens der Betriebswirtschaftlehre vielfältige Anwendungsmöglichkeiten[17]. KI gilt als Teilgebiet der Informatik, hat aber interdisziplinären Charakter und ist eng mit den Erkenntnissen auf den Gebieten der Psychologie, der Philosophie, der Linguistik und der Mathematik verbunden. Aufgaben der Künstlichen Intelligenz sind das Verstehen

---

15 Vgl. Beheshitan-Ardekani, B.M., Salchenberger, L.M.: An Empirical Study of the Use of Business Expert Systems, in: Information & Management 15(1988)4, S. 183-190; Becker, J.: Konstruktionsbegleitende Kalkulation mit einem Expertensystem, in: Scheer, A.-W. (Hrsg.): Rechnungswesen und EDV, Tagungsband zur 9. Saarbrücker Arbeitstagung, Heidelberg 1988, S. 115-136; Booker, J.A., u.a.: Expert Systems in Accounting: The Next Generation for Computer Technology, in: Journal of Accountancy 161(1986)3, S. 101; Elliot, R.K., u.a.: Micros in Accounting – Expert Systems for Accountants, in: Journal of Accountancy 160(1985)3, S. 126; Fiedler, R.: CONTREX – Ein Beitrag zum Wissensbasierten Controlling unter Verwendung der Modularsoftware SAP-RK, Dissertation, Universität Nürnberg Erlangen 1990; Fiedler, R., Hamann, N., Riedel, C.: KOSTEX – ein prototypisches wissensbasiertes System zur Kostenstellenanalyse, in: Information Management 4(1989)4, S. 26-33; Kerschberg, L., Dickinson, J.: FINEX: A PC-based Expert Support System for Financial Analysis, in: Ernst, J.C. (Hrsg.), Management Expert Systems, Wokingham et al. 1988, S. 111-134; o.V.: Expert Systems for Accountants: Has their Time Come, in: Journal of Accountancy 164(1987)6, S. 120; Sena, J.A., Smith, L.M.: An Expert System for the Controller, in: Luker, P.A., Birtwistle, G. (Hrsg.): Simulation and AI, Simulation Series, Proceedings of the Conference on AI and Simulation 18(1987)3, S. 27-31; Wilson, A.: Accounting with Expert Systems, in: Accountant's Magazine 91(1987)971, S. 18.
16 Vgl. Kraemer, W., Scheer, A.-W.: Wissensbasiertes Controlling, in: Information Management 4(1989)2, S. 6-17 sowie Kraemer, W., Spang, S.: Expertensysteme im Controlling?, in: Kostenrechnungspraxis o.Jg.(1989)1, C11-C13.
17 Vgl. Mertens, P., Allgeyer, K.: Künstliche Intelligenz in der Betriebswirtschaft in: Zeitschrift für Betriebswirtschaft, 53(1983)7, S. 686-709.
18 Vgl. Kurbel, K.: Entwicklung und Einsatz von Expertensystemen – Eine anwendungsorientierte Einführung in wissensbasierte Systeme, Berlin et al. 1989, S. 4-6.

und Erklären menschlichen Intelligenz sowie die Konzeption und Realisierung „intelligenter" Computersysteme und -anwendungen[18].

Die Teilgebiete der Künstlichen Intelligenz sind[19]:

1. Verarbeitung natürlicher Sprache: Dieses Teilgebiet beschäftigt sich mit den komplexen Informationsprozessen, die beim Verstehen, dem Erwerb und dem Gebrauch natürlicher Sprache zugrundeliegen.
2. Deduktionssysteme und automatische Programmierung: Dies sind Programme, die versuchen, mathematische Theoreme auf Grundlage der Logik zu beweisen. Desweiteren sollen Deduktionssysteme ablauffähige Programme aus formalen Spezifikationen erstellen können.
3. Bilderkennung und Bildverstehen: Hier wird versucht den Vorgang des „Sehens" und das damit verbundene Erkennen und Verstehen von Szenen nachzuvollziehen.
4. Robotik: Hier sollen Abläufe des „Handelns" optimiert werden, ein im Zusammenhang mit der „automatisierten Fabrik" sehr fortgeschrittenes Gebiet.
5. Intelligent Computer Aided Instruction (ICAI): ICAI-Systeme sind intelligente Lernsysteme, die den Lernprozeß unterstützen sollen.
6. KI-Sprachen: Entwicklung neuer Sprachen zur Erstellung von KI-Programmen.
7. Expertensysteme: Nachbildung der Problemlösungsfähigkeiten des Menschen in eng abgegrenzten Aufgabenbereichen.

Einer Definition von Feigenbaum folgend, ist ein Expertensystem ein intelligentes Computerprogramm, das Wissen und Inferenzverfahren zur Lösung von Problemen verwendet, die so schwierig sind, daß sie ein beträchtliches menschliches Fachwissen zur Lösung verlangen. Das Wissen, daß zum Erreichen dieses Leistungsniveaus nötig ist, kann zusammen mit den verwendeten Inferenzverfahren als Modell für das Expertenwissen der versiertesten Praktiker des jeweiligen Fachgebietes angesehen werden werden. Das Wissen eines Experten besteht aus Fakten und Heuristiken. Die Fakten stellen eine Gesamtmenge von Informationen dar, die weitverbreitet, öffentlich verfügbar und von den Experten eines Gebietes allgemein akzeptiert sind. Die Heuristiken sind größtenteils private, wenig diskutierte Regeln guten Urteilsvermögens (Regeln plausibler Schlußfolgerungen, Regeln exakten Schätzens), die die Entscheidungsfindung auf Expertenniveau charakterisieren. Das Leistungsniveau eines Expertensystems ist primär eine Funktion des Umfangs und Qualität der Wissensbasis[20].

Im Bereich der Expertensysteme haben nach langjährigen Forschungsaktivitäten die verwendeten Werkzeuge und Methoden einen Entwicklungsstand erreicht, der ihren Einsatz in der Praxis ermöglicht. Wie in Abbildung 4 dargestellt, kann die

19 Ebenda.
20 Vgl. Harmon, P, King, D.: Expertensysteme in der Praxis – Perspektiven, Werkzeuge, Erfahrungen, 2. Auflage, München, Wien 1987, S. 3 f.

Expertensystem-gestützte Problemlösung durch das Zusammenwirken folgender fünf Komponenten erreicht werden:

1. Dialogkomponente
2. Inferenzkomponente
3. Wissensbasis
4. Erklärungskomponente
5. Wissenserwerbskomponente

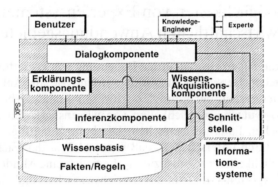

Abb. 4: Expertensystem-Architektur

3. Expertensysteme im Controlling

Mittels einer empirischen Untersuchung sollten die zukünftigen Einsatzmöglichkeiten von Expertensystemen in betriebswirtschaftlichen Anwendungsgebieten und insbesondere im Controlling durch KI- und Controlling-Experten eingestuft werden. Die Erhebung beinhaltete im wesentlichen folgende Fragestellungen[21]:

21 Erfolg bzw. Mißerfolg einer Fragebogenaktion hängen davon ab, wie gut die angepeilte Zielgruppe der Beantworter erreicht werden kann. Deshalb wurde die Befragung an die potentiellen Anwender und Anbieter von KI-Techniken gerichtet. Die Controlling-Spezialisten (n=46), mit dem Tätigkeitsschwerpunkt EDV-gestütztes Rechnungswesen/Controlling konnten durch die Teilnahme an der jährlich stattfindenden Fachtagung „Rechnungswesen und EDV" identifiziert werden, während die Zielgruppe aus dem KI-Bereich (n=30) über zusammenfassende Publikationen über KI-Hardware, -Software und -Beratung bestimmt werden konnte. Für die Expertenbefragung wurde die geschlossene Befragungsmethode (Skalierungsfragen) gewählt. Insgesamt wurden 120 Fragebögen versandt, wovon dann 76 bei der Auswertung berücksichtigt werden konnten. Dies entspricht einer Rücklaufquote von 63,3 %, die für die Validität der Ergebnisse spricht. Ein weiteres Untersuchungskriterium bildete die auf die Unternehmensgröße bezogene Analyse. Dabei wurden die Unternehmen der kleinen und mittleren Größenklassen zusammen betrachtet (n=42), da bei der Auswertung des Fragebogens die kleinen Unternehmen in zu geringer Anzahl vertreten waren und den großen Unternehmen (n=34) gegenübergestellt. Die Analyse vollzieht sich in drei Schritten: Zunächst erfolgt eine globale Betrachtung (Gesamtanalyse). Des weiteren werden die Resultate der verschiedenen Expertengruppen differenziert ausgewertet und gegebenenfalls kommentiert. Entsprechend wird bei der unternehmensgrößenbezogenen Analyse verfahren.

- Wie werden ganz allgemein die Einsatzmöglichkeiten von Expertensystemen in den betriebswirtschaftlichen Funktionsbereichen eingeschätzt?
- In welchen Controlling-Funktionsbereichen und für welche Controlling-Instrumente ist zukünftig der Einsatz von Expertensystemen zu erwarten?
- Welcher Nutzen ergibt sich durch den Einsatz von Expertensystemen im Controlling?
- Mit welchen Problemen ist bei der Einführung und Anwendung von Expertensystemen zu rechnen?

3.1 Einsatzmöglichkeiten von Expertensystemen in betriebswirtschaftlichen Anwendungsgebieten

Zunächst sollte die allgemeine zuküftige Bedeutung von Expertensystemen in betriebswirtschaftlichen Bereichen eingestuft werden. Wie aus Abbildung 5 hervorgeht, sieht die Gesamtheit der Befragten schwerpunktmäßig begrenzte (36,8%) bis gute (46,1%) Nutzungsmöglichkeiten von wissensbasierten Systemen in betriebswirtschaftlichen Funktionsbereichen. Die hohe zukünftige Relevanz dieser Systeme wird dadurch unterstrichen, daß sogar 13,2 % der Fachleute sehr gute Anwendungsmöglichkeiten prognostizieren. Legiglich eine Minderheit sieht keine Perspektive für Expertensysteme in der Betriebswirtschaft (1,3 %).

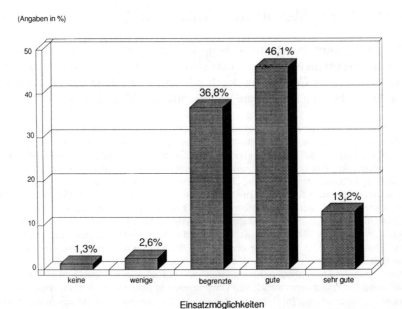

Abb. 5: Allgemeine Einschätzung der zukünftigen Einsatzmöglichkeiten von Expertensystemen in betriebswirtschaftlichen Funktionsbereichen

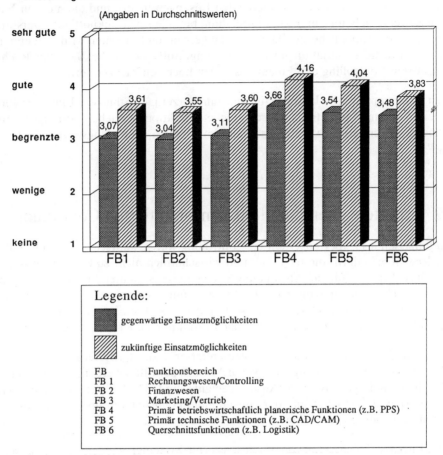

Abb. 6: Gegenwärtige und zukünftige Einsatzmöglichkeiten von Expertensystemen in ausgewählten betrieblichen Bereichen

Diese Einschätzung sollte für, die in Abbildung 6 dargestellten, ausgewählten betrieblichen Bereiche hinsichtlich einer gegenwärtigen und zukünfitgen Anwendungsmöglichkeit von Expertensystemen konkretisiert werden.

Überraschenderweise zeigte sich, daß die befragten Experten bereits zum gegenwärtigen Zeitpunkt durchaus Einsatzmöglichkeiten in betriebswirtschaftlichen Bereichen sehen, wobei den Expertensystemen für die kaufmännischen Bereiche (Rechnungswesen/Controlling, Finanzwesen, Marketing) schwerpunktmäßig begrenzte und für die übrigen Bereiche (primär betriebswirtschaftlich planerische Funktionen (PPS), primär technische Funktionen (CAD/CAM), Querschnittsfunktionen (Logistik) gute Etablierungschancen eingeräumt werden.

Die Beurteilung ist deshalb bemerkenswert, weil die Mehrheit der derzeitigen Entwicklungen noch keine abschließenden Lösungen liefern und die meisten Expertensysteme sich noch im Prototyp-Stadium befinden. Die zukünftige Unterstützung durch die Künstliche Intelligenz in den genannten Bereichen wird gegenüber der gegenwärtigen Situation noch besser eingestuft, wobei die Bereiche Rechnungswesen/Controlling und Finanzwesen den höchsten Zuwachs erfahren.

Auch andere empirische Untersuchungen zum derzeitigen Stand des Einsatzes von Expertensystemen in betriebswirtschaftlichen Funktionsbereichen bestätigen den geringen Anteil von Expertensystemen im Bereich Rechnungswesen/Controlling[22].

3.2 Expertensysteme im funktionsorientierten Controlling

Ein umfassendes Expertensystem im Controlling würde wahrscheinlich eine Zahl von Regeln erfordern, die technisch und wirtschaftlich nicht zu bewältigen wäre. Um einen Einstieg für die Anwendung von Expertensystemen im Controlling zu finden, erscheint es sinnvoll, zunächst Systeme mit abgegrenzten Problemstellungen zu entwerfen, um schließlich diese Teilsystemen zu einem Gesamtsystem zu verbinden. Als Abgrenzung können zunächst funktionale Kriterien dienen.

Aufgrund der geringen Anzahl implementierter Expertensysteme im Bereich Rechnungswesen/Controlling kann keine Aussage getroffen werden, welche Teilgebiete für den Expertensystem-Ansatz geeignet sind. Deshalb empfiehlt es sich eine prospektive Abschätzung der Anwendungsmöglichkeiten im funktionsorientierten Controlling vorzunehmen.

Gute Einsatzmöglichkeiten von wissensbasierten Systemen werden von den Experten im Produktions-Controlling (63,4 %) sowie im Logistik-Controlling (63,0 %) erwartet. Die schwerpunktmäßigen Ziele des Logistik-Controlling bilden die marktgerechte Logistikleistung nach den Kriterien Liefertreue, Lieferzeit, Lieferfähigkeit, Lieferqualität, Flexibilität und Informationsbereitschaft sowie die Reduzierung der Logistikkosten[23]. Dabei handelt es sich um komplexe Aufgaben, die durch ein wissensbasiertes System übernommen bzw. unterstützt werden könnten. Während der Logistikbereich in der Vergangenheit als Controlleraufgabe oft zu wenig berücksichtigt bzw. noch nicht erkannt wurde[24], erfolgt einhergehend mit

---

22 Vgl. Mertens, P., Borkowski, V., Geis, W.: Betriebliche Expertensystem-Anwendungen, 2. Auflage, Berlin et al. 1990.
23 Vgl. Kiesel, J.: Produktionscontrolling: Führungsinstrument zur Erreichung der Unternehmensziele, in: Scheer, A.-W. (Hrsg.): Rechnungswesen und EDV, Tagungsband zur 8. Saarbrücker Arbeitstagung, Heidelberg 1987, S. 349.
24 Vgl. Weber, J.: Logistikkostenrechnung durch Ausnutzung neuer EDV-Systeme (BDE, CAM), in: Scheer, A.-W. (Hrsg.): Rechnungswesen und EDV, Tagungsband zur 8. Saarbrücker Arbeitstagung, Berlin et al. 1987, S. 206-232 und Weber, J.: Logistikkostenrechnung, Berlin et al. 1987.

einer verbesserten Datenbasis, die aus einer zunehmenden Realisation in CIM-Systemen resultiert[25], die Forderung nach neuen Entscheidungsunterstützungsinstrumenten im Produktions-Controlling.

Die Aufgaben des Produktions-Controlling sind ebenfalls sehr vielseitig. Im Mittelpunkt steht insbesondere die kostenstellenbezogene Planung, Steuerung und Kontrolle der Produktionskosten. Aufgrund der vielfach unstrukturierten Problemstellungen und der komplexen Ursache-Wirkungs-Interdependenzen ist beispielsweise im Bereich der Abweichungsanalyse der Einsatz von Expertensystemen vorstellbar[26]. Die gute Bewertung bezüglich der Eignung von wissensbasierten Systemen kann mitunter auch darauf zurückgeführt werden, daß gerade in diesem Bereich ein angemessenes Kosten-/ Nutzenverhältnis erreichbar ist. Die Hälfte der Befragten sehen gute bis sehr gute Einsatzmöglichkeiten von Expertensystemen im Absatz- bzw. EDV-Controlling. Im letzteren Fall, könnte die Unterstützung darin bestehen, unterstützende Tätigkeiten im Hinblick auf die Wirtschaftlichkeit bei EDV-Projekten vorzunehmen.
Im Zusammenhang mit dem Beschaffungs-Controlling bewerten 49,3% der Befragten die Einsatzmöglichkeiten von Expertensystemen gut bzw. sehr gut; 35,6% sehen immerhin begrenzte Möglichkeiten; lediglich 15,1% bezweifeln die Eignung in diesem Bereich.

37,0% der Fachleute erwarten den Einzug der Künstlichen Intelligenz im Personal-Controlling; 31,2% sehen begrenzte, 28,8% keine bzw. wenige Anwendungsgebiete dieser Technologie. Als ein möglicher Anwendungsbereich sei an dieser Stelle die Personalbedarfsplanung aufgeführt[27], bei der es sehr viele Einflußfaktoren, z.B. allgemeine Wirtschaftsdaten, saisonale Schwankungen, betriebliche Fluktuationen, Produktionsplan, Tarifpolitik, Belegschaftsstruktur, quantitative und qualitative Auswirkungen der Automation und Flexibilisierung zu berücksichtigen gilt. Warum Expertensysteme im Personalbereich mehrheitlich für nur bedingt geeignet eingestuft werden, ist schwer zu beurteilen, zumal sich auch hier das übliche Controllingschema (Planung: Personalbedarf, Personaleinsatz, Steuerung und Kontrolle) anwenden läßt. Ein Grund für die zurückhaltende Beurteilung könnte die Problematik der Übertragbarkeit menschlichen Entscheidungsverhaltens im sensitiven Personalbereich sein. Der Personalbedarfsplan ist beispielsweise nicht nur ein Ergebnis aus quantitativen sondern auch firmenpolitischen Anforderungen.

---

25 Vgl. Scheer, A.-W., Kraemer, W.: Wie beeinflußt CIM das Rechnungswesen?, in: io Management Zeitschrift 58(1989)6, S. 81-84.
26 Vgl. Scheer, A.-W., Kraemer, W.: Konzeption und Realisierung eines Expertenunterstützungssystems im Controlling, in: Kurbel, K., Mertens, P., Scheer, A.-W. (Hrsg.): Interaktive betriebswirtschaftliche Informations- und Steuerungssysteme, Berlin et al. 1989, S. 157-184 sowie Kraemer, W., Spang, S.: Expertensysteme zum intelligenten Soll-Ist-Kostenvergleich, in: Handbuch der modernen Datenverarbeitung 26(1989)147, S. 77-94.
27 Vgl. Bardens, R., Karagiannis, D.: Wissensbasierte Systeme: Ein Ansatz für die Personalplanung, in: Angewandte Informatik 30(1988)2, S. 71-80.

Die höchste Ablehnungsquote erhielt das Forschungs- und Entwicklungs-Controlling. Hier sehen 38,2% keine bzw. wenige, jeweils 30,9% begrenzte bzw. gute bis sehr gute Anwendungsmöglichkeiten. Bei dieser Controllingdiszeplin handelt es sich um ein relativ neues Gebiet der Kostenplanung und -kontrolle. Aufgrund der erhöhten Unsicherheit bei Forschungs- und Entwicklungsprojekten ist die Gefahr von Plan-Ist-Abweichungen in einem besonderen Maße gegeben, wobei der Abweichungsanalyse bezogen auf Kosten und Leistungen auch im Entwicklungsmanagement eine wichtige Funktion zukommen wird[28]. Die Zurückhaltung bezüglich der Eignung von Expertensystemen läßt sich auch damit erklären, daß bei den wechselnden Entwicklungsprojekten völlig neue Aspekte zu berücksichtigen sind und damit keine stabile Wissensbasis erstellt werden kann.

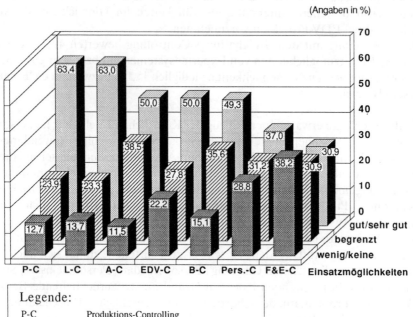

Abb. 7: Anwendungsmöglichkeiten von Expertensystemen im funktionsorientierten Controlling

28 Vgl. Coenenberg, A., Raffel, A.: Integrierte Kosten- und Leistungsanalyse für das Controlling von Forschungs- und Entwicklungsprojekten, in: Kostenrechnungspraxis o.Jg.(1988)5, S. 199-206.

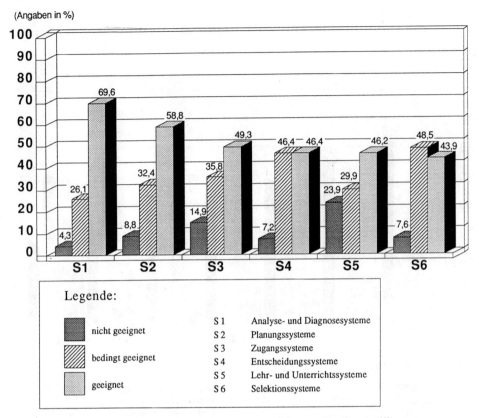

Abb. 8: Eignung ausgewählter Expertensystemklassen im Controlling

3.3 Aufgabenklassen für Controlling-Expertensysteme

Den Befragten erschienen die Analyse-/Diagnose- und Expertisesysteme mit 69,6% für den Controllingbereich am geeignetsten. Gute Einsatzmöglichkeiten (58,8%) wurden auch den Planungssystemen bescheinigt. Diese Beurteilung rangiert weit vor den anderen obengenannten Systemtypen. Legt man die in Kapitel 2 explizierte allgemeine Controlling-Definition der Planung, Steuerung und Kontrolle zugrunde, erscheint diese Bewertung plausibel. Die in Zukunft ausgerichteten Prozesse (strategische und operative Planung) erfolgen mit einem Planungssystem; die Steuerung und Kontrolle wird über ein Analyse- und Diagnosesystem (z.B. Kostenanalyse) vorgenommen, wobei das Ergebnis einer Expertensystem-Konsultation in Form eines Expertisetextes ausgegeben werden kann.

Die Selektionssysteme, Entscheidungssysteme und Zugangssysteme werden ebenfalls als controllingtauglich angesehen. Nahezu 90% der befragten Fachleute trauen diesen Systemkategorien zumindest bedingte Unterstützungsfunktionen zu. Abweichend von diesem positven Trend verhalten sich die Lehr- und Unter-

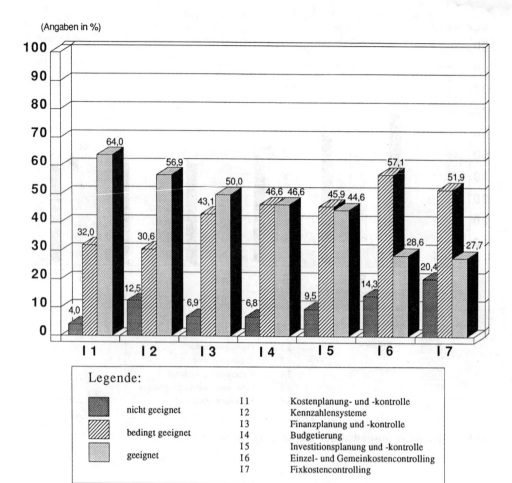

Abb. 9: Einsatzmöglichkeiten von Expertensystemen für betriebswirtschaftliche Instrumente zur Planung und Kontrolle

trauen diesen Systemkategorien zumindest bedingte Unterstützungsfunktionen zu. Abweichend von diesem positven Trend verhalten sich die Lehr- und Unterrichtssysteme. Immerhin ein Viertel der Teilnehmer der Befragungsaktion verneinen die Eignung dieser Systeme. Offenbar ist ein Teil der Experten der Ansicht, daß das Controllingwissen nicht nur maschinell übertragen werden sollte, da von einem Controller neben theoretischen Kenntnissen auch Spürsinn und ein gewisses Maß an Fingerspitzengefühl für die Erledigung seiner Aufgaben verlangt wird[29]. Diese wichtigen Anforderungen lassen sich kaum in einem Mensch-Maschine-Dialog auf den zu Unterrichtenden übertragen und werden meist im Laufe der Berufserfahrung durch die Entwicklung von Heuristiken erworben.

[29] Vgl. Landsberg, G.: Control Reporting – Informationsverdichtung und Abweichungserklärung, in: Kostenrechnungspraxis o.Jg.(1988)3, S. 101-106.

3.4 Expertensystem-Unterstützung für Controlling-Instrumente

Um weitere Informationen bezüglich der Einsatzmöglichkeit von wissensbasierten Systemen im Controlling zu erhalten, war die Betrachtung der Controlling-Instrumentarien interessant.

Aus Abbildung 9 wird deutlich, daß die Gesamtheit der Experten insbesondere für die Controlling-Instrumentarien Kostenplanung und -kontrolle im Rahmen des Soll-Ist-Kostenvergleichs, Kennzahlensysteme und Finanzplanung und -kontrolle gute Ansatzpunkte für Expertensysteme sehen. Lediglich für die Bereiche Einzel- und Gemeinkosten-Controlling sowie Fixkosten-Controlling ergibt sich ein weniger optimistisches Resultat; dennoch werden auch für die letztgenannten Instrumente von der Mehrheit zumindest begrenzte Einsatzmöglichkeiten gesehen.

Wie aus Abbildung 10 hervorgeht, verneint die Mehrzahl der Befragten die Eignung von Expertensystemen in den Teilgebieten der Kostenrechnung. Hierbei handelt es sich größtenteils um gut strukturierte Problemkomplexe und eine Verarbeitung von Massendaten, die auch durch die konventionelle Kostenrechnungs-Standardsoftware befriedigend gelöst werden kann.
Mertens konstatiert, daß die Entwicklung des Rechnungswesens hin zu einem Management-Informations-Werkzeug heute soweit gediehen ist, daß der Ersatz im herkömmlichen Software-Angebot durch wissensbasierte Systeme keinen hinreichenden Nettonutzeffekt verspricht. Er schlägt deshalb vor, vorhandene Software um Expertensystem-Elemente anzureichern[30].

3.5 Nutzeffekte und Probleme betriebswirtschaftlicher Expertensysteme

Als größter zu erwartender Nutzen (70,7%) wurde die Entlastung des Experten von Routinetätigkeiten genannt. Expertensysteme können zum Beispiel eine konsistente Interpretation von Wirkungszusammenhängen im Rahmen einer Kostenanalyse ermöglichen und darüber hinaus die Ableitung von Maßnahmen bei Erreichen kritischer Schwellwerte vorschlagen. Durch den Aufbau einer Wissensbasis wird den Unternehmen die Bewahrung und Akkumulierung des Expertenwissens ermöglicht. Damit wird die Unternehmung unabhängiger von einzelnen Personen, so daß deren Ausscheiden nicht mehr kritisch für die Unternehmung sein muß. Die Ergänzung zu herkömmlichen Kosten- und Management-Informationssyste-

---

30 Vgl. Mertens, P., Fiedler, R., Sinzig, W.: Wissensbasiertes Controlling des Betriebsergebnisses, in: Scheer, A.-W. (Hrsg.): Rechnungswesen und EDV, Tagungsband zur 10. Saarbrücker Arbeitstagung 1989, Heidelberg, S. 154.

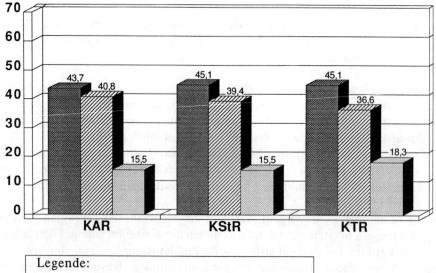

Abb. 10: Einsatzmöglichkeiten von Expertensystemen für die Teilgebiete der Kostenrechnung

men (61,3%) ist dabei insbesondere mit der Entwicklung von Expertisesystemen verbunden, wo mittels einer wissensbasierten Berichtsgenerierung aus umfangreichen „Zahlenfriedhöfen" verbale Gutachten abgeleitet werden[31]. Die dezentrale Zurverfügungstellung des Expertenwissens (Wissensmultiplikation), zum Beispiel für einen unerfahrenen Controller, wird als ein weiterer wichtiger Nutzeffekt erkannt. Daraus resultiert eine Verminderung der Kommunikationsvorgänge. Bei Bearbeitung eines Vorgangs müssen weniger Mitarbeiter eingeschaltet werden (Arbeitsvereinigung), da deren Sachwissen über das Expertensystem verfügbar gemacht werden kann. Die Reduzierung des Datenvolumens und des Auswertungsaufwandes von Kostendaten wird ebenso als potentieller Nutzeffekt erkannt. Die zeitnahe Kostensteuerung durch eine frühzeitige Erkennung von Kostenabwei-

31 Vgl. Mertens, P.: Expertisesysteme als Variante der Expertensysteme zur Führungsinformation, in: Zeitschrift für betriebswirtschaftliche Forschung 41(1989)10, S. 835-854.

chungen setzt das Vorhandensein entsprechender operativer mengenorientierter Dispositions- und Administrationssysteme in den Unternehmen voraus. Erst durch eine integrierte Betriebsdatenerfassung, die vom Controlling für Analysezwecke genutzt wird, kann eine prozeßbegleitende Kostenkontrolle und -steuerung erst ermöglicht werden[32].

Der Nutzen von Expertensystemen im Controlling wird insgesamt sehr hoch eingeschätzt, wobei die in Abbildung 11 dargestellten Effekte, nur eine Auswahl der wichtigsten Antworten darstellt. Lediglich eine kleine Minderheit verspricht sich keine Nutzeffekte durch diese Systeme.

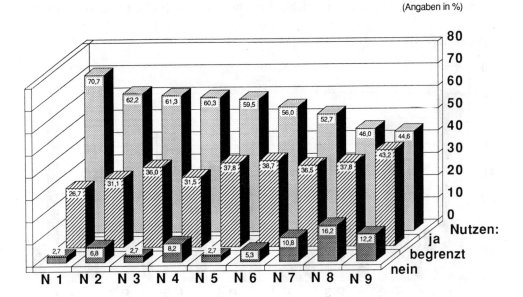

Legende:

N 1	Entlastung des Experten von Routinetätigkeiten
N 2	Konservierung und Akkumulierung des Controller-Expertenwissens
N 3	Ergänzung zu herkömmlichen Kosten- und Management-Informationssystemen
N 4	Expertenwissen kann dezentral genutzt werden
N 5	Hilfestellung und Optimierung im Controlling-Bereich
N 6	Intelligente Planungs- und Steuerungsunterstützung im Controlling
N 7	Reduzierung des Auswertungsaufwands von Kostendaten
N 8	Reduzierung des Datenvolumens
N 9	Zeitnahe Gegensteuerung

Abb. 11: Nutzen von Expertensystemen im Controlling

---

32 Vgl. Knoop, J.: Online-Kostenrechnung für die CIM-Planung – Prozeßorientierte Kostenrechnung zur Ablaufplanung flexibler Fertigungssysteme, Berlin et al. 1986 sowie Knoop, J.: Prozeßorientierte Kostenrechnung – Ein Instrument zur Planung flexibler Fertigungssysteme, in: Kostenrechnungspraxis o.Jg.(1987)2, S. 47-57.

Trotz der durchgehend guten Bewertung der Einsatzmöglichkeiten von Expertensystemen in der Betriebswirtschaft und im Controlling werden von den Befragten die Probleme nicht unterbewertet.

Aus Abbildung 12 geht hervor, daß die Wissensakquisition ein zentrales Problem darstellt. Der Begriff Knowledge Engineering wurde geprägt, um den Prozeß zu beschreiben, wie menschliche Expertise extrahiert und derart strukturiert wird, daß sie von einem Rechnerprogramm verarbeitet werden kann[33]. Das eigentliche Problem besteht darin, daß die Experten oftmals nicht in der Lage sind, ihr Wissen dem Knowledge Engineer strukturiert und vollständig mitzuteilen und ihre Problemlösungsstrategie zu vermitteln. Innerhalb dieser Problemkategorie sehen

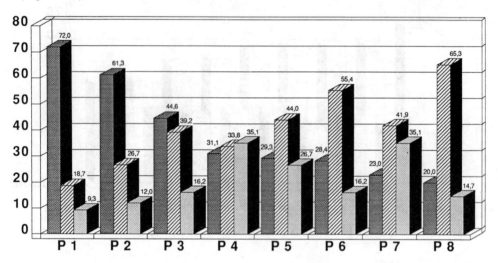

Abb. 12: Probleme bei der Einführung von Expertensystemen in die betriebliche Praxis

[33] Vgl. Crasemann, C., Krasemann, H.: Der Wissensingenieur – ein neuer Hut auf altem Kopf, in: Informatik-Spektrum 11(1988)1, S. 43-48.

72% der Antwortenden insbesondere beim Aufbau und bei der Pflege der im Expertensystem abzubildenden Wissensbasis Schwierigkeiten. Es folgt das oben beschriebene Problem der vollständigen Berücksichtigung der relevanten Daten und heuristischen Zusammenhänge mit 61,3% sowie die Formalisierung der relevanten Daten mit 44,6% der Ja-Nennungen. Die wirtschaftlichen Grenzen spielen eine untergeordnete Rolle. Sie werden nur von 31,1% der Befragten aufgeführt, obwohl die Implementierung eines Expertensystems mit hohen Investitionskosten verbunden ist. Das Schnittstellenproblem ergibt sich dadurch, weil Expertensystemen oftmals die Integrationsfähigkeit zu vorhandenen Informationssystemen (z. B. auch Datenbanken) fehlt. Die fehlende Unterstützung von Expertensystemprojekten durch das Management wird lediglich von 23% der Experten als eventuelles Hindernis genannt. Akzeptanz- und Kooperationsprobleme sehen lediglich 28,4% bzw. 20,0% der Befragten.

3.6 Unternehmensgrößenbezogene Analyse der Einsatzmöglichkeiten von Expertensystemen

Für die weitere Untersuchung wurde ein unternehmensgrößenbezogener Profilvergleich entprechend einer Differenzierung in kleine/mittelgroße Unternehmen und große Unternehmen vorgenommen. Die Auswertung ergab, daß die erstgenannte Gruppe tendenziell bessere Einsatzmöglichkeiten von Expertensystemen in betriebswirtschaftlichen Funktionsbereichen sehen. Dieses Ergebnis ist durchaus plausibel. Eine in der Literatur häufig beschriebene Restriktion von wissensbasierten Systemen stellt die Komplexität der Aufgabenstellungen dar, die in klein- und mittelständischen Unternehmen im allgemeinen weniger umfassend und komplex sind als in großen Unternehmen[34].

Allerdings scheinen die Fachleute aus den großen Firmen mit der zunehmenden Konkretisierung von Aufgabengebieten für Expertensysteme bessere Einsatzmöglichkeiten von wissensbasierten Systemen zu sehen wie die Experten aus den kleinen und mittelgroßen Unternehmen.

3.7 Expertenspezifische Analyse der Einsatzmöglichkeiten von Expertensystemen

Die expertenspezifische Analyse beruht auf einer Gegenüberstellung der Bewertung von Experten aus den Firmen mit KI-Aktivitäten und den Fachleuten aus dem Controlling.

---

34 Vgl. Steinmann, D., Becker, J.: Wissensbasierte Systeme: Neue EDV-Methoden auch für den Mittelstand?, in: Scheer, A.-W. (Hrsg.): Computer Integrated Manufacturing – Einsatz in der mittelständischen Wirtschaft, Berlin et al. 1988; Torkzadeh, G., Rao, S.S.: Expert Systems for Small Business, in: Information & Management 15(1988)4, S. 229-235.

Aus Abbildung 13 geht hervor, daß die allgemeinen Nutzungsmöglichkeiten von Expertensystemen in den betriebswirtschaftlichen Funktionsbereichen durch die KI-Fachleute besser eingeschätzt werden als von den Experten aus dem Bereich Rechnungswesen/Controlling. 47,8% der letztgenannten Gruppe halten den Einzug der Künstlichen Intelligenz in ihrem Ressort für möglich; lediglich 20,0% der KI-Experten äußern sich zurückhaltend. Insgesamt räumen 80% der Experten aus dem KI-Bereich den wissensbasierten System gute (56,7%) bis sehr gute (23,3%) Etablierungschancen in den betriebswirtschaftlichen Bereichen ein; demgegenüber werden von der anderen Untersuchungsgruppe 45,6% gute (39,1%) bis sehr gute (6,5%) Nutzungsmöglichkeiten von wissensbasierten Systemen angezeigt.

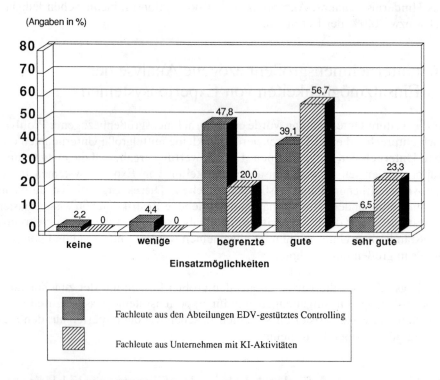

Abb. 13: Zukünftige Einsatzmöglichkeiten von Expertensystemen in betriebswirtschaftlichen Funktionsbereichen
(Expertenspezifischer Profilvergleich)

Eine ähnliche Tendenz zeichnet sich auch bei den Fragen zu den gegenwärtigen und zukünftigen Einsatzmöglichkeiten von Expertensystemen in betriebswirtschaftlichen Bereichen, Controlling-Funktionen und den Expertensystem-Aufgabenklassen ab. Abweichend von dieser Tendenz sehen die Controller für den überwiegenden Teil der Controlling-Instrumente bessere Einsatzmöglichkeiten als die KI-Experten. Der Profilvergleich auf Nutzebene korrespondiert mit den Resultaten der ersten Auswertungen zu diesem Themenbereich.

Das Kostenproblem wird von den Fachleuten aus dem KI-Bereich eher sekundär eingestuft. Bezüglich der vollständigen Berücksichtigung der wichtigsten Daten sowie deren Formalisierung prognostizieren die Befragten aus dem kaufmännischen Bereich größere Schwierigkeiten als die KI-Experten. Die Wissensakquisition scheint aus Controllersicht dabei das zentrale Problem darzustellen. Für den Controller ist es offenbar schwer vorstellbar, wie seine zeitweise intuitive Vorgehensweise abstrahiert in eine Wissensbasis eingebracht werden soll. Dieser Zusammenhang ist in Abbildung 14 dargestellt.

Eine Begründung der tendenziell pessimistischeren Einschätzung der Anwendungszukunft von wissensbasierten Systemen durch die Experten aus dem Controlling ist nur spekulativ vorzunehmen. Obwohl die bisher implementierten wissensbasierten Systeme als Unterstützungssysteme konzipiert worden sind, kann die Furcht vor einer „kognitiven Enteignung", d. h. der Abbildung von Erfahrungswissen in die Wissensbasis eines Expertensystems, das dann auch von anderen Mitarbeitern genutzt werden kann, vermutet werden[35]. Es ist einleuchtend, daß die Experten aus den Firmen mit KI-Aktivitäten die zukünftige Situation „ihrer Systeme" grundsätzlich besser einschätzen: einerseits kennen sie die Anwendungs- und Entwicklungsmöglichkeiten von Expertensystemen, andererseits dürfte auch ein gewisses Maß an „Berufsoptimismus" bei der Bearbeitung des Fragebogens eine Rolle gespielt haben.

4. Zusammenfassung und Ausblick

Die empirische Untersuchung läßt einige Einsatzmöglichkeiten von Expertensystemen für schlecht strukturierte Controlling-Probleme erwarten. Im funktionsbezogenen Controlling werden insbesondere im Produktions- und Logistik-Controlling gute Einsatzmöglichkeiten von Expertensystemen prognostiziert. Dabei werden die Expertensystemtypen Analyse-/Diagnose- und Planungssysteme im Controlling-Bereich als besonders gut eingestuft. Für die Mehrzahl der Controlling-Instrumente werden gute Einsatzmöglichkeiten von Expertensystemen gesehen. Lediglich für die Teilgebiete der Kostenrechnung wird die Eignung von Expertensystemen in Frage gestellt. Als herausragender Nutzeffekt von wissensbasierten Systemen kristallisierte sich die Entlastung des Experten von Routinetätigkeiten heraus. Der Aufbau und die Pflege der im Expertensystem abzubildenden Wissensbasis wurde als das bedeutendste Problem identifiziert. Kleine und mittelgroße Unternehmen sehen generell bessere Einsatzmöglichkeiten von Expertensystemen in betriebswirtschaftlichen Bereichen und im Controlling. Fachleute aus Unternehmen mit KI-Aktivitäten beurteilen die Einschätzung der Expertensystem-Perspektiven optimistischer.

---

35 Vgl. Zelewski, S.: Soziale Verantwortbarkeit des Einsatzes von „Künstlicher Intelligenz", in: Wirtschaftswissenschaftliches Studium 17(1988)1, S. 18-22; Müller, U., Prüfer, A. Künstliche Intelligenz – der neue Jobkiller, in: Harvard Manager 11(1989)4, S. 71-78; Sheil, B.: Können Computer denken?, in: Harvard Manager 10(1988)1, S. 66-72.

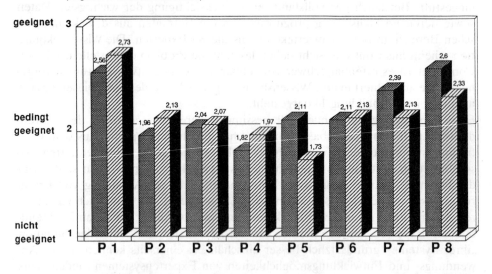

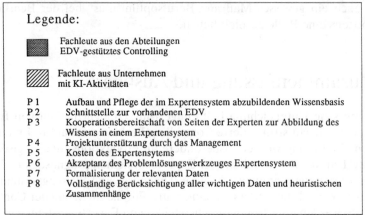

Abb. 14: Probleme beim Einsatz von Expertensystemen im Controlling
(Expertenspezifischer Profilvergleich)

Da es sich beim Controlling um einen unternehmerischen Entscheidungsbereich mit teilweise weitreichenden Konsequenzen handelts, ist zu vermuten, daß Expertensysteme im Controlling zunächst als Assistentensysteme Anwendung finden, die zur Unterstützung und Überwachung menschlicher Entscheidungsprozeße gedacht sind. Die endgültige Entscheidungskontrolle bleibt dabei beim Menschen.

Einhergehend mit der Entwicklung von grafischen Leitständen zur Unterstützung der kurzfristigen Planung, Steuerung und Überwachung im Fertigungsbereich können Systeme mit ähnlichem Funktionsumfang für die Unterstützung von Controllingaufgaben entwickelt werden[36].

Als Konzept auf lange Sicht wäre der Zugang des Anwenders für seine spezifischen Auswertungszwecke zu einer Gesamtheit von Datenbank-, Methodenbank- und Expertensystem-gestützten Controlling-Instrumenten (z. B. Einzelkosten-, Kostenstellenkosten-, Deckungsbeitrag, Betriebsergebnis-, GuV-, Bilanzanalyse) auf der Basis einer Controlling-Leitstands-Architektur denkbar. Weitere Aufschlüsse in dieser Richtung können insbesondere von der Entwicklung von Blackboard Systemen, wo mehrere wissensbasierte Systeme über eine sogenannte Blackboard-Archikektur miteinander kommunizieren und dem Konzept der verteilten Künstlichen Intelligenz (Distributed Artificial Intelligence) erwartet werden[37].

Literaturverzeichnis

Bardens, R., Karagiannis, D.: Wissensbasierte Systeme: Ein Ansatz für die Personalplanung, in: Angewandte Informatik 30(1988)2, S. 71-80.
Becker, J.: Konstruktionsbegleitende Kalkulation mit einem Expertensystem, in: Scheer, A.-W. (Hrsg.): Rechnungswesen und EDV, Tagungsband zur 9. Saarbrücker Arbeitstagung, Heidelberg 1988, S. 115-136.
Beheshtian-Ardekani, B.M., Salchenberger, L.M.: An Empirical Study of the Use of Business Expert Systems, in: Information & Management 15(1988)4, S. 183-190.
Booker, J.A., u.a.: Expert Systems in Accounting: The Next Generation for Computer Technology, in: Journal of Accountancy 161(1986)3, S. 101-104
Buchner, M.: Controlling – Ein Schlagwort? – Eine kritische Analyse der betriebswirtschaftlichen Diskussion um die Controlling-Konzeption, Frankfurt et al. 1981.
Coenenberg, A., Raffel, A.: Integrierte Kosten- und Leistungsanalyse für das Controlling von Forschungs- und Entwicklungsprojekten, in: Kostenrechnungspraxis o.Jg.(1988)5, S. 199-206.
Crasemann, C., Krasemann, H.: Der Wissensingenieur – ein neuer Hut auf altem Kopf, in: Informatik-Spektrum 11(1988)1, S. 43-48.
Dressler, B.: Expertensysteme im Controlling: Entscheidungsprozesse verbessern, in: Gablers Magazin 2(1988)10, S. 29-31.
Elliot, R.K., u.a.: Micros in Accounting – Expert Systems for Accountants, in: Journal of Accountancy 160(1985)3, S. 126-148.

---

36 Vgl. Kraemer, W.: Wissensbasierter Controlling-Leitstand, Dissertation in Vorbereitung, Saarbrücken 1992.
37 Vgl. Engelmoore, R., Morgan, T. (Hrsg.): Blackboard Systems, Reading et al. 1988 sowie Mertens, P.: Verbindung von verteilter Produktionsplanung und -steuerung und verteilten Expertensystemen, in: Information Management 4(1989)1, S. 6-11.

Engelmoore, R., Morgan, T. (Hrsg.): Blackboard Systems, Reading et al. 1988.

Fiedler, R.: CONTREX – Ein Beitrag zum Wissensbasierten Controlling unter Verwendung der Modularsoftware SAP-RK, Dissertation, Universität Erlangen-Nürnberg 1990.

Fiedler, R., Hamann, N., Riedel, C.: KOSTEX – ein prototypisches wissensbasiertes System zur Kostenstellenanalyse, in: Information Management 4(1989)4, S. 26-33.

Hahn, D.: Controlling – Stand und Entwicklungstendenzen unter besonderer Berücksichtigung des CIM-Konzeptes, in: Scheer, A.-W. (Hrsg.): Rechnungswesen und EDV, Tagungsband zur 8. Saarbrücker Arbeitstagung, Heidelberg 1987, S. 3-39.

Harmon, P, King, D.: Expertensysteme in der Praxis – Perspektiven, Werkzeuge, Erfahrungen, 2. Auflage, München, Wien 1987.

Horváth, P.: Controlling der Informationsverarbeitung, in: Handbuch der modernen Datenverarbeitung 22(1985)124, S.

Horváth, P.: Controlling und Informationsmanagement, in: Handbuch der modernen Datenverarbeitung, 25(1988)142, S. 36-45.

Horváth, P.: Controlling, 3. Auflage, München 1990.

Kerschberg, L., Dickinson, J.: FINEX: A PC-based Expert Support System for Financial Analysis, in: Ernst, J.C. (Hrsg.): Management Expert Systems, Workingham et al. 1988, S. 111-134.

Kiesel, J.: Produktionscontrolling: Führungsinstrument zur Erreichung der Unternehmensziele, in: Scheer, A.-W. (Hrsg.): Rechnungswesen und EDV, Tagungsband zur 8. Saarbrücker Arbeitstagung, Heidelberg 1987, S. 341-368.

Knoop, J.: Online-Kostenrechnung für die CIM-Planung – Prozeßorientierte Kostenrechnung zur Ablaufplanung flexibler Fertigungssysteme, Berlin et al. 1986.

Knoop, J.: Prozeßorientierte Kostenrechnung – Ein Instrument zur Planung flexibler Fertigungssysteme, in: Kostenrechnungspraxis o.Jg.(1987)2, S. 47-57.

Kraemer, W.: Wissensbasierter Controlling-Leitstand, Dissertation in Vorbereitung, Saarbrücken 1992.

Kraemer, W., Scheer, A.-W.: Wissensbasiertes Controlling, in: Information Management 4(1989)2, S. 6-17.

Kraemer, W., Spang, S.: Expertensysteme im Controlling?, in: Kostenrechnungspraxis, o.Jg.(1989)1, C11-C13.

Kraemer, W., Spang, S.: Expertensysteme zum intelligenten Soll-Ist-Kostenvergleich, in: Handbuch der modernen Datenverarbeitung 26(1989)147, S. 77-94.

Kurbel, K.: Entwicklung und Einsatz von Expertensystemen – Eine anwendungsorientierte Einführung in wissensbasierte Systeme, Berlin et al. 1989.

Landsberg, G.: Control Reporting – Informationsverdichtung und Abweichungserklärung, in: Kostenrechnungspraxis o.Jg.(1988)3, S. 101-106.

Mertens, P.: Expertisesysteme als Variante der Expertensysteme zur Führungsinformation, in: Zeitschrift für betriebswirtschaftliche Forschung 41(1989)10, S. 835-854.

Mertens, P.: Verbindung von verteilter Produktionsplanung und -steuerung und verteilten Expertensystemen, in: Information Management 4(1989)1, S. 6-11.

Mertens, P., Allgeyer, K.: Künstliche Intelligenz in der Betriebswirtschaft in: Zeitschrift für Betriebswirtschaft, 53(1983)7, S. 686-709.

Mertens, P., Borkowski, V., Geis, W.: Betriebliche Expertensystem-Anwendungen, 2. Auflage, Berlin et al. 1990.

Mertens, P., Fiedler, R., Sinzig, W.: Wissensbasiertes Controlling des Betriebsergebnisses, in: Scheer, A.-W. (Hrsg.): Rechnungswesen und EDV, Tagungsband zur 10. Saarbrücker Arbeitstagung 1989, Heidelberg, S. 153-181.

Murdick, R.: MIS – concepts and design, Englewood Cliffs 1980.

Müller, U., Prüfer, A.: Künstliche Intelligenz – der neue Jobkiller, in: Harvard Manager 11(1989)4, S. 71-78.

O'Leary, D.E.: The Use of Artificial Intelligence in Accounting, in: Silverman, B.G. (Hrsg.): Expert Systems for Business, Reading et al. 1987, S. 83-98.

O.V.: Expert Systems for Accountants: Has their Time Come, in: Journal of Accountancy 164(1987)6, S. 120.

Pfohl, C.: Entwicklungen im strategischen Controlling, in: Reichmann, T. (Hrsg.): Controlling-Praxis – Erfolgsorientierte Unternehmenssteuerung, München 1988, S. 68-86.

Pfohl, H.-C., Zettelmeyer, B.: Strategisches Controlling?, in: Zeitschrift für Betriebswirtschaft 57(1987)2, S. 145-175.

Reichmann, T., Kleinschnittger, U.: Die Controllingfunktion in der Unternehmenspraxis, in: Zeitschrift für Betriebswirtschaft 57(1987)11, S. 1090-1120.

Richter, H.J.: Theoretische Grundlagen des Controlling – Strukturkriterien für die Entwicklung von Controlling-Konzeptionen, Frankfurt et al. 1987

Scheer, A.-W.: Wirtschaftsinformatik – Informationssysteme im Industriebetrieb, 3. Auflage, Berlin et al. 1990.

Scheer, A.-W., Kraemer, W.: Konzeption und Realisierung eines Expertenunterstützungssystems im Controlling, in: Kurbel, K., Mertens, P., Scheer, A.-W. (Hrsg.): Interaktive betriebswirtschaftliche Informations- und Steuerungssysteme, Berlin et al. 1989, S. 157-184.

Scheer, A.-W., Kraemer, W.: Wie beeinflußt CIM das Rechnungswesen?, in: io Management Zeitschrift 58(1989)6, S. 81-84.

Sena, J.A., Smith, L.M.: An Expert System for the Controller, in: Luker, P.A., Birtwistle, G. (Hrsg.): Simulation and AI, Simulation Series, Proceedings of the Conference on AI and Simulation 18(1987)3, S. 27-31.

Sheil, B.: Können Computer denken?, in: Harvard Manager 10(1988)1, S. 66-72.

Steinmann, D., Becker, J.: Wissensbasierte Systeme: Neue EDV-Methoden auch für den Mittelstand?, in: Scheer, A.-W. (Hrsg.): Computer Integrated Manufacturing – Einsatz in der mittelständischen Wirtschaft, Berlin et al. 1988.

Torkzadeh, G., Rao, S.S.: Expert Systems for Small Business, in: Information & Management 15(1988)4, S. 229-235.

Weber, J.: Logistikkostenrechnung durch Ausnutzung neuer EDV-Systeme (BDE, CAM), in: Scheer, A.-W. (Hrsg.): Rechnungswesen und EDV, Tagungsband zur 8. Saarbrücker Arbeitstagung, Berlin et al. 1987, S. 206-232.

Weber, J.: Logistikkostenrechnung, Berlin et al. 1987.

Wilson, A.: Accounting with Expert Systems, in: Accountant's Magazine 91(1987)971, S. 18-19.

Zelewski, S.: Soziale Verantwortbarkeit des Einsatzes von „Künstlicher Intelligenz", in: Wirtschaftswissenschaftliches Studium 17(1988)1, S. 18-22.

Zell, M., Scheer, A.-W.: Benutzergerechte Fertigungssteuerung, in: CIM Management 5(1989)6, S. 72-78.

Zell, M., Scheer, A.-W.: Simulation als Entscheidungsunterstützungsinstrument in CIM, in: Scheer, A.-W. (Hrsg.): Veröffentlichungen des Instituts für Wirtschaftsinformatik, Heft 62, Saarbrücken 1989.

Rudolf Fiedler

Ein Wissensbasiertes Controllingsystem auf der Basis einer kommerziellen Rechnungswesen-Standardsoftware

1. Problemstellung

2. Beurteilung herkömmlicher Controllingunterstützungssysteme

3. Wissensbasierte Systeme im Controlling

4. CONTREX: Ein Wissensbasiertes Controllingsystem
    4.1 Architektur
    4.2 Arbeitsweise
        4.2.1 Instrumente der Ursachenanalyse
        4.2.2 Analyseprozeß
    4.3 Analysebeispiel
    4.4 Technische Realisierung
        4.4.1 Wissensrepräsentation
        4.4.2 Darstellung der Texte
        4.4.3 Modularisierung der Wissensbasen
        4.4.4 Analysesteuerung

5. Erste Erfahrungen

Literaturverzeichnis

1. Problemstellung

Die Aufbereitung der betrieblichen Massendaten zu relevanten Informationen kann angesichts der in den letzten Jahren beobachtbaren „Explosion" der Controllingaufgaben[1] nur durch DV-gestützte Berichtssysteme gewährleistet werden[2]. Während man früher individuelle Rechnungswesen-Software einsetzte, die als reine Batch-Systeme häufig „Zahlenfriedhöfe" in Listenform produzierten, werden die notwendigen Daten heutzutage zunehmend durch interaktive Standardsoftware bereitgestellt. Häufig sind bei fortschrittlichen Systemen die einzelnen Teilmoduln, beispielsweise für Rechnungswesen, Materialwirtschaft, Produktionsplanung und -steuerung, integriert[3] und im Dialog auswertbar[4].

Aufgrund dieser Systemmerkmale existiert eine große Funktions- und Berichtsvielfalt. Deshalb ist der ungeübte Benutzer oftmals überfordert, die seinen Informationsbedürfnissen entsprechenden Berichte zielgenau anzufordern und in vertretbarer Zeit durchzuarbeiten. Außerdem besteht die Gefahr, daß im umfangreichen Datenbestand wichtige Zusammenhänge übersehen werden. Beispielsweise erkennt man problematische Entwicklungen deshalb nicht, weil sich die zugrundeliegenden Daten bei der Verdichtung kompensieren und bei oberflächlicher Betrachtung aggregierter Berichte nicht sichtbar sind.

Vor dem beschriebenen Hintergrund entstand in Zusammenarbeit zwischen der Abteilung Wirtschaftsinformatik der Universität Erlangen-Nürnberg und der SAP AG das Wissensbasierte System CONTREX (*Cont*rolling-*Ex*pertensystem). CONTREX arbeitet auf der Basis der vollständigen Dialogisierung des Rechnungswesenmoduls RK der SAP-Standardsoftware R/2 und fungiert quasi als „automatischer Controller"[5]. Das System R/2 der SAP AG ist eines der verbreitetsten und erfolgreichsten Produkte[6]. Zwei Drittel der deutschen Großbetriebe setzen SAP-Programme ein[7].

CONTREX benutzt ausschließlich Daten, die im Rahmen der Kostenstellen- und Betriebsergebnisrechnung bereitgestellt werden, und deckt damit einen sehr wesentlichen Teilbereich des Controlling ab[8]. Die Aufgabe besteht zunächst darin, durch den Datenpool der SAP-Software zu navigieren und relevante Berichtsdaten zu selektieren. Bei der sich anschließenden Interpretation werden die identifizierten Abweichungen beurteilt und soweit möglich auf ihre Ursachen zurückgeführt.

1 Vgl. Hahn 19879, S. 1136.
2 Vgl. Remmel 1989, S. 290 und Landsberg 1988, S. 101.
3 Vgl. Scheer 1988.
4 Vgl. Plattner 1986, S. 203 ff. und Plattner 1987a, S. P6.
5 Vgl. Plattner 1987b, S. 79.
6 Vgl. Trautman 1989, S. 68 ff.
7 Vgl. Heissmann 1988, S. 73.
8 Vgl. Horváth 1986, S. 438

2. Beurteilung herkömmlicher Controllingunterstützungssysteme

Rechnungswesen-Standardsoftware ist in den meisten Betrieben die zentrale Informationsbasis. Sie enthält bei voller Integration alle wesentlichen controllingrelevanten Daten. Gegenwärtig wird die Mächtigkeit solcher Systeme in erster Linie jedoch nur vom regelmäßigen Anwender mit guten betriebswirtschaftlichen Kenntnissen genutzt. Der gelegentliche Anwender, insbesondere das Management, wird häufig nicht in der Lage sein, sich technische Details einzuprägen, die jedoch zur Zeit unerläßlich sind, um Standardsoftware zu bedienen und Fragestellungen durch eigene Recherchen im Softwaresystem zu lösen.

Dieses Problem sehen auch andere Autoren[9]. Erschwerend kommt noch hinzu, daß der Anwender im Management üblicherweise an bereichs- und damit modulübergreifenden Analysen interessiert ist. Solche Informationsbedürfnisse wären jedoch aufgrund der in diesem Fall weitaus höheren Anforderungen an die Bedienungskenntnisse nur durch absolute Spezialisten der Rechnungswesen-Standardsoftware lösbar. Deshalb muß die Informationsbereitstellung für derartige Probleme meist an diverse Vertriebs-, Kostenstellen-, Logistikcontroller usw. delegiert werden. Außerdem kann man das betriebswirtschaftliche „Know How" für Ursachenanalysen bei manchen Anwendern nicht voraussetzen. Dies wurde auch durch verschiedene Gespräche mit Controllern bestätigt.

Die geschilderten Probleme dürften mit dafür verantwortlich sein, daß gegenwärtig ein Drittel der Großbetriebe *spezielle Informationssysteme für das Management* einführen wollen[10]. Zunehmend kann man den Trend beobachten, zusätzliche dezentrale Auswertungssysteme als „add-on-Produkte" einzusetzen. Deutlich wird dies auch daran, daß beispielsweise die Plaut-Gruppe das Planungs- und Simulationssystem Controllers Toolbox als Ergänzung zur eigenen Großrechner-Software anbietet[11]. Allerdings besitzen Systeme wie Controllers Toolbox, aber auch Decision Support Systeme (DSS) und Executive Information Systeme (EIS) eine sehr eingeschränkte Auswertungs- und Änderungs-Flexibilität. Modifikationen kann der Endbenutzer kaum selbst vornehmen. Manche Controllingunterstützungssysteme, wie z.B. Abfrage- und Planungssprachen, sind schwierig zu bedienen und deswegen nur für einen begrenzten Benutzerkreis geeignet. Überwiegend werden lediglich Teilbereiche des Controlling abgedeckt. Meist fehlt auch die direkte Realtime-Anbindung an ein zentrales Basissystem, das die Grunddaten verwaltet. Um die Antwortzeiten zu verkürzen, beschränken sich z.B. Executive Information Systeme wie Commander EIS auf die regelmäßige Übermittlung von Datenextrakten des Mainframe auf den PC. Kein Produkt ist in der Lage, den Anwender bei

---

9 Vgl. McNaught 1987, S. 38.
10 Vgl. Frings 1989, S. 73.
11 Vgl. Becker 1988, S. 123.

Analysen *aktiv* in Form „intelligenter" Hinweise auf besonders beachtenswerte Datenkonstellationen zu unterstützen.

Notwendig wäre es, das Potential von Rechnungswesen-Standardsoftware durch geeignete Endbenutzersysteme zu erschließen, welche die angesprochenen Defizite der Großrechnersoftware ausgleichen und gleichzeitig das Analysewissen eines Controllers zur Verfügung stellen. Dafür kommen insbesondere Wissensbasierte Systeme in Frage. Sie sollen jedoch keinesfalls bestehende Moduln der Standardsoftware ersetzen, sondern diese vor allem um eine empfängerorientierte, flexible Datenaufbereitung und -analyse ergänzen. Die Kombination von Wissensbasiertem und Standardsoftware-System stellt in diesem Fall auch ein geeignetes Potential dar, um das obere Management zu unterstützen. Die Executive Information Systeme bieten wohl eine sehr eindrucksvolle Benutzeroberfläche mit Zahlen, Grafiken und evtl. einigen starren Textkonserven. Sie können jedoch keine flexible und der jeweiligen Datensituation angepaßte verbale Expertise bereitstellen, wie sie der Topmanager zu lesen gewohnt ist. Dies ist die Stärke Wissensbasierter Expertisesysteme[12].

3. Wissensbasierte Systeme im Controlling

Der Einsatz von Wissensbasierten Systemen kann mit einer Reihe unterschiedlicher Gründe gerechtfertigt werden[13]. Für ein Wissensbasiertes Controllingunterstützungssystem sprechen vor allem folgende Nutzeffekte:

– Der Controller wird in die Lage versetzt, sich vermehrt Spezialfällen und der Fortentwicklung seines eigenen Wissensgebietes zu widmen.
– Das Wissensbasierte System fungiert als „Brain amplifier", weil es den Überblick behält. Komplexe Aufgabenbereiche sind dadurch leichter zu bewältigen.
– Gleichartige Analysesituationen werden auch dann gleich beurteilt, wenn verschiedene Anwender mit demselben Expertensystem arbeiten.
– Ein Wissensbasiertes System trägt dazu bei, daß Analysen vollständiger und mit weniger Fehlern behaftet sind.
– Die Arbeitsweise des Controlling-Experten, der das im Expertensystem abgelegte Wissen geliefert hat, wird auch anderen zugänglich gemacht (Multiplikatoreffekt).
– Betriebsindividuelles Controllerwissen basiert sehr stark auf langjähriger Erfahrung. Wenn die Wissensbasis diese Kenntnisse enthält, sind sie nach dem Ausscheiden eines Spezialisten weiterhin verfügbar.

Einige Veröffentlichungen enthalten bereits Hinweise auf mögliche Einsatzbereiche Wissensbasierter Systeme im Controlling: In einer empirischen Untersuchung

---

12 Vgl. Mertens 1989a, S. 835 und Mertens 1989b, S. 343 f.
13 Vgl. Mertens u.a. 1990 und Weiss/Kulikowski 1984, S. 7.

am Institut für Wirtschaftsinformatik der Universität des Saarlands hielt fast die Hälfte der befragten Controllingexperten den begrenzten Einzug Wissensbasierter Systeme in ihren Aufgabenbereich für möglich. Als besonders geeignet wurden Analyse-/Diagnose- und Planungssysteme für Produktions- und Logistikcontrolling genannt. Ein sehr häufig erwähnter Nutzeffekt bezog sich auf die Entlastung des Controllers von Routinetätigkeiten[14].

Huch vergleicht die Anwendungsmöglichkeiten von Controlling-Expertensystemen mit der Arbeitsweise eines Arztes. Es würde sich besonders eine Vorgehensweise anbieten, bei der man in der Reihenfolge „Symptome-Diagnose-Therapie" schlecht strukturierte Probleme löst[15].

Reichmann sieht einen ausgezeichneten Ansatzpunkt Wissensbasierter Systeme bei der Analyse von Kennzahlen. Sie ermöglichen es, eine Abweichung bis zur endgültigen Ursache zurückzuverfolgen[16].

Scheer und Kraemer weisen anhand von zwölf Kriterien nach, daß der Expertensystemansatz vor allem für den Soll-Ist-Kostenvergleich geeignet ist[17].

Kloock sieht schließlich die Nutzeffekte eines Expertensystems im Rahmen der Deckungsbeitragsfluß- bzw. -kontrollrechnung[18].

Trotz der Vorteile, die man sich vom Einsatz Wissensbasierter Systeme insbesondere bei der Abweichungsanalyse erhofft, sind nur sehr wenige Prototypen bekannt, die Controllingaufgaben unterstützen[19]. Folgende Beispiele können genannt werden:

- *CEUS* wurde am Institut für Wirtschaftsinformatik der Universität des Saarlands für den Soll-Ist-Kostenvergleich entwickelt[20]. Der Unterschied zu CONTREX liegt im wesentlichen darin, daß CEUS nicht auf der Datenbasis einer kommerziellen Standardsoftware arbeitet und ausschließlich Kostenstellenabweichungen analysiert.
- *BEREX,* das am Institut für Wirtschaftsinformatik der Universität Bern realisiert wurde, ist ein Wissensbasiertes Berichtssystem zur Betriebsanalyse. Es untersucht Absatzzahlen und erstellt Management-Berichte für ein Handelsunternehmen[21].

---

14 Vgl. Kraemer/Scheer 1989, S. 8.
15 Vgl. Huch 1987, S. 1.
16 Vgl. Reichmann o.J., S. 26.
17 Vgl. Scheer/Kraemer 1989, S. 8.
18 Vgl. Kloock 1987, S. 126.
19 Vgl. Mertens u.a. 1990.
20 Vgl. Kraemer/Scheer 1989, S. 6 ff. und Kraemer/Spang 1989, S. 77 ff.
21 Vgl. von Weissenfluh 1987, S. 81 f.

- Im Fachgebiet Wirtschaftsinformatik der Universität Osnabrück entstand *EXARK*, ein Expertensystem zur Analyse von DV-, insbesondere Rechenzentrums-Kennzahlen[22].
- *INCOSS* (Internal Control Support System) unterstützt das DV-Controlling[23].
- Verschiedene Systeme realisierte man in der Abteilung Wirtschaftsinformatik der Universität Erlangen-Nürnberg:
  In Kooperation mit der DATEV eG wurden eine Reihe von Expertensystemen zur *Wissensbasierten Analyse von Ergebnissen des externen Rechnungswesens*[24] erstellt.
  LOGEX dient bei der Siemens AG im wesentlichen dem Controlling der Absatzlogistik[25].

Die skizzierten Expertensysteme arbeiten überwiegend völlig isoliert von dispositiven Systemen oder auf der Grundlage von Datenextrakten, die periodisch aus zentralen Datenbeständen transferiert werden. Für ein effizientes Controlling der Kostenrechnungsdaten ist jedoch eine noch engere Verbindung mit den operativen Systemen anzustreben. Im Verbund mit integrierten Standardsoftwareprogrammen stünden dann alle betrieblichen Detaildaten mit einer sehr hohen Aktualität zur Verfügung.

4. CONTREX: Ein Wissensbasiertes Controllingsystem

4.1 Architektur

CONTREX besteht aus Modulen für die Analyse des Betriebsergebnisses (BETREX) und der Kostenstellen (KOSTEX) (vgl. Abb. 1). Kostenabweichungen des internen Bereichs, die mit BETREX festgestellt werden, kann KOSTEX bis auf die verursachenden Kostenstellen und Leistungsarten zurückführen.[26] Die folgenden Ausführungen beschränken sich auf BETREX.

---

22 Vgl. Nonhoff 1989.
23 Vgl. Schimank 1989.
24 Vgl. Krug 1988; Rauh 1988 und Wittmann 1989.
25 Vgl. Dräger/Fiedler 1989, S. 70 ff.
26 Vgl. Fiedler u.a. 1988, Fiedler u.a. 1989a und Fiedler u.a. 1989b

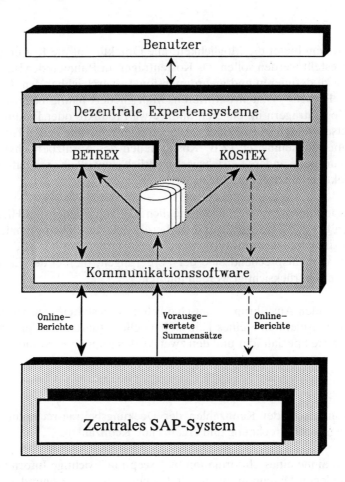

Abb. 1: Architektur von CONTREX

4.2 Arbeitsweise

4.2.1 Instrumente der Ursachenanalyse

BETREX versucht, ausgehend von aggregierten Abweichungen (= Symptome) retrograd auf deren Ursachen (= Diagnose) zu schließen. Dabei benutzt das System drei Suchmethoden:

- Ursachenforschung durch Hierarchieaufspaltung
- Ursachenforschung durch Kennzahlenanalyse
- Ursachenforschung durch Kombination verschiedener Vergleichsarten.

Hierarchien

Das SAP-System bietet die Möglichkeit, alle Objekte, für die Kosten und Erlöse gegenübergestellt werden sollen, als Kostenträger im Rahmen der Betriebsergebnisrechnung zu definieren und mehrdimensional – vergleichbar den Zurechnungshierarchien Riebels[27] – zu strukturieren. Man gliedert häufig nach Absatzobjekten, d.h. Kostenträgern im engeren Sinn (etwa Produkte oder Produktgruppen), nach Marktsegmenten (z.B. Kundengruppen oder regionale Verkaufsgebiete) und nach Organisationseinheiten (z.B. Kostenstellen des Absatzbereichs). Natürlich kann man auch jede andere betriebswirtschaftlich sinnvolle Kombination verschiedener Objekte in einer Hierarchie niederlegen.

Für das Expertensystem ist es leicht möglich, die verschiedensten Hierarchieverknüpfungen bei der Ursachenanalyse zu berücksichtigen. Die optimale und nicht auf betriebsindividuelle Strukturen angelegte Abarbeitung der Hierarchiebeziehungen war dementsprechend eine der Forderungen, die bei der Erstellung des Wissensmodells berücksichtigt werden mußten.

Um die folgenden Ausführungen anschaulicher zu gestalten, wurde die einfache Betriebsergebnishierarchie eines Fahrradherstellers zugrunde gelegt. Sie besteht aus einer Sparte Spezialräder und den zwei Artikelgruppen Rennräder und Mountainbikes.

Kennzahlen

BETREX unterscheidet Kennzahlen der Deckungsbeitragsrechnung, der Deckungsbeitragskontrollrechnung und ergänzende Kennzahlen.

Sie filtern im Sinne eines „Information by Exception" wichtige Informationen aus dem vorhandenen Datenpool heraus und geben Signale bei signifikanten Abweichungen.

Dem System liegt ein Standard-Deckungsbeitragsschema zugrunde, dem die betriebsindividuellen Kosten- und Erlösbestandteile zugeordnet werden. Z.B. kann der Benutzer bestimmen, welche Positionen die Erlösschmälerungen (Skonti, Boni usw.) enthalten sollen.

Das benutzte Deckungsbeitragsschema ermöglicht es, die Untersuchung in einzelne Teilmoduln der Gewinnbeeinflussung aufzuteilen:

1. Zunächst können Kennzahlen nach ihrer Beeinflussungsfristigkeit geordnet werden. Der Deckungsbeitrag I beinhaltet die kurzfristig veränderbaren Größen, wie Preise und Erlösschmälerungen, und steht im Mittelpunkt der Analyse.

---

[27] Vgl. Riebel 1985, S. 176 ff.

2. Zusätzlich ist es sinnvoll, Kennzahlen danach zu klassifizieren, ob sie über den externen oder internen Unternehmensbereich Aufschluß geben. Der externe Unternehmensbereich wird vor allem im Rahmen des Vertriebscontrolling von Interesse sein. Er wird durch die Kennzahlen Erlöse, Erlösschmälerungen und Absatzkosten repräsentiert.

BETREX beschränkt sich in der Prototypversion auf wenige allgemeine Kennzahlen, um der Forderung nach einer möglichst betriebsneutralen Analyse gerecht zu werden. Denkbar wären jedoch ergänzende branchen- oder sogar unternehmensbezogene Spezialmoduln – es bieten sich etwa Schnittstellen von BETREX zu betriebsindividuellen Marketing- bzw. Logistik-Systemen an[28] –, die bei auffälligen Erscheinungen der aggregierten Kennzahlengrößen vertiefte Untersuchungen vornehmen. Dazu können die verdichteten Positionen der Deckungsbeitragsrechnung nach einzelnen Kosten-, Erlös- oder Erlösschmälerungsarten aufgespalten werden. Außerdem bietet es sich an, externe Marktdaten und weitere nicht im Grunddatenbestand der SAP-Software vorhandene Kennziffern mit in die Analyse einzubeziehen.

Naheliegend ist z.B., auch *Bruttoerlöse* nach leistungswirtschaftlichen Kriterien in die von der jeweiligen Betriebsform abhängigen Hauptleistung und Nebenleistungen, wie etwa Transport, Beratung oder Montage, aufzugliedern. Desweiteren könnte auf Kennzahlen, die einen unmittelbaren Zusammenhang mit der Erlösentstehung aufweisen, Bezug genommen werden. Beispielsweise erlauben Reklamations- und Garantiequoten Einsichten in Veränderungen der Leistungsqualität. Interessant sind in diesem Zusammenhang u.a. Informationen über Angebotserfolge und Auftragsverluste, über noch laufende Aufträge, die zukünftige Umsätze widerspiegeln, oder Marktdaten (gesamter bzw. relativer Marktanteil, Umsatzpotential) die eine Abschätzung der allgemeinen Branchen- bzw. Produktsituation erlauben.

Weitere ergänzende Informationen, die man einer fundierten Ursachenanalyse der *Erlösschmälerungen* zugrunde legen könnte, wären beispielsweise die Anzahl der Aufträge und Kunden verschiedener Perioden, die in Verbindung mit den abgesetzten Mengen Rückschlüsse auf die Rabattentwicklung zulassen, Auftragsgrößen, die bestimmte Rabattformen anstoßen, oder die Mahnquote, die über Veränderungen des Zahlungsverhaltens Aufschluß gibt.

Vergleichsarten

Die Werte einzelner Kennzahlen gewinnen erst durch einen Vergleich mit anderen Daten an Aussagekraft. BETREX stellt grundsätzlich Kennzahlenausprägungen hinsichtlich eines Objekts und einer Kennzahl, z.B. Ist- und Planwerte des DB I der Artikelgruppe Mountainbikes, sowie Abweichungen hinsichtlich mehrerer Objekte und einer Kennzahl, etwa die Abweichungen der Mountainbikes und der

---

28 Vgl. Dräger/Fiedler 1989, S. 70.

Rennräder, gegenüber. Abbildung 2 zeigt exemplarisch die in BETREX realisierten Vergleichsarten und Betrachtungszeiträume. Der kumulierte Plan-Ist-Vergleich bezieht sich in BETREX auf die Werte seit Geschäftsjahresbeginn. Er wird in die Zukunft verlängert, indem man Plan- und Prognosewerte gegenüberstellt. BETREX betrachtet dafür neben den kurzfristigen Daten des laufenden Monats t auch diejenigen der nächsten sechs Monate. Als Prognosehorizont wurde nicht das Jahresende gewählt, weil man z.B. im Februar kaum sinnvolle Prognosen über zehn Monate abgeben kann. Deren Interpretation wäre von vornherein mit einer hohen Fehlerwahrscheinlichkeit behaftet. Selbst bei der relativ kurzfristigen Vorausschau ist zu bedenken, daß die prognostizierten Werte nur Anhaltspunkte für zukünftige Entwicklungen sind. Insbesondere berücksichtigen sie keine zwischenzeitlich eingeleiteten Gegensteuerungsmaßnahmen, die z.B. aufgrund früherer Abweichungen angestoßen wurden. In den Ist-Ist-Vergleich bezieht BETREX nur die beiden letzten Monate ein.

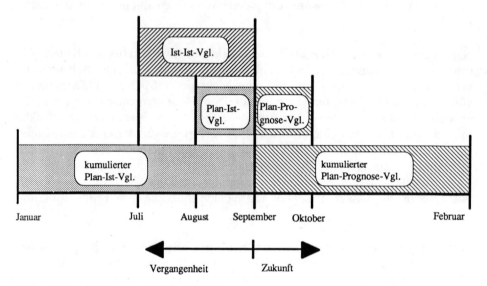

Abb. 2: Vergleichsarten in BETREX

4.2.2 Analyseprozeß

Das BETREX-Wissensmodell orientiert sich an einem vierstufigen Analyseprozeß[29] (vgl. Abbildung 3). Zunächst wird ein konkretes Untersuchungsobjekt (im folgenden Einstiegsobjekt genannt), wie z.B. die Sparte Spezialräder, einer *vorläufigen Ursachenanalyse* unterzogen (Analysephase 1). Danach betrachtet man das Einstiegsobjekt als Element in einer Kette von Zusammenhängen *(vertiefende Ursachenanalyse)*.

---

29 Vgl. Mertens u.a. 1989, S. 161 f.

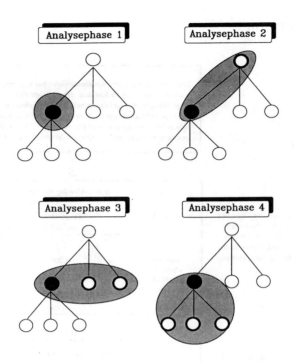

Abb. 3: Überblick über die einzelnen Analysephasen

Insbesondere um die Relevanz einer Ergebnisabweichung richtig einzuschätzen, wird ihre Auswirkung auf die übergeordnete Hierarchieebene berücksichtigt (Analysephase 2). Daneben ist es wichtig zu wissen, ob Abweichungen nur bei dem betrachteten Einstiegsobjekt oder auch bei hierarchisch gleichgeordneten auftreten (Analysephase 3). Beispielsweise sind dadurch segmentübergreifende Auswirkungen im Rahmen von Marktveränderungen zu sehen[30]; etwa wenn eine rückläufige Konjunktur das Ergebnis aller Sparten verschlechterte. Im Anschluß daran setzt der eigentliche Aufspaltungsprozeß ein, der Abweichungen des Einstiegsobjekts auf Einzelursachen zurückführen soll (Analysephase 4), vgl. Abbildung 4.

---

30 Vgl. Köhler 1981, Sp. 19.

4.3 Analysebeispiel

> Die Untersuchung der Kundenstruktur hat ergeben, daß eine Nachfrageverschiebung zu Kunden, die niedrige Produktdeckungsbeiträge bringen, stattgefunden hat. Die Veränderung der Kundenstruktur führt zusammen mit einem Mengenrückgang, der wahrscheinlich von Kunden mit einem hohen Produktdeckungsbeitrag getragen wird, zu einer negativen Abweichung des DB I.

Mit einer Hitliste, die nach der Höhe der durchschnittlichen Kunden-Deckungsbeiträge sortiert ist, werden die beiden Kunden Kaputnik AG und Dynamic Inc. als Verursacher der Mengenabweichung identifiziert.

Absatzzahlen der Kunden

Kunden	Mengenabw. (in St.)	DB/Stück (in DM)
Kaputnik AG	- 1.200	350,-
Dynamic Inc.	- 1.470	300,-
Radmüller AG	+ 120	200,-
Weizenkeim AG	+ 1.430	150,-
Gesamt	- 1.120	

Zunächst werden die von der Kaputnik AG gekauften Artikel nach der Höhe ihrer Mengenabweichung sortiert. Man kann erkennen, daß insbesondere Coppi hinter den Absatzerwartungen zurückbleibt.

Absatzzahlen für Kaputnik AG

Artikel	Mengenabw. (in St.)	Ist-Menge (in St.)	Plan-Menge (in St.)
Coppi	-1.630	3.620	5.250
Hinault	0	3.350	3.350
Gelände	+ 130	5.130	5.000
Straße	+ 300	7.300	7.000
Gesamt	-1.200	19.400	20.600

Für Coppi kann man sich dann noch die Entwicklung der monatlichen Absatzmengen ansehen, um herauszufinden, ob die Mengenabweichungen zufälliger Natur oder systematisch entstanden sind.

Entwicklung der Absatzmenge bei Coppi

	Mengenabw. (in St.)	Ist-Menge (in St.)	Plan-Menge (in St.)
Monat 1	- 220	830	1.050
Monat 2	- 330	720	1.050
Monat 3	- 260	790	1.050
Monat 4	- 350	700	1.050
Monat 5	- 470	580	1.050
Gesamt	-1.630	3.620	5.250

Abb. 4: Beispiel eines Analyseergebnisses

4.4 Technische Realisierung

Neben der *Wissensbasis*, bei deren Gestaltung insbesondere die Darstellung der Hierarchien, Kennzahlen und Texte sowie die optimale Modularisierung gelöst werden mußten, war die Realisierung der *Analysesteuerung* von entscheidender Bedeutung.

4.4.1 Wissensrepräsentation

Für die Realisierung wurde die hybride PC-Shell NEXPERT OBJECT verwendet. Sie bietet die Möglichkeit, Wissen neben Regeln auch in Form von Klassen, Objekten und Attributen, sogenannten Properties, darzustellen. Jedes Wissenselement in BETREX ist eindeutig als Klasse(Objekt)-Attribut-Wert-Tripel gekennzeichnet und enthält folgende Informationen[31]:

- Klassen (Objekt)-Name, z.B. „Deckungsbeitrag",
- Attribute (gebräuchlich sind auch die Bezeichnungen Eigenschaft oder Property), beispielsweise „Plan-Ist-Vergleich" oder „Ist-Ist-Vergleich",
- Werte (bzw. Ausprägungen), etwa „14 Prozent" oder „10.000 DM".

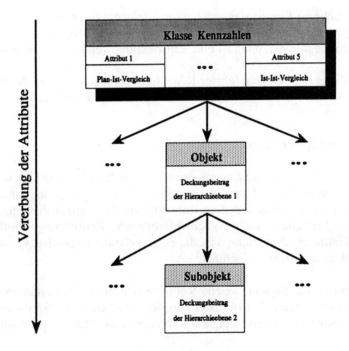

Abb. 5: Beziehungen zwischen den Wissenselementen

---

31 Vgl. Fiedler u.a. 1989a, S. 357 f.

Ergänzend können

- übergeordnete Klassen, beispielsweise die Klasse „Kennzahlen",
- Subobjekte, z.B. „Deckungsbeitrag" von Hierarchieobjekten untergeordneter Ebenen

angegeben werden, mit denen ein Objekt verbunden ist. Bestimmte Eigenschaften können zwischen diesen Wissenselementen im Rahmen der Vererbung weitergegeben werden (vgl. Abbildung 5).

BETREX unterscheidet zwischen statischen Objekten, die in der Wissensbasis fest verankert sind, und dynamischen. Die letztgenannten werden erst während der Analyse durch Regeln oder Meta-Slots als Subobjekte oder als Instanzen von Klassen generiert. Sie bilden den dynamischen Teil der Wissensbasis, der nur während der Analyse präsent ist[32].

Der Erstellungsaufwand konnte durch Regeln merklich reduziert werden, die mit Variablen zur Mustererkennung (Pattern Matching) besetzt waren[33]. Beispielsweise lautet eine solche Regel, die einen Existenzquantor abprüft und zur Verifizierung der Hypothese „Entwicklungswende" dient:

„Wenn der kumulierte *Plan-Ist-Vergleich* bei irgendeinem Objekt der Klasse „Kennzahlen" signifikant positiv und der *kumulierte Plan-Prognose-Vergleich* desselben Objekts signifikant negativ ist, dann ist eine Entwicklungswende wahrscheinlich".

Die Variablen sind in oben angeführter Regel fett hervorgehoben. In der Wissensbasis werden sie als Attribute der Kennzahlenobjekte repräsentiert.

4.4.2 Darstellung der Texte

Die Textausgabe wird über das Zusammenwirken von Regeln, Objekten und Textsteuerungsdateien realisiert. Der obere Teil der Abbildung 6 zeigt den Inhalt einer solchen Datei mit einem beispielhaften Rohtext. Dabei werden auch die textlichen Gestaltungsmöglichkeiten, wie z.B. Schriftfarben und Zentrierung, deutlich. In der unteren Hälfte der Abbildung 6 ist die entsprechende Expertise, wie sie während der Analyse erscheint, aufgeführt.

Zunächst ermittelt das System, welche Rohtexte sich für die Präsentation eignen. Dies geschieht zum einen über die zwei unterschiedlichen Objektkategorien: Dynamische Objekte werden in Abhängigkeit von den Auswertungsergebnissen gene-

---

32 Vgl. Pfeiffer 1987, S. 83 ff.
33 Vgl. Harmon/King 1989, S. 50.

#center#
#Magenta#
ABWEICHUNGEN DES UNTERSUCHUNGSOBJEKTES
#LeftAlign#
#normal#
#yellow#1.DB II-Entwicklung#normal#
#If(\Text2.K11_Rel_II\==Unknown)#
Diese Kennzahl wurde abgewählt.
#else#
Der #cyan#DB II#normal# weicht um #cyan#\text2.K11_rel_II\%#normal#normal# von der Vorperiode und um #cyan#\Text2.K11_rel_PI_m\%#normal# vom Planwert ab. Die Planabweichung beträgt kumuliert bisher #cyan#\Text2.k11_rel_pi_K\%#normal#, für die Zukunft wird eine Veränderung auf #cyan#\Text2.k11_rel_PP_K\%#normal# prognostiziert.
#endif#

#yellow#2. relative Abweichungen#normal#
Besonders stark weichen im Ist-Ist-Vergleich die Kennzahl #cyan#\text2.max_rel_ii\#normal# und im Plan-Ist-Vergleich die Position #cyan#\text2.max_rel_pi_m\#normal# ab. Über alle Vergleichsarten gesehen ist die Abweichung bei der Kennzahl #cyan#\text-2.max_summe\#normal# am größten.

#yellow#3.absolute Abweichungen#normal#
Die stärksten #cyan#absoluten#normal# Abweichungen sind bei den Positionen#cyan-#\text2.max_abs_II\#normal# (im Ist-Ist-Vergleich) und #cyan#\text2.max_abs_PI_M\#normal# (im Plan-Ist-Vergleich) zu verzeichnen.

ABWEICHUNGEN DES UNTERSUCHUNGSOBJEKTES

1. DB II-Entwicklung
Der DB II weicht um 20% von der Vorperiode und um 10% vom Planwert ab. Die Planabweichung beträgt kumuliert bisher 14%, für die Zukunft wird eine Veränderung auf -28% prognostiziert.

2. relative Abweichungen
Besonders stark wichen im Ist-Ist-Vergleich die Kennzahl Fixkosten und im Plan-Ist-Vergleich die Position Var. Produktionsk. ab. Über alle Vergleichsarten gesehen ist die Abweichung bei der Kennzahl Var. Produktionsk. am größten.

3. absolute Abweichungen
Die stärksten absoluten Abweichungen sind bei den Positionen Var. Kosten (im Ist-Ist-Vergleich) und Bruttoerlös (im Plan-Ist-Vergleich) zu verzeichnen.

Abb. 6: Textkonzept in BETREX

riert und enthalten beispielsweise signifikante Abweichungen eines Produkts. Fest definierte Objekte fungieren als Schalter, die mit „ja" oder „nein" belegt werden und damit Rohtexte freigeben oder blockieren. Zum anderen existieren Regeln, die quasi als Brücke zwischen den beiden Objektkategorien dienen. Diese

Regeln überprüfen die Ausprägungen der dynamisch erzeugten Objekte und setzen in Abhängigkeit davon die Textschalter.

Beispielhaft sei eine Regel zur verbalen Interpretation von Ergebnissen der Deckungsbeitragskontrollrechnung angeführt:

„*Wenn eine Preisabweichung vorliegt und der Benutzer eine Expertise wünscht, dann setze das Objekt ‚Interpretation der Preisabweichung' auf Ja*".

Die Rohtexte werden schließlich über einfach strukturierte „Wenn-Dann"-Regeln, welche die Ausprägung der Berichtsobjekte abfragen, selektiert. Das oben angeführte Beispiel wird folgendermaßen umgesetzt:

Wenn die Eigenschaft des Berichtsobjekts ‚Interpretation der Preisabweichung' auf ‚Ja' gesetzt wurde, dann gib den Text ‚Es liegt eine Preisabweichung vor, d.h., der Preis pro Stück ist ‹Entwicklungsrichtung›' aus".

Die Variablen der Rohtexte werden durch Objekteigenschaften repräsentiert, deren Ausprägung das System wiederum durch Regeln ermittelt.

„*Wenn die Preisabweichung negativ ist, dann setze die Objekteigenschaft ‚Entwicklungsrichtung' auf ‚gefallen'*".

Die beschriebene Vorgehensweise führt dazu, daß mehrere Rohtexte in einen Gesamttext integriert und auf einer Bildschirmseite ausgegeben werden können. Eine auf diese Weise generierte Interpretation umfaßt jeweils zusammenhängende Untersuchungsbereiche.

4.4.3 Modularisierung der Wissensbasen

Grundsätzlich wäre es denkbar, das gesamte Wissen in einer *einzigen* Wissensbasis abzulegen. Damit enthielte der Hauptspeicher während der Untersuchung alle Regeln, Klassen und Objekte. In BETREX wurden jedoch mehrere vernetzte Wissensbasen implementiert, die nur bei Bedarf geladen werden. Darüber hinaus strukturierte man die Analysemoduln in Form sogenannter Wissensinseln. Diese sehr weitgehende Modularisierung bietet eine Reihe von Vorteilen:

Transparenz und Nachvollziehbarkeit

Die zahlreichen Möglichkeiten der Wissensdarstellung führen zu sehr unübersichtlichen Strukturen. Schon eine einzige Regel kann vielschichtige Zusammenhänge wiedergeben (vgl. Abbildung 7).

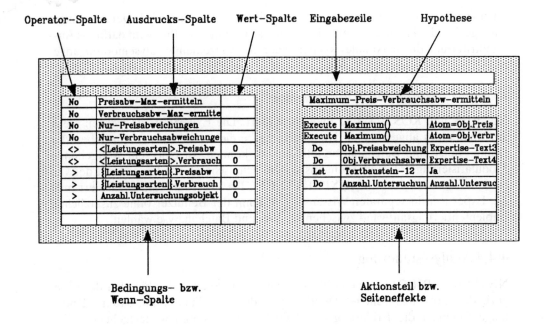

Abb. 7: NEXPERT OBJECT-Regel in BETREX

So umfaßt BETREX u.a. Regeln mit elf Prämissen, die wiederum neun Aktionen aktivieren. Noch komplexere Zusammenhänge ergeben sich, wenn die Zahl der Regeln stark zunimmt und zusätzliche Objekt- und Klassenbeziehungen bestehen. Hinreichende Transparenz kann dann nur noch gewährleistet werden, wenn klar abgegrenzte und möglichst kleine Wissenseinheiten definiert sind.

Laufzeitverhalten und Hauptspeicherbelastung

Mit der Zahl der Regeln und Objekte im Hauptspeicher nimmt die Antwortzeit z.T. dramatisch zu. Da das Laufzeitverhalten ohnehin äußerst kritisch war, lag es nahe, in Abhängigkeit von Teilergebnissen festzulegen, ob eine Wissensbasis geladen wird. Entscheidet sich beispielsweise der Anwender von BETREX für die Analyse negativer Abweichungen, bleibt der Modul, der die positiven Differenzen untersucht, inaktiv und belastet somit nicht den knappen Hauptspeicherplatz.

Konfiguration anwenderspezifischer Systeme

Die Modularisierung erlaubt es, mit vertretbarem Aufwand anwenderspezifische Systeme zu konfigurieren. Dies ist in BETREX durch Meta-Wissensbasen gelöst, welche die Selektion relevanter Analyseteile steuern. Um beispielsweise in KO-STEX einen nicht gewünschten Modul wie die Fixkostenuntersuchung zu entfernen, müßten lediglich zwei Kontrollregeln gelöscht werden. In BETREX wurde dieses Konzept dahingehend erweitert, daß die benutzerindividuelle Zusammensetzung einer Analysesitzung vom System selbst durchgeführt wird. Der Anwender kann gezielt die Themengebiete einer Analyse bestimmen. Ihm wird dafür als Auswahlkriterium die maximale Rechendauer der einzelnen Analysemoduln angezeigt.

Realisierung unterschiedlicher Betriebsformen

BETREX und KOSTEX sind dialogorientiert. Die Expertisetexte werden meist am Ende eines abgegrenzten Untersuchungsbereichs präsentiert. Um neben der Dialog- auch eine Batchanalyse anbieten zu können, ist eine sehr weitgehende Modularisierung notwendig, die aus systemtechnischen Gründen erst mit der verbesserten Version 1.1 von NEXPERT OBJECT realisierbar war. Lokalisiert man die Expertisen in separaten Wissensbasen, kann der Benutzer ohne zusätzlichen Implementierungsaufwand zwischen Dialog- und Batchanalyse wählen.

4.4.4 Analysesteuerung

NEXPERT OBJECT ist eine universell einsetzbare Shell und daher eher der Kategorie der Tools zuzuordnen[34]. Deutlich wird dies vor allem daran, daß der Knowledge Engineer die Erklärungs- und Dialogkomponenten weitestgehend selbst programmieren muß. Im Gegensatz zu speziellen Shells wie EMYCIN oder MED2 sind Tools weit weniger problembezogen[35]. Deswegen wendet die *Inferenzkomponente* die richtigen Regeln nicht a priori an. Der Entwickler muß bewußt die Steuerung des Wissensbasierten Systems festlegen. Z.B. war es häufig erforderlich, die Default-Einstellung der Inferenzkomponente – eine Mischstrategie zwischen vorwärts- und rückwärtsverketteter Breadth-first-Suche[36] – zu beeinflussen, um unerwünschte Analyserichtungen zu verhindern. Dies war etwa der Fall, wenn alle Regeln, die in einer Oder-Beziehung standen, durchlaufen werden sollten bzw. wenn man während der Testphase unerwünschte Regeläste ausschalten wollte, um sich auf die zu überprüfenden Teile der Wissensbasis konzentrieren zu können. Das Beispiel zeigt, daß die realisierbaren Problemlösungsstrategien, die eine Shell bietet, wichtig sind[37].

Neben der Inferenzkomponente wird die Analyse durch unterschiedliche Regelkategorien beeinflußt. In den bereits erwähnten Meta-Wissensbasen befindet sich das Kontrollwissen in Form der *Ablaufsteuerungsregeln,* die einzelne Untersuchungsmoduln selektieren und in der richtigen Reihenfolge aufrufen. Neben den systemübergreifenden existieren auch modulbezogene Steuerungsregeln, die in den einzelnen Analysemoduln angesiedelt sind. *Expertenregeln* repräsentieren dagegen das Domänenwissen. Sie unterteilen sich in solche, die allgemeines Expertenwissen, wie es beispielsweise in der betriebswirtschaftlichen Literatur für die Deckungs-

---

34 Vgl. Mescheder/Westerhoff 1989, S. 391 ff. und Krickhahn/Schachter-Radig 1988, S. 439 ff.
35 Vgl. Melle u.a. 1989, S. 23 f.
36 Vgl. Pearl 1984, S. 36 ff. und Harmon/King 1986, S. 64.
37 Vgl. Hayes-Roth u.a. 1983, S. 52 ff.

beitragsflußrechnung vorzufinden ist, enthalten, und in betriebs- und anwendungsspezifische Expertenregeln. Davis nennt als Vorteil dieser weitgehenden Differenzierung der Wissensbasen die flexibleren Erweiterungsmöglichkeiten. Würde man das Meta-Wissen in die Expertenregeln verlagern, wären wesentlich mehr Regeln von einer Modifikation der Wissensbasis betroffen[38].

Erwähnenswert ist eine weitere Regelkategorie, die zum großen Teil ebenfalls in den Metawissensbasen lokalisiert ist und im Rahmen der *Datenbeschaffung und Berichtsanforderung* Kommunikationsaufgaben wahrnimmt.

5. Erste Erfahrungen

Eingeschränkte Aussagekraft

BETREX und KOSTEX wurden bewußt weitgehend allgemeingültig realisiert. Das mußte allerdings mit Einschränkungen bei der Analysetiefe erkauft werden. Bei Controllern, die im Umgang mit der SAP-Software sehr erfahren sind und deswegen besonders reizvolle Aussagen vom Expertensystem erwarten, kann dies zu Akzeptanzschwierigkeiten wegen Unterforderung bzw. zu geringem Informationsnutzen führen. Völlig betriebs- und anwenderspezifische Expertensysteme, die solche Anforderungen erfüllen würden, sind schon aus Kostengründen nicht realisierbar, weil der Entwicklungsaufwand nicht auf mehrere Unternehmen aufgeteilt werden kann. Um dieses Dilemma zu lösen, bietet sich die Implementierung eines mehrstufigen und modular aufgebauten Wissensbasierten Systems an, das der Endbenutzer in seinem Sinne modifizieren und erweitern kann[39] (vgl. Abbildung 8).

Dies scheint für die nächste Zukunft auch ein gangbarer Weg, um die eingeschränkte Leistungsfähigkeit heutiger Expertensysteme, die Hayes-Roth mit der Aussage *„compared to a human expert, today's expert system appears narrow, shallow and brittl"*[40] kennzeichnet, zu verbessern.

Technische Restriktionen

In einem Praxistest bei einem größeren Anwender der SAP-Software zeigte es sich, daß das Expertensystem auf dem PC aufgrund der enormen Datenmengen schnell an Grenzen stößt. Beispielsweise reichte der Hauptspeicher nicht aus, um alle Objekte der Betriebsergebnisrechnung in der Wissensbasis zu verankern (es existieren allein über 5000 Kunden). Dies mindert jedoch den Wert des Systems

---

38 Vgl. Davis 1980, S. 189 f.
39 Vgl. Mertens u.a. 1989, S. 178 f.
40 Vgl. Hayes-Roth 1988, S. 4.

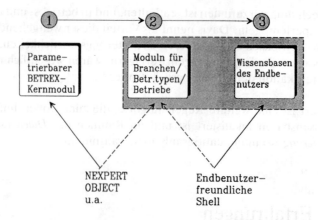

Abb. 8: Individualisierungskonzept für BETREX

für den Controller erheblich. Als weiteres gravierendes Problem erwies sich die lange Analysedauer. Zur Zeit wird daran gearbeitet, diese technischen Probleme zu entschärfen.

Literaturverzeichnis

Davis, R., Meta-Rules: Reasoning about Control, Artificial Intelligence, Vol. 15 (1980), S. 179 ff.

Dräger, U., Fiedler, R., Wissensbasierte Systeme in der Logistikkosten- und Leistungsrechnung, Logistik Spektrum 1. Jg. (1989) 3, S. 69 ff.

Fiedler, R., Wenzlaw, G., Ziegler, G., BETREX— Ein System zur wissensbasierten Analyse des Betriebsergebnisses, Arbeitspapier der Informatik-Forschungsgruppe VIII der Friedrich-Alexander-Universität Erlangen-Nürnberg, 2. Aufl., Erlangen 1988.

Fiedler, R., Mertens, P., Wenzlaw, G., Ziegler, G., Zur Unterstützung des Controlling durch wissensbasierte Analyse des Betriebsergebnisses, Die Betriebswirtschaft 49. Jg. (1989) 2, S. 353 ff.

Fiedler, R., Hamann, N., Riedel, C., KOSTEX – Ein prototypisches wissensbasiertes System zur Kostenstellenanalyse. Information Management 4. Jg. (1989) 4, S. 26 ff.

Frings, W., DSS und EIS: „Instrumente" für Entscheider, Office Management (1989) 10, S. 72 ff.

Hahn, D., Integrierte und flexible Unternehmensführung durch computergestütztes Controlling, Zeitschrift für Betriebswirtschaft 59. Jg. (1989) 11, S. 1135 ff.

Harmon, P., King, D., Expertensysteme in der Praxis – Perspektiven, Werkzeuge, Erfahrungen, 3. aktualisierte und erweiterte Aufl., München 1989.

Hayes-Roth, F., Waterman, D., Lenat, D., Building Expert Systems, Massachusetts 1983.
Hayes-Roth, F., Knowledge-based Expert Systems: the State of the Art, in: Ernst, C. (Hrsg.), Management Expert Systems, Wokingham u.a. 1988, S. 3 ff.
Heismann, G., Die vier von der Denkstelle, Manager Magazin (1988) 9, S. 72 ff.
Horváth, P., Controlling, 2. Aufl. München 1986.
Huch, B., Große Fortschritte beim operativen Controlling, Blick durch die Wirtschaft der Frankfurter Allgemeinen Zeitung vom 19.2.1987, S. 1 ff.
Kagermann, H., Perspektiven der Weiterentwicklung integrierter Standardsoftware für die Kostenrechnung und das gesamte innerbetriebliche Rechnungswesen, Kostenrechnungspraxis (1988) Sonderheft 1, S. 19 ff.
Kloock, J., Erfolgsrevision mit Deckungsbeitragskontrollrechnungen, Betriebswirtschaftliche Forschung und Praxis 39. Jg. (1987) 2, S. 126 ff.
Köhler, R., Absatzsegmentrechnung, in: Kosiol, E. u.a. (Hrsg.), HWR, 2. Aufl. Stuttgart 1981, Sp. 19 ff.
Kraemer, W., Spang, S., Expertensysteme zum intelligenten Soll-Ist-Kostenvergleich, Handbuch der modernen Datenverarbeitung 26. Jg. (1989) 147, S. 77 ff.
Kraemer, W., Scheer, A.-W., Wissensbasiertes Controlling, Information Management 4. Jg. (1989) 2, S. 6 ff.
Krickhahn, R., Schachter-Radig, M., Grundkonzepte der regelorientierten Programmierung, Informationstechnik 30. Jg. (1988) 6, S. 439 ff.
Krug, P., Die Unterstützung des Steuerberaters bei der Finanzierungsberatung durch Expertensysteme, Dissertation Nürnberg 1988.
Landsberg, G., Control Reporting – Informationsverdichtung und Abweichungserklärung, Kostenrechnungspraxis (1988) 3, S. 101 ff.
McNaught, I., Putting the Director on Screen, Investment Management (1987) 11, S. 38 f.
Melle, W., Shortliffe, E., Buchanan, B., EMYCIN: A Domain Independent System that aids in Constructing Knowledge-based Consultation Programs, Machine Intelligence, Infotech State of the Art Report 9, no. 3, o.O. 1989.
Mertens, P., Expertisesysteme als Variante der Expertensysteme zur Führungsinformation, Schmalenbachs Zeitschrift für betriebswirtschaftliche Forschung 41. Jg. (1989) 10, S. 835 ff.
Mertens, P., Derivation of Verbal Expertises from Accounting Data, in: Pau, L. u.a. (Hrsg.), Expert Systems in Economics, Banking and Management, Amsterdam u.a. 1989, S. 341 ff.
Mertens, P., Fiedler, R., Sinzig, W., Wissensbasiertes Controlling des Betriebsergebnisses, in: Scheer, A.-W. (Hrsg.), Rechnungswesen und EDV, 10. Saarbrükker Arbeitstagung 1989, Heidelberg 1989, S. 153 ff.
Mertens, P., Borkowski, V., Geis, W., Betriebliche Expertensystem-Anwendungen – Eine Materialsammlung, 2. völlig neu bearbeitete Aufl., Berlin u.a. 1990.
Mescheder, B., Westerhoff, T., Offene Architekturen in Expertensystem-Shells, Angewandte Informatik 31. Jg. (1989) 9, S. 391 ff.
Nonhoff, J., Entwicklung eines Expertensystems für das DV-Controlling, Berlin u.a. 1989.

Pearl, J., Heuristics. Intelligent Search Strategies for Computer Problem Solving, Massachusetts 1984.

Pfeiffer, T., Real existierende Expertensysteme, CT (1987) 6, S. 83 ff.

Plattner, H., Die technische Konzeption eines Integrationsmodells am Beispiel des Systems RK, in: Kilger, W., Scheer, A.-W. (Hrsg.), Rechnungswesen und EDV. 7. Saarbrücker Arbeitstagung 1986, Heidelberg 1986, S. 203 ff.

Plattner, H., Ist eine weitere Integration noch beherrschbar? in: SAP AG (Hrsg.), Internationaler Software-Kongreß, Karlsruhe 1987, S. P6.

Plattner, H., Neue Wege für das Controlling in einem hochintegrierten Anwendungssystem, in: Scheer, A.-W. (Hrsg.), Rechnungswesen und EDV. 8. Saarbrücker Arbeitstagung 1987, Heidelberg 1987, S. 58 ff.

Rauh, N., Wissensbasierte Systeme zur Unternehmensdiagnose auf der Grundlage von Jahresabschlußdaten und Branchenvergleichswerten in der Steuerkanzlei, Dissertation Nürnberg 1988.

Reichmann, R., Kleinschnittger, U., Kemper, W., Empirische Untersuchung zur Funktionsbestimmung des Controlling, in: Reichmann, T. (Hrsg.), Controlling-Praxis. Erfolgsorientierte Unternehmenssteuerung, München 1988, S. 39 ff.

Reichmann, Th., Computer Integrated Controlling (CIC). Ein Beitrag zur DV-gestützten Controlling-Konzeption als Instrument der Unternehmensführung, Sonderdruck o.J.

Remmel, M., Controllingprofil der Daimler Benz AG, Controlling 1. Jg. (1989) 5, S. 284 ff.

Riebel, P., Einzelkosten- und Deckungsbeitragsrechnung, 5. Aufl., Wiesbaden 1985.

Scheer, A.-W., Das Rechnungswesen in den Integrationstrends der Datenverarbeitung, in: Derselbe (Hrsg.), Rechnungswesen und EDV. 9. Saarbrücker Arbeitstagung 1988, Heidelberg 1988, S. 3 ff.

Schimank, C., Expertensystemgestützte Prüfung des Internal Control bei Mikrocomputereinsatz, Dissertation Stuttgart 1989.

Trautmann, P., German Software Takes on the World, Datamation 43. Jg. (1989) 1, S. 68 ff.

Von Weissenfluh, D., Überblick über Einsatzgebiete betrieblicher Expertensysteme. Arbeitsbericht Nr. 15 der Universität Bern, Bern 1987.

Weiß, S., Kulikowski, C., A Practical Guide to Designing Expert Systems, London 1984.

Wittmann, S., Ausgewählte Weiterentwicklungen von Wissensbasierten Systemen zur Unternehmensanalyse für den Steuerberater, Dissertation Nürnberg 1989.

Drittes Kapitel

Marketing

Bruno Neibecker

Expertensysteme in der Werbung: Das System ESWA – Lösungsansätze in wichtigen Teilbereichen der Werbung

1. Einführung

2. Expertensystem zur Werbewirkungsanalyse (ESWA)
   2.1 Zum Systemaufbau von ESWA
   2.2 Zur Validierung (Evaluation) von ESWA

3. Schlußbemerkung

Literaturverzeichnis

1. Einführung

Der Entstehungspozeß einer neuen Werbekampagne umfaßt im wesentlichen drei Phasen: Zuerst werden die werbestrategischen Grundlagen festgelegt, die sodann im Rahmen einer intensiven Zusammenarbeit mit den Kreativen einer Werbeagentur in neue, möglichst vielfältige Alternativen umgesetzt werden. Die zweite Phase besteht darin, aus der Vielzahl von Entwürfen die tragfähigste Alternative auszuwählen. Im letzten Schritt geht es schließlich darum, einen Mediaplan aufzustellen und zu entscheiden, wie zur Erzielung einer optimalen Kommunikationswirkung in der anvisierten Zielgruppe, die Werbung über die verschiedenen Werbemedien (TV, Print, Radio, Plakate und Kino) gestreut werden soll.

Zu jedem dieser Teilbereiche gibt es Ansätze, künstlich intelligente Systeme zur Problembewältigung einzusetzen, respektive zu entwickeln. Mit dem ersten Aufgabengebiet beschäftigt sich das System ADCAD (ADvertising Communication Approach Designer). Das Expertensystem versucht, durch die Einbeziehung einer weiten Palette von Aktionsparametern aus der Kommunikationspolitik und ansatzweise auch der Preis- und Produktpolitik, den Kreativen bei dem Entwurf von Werbealternativen zu unterstützen. Es greift damit in den Kreativprozeß ein, der zu Beginn der Entwicklung und Gestaltung einer Werbekampagne stattfindet. Durch die Nutzung von leistungsfähigen Graphiksystemen zur schnellen, flexiblen und kostengünstigen Bildmanipulation versucht man sogar, unmittelbar in den Kreativprozeß einzugreifen (vgl. Kroeber-Riel 1989).

Obwohl dieses Ziel einer automatischen, rechnergesteuerten Kreativität als lokkendes Endergebnis der Künstlichen Intelligenz (KI) stehen mag, muß man doch mit übertriebenen Hoffnungen noch etwas Geduld zeigen. Denn die episodische Gedächtnisleistung des Menschen, die dadurch gekennzeichnet ist, das nicht nur ein konzeptionelles Verstehen der eigenen Person und der Umwelt vorhanden ist, gemeinhin auch als Bewußtsein bezeichnet, sondern daß jeder Mensch spezifische Umfelderfahrungen mit diesem konzeptionellen Wissen verbindet, wird von Expertensystemen auch heute noch bei weitem nicht erreicht. Diese personenspezifischen und kontextabhängigen Gedächtnisprozesse führen beispielsweise in sog. Brainstorming-Sitzungen dazu, daß die gleiche Grundidee bei jedem Teilnehmer eigene Gedankenprozesse und Assoziationen auslöst. Der oft vorgebrachte, allgemeine Hinweis auf das noch fehlende Allgemeinwissen in Expertensystemen führt deshalb eher zu einer Verniedlichung dieser Schwachstelle. Wenn man aber keine utopischen Anforderungen an ein solches System stellt, sind die mit der neuen Hard- und Softwaretechnologie realisierbaren Möglichkeiten um so faszinierender.

Mit dem zweiten Anwendungsfeld für Expertensysteme in der Werbung, der Beurteilung der verschiedenen Entwürfe und der damit verbundenen Abschätzung der voraussichtlichen Werbewirkung, befaßt sich das vom Autor entwickelte System

ESWA (ExpertenSystem zur WerbewirkungsAnalyse). Bevor ich darauf näher eingehe, soll das dritte Anwendungsfeld, die Mediaplanung, gestreift werden.

Obwohl zur Mediaplanung eine Reihe mathematischer Lösungsalgorithmen existieren, entwickeln viele Agenturen und Institute ihre Streupläne mit qualitativen Methoden. Der Markt ist heute weitgehend geteilt. Auf der einen Seite stehen die Full-Service Werbeagenturen, auf der anderen Seite spezialisierte Mediaagenturen.

Als Kritik an den rein formalen Lösungen wird angeführt, daß zu wenig qualitative, produktspezifische Aspekte berücksichtigt werden und die Steupläne zu wenig diskriminieren. Ferner erschwert die geringe Durchschaubarkeit der Modelle die Argumentation gegenüber den Kunden. Dies führte dazu, daß man nun versucht, das Problem der Mediaplanung mit Unterstützung von Expertensystemen zu lösen. Vielversprechend ist die Perspektive, beide Lösungsansätze miteinander zu verbinden.

2. Expertensystem zur Werbewirkungsanalyse (ESWA)

ESWA zielt darauf ab, dem sachkundigen Benutzer als beratendes System zur Seite zu stehen. Es kann so die Entscheidungsqualität verbessern und Diskussionen über antizipierbare Werbewirkungen versachlichen. Einsatzbereiche sind bei Marktforschern, im Produktmanagement und in der Werbeberatung zu suchen. Vier grundlegende Zielsetzungen waren im Rahmen des Knowledge-Engineering zu lösen:

1. Den aktuellen Stand der Werbewirkungsforschung gezielt für die Implementierung in dem Expertensystem aufzubereiten.
2. Ein geeignetes Normierungssystem zu berücksichtigen, so daß verschiedene Untersuchungsergebnisse und Meßverfahren auf einer einheitlichen Skala interpretiert und somit vergleichbar werden.
3. Angesichts der hohen Investitionssummen für Hard- und Software soll der Prototyp auf einem leistungsfähigen, portablen Rechner lauffähig sein (MS-DOS Rechner mit Common LISP).
4. Aufgrund der besonderen Aufgabenstellung bei der Analyse von Werbewirkungen, ist der Berücksichtigung sog. unsicheren Wissens besondere Aufmerksamkeit zu widmen.

Eine qualifizierte Analyse der Werbewirkung setzt zumindest die Berücksichtigung von drei zentralen, simultan wirksamen Faktoren voraus, die hier in dem 3-D-Modell der Werbewirkungskomponenten zusammengefaßt werden (vgl. Abbildung 1).

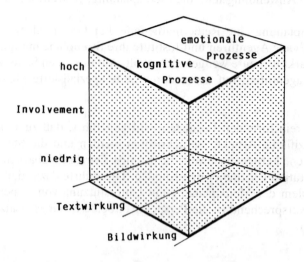

Abb. 1: 3-D-Modell der Werbewirkungskomponenten

Grundsätzlich können wir einen Reiz visuell oder verbal darbieten. Dann entfaltet er entsprechend Bild- oder Textwirkung. Andererseits löst die Verarbeitung von Informationen gedankliche Prozesse und gefühlsbetonte Prozesse aus. Man spricht auch von kognitiver und emotionaler Verarbeitung. Als dritte wichtige Komponente ist die besondere Interessenlage des Konsumenten zu beachten. Involvement umschreibt deshalb einen inneren Vorgang, der sich von niedrigem (Low-Involvement) bis hin zu hohem Involvement (High-Involvement) erstreckt. Sowohl die Bild- als auch die Textverarbeitung laufen unter verschiedenen Involvementbedingungen nach anderen Regeln ab. Das Involvement der Konsumenten beeinflußt die Markentreue, die Richtung und den Umfang der durch Werbung ausgelösten gedanklichen und emotionalen Reaktionen, um nur einige wichtige Unterschiede anzusprechen.

Bei hohem Involvement findet eine aktive Informationsverarbeitung statt. Der Konsument setzt sich mit den relevanten Produkteigenschaften auseinander. Die Argumente, die häufig auch aus der Werbung stammen, werden analysiert und bewertet. Erst danach bildet man sich ein Urteil.

Umgekehrt werden Low-Involvement Kaufentscheidungen als Verhaltensweisen charakterisiert, in denen der Konsument das Produkt als ziemlich unbedeutend für seine Person empfindet und sich kaum mit dem Produkt identifiziert. Die Informationssuche findet beiläufig statt. Informationen werden passiv registriert und gesammelt. Der Konsument versucht den kognitiven Aufwand zu minimieren und strebt nach einem akzeptablen Niveau der Bedürfnisbefriedigung.

Das Knowledge-Engineering beim Aufbau eines Expertensystems zur Werbewirkungsanalyse steht deshalb vor gänzlich anderen Problemen als beim Aufbau der bereits praxiserprobten Konfigurationssysteme. Denn in der Werbewirkungsanalyse muß die **kompensatorische, simultane Wirkung** dieser unterschiedlichen Komponenten zu einem **harmonischen Gesamturteil zusammengefaßt** werden. Betrachten wir dazu einmal folgendes Beispiel: Es existieren einerseits rein informative Bilder, Geschäftsgraphiken kann man hierzu zählen, die auf hoch involvierte Betrachter stoßen und dort vorallem gedankliche (kognitive Wirkung) entfalten. Andererseits sind Bilder eine idealtypische Darstellungsform zur Vermittlung von Emotionen. Sie treffen dann unter werbetypischen Verhältnissen auf eher low involvierte Konsumenten. Bereits dieses einfache Beispiel macht deutlich, wie vielschichtig die Wechselwirkungen sind, die beim Aufbau eines solchen System zu berücksichtigen sind.

2.1 Zum Systemaufbau von ESWA

ESWA ist ein regelbasiertes System, das über die klassischen Komponenten eines Expertensystems verfügt. Allerdings werden die Fakten nicht in dichotomisierter Form als Ja/Nein-Antworten, sondern über eine Intensitätsskala erfaßt, die sich an die aus der Psychologie bekannte Methode der „direkten, psychophysischen Skalierung" anlehnt. Der Bildschirm ist hierzu wie folgt aufgebaut (vgl. Abbildung 2):

Abb. 2: Bildschirmaufbau von ESWA

Dem Benutzer wird eine Skala von 10 bis 90 zur Abstufung seiner Antworten vorgegeben. Diese entspricht einer sog. T-Skala und kann auf eine Normstichprobe geeicht werden, so daß verschiedene Meßverfahren miteinander vergleichbar werden. Nach erfolgreichem Feintuning können die Ergebnisse von ESWA sogar in bezug auf diese Normstichprobe interpretiert werden (vgl. zur Herleitung dieser Skala und zum Algorithmus zur Fortschreibung von unsicherem Wissen: Neibecker 1990). Unter dem erfragten Faktum („INTEGRATION SCHLÜSSELREIZE AUFMERKSAMKEIT") wird in einem optisch abgesetzten, permanenten Erklärungsfenster der erfragte Begriff näher spezifiziert und erklärt. Die Intensitätsabstufung erfolgt entweder über die Tastatur oder mit der „Maus".

Greifen wir zur Verdeutlichung den Wissensbaustein von ESWA heraus, der sich mit der Bildwirkung (Bildverarbeitung im menschlichen Gehirn) beschäftigt. In Abbildung 3 wird die Regelbasis zur Bildverarbeitung dargestellt – sie wurde mit Hilfe der graphisch gestützten Erklärungskomponente von ESWA erstellt. Die Regelstruktur fogt dabei weitgehend der klassischen Wenn-Dann-Darstellung, z. B.:

Wenn:
    Austauschbarkeit der Werbung
Dann:
    Bildverarbeitung.
Wenn:
    Neuartige Bildkomposition
und
    Interaktion der Bildelemente
Dann:
    Bildverarbeitung.

Die Zahlenwerte hinter den Fakten betreffen den Fortschreibungsalgorithmus für unsicheres Wissen, der z.T. auf dem PROSPECTOR-Modell aufbaut, bezüglich der Verarbeitung von komplexen Regeln jedoch neu entwickelt wurde.

So ist es die Aufgabe einer bildbetonten Werbung, insbes. wenn sie auf Aktualisierungswirkung und Markenbekanntheit abzielt, sich mit ihren Bildkomponenten im Gehirn des Konsumenten zu verankern und sich so weit wie möglich von der Konkurrenz abzuheben. Diese Unterscheidbarkeit von der Konkurrenz erzielt man, indem man Unverwechselbarkeit oder anders formuliert keine austauschbare Werbung kreiert. In Abb. 3 ist zu erkennen, daß die Austauschbarkeit als erste Teilkomponente für die Bildverarbeitung verwendet wurde. Andere wichtige Teilwirkungen sind die „Neuartigkeit der Bildkomposition" die insbesondere dann besondere Werbewirkung entfaltet, wenn sie zusammen mit einer interaktiven Gestaltung der Bildelemente auftritt. Wichtig ist ferner, daß die Marke und alle sonstigen, relevanten Schlüsselreize in die aufmerksamkeitsfördernden Elemente integriert werden. Wird dies versäumt, so lenken diese Elemente von der eigentlichen Werbeaussage ab, wodurch der Werbeerfolg sogar geschmälert wird.

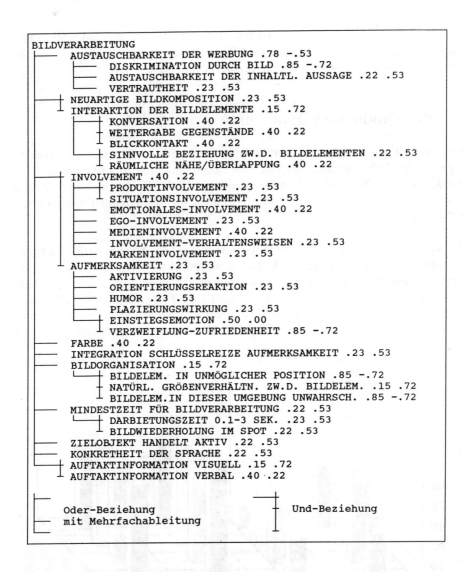

Abb. 3: Regelbasis zur Bildverarbeitung

Diese Ausführungen machen deutlich, daß eine umfassende Beurteilung der Werbewirkung eine sehr vielschichtig gegliederte, hierarchische Wissenskomponente erfordert. Die Erläuterungstexte geben deshalb, ergänzend zur graphischen Ableitung der Wissensstruktur, konkretisierende Hinweise – so z. B. für:

WEITERGABE GEGENSTÄNDE: 80 = Für die Werbeaussage wichtige Gegenstände werden weitergereicht, so daß Interaktionswirkung entsteht.

SINNVOLLE BEZIEHUNG ZW.D. BILDELEMENTEN: 80 = Zwischen den

Bildelementen besteht eine sinnvolle Beziehung; z. B. ein brennendes Steichholz, das eine Zigarette anzündet; oder eine Person, die gerade in ein Auto einsteigt; oder eine Hand, die eine Kassette in den Rekorder einlegt usw.

2.2 Zur Validierung (Evaluation) von ESWA

Aus einem Werbewirkungsexperiment liegen sechzehn Anzeigen vor, die vom Autor nach den Erkenntnissen der visuellen Kommunikationsforschung manipuliert wurden. Diese rein visuellen Anzeigen wurden nach den beiden Kriterien „interaktiv-organisiert" und „bizarr-unorganisiert" aus Originalelementen von Anzeigen entworfen.

Ein Verfahren, um das Ausmaß zu messen, inwieweit die Anzeigen von den Konsumenten effizient verarbeitet und behalten werden, ist die Wiedererkennungsmessung (Recognition). Hierzu liegen nach einem erschwerten Verfahren erhobene, objektive Werte vor, die bereits um Rateeffekte korrigiert wurden. Insgesamt konnte über alle sechzehn Anzeigen eine Korrelation zwischen ESWA-Ergebnissen und Werbetestresultaten von r= 0,608 erzielt werden (Signifikanz: p=0,006).

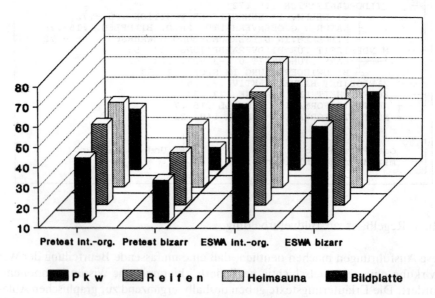

Abb. 4: Ergebnisse zur Recognitionwirkung im Überblick

In Abbildung 4 sind einige ausgewählte Ergebnisse für die Anzeigenpaare Datsun-Pkw, Dunlop-Reifen, Heimsauna und Philips-Bildplatte wiedergegeben. Links sind die Pretestergebnisse und rechts die ESWA-Ergebnisse dargestellt. Der Trennungsstrich zwischen diesen Blöcken soll verdeutlichen, daß die Werte auf unter-

Abb. 5: Anzeige interaktiv-organisiert (Bild oben)
Anzeige interaktiv-unorganisiert (Bild unten)

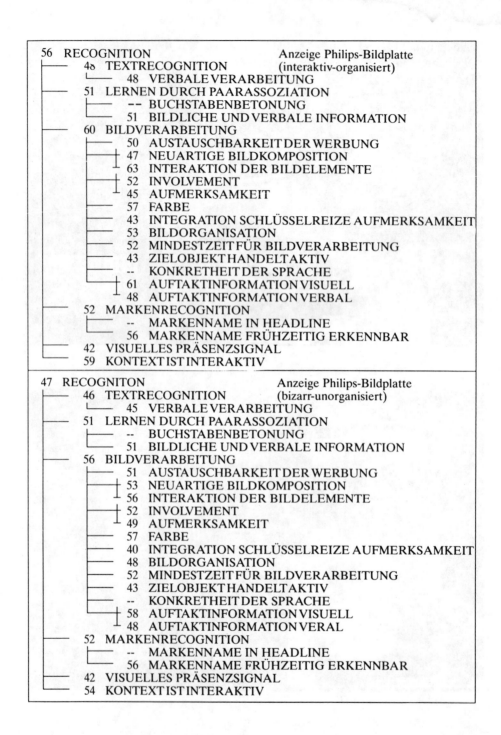

Abb. 6: Einzelergebnisse zur Recogunitionwirkung

schiedlichen Skalen beruhen, so daß man zwischen den Blöcken lediglich die Rangwerte vergleichen kann. Bemerkenswert ist, daß die interaktiv-organisierten Anzeigen im Paarvergleich mit den bizarr-unorganisierten Versionen sowohl im Pretest, wie auch bei den ESWA-Ergebnissen, besser abschneiden. Ein anderer Aspekt betrifft die sich überlagernde Wirkung von emotionaler Aktivierung und Bildorganisation. Die stark-erotische Anzeige „Heimsauna" erzielt die höchsten Recognitionwerte. Obwohl in der bizarren Version das gleiche erotische Motiv verwendet wurde, fallen die objektiven Recognitionwerte ab, innerhalb der bizarr-unorganisierten Anzeigen behält jedoch diese Anzeige ihre Spitzenposition. Auch ESWA ist in der Lage, diese komplizierten Wechselwirkungen richtig zu erkennen. Die Anzeige Heimsauna behält in der Gruppe der bizarren Anzeigen ihre relative Spitzenposition und ESWA weist für die unorganisierte Version einen geringeren Recognitionwert aus als für die vergleichbare interaktiv-organisierte Version.

Am Anzeigenpaar Philips-Bildplatte werden abschließend einige ESWA-Ergebnisse genauer betrachtet. Diese Berechnungen beruhen auf der Wissensbasis vom Mai 1989 mit 210 Regeln (vgl. Abb. 5 und Abb. 6).

Die interaktiv-organisierte Version erzielt mit 56 einen leicht überdurchschnittlichen Recognitionwert, während die bizarr-unorganisierte Version mit 47 leicht unterdurchschnittlich abschneidet. Für die Detailanalyse braucht nicht gesondert betont zu werden, daß Wirkungskomponenten, die sich auf das Produkt als solches beziehen, für beide Anzeigenversionen gleich ausgeprägt sind. Dies betrifft insbesondere das Involvement.
Anders sieht es für die Bildverarbeitung (60 zu 56) und die Kontextwirkung (59 zu 54) aus. Die erste Version erzielt aufgrund der interaktiven Gestaltung (63 zu 56) und der besseren Bildorganisation (53 zu 48) einen höheren Wert für die Bildverarbeitung. Nur in der Neuartigkeit der Gestaltung fällt die erste Version zurück (47 zu 53). Hier schneidet die zweite Version besser ab – dies genügt aber nicht, die anderen Schwachstellen zu kompensieren. ESWA gelangt also zu der richtigen Diagnose, daß die interaktiv-organisierte Version bessere Recognitionleistungen erzielt als die bizarr-unorganisierte Anzeige.

3. Schlußbemerkung

Erst wenn eine umfassendere Anzahl von Anzeigen vorliegt, wird es möglich sein, die in ESWA vorgesehene Normierung aller Meßwerte, einschließlich der ESWA Ergebniswerte, auf einer einheitlichen Skala zu realisieren. Insgesamt erweist sich aber der vorliegende Prototyp bereits als brauchbares, kostengünstiges Instrument um Werbewirkungen auf weitgehend objektivierter Grundlage zu prognostizieren. Die bislang mit ESWA durchgeführte, kriterienbezogene Validitätsprüfung ist bereits ein sachlicheres Kriterium zur Bewertung der Arbeitsweise eines Expertensystems, als die vielfach anzutreffenden Augenscheinüberprüfungen.

Literaturverzeichnis

Kroeber-Riel, W.: Strategie und Technik der Werbung. Verhaltenswissenschaftliche Ansätze. Stuttgart et al.: Kohlhammer 1988.

Kroeber-Riel, W.: Die Werbung von morgen muß Firmen und Marken inszenieren. HARVARD manager, 11. Jg., 1989, 78-86.

Neibecker, B.: Einsatz von Expertensystemen im Marketing. In A.-W. Scheer, Hrsg., Betriebliche Expertensysteme, Bd. II: Einsatz von Expertensystem-Prototypen in betriebswirtschaftlichen Funktionsbereichen. Wiesbaden: Gabler 1989.

Neibecker, B.: Werbewirkungsanalyse mit Expertensystemen. Heidelberg: Physica 1990.

Scheer, A.-W. und D. Steinmann: Einführung in den Themenbereich Expertensysteme. In A.-W. Scheer, Hrsg., Betriebliche Expertensysteme, Bd. I: Einsatz von Expertensystemen in der Betriebswirtschaft – Eine Bestandsaufnahme. Wiesbaden: Gabler 1988.

Franz-Rudolf Esch

Expertensystem zur Beurteilung von Anzeigenwerbung im Rahmen von Computer Aided Advertising Systems (CAAS)

1. Einleitung

2. Zielsetzung des Expertensystems

3. Einordnung des Expertensystems in das Gesamtkonzept von Computer Aided Advertising Systems (CAAS)

4. Charakterisierung des Expertensystems

5. Die Struktur des Expertensystems: Das hierarchische Modell

    5.1 Die Struktur im Überblick
    5.2 Funktion und Bedeutung der einzelnen Anzeigenchecks

6. Die Wissensbasis des Expertensystems: Das pragmatische Werbewirkungsmodell

7. Fallbeispiel einer Benutzeranwendung

8. Ausblick

Literaturverzeichnis

1. Einleitung

Die heutige Werbung steht veränderten Rahmenbedingungen gegenüber. Zu diesen Rahmenbedingungen, mit denen sich die Werbung auseinandersetzen muß, zählen das Phänomen gesättigter Märkte, das nachlassende Informationsinteresse der Konsumenten, die wachsende Zahl von Gütern und Dienstleistungen, für die geworben werden soll, aber auch der Wertewandel der Konsumenten und die Informationsüberlastung, um nur einige zu nennen.

Diese Rahmenbedingungen haben tiefgreifende Folgen für die Werbung, wie man an dem Beispiel der Informationsüberlastung verdeutlichen kann. Bei der heutigen Zeitschriftenwerbung kann man davon ausgehen, daß 95% der angebotenen Informationen ungenützt auf dem Müll landen (vgl. Kroeber-Riel, 1987). Die Zeitschriftenwerbung muß demnach mit einem frühzeitigen Kontaktabbruch der Informationsaufnahme durch die Konsumenten rechnen und sich darauf einstellen, etwa durch eine schnelle und direkte Kommunikation der Schlüsselbotschaft über Bild und Headline der Anzeige.

Betrachtet man allerdings die aktuelle Werbelandschaft, so kann man feststellen, daß dieser Anpassungsprozeß an die Rahmenbedingungen häufig noch nicht vollzogen ist. Man geht noch zu oft von dem alten Paradigma aktiv nach Informationen suchender, interessierter Konsumenten aus. Die Werbemark wird somit nicht effizient genutzt. Dies ist um so erstaunlicher, da es eine Vielzahl von Ergebnissen aus der Werbe- und Konsumentenforschung gibt, die zur Vermeidung grober Kommunikationsmängel genutzt werden können. In der Praxis klaffen Werbeforschung und Praxis jedoch häufig auseinander. Wichtige Kriterien zur Beurteilung der Werbewirksamkeit von Anzeigen bleiben ungenutzt. Das Resultat sind dann häufig Anzeigen, die die Rahmenbedingungen der Werbung unbeachtet lassen und kaum wirksam werden können.

2. Zielsetzung des Expertensystems

Das Expertensystem zur Beurteilung von Anzeigenwerbung dient vor allem der *strategischen und sozialtechnischen Überprüfung einer Werbeanzeige*.[1] Aufgrund der Werbebeurteilung sollen Stärken und Schwächen der Anzeige festgestellt und Empfehlungen für deren Optimierung gegeben werden (vgl. Hanser, 1989, S. 47; Kroeber-Riel, 1990a; Esch 1990). Die Stärken und Schwächen der Anzeige erhält der Benutzer des Expertensystems in Form einer *differenzierten Expertise*.

---

1 Unter dem Begriff Sozialtechnik versteht man die „systematische Anwendung von sozialwissenschaftlichen oder verhaltenswissenschaftlichen Gesetzmäßigkeiten zur Gestaltung der Werbeanzeige mit dem Ziel, Konsumenten in einer gewünschten Richtung zu beeinflussen (Kroeber-Riel, 1988, S.91).

Auf Basis dieser grundlegenden Zielsetzung lassen sich folgende (weitere) Zielsetzungen ableiten:

1. Versachlichung der Werbebeurteilung,
2. Wissenstransfer und Schulung,
3. Ersatz aufwendiger Werbepretests.

Zu 1.: Versachlichung der Werbebeurteilung

Die in der Praxis weitverbreitete willkürliche Werbebeurteilung, die einem kaum begründbaren „Bauchgefühl" folgt, soll mit Hilfe des Expertensystems durch fundierte strategische und sozialtechnische Beurteilungskriterien ersetzt werden.

Zu 2.: Wissenstransfer und Schulung

Das Expertensystem fördert auch den vielfach von der Praxis geforderten Wissenstransfer zwischen Theorie und Praxis (vgl. Kroeber-Riel, 1991; Tostmann, 1989, S. 119). Es bildet praktisch einen *Brückenschlag zwischen Theorie und Praxis*. Das Expertensystem kann bei der täglichen Arbeit genutzt werden. Ein zusätzlicher Zeitaufwand zum Erwerb von Wissen, wie beim Lesen von Büchern und Zeitschriften, besteht nicht.[2] Die Berücksichtigung bislang vernachlässigter Gesichtspunkte bei der Anzeigenbeurteilung, das Erkennen von Zusammenhängen und spezifischen Hintergründen geschieht praktisch nebenher.

Durch eine benutzerfreundliche Gestaltung des Expertensystems und durch umfangreiche Hilfen – etwa durch das Zurverfügungstellen von Bildbeispielen über ein ansteuerbares U-Matic-Video-Band oder von Erklärungen – ist das Expertensystem auch hervorragend als *Tutoringsystem* geeignet.

Zu 3.: Ersatz aufwendiger Werbepretests

Das Expertensystem kann zum Teil auch herkömmliche Werbepretests, die häufig nicht hinreichend die Rahmenbedingungen für die Werbung und die unterschiedlichen Zielsetzungen der Werbung berücksichtigen, ersetzen. So wie verschiedene Werbeexperten die Stärken und Schwächen von Werbeanzeigen analysieren können, ist dies auch mit dem Expertensystem möglich. Die Vorteile des Einsatzes des Expertensystems liegen u. a. darin, daß Werbung *billiger* und *schneller* als mit einem Werbepretest getestet werden kann.

---

[2] Zumindest nicht in dem Maße wie bei einem Literaturstudium, da die Beurteilung der Werbeanzeige auch ohne Expertensystem – allerdings nach anderen Kriterien – erfolgt wäre.

3. Einordnung des Expertensystems in das Gesamtkonzept von Computer Aided Advertising Systems (CAAS)

Computer Aided Advertising Systems (CAAS) dient der Werbeoptimierung von der Entwicklung bis zum Test (Kroeber-Riel, 1991; Esch, Muffler, 1989b, S. 150). CAAS, das am Institut für Konsum- und Verhaltensforschung der Universität des Saarlandes unter Leitung von Prof. Dr. W. Kroeber-Riel entwickelt wird, besteht aus den in Abbildung 1 dargestellten Komponenten.[3]

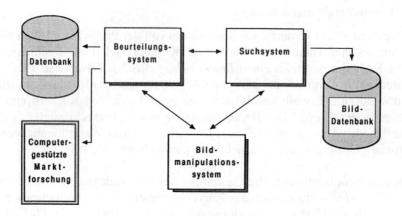

Abb. 1: Komponenten von Computer Aided Advertising Systems

Die *Expertensysteme zur Werbebeurteilung (Beurteilungssysteme)* überprüfen Werbeentwürfe oder sich bereits im Einsatz befindliche Werbung (vgl. Kroeber-Riel, 1991) nach sozialtechnischen und strategischen Gesichtspunkten. Im Ergebnis erfolgt eine Gesamtbeurteilung der Werbung und eine Diagnose, die die Stärken und Schwächen der getesteten Werbung verdeutlicht.

Ergänzende Daten und Hinweise zur Beurteilung können die Beurteilungssysteme durch eine Datenbank oder durch computergestützte Marktforschung erhalten (vgl. Kroeber-Riel, 1991).[4] Gemeint sind damit etwa Ergebnisse aus einer Programmanalysatoruntersuchung oder Daten zu den durchschnittlichen Anzeigengrößen in einer Zeitschrift wie dem „Stern".

---

[3] Zur Zeit arbeiten an dem Projekt Computer Aided Advertising Systems – ohne unterstützendes Personal – 10 Personen. Als Gesamtentwicklungsdauer des Projektes wird mit mindestens 20 Mannjahren gerechnet.

[4] Die Kopplung der Beurteilungssysteme mit einer Datenbank und der computergestützten Marktforschung sind zur Zeit noch nicht realisiert. Es bestehen bislang noch einige ungelöste technische und organisatorische Probleme.

Expertensysteme zur Werbebeurteilung werden für die Bereiche *Zeitschriftenwerbung, Fernsehwerbung, Radiowerbung und Zeitungs- und Beilagenwerbung* entwickelt. Die Beurteilungssysteme haben die gleiche Grobstruktur. So werden in allen Beurteilungssystemen die verschiedenen Rahmenbedingungen für die Werbung und die unterschiedlichen Werbeziele berücksichtigt. Das den Beurteilungssystemen zugrunde liegende Werbewirkungsmodell und die pragmatischen Anforderungen an die Beurteilungssysteme wie die benutzerfreundliche Bedieneroberfläche sind ebenfalls weitgehend gleich.

Unterschiede zwischen den einzelnen Beurteilungssystemen resultieren aus den Eigenheiten der verschiedenen Werbemittel, die explizit berücksichtigt werden. So werden bei dem Expertensystem zur Beurteilung von Fernsehwerbung zusätzlich Sprache, Musik, Akustik und deren Interaktion mit den einzelnen Spotszenen erfaßt. Zudem wird der Werbespot auf einer Zeitachse in verschiedene Zeitsequenzen zur Beurteilung aufgeteilt. Darüber hinaus bedingen die hohen Entwicklungskosten eines Werbespots eine Modellstruktur, die eine frühzeitige Überprüfung noch im Entwicklungsstadium befindlicher Werbespots (Storyboards oder Animatics) möglich macht (vgl. Lorson, 1991).

Das *Expertensystem zur Suche nach Erlebniskonzepten (Suchsystem)* unterstützt die Suche nach neuen Ideen und Bildern für die Werbung. Es dient dazu, den Benutzer bei dem Suchprozeß zu helfen und seine Kreativität anzuregen und zu trainieren. Dabei soll keine frei künstlerische Kreativität, sondern eine verhaltenswissenschaftlich und werbestrategisch gebundene Kreativität, die sich an psychologischen Gesetzmäßigkeiten und an Rahmenbedingungen für die Werbung orientiert, gefördert werden. Das Suchsystem wird ergänzt durch eine Bildbank und ein Bildmanipulationssystem (vgl. Kroeber-Riel, 1991).

Das Suchsystem basiert auf folgenden grundlegenden Überlegungen (vgl. Kroeber-Riel, 1991):

1. Kreativität ist auf einen großen Ideeninput angewiesen. Diese Ideen werden während des kreativen Prozesses neu miteinander kombiniert, weiterentwickelt oder anders interpretiert. Aus diesem Grund liefert das Suchsystem den Kreativen eine Vielzahl von Bildkomponenten für den kreativen Prozeß.
2. Kreativität ist ein nicht-linear verlaufender, offener Prozeß. Deswegen liefert das Suchsystem keine fertigen Lösungen sondern vielmehr mögliche Lösungswege, die als Anregungen zu interpretieren sind.
3. Kreativität soll nicht zu rein künstlerisch interessanten Lösungsmöglichkeiten führen. Die Bildvorschläge sollen vielmehr den Anforderungen an eine wirksame Gestaltung von Bildern genügen. „Das System vermittelt deswegen Anregungen zur psychologisch wirksamen Auswahl und Gestaltung von Bildern" (Kroeber-Riel, 1991).

Das Suchsystem besteht aus den Modulen Generieren und Sammeln von Ideen,

Weiterentwickeln von Ideen und Umsetzen von Ideen in wirksame Bildmotive. Die *Funktionsweise des Suchsystems* kann man sich – grob vereinfacht – wie folgt vorstellen: Zu Beginn gibt der Benutzer dem Suchsystem Angaben zur gewünschten Positionierung seiner Marke wie etwa „frisch, belebend" ein.[5] Zu diesen Schlüsselbegriffen liefert das System Bildideen wie „Wasserfall, Blumen im Morgentau" usw. Anschließend kann der Benutzer eigene Bildideen in das Suchsystem eingeben. Läßt die Vorstellungskraft des Benutzers nach, erhält er weitere Anregungen durch das Suchsystem. Bei den in dem Suchsystem gespeicherten Bildideen handelt es sich um bildliche Primärassoziationen zu den Schlüsselbegriffen zur Positionierung, die durch Befragung ermittelt werden. Durch diese Befragung erhält man Hinweise zu Bildern, die in besonderem Maße dazu geeignet sind, bei den Konsumenten vorhandene emotionale Schemata anzusprechen. Um klischeehafte Ergebnisse zu vermeiden, vermittelt das Suchsystem sozialtechnische Regeln zur eigenständigen Bildgestaltung.

Zur Verknüpfung der verschiedenen Bildideen und -konzepte stellt das Suchsystem dem Benutzer einen morphologischen Kasten zur Verfügung. Es besteht auch die Möglichkeit, die verschiedenen Ideen in einem semantischen Netz anzuordnen. In diesem Fall können über die Knoten dieses semantischen Netzes neue Verknüpfungen zu anderen, im System gespeicherten Ideen geschaffen werden. Abschließend werden Regeln gezeigt, wie man aus der (oder den) Bildidee(n) wirksame Bilder gestalten kann.

Mit dem *Bildmanipulationssystem* können visuelle Vorlagen – wie Werbeanzeigen – beliebig verändert werden: man kann Bildelemente ergänzen, herausnehmen, verkleinern, vergrößern, anders plazieren, duplizieren, anders färben etc. Es können damit auch vollkommen neue Werbeanzeigen gestaltet werden.

Zwischen den einzelnen Bausteinen von Computer Aided Advertising Systems besteht eine *starke Interaktion*. Von dem Beurteilungssystem analysierte Werbung kann mit dem Bildmanipulationssystem optimiert werden. Ist eine solche Optimierung der beurteilten Werbung nicht mehr möglich, weil sie beispielsweise austauschbar gestaltet ist, kann mit dem Suchsystem ein neues Erlebniskonzept entwickelt und mit dem Bildmanipulationssystem realisiert werden. Das Suchsystem kann auch am Anfang eines Entwicklungsprozesses für ein neues Werbekonzept stehen. Die Realisation der Vorschläge erfolgt dann wiederum über das Bildmanipulationssystem. In allen Fällen kann die mit Hilfe des Bildmanipulationssystems optimierte oder neu gestaltete Werbung wieder mit dem Beurteilungssystem überprüft werden.[6]

---

5 Eine andere Möglichkeit des Einstiegs besteht über ein semantisches Differential, über das der Benutzer Positionierungsmöglichkeiten für seine Marke ermitteln kann, wenn er noch keine konkrete Vorstellung zur Positionierung seiner Marke besitzt.
6 Anschauliche Beispiele für eine solche Interaktion der Bausteine von Computer Aided Advertising Systems liefern Kroeber-Riel (1990a) und Esch, Muffler (1989a).

4. Charakterisierung des Expertensystems

Das Expertensystem zur Beurteilung von Zeitschriftenwerbung läuft auf einem leistungsfähigen 386er – IBM-kompatiblen – PC mit 16 Megabyte Arbeitsspeicheraufstockung. Als Expertensystemwerkzeug wurde das hybride Expertensystem-Tool GoldWorks eingesetzt. Bei dem von uns entwickelten Expertensystem handelt es sich um ein *zielgerichtetes, aber datengetriebenes regelbasiertes System.*

Zielgerichtet heißt, daß man in Abhängigkeit von dem jeweils verfolgten Werbeziel die Eignung der Anzeige zur Zielerreichung prüft. D. h. man fragt, ob das angestrebte Werbeziel – etwa die Aktualisierung der Marke – erreicht, ansatzweise erreicht oder nicht erreicht wird.[7]

Datengetrieben heißt, daß als Inferenzmechanismus die Vorwärtsverkettung implementiert wurde. Um bei einem zielgerichteten System eine solche Vorwärtsverkettung zu ermöglichen, wurden die entsprechenden Werbeziele jeweils in den Antezedenzbedingungen relevanter Regeln spezifiziert. Winston (1987, S. 198) erachtet den Einsatz der Vorwärtsverkettung dann als sinnvoll, wenn „das Ziel darin besteht, daß alles, was von einer Reihe Fakten abgeleitet werden kann, aufgedeckt werden soll". Die Begründung Winstons harmoniert mit unserer Zielsetzung, dem Benutzer im Anschluß an einen Beurteilungsdurchlauf alle positiven und negativen Aspekte der jeweiligen Anzeige detailliert darzustellen.

Wie bei den meisten anderen Expertensystemen auch wird in Verbindung mit der Vorwärtsverkettung eine *Tiefensuche* eingesetzt, d. h. eine bestimmte Regelkette wird, soweit es die vorhandenen Daten erlauben, immer tiefer ins Detail gehend verfolgt (vgl. Harmon, King, 1989, S. 65; Scheer, Steinmann, 1988). Die Tiefensuche steuert vor allem die Abarbeitung kombinatorischer Regeln.[8] Für die Steuerung der an den Benutzer gerichteten Fragen wurden – ebenso wie für die Steuerung der Benutzerausdrucke – *Prioritäten* eingesetzt. Dadurch wird vermieden, daß die erstbeste anwendbare Regel „feuert". Die Vergabe von Prioritäten für die Steuerungsregeln ermöglicht in Verbindung mit den aktuellen Benutzereingaben eine sinnvolle Strukturierung der relevanten Benutzerfragen.[9]

---

[7] Der von uns verwendete Ausdruck „zielgerichtet" darf nicht mit dem Expertensystembegriff „zielgesteuert" für die Rückwärtsverkettung verwechselt werden. Zur Unterscheidung zwischen backward reasoning und backward chaining vgl. ausführlich Jackson (1987, S. 38). Zielgerichtet bezieht sich demnach – analog zu den Ausführungen von Jackson – auf die grundlegende Problemlösungsstrategie, während die Vorwärtsverkettung (forward chaining) auf deren Realisation im Expertensystem abzielt.

[8] Wir unterscheiden zwischen kombinatorischen Regeln (Aggregationsregeln) und Steuerungsregeln. Die Steuerungsregeln dienen zur Aktivierung der relevanten Fragebildschirme und der jeweiligen Ergebnisausdrucke für den Benutzer. Die kombinatorischen Regeln hingegen dienen der Verknüpfung und Aggregation des sozialtechnischen Wissens entsprechend der verfügbaren aktuellen Benutzerdaten.

[9] Auf die Bedeutung solcher oder ähnlicher Kontrollstrategien zur Berücksichtigung oder Erfassung von Daten weisen Buchanan et al. (1983, S. 148) hin, die betonen: „Sequencing is more than cosmetic: there are often good reasons why data are considered in a particular way."

Die Entscheidung, ein regelbasiertes und nicht ein objektorientiertes System mit Hilfe von Frames zur Wissensdarstellung zu entwickeln, hatte mehrere Gründe:

1. Das vorhandene Wissen stammt überwiegend aus empirischen Ergebnissen, die sich sehr gut in einer „Wenn-dann"-Form darstellen lassen (vgl. Waterman, 1985, S. 63).[10]
2. Das Wissen läßt sich leicht in kleinste eigenständige Einheiten aufteilen. Durch diese modulare Darstellungsform läßt sich das Wissen relativ einfach modifizieren (vgl. Puppe, 1988, S. 21).
3. Das von uns entwickelte pragmatische Werbewirkungsmodell mit seinen voneinander weitestgehend unabhängigen Diagnosebausteinen fördert die Darstellung des Wissens in Form von Regeln.
4. Bei dem Wissen handelt es sich nicht um beschreibendes Wissen. Zudem besteht praktisch keine Möglichkeit, die Vererbungsmechanismen von Frames zu nutzen, da untergeordnete Diagnosebausteine mit übergeordneten keine gemeinsamen Eigenschaften besitzen.

Das Expertensystem zur Zeitschriftenbeurteilung hat in seiner jetzigen Version *776 Regeln* einer *mittleren Komplexität*. Die intern im Expertensystem stattfindenden Steuerungsvorgänge und Abläufe werden in Abbildung 2 spezifiziert.

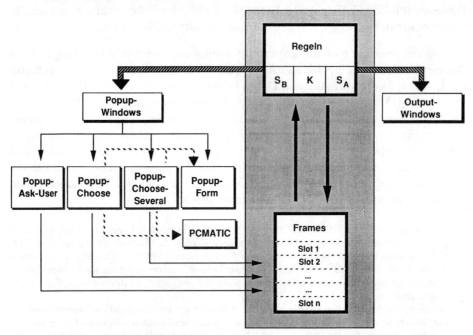

Abb. 2: Steuerungsvorgänge und Abläufe im Expertensystem zur Beurteilung von Zeitschriftenwerbung

---

[10] Zudem kann prozedurales Know-How über Problemlösungswege unmittelbar erfaßt und verwendet werden (vgl. Kohlas, 1987, S. 220).

Zu Beginn eines Beurteilungsdurchlaufs werden dem Benutzer einige wichtige Hinweise für die Beurteilung seiner Werbeanzeige gegeben. Anschließend wird er nach seinem verfolgten Werbeziel gefragt. Einige grundlegende Fragen zu seiner Anzeige (z. B. zur Größe der Anzeige, Verwendung von Bildern, Verwendung einer Headline usw.) werden danach erfaßt. Diese Daten werden in die dafür vorgesehenen Slots der entsprechenden Frames eingetragen. Über den Inferenzmechanismus können durch diese aktuellen Benutzerdaten Steuerungsregeln für weitere Benutzerbildschirme (S_B), kombinatorische Regeln (K) und/oder Regeln für die Benutzerausdrucke (S_A) aktiviert werden.

Bei verschiedenen Benutzerbildschirmen (Popup-Windows) besteht die Möglichkeit, über einen nach Bedarf definierten Benutzerbutton einen Popup-Form-Bildschirm mit weiteren Erklärungen zu der Frage oder die *PCMATIC-Software* aufzurufen. Die PCMATIC-Software dient zur Ansteuerung eines framecodierten U-Matic-Video-Bandes, das Bildbeispiele und Erklärungen zu einzelnen Fragen enthält.[11]

Die *Output-Windows* präsentieren dem Benutzer die Ergebnisse des Beurteilungsdurchlaufes auf dem Bildschirm. Die Expertise, die hierarchisch strukturiert ist, kann über einen angeschlossenen Drucker ausgedruckt werden. Um einen *hierarchischen Aufbau der Expertise* vom globalen Überblick bis hin zu Detailresultaten zu gewährleisten, wurde in das Expertensystem ein Ausdruckssteuerungsmechanismus implementiert.[12] Die Einzelergebnisse zu den verschiedenen Diagnosebausteinen werden in eine Warteschlange gestellt, bis alle Ergebnisse vorhanden sind. Dies ist bei der vorliegenden Inferenz notwendig, da sonst die Ergebnisse unmittelbar beim Eintreten der entsprechenden Bedingung feuern, d. h. dem Benutzer gezeigt werden. Als Bedingung wurde spezifiziert, daß untergeordnete Ergebnisse erst feuern dürfen, wenn das Ergebnis zur Gesamtevaluation feststeht. Sobald dieser Fall eingetreten ist, werden die anderen Ergebnisse – nach Prioritäten geordnet – ausgegeben. Mit dieser Methode wird derselbe Effekt erzielt, wie ihn Mertens mit der „Hyperrohtext"-Methode erzielt hat (1988, S. 17).

Für den Benutzer sind im wesentlichen nur die Popup-Windows und die Output-Windows sichtbar; Regeln und Frames hingegen bleiben im Hintergrund.

---

11 Folgende Benutzerbildschirme werden eingesetzt:
  – Popup-Ask-User: Bildschirme ohne Antwortvorgabe, d. h. der Benutzer muß seine Antwort selbst formulieren. (Beispiel: Frage nach der Zahl der Wörter in der Headline usw.)
  – Popup-Choose: Bildschirme, auf denen der Benutzer eine von mehreren Antwortvorgaben auswählen kann. (Beispiel: Frage zur Farbe des Bildes)
  – Popup-Choose-Several: Bildschirme, auf denen der Benutzer eine, mehrere oder alle der vorgegebenen Antwortalternativen wählen kann, d. h. es sind Mehrfachantworten möglich. (Beispiel: Frage nach dem Einsatz weiterer Werbemittel)
  – Popup-Form: Bildschirme, auf denen dem Benutzer Hinweise und Erklärungen gegeben werden. (Beispiel: Hinweis auf Berücksichtigung der Konkurrenzwerbung bei der Anzeigenbeurteilung)
12 Auf die Bedeutung einer in dieser Form strukturierten Expertise, die dem Benutzer eine größtmögliche Transparenz bietet, weist Mertens (1989, S. 847) hin.

5. Die Struktur des Expertensystems: Das hierarchische Modell

5.1 Die Struktur im Überblick

Das Expertensystem zur Beurteilung von Zeitschriftenwerbung weist die in Abbildung 3 dargestellte hierarchische Struktur auf.

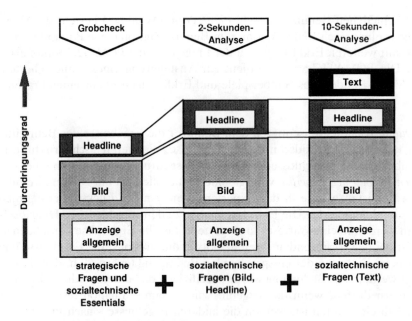

Abb. 3: Hierarchisches Modell des Expertensystems

Der Benutzer des Expertensystems kann zu Beginn einer Konsultation – je nach Bedarf – zwischen einem Anzeigengrobcheck, einer 2-Sekundenanalyse oder einer 10-Sekundenanalyse wählen. Im Rahmen des von uns implementierten *hierarchischen Modells* umfaßt dabei die 2-Sekundenanalyse den Grobcheck und die 10-Sekundenanalyse sowohl den Grobcheck als auch die 2-Sekundenanalyse.

Die Auswahl zwischen den einzelnen Anzeigenchecks wird systemintern über Sponsors ermöglicht. Die *Sponsors* definieren die Aufgabenbereiche für die einzelnen Anzeigenchecks und grenzen diese voneinander ab (vgl. Henson et al., 1987, S. 85 ff.). Das Vorgehen sieht dabei wie folgt aus: Zu Beginn einer Konsultation gibt der Benutzer in einem Fragebildschirm an, welchen Anzeigencheck er durchführen will. Durch die Wahl eines Anzeigenchecks wird ein dafür vorgesehener – vorab definierter – Sponsor aktiviert. Die Sponsors für die beiden anderen Anzeigenchecks werden dadurch automatisch neutralisiert. Der aktivierte Sponsor umfaßt alle möglichen Fragen, Verknüpfungen und Ergebnisse des gewählten Anzeigenchecks, auf die bei der nun folgenden Anzeigenbeurteilung zurückgegriffen werden kann.[13]

5.2 Funktion und Bedeutung der einzelnen Anzeigenchecks

Der *Grobcheck* ist das *Kernstück des Expertensystems*. Auf ihm bauen die weiteren Analysen auf. Der Grobcheck überprüft strategische und wesentliche sozialtechnische Voraussetzungen einer Anzeige, die für den Werbeerfolg von herausragender Bedeutung sind. Gravierende Werbemängel bei der Anzeigengestaltung werden durch den Grobcheck aufgedeckt. Man kann nach einer vorsichtigen Schätzung davon ausgehen, daß im Rahmen des Grobchecks bei wenigstens zwei Dritteln aller Anzeigen der aktuellen Zeitschriftenwerbung wesentliche, den Kommunikationserfolg mindernde Fehler aufgedeckt werden können.

Strategische Fragen des Grobchecks betreffen Themenkomplexe wie die integrierte Kommunikation, die Eigenständigkeit einer Positionierungswerbung usw. Die in dem Grobcheck erfragten *sozialtechnischen Essentials* umfassen z. B. die Einschätzung des Aktivierungspotentials oder der Akzeptanz einer Anzeige. Im Grobcheck gestellte Fragen beziehen sich auf die Anzeige allgemein, auf das Bild und auf die Headline.

Die Differenzierung zwischen Grobcheck und 2- bzw. 10-Sekundenanalyse wird vor allem den Anforderungen der Praxis gerecht. Einerseits ist es ein *Stufenkonzept der Beurteilung*, das die für die Werbebeurteilung wichtigen Kriterien nach ihrer Relevanz anordnet. Andererseits berücksichtigt sie auch die verschiedenen Interessengruppen in den Unternehmen mit ihren unterschiedlichen Informationswünschen. Top-Manager können sich auf den Grobcheck beschränken. Andere Unternehmensmitglieder, die tiefergehende Informationswünsche haben, können auf die 2- bzw. 10-Sekundenanalyse zurückgreifen. Die Berücksichtigung von Praxisanforderungen – wie etwa das typische Vorgehen bei der Werbebeurteilung – im Rahmen des hierarchischen Modells ist von großer Bedeutung für die Akzeptanz des Systems. Die Erfahrungen mit Management-Informations-Systemen (MIS) zeigen, daß Systeme, die lediglich alle verfügbaren Informationen bereitstellen, ohne die Wünsche der späteren Benutzer zu berücksichtigen, zum Scheitern verurteilt sind (vgl. u. a. Ackoff, 1967; Simon, 1981; Kleinhans et al., 1989). Eben solche Probleme werden hier jedoch schon durch den an Benutzerbedürfnisse angepaßten hierarchischen Aufbau vermieden.

---

[13] Die für die unterschiedlichen Anzeigenchecks zu entwickelnden Sponsors werden automatisch von dem Expertensystem-Tool GoldWorks einem sogenannten Top-Sponsor hierarchisch untergeordnet, der alle Aufgabenbereiche umfaßt (vgl. Henson et al., 1987, S. 87).

Die Unterscheidung zwischen 2- und 10-Sekundenanalyse berücksichtigt das Involvementkonzept, eine wesentlichen Rahmenbedingung für die heutige Werbung. Unter dem Involvement versteht man die Bereitschaft eines Konsumenten, sich für etwas zu engagieren oder sich mit einem Gegenstand auseinanderzusetzen (vgl. Kroeber-Riel 1990, 1984; Jeck-Schlottmann, 1987, S. 68). In Abhängigkeit von dem jeweiligen Involvement der Konsumenten wird einer Werbung mehr oder weniger Aufmerksamkeit gewidmet, sie wird anders aufgenommen und verarbeitet. Das Involvement ist eine sehr komplexe Größe, die sich aus verschiedenen Komponenten, etwa dem Produktinvolvement, dem Medieninvolvement, dem Situationsinvolvement u. s. w., zusammensetzt (vgl dazu u. a. Kapferer, Laurent, 1985; Jeck-Schlottmann, 1988; Deimel, 1989). Da das Involvement der Konsumenten nur schwer erfaßt werden kann, haben wir als pragmatische Lösung dieses Problems auf die Blickaufzeichnungsforschung als Hilfsinstrument zurückgegriffen (vgl. dazu ausführlich Esch, 1990, S. 74 ff.).

Die *2-Sekundenanalyse* geht dabei von der durchschnittlichen Anzeigenbetrachtungszeit von zwei Sekunden aus.[14] Hierbei handelt es sich praktisch um den *Standardfall der Werbung*: Die Anzeige trifft auf wenig involvierte Konsumenten und wird nur relativ kurz betrachtet. Da ein Großteil dieser durchschnittlichen Betrachtungszeit auf Bild und Headline entfällt, befaßt sich der 2-Sekunden-Check vorwiegend mit der Analyse der Wirkung dieser Anzeigenelemente. Die über den Grobcheck hinausgehenden Fragen zum Bild beschäftigen sich u. a. mit der Interaktion der Bildelemente und der Dynamik der Bilder. Die weitergehenden Fragen zur Headline beziehen sich auf die Größe der Headline, die Schriftart, die Verwendung von Negativschrift, das Verständnis der Headline, usw. Darüber hinaus beziehen sich weitere Fragen noch auf Aspekte des Anzeigenlayouts bei zweiseitigen Anzeigen und auf die Komplexität der gesamten Anzeige.

Die *10-Sekundenanalyse* ist für die Benutzer gedacht, die bei einem größeren Anteil der Zielgruppe mit stärkerem Involvement rechnen. Hier wird von einer Betrachtungszeit von 10 Sekunden und mehr ausgegangen. Hier beziehen sich die Fragen ausschließlich auf den Text. Sie betreffen u. a. die Erleichterung der Textaufnahme, etwa durch Strukturierung des Textes oder durch Hervorhebungen einzelner Textteile, das Textverständnis, das nicht zuletzt auch durch die Satzstruktur und die Satzlänge beeinflußt wird, und die Einprägsamkeit des Textes, die von der klaren, bildhaften und lebendigen Sprache abhängt.

---

14 Auf der Basis einer durchschnittlichen Betrachtungszeit von zwei Sekunden wird auch der Grobcheck durchgeführt.

6. Die Wissensbasis des Expertensystems: Das pragmatische Werbewirkungsmodell

Das pragmatische Werbewirkungsmodell repräsentiert die für die Werbebeurteilung relevanten inhaltlichen Teilkomponenten und gibt somit einen Überblick über die dem Expertensystem zugrunde liegende Wissensbasis. Abbildung 4 zeigt den Aufbau des pragmatischen Werbewirkungsmodells.

Das pragmatische Werbewirkungsmodell ist *stufenförmig aufgebaut*. Resultate zu Werbewirkungsbausteinen der untersten Ebene fließen in die jeweils übergeordneten Diagnosebausteine der nächsten Ebene usw. Im Ergebnis resultiert daraus die Gesamtbeurteilung der Anzeige.

Man kann zwei große, voneinander getrennte Diagnosebereiche unterscheiden: den strategischen Bereich (strategische Durchsetzung) und den sozialtechnischen Bereich. In den Bereich der strategischen Durchsetzung fallen die Diagnosebausteine Abstimmung, Eigenständigkeit und Durchgängigkeit. Das Gebiet der sozialtechnischen Beurteilung umfaßt die Durchschlagskraft der Werbung, die sich wiederum zusammensetzt aus der Aktivierungswirkung und der einprägsamen Gestaltung der Anzeige, und die Zielerreichung, die sich aus den Subbausteinen Markenlernen, Lernen Schlüsselbotschaft und Akzeptanz zusammensetzt.

In dem pragmatischen Werbewirkungsmodell werden – was in Abbildung 4 aus Gründen der Übersichtlichkeit nicht dargestellt wurde – die unterschiedlichen *Werbeziele*, die mit einer Werbung verfolgt werden können, *explizit berücksichtigt*. Wir greifen dabei, um Operationalisierungsprobleme und Zurechnungsprobleme, wie sie bei ökonomischen Werbezielen auftreten können, zu vermeiden, auf Kommunikationsziele mit einer langfristigen Orientierung zurück. Dabei differenzieren wir zwischen Aktualisierungs- und Positionierungszielen. In Abhängigkeit von dem jeweils vom Unternehmen verfolgten Werbeziel kommen einzelnen diagnostischen Werbewirkungsbausteinen ganz unterschiedliche Bedeutungen zu. Dies kann bis zur Bedeutungslosigkeit einzelner Werbewirkungsbausteine für ein bestimmtes Werbeziel gehen. So entfallen bei dem Werbeziel Aktualität die Diagnosebausteine Eigenständigkeit, Abstimmung auf das Unternehmen und Lernen Schlüsselbotschaft. In den Diagnosebaustein Durchgängigkeit fließen bei diesem Werbeziel weniger Einflußgrößen ein als bei den anderen Werbezielen, das Markenlernen setzt sich zum Teil aus anderen Einflußgrößen zusammen. Bei den anderen Werbezielen erlebnisbetonte, sachorientierte oder gemischte Positionierung gibt es insbesondere Unterschiede beim Lernen Schlüsselbotschaft und beim Markenlernen.

Das hier dargestellte pragmatische Werbewirkungsmodell weicht in mehrfacher Hinsicht von den in der Literatur zur Konsumenten- und Werbeforschung üblichen Werbewirkungsmodellen ab. In stärker theoriegeleiteten Werbewirkungsmodellen liegt der Schwerpunkt der Beurteilung im sozialtechnischen Bereich. Die in diesen

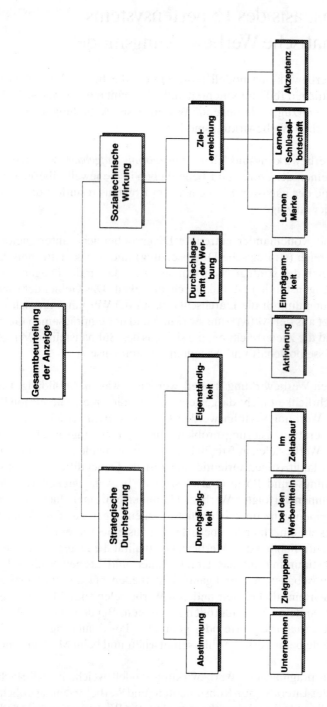

Abb. 4: Pragmatisches Werbewirkungsmodell

Modellen dargestellten Teilwirkungen beziehen sich auf Aufmerksamkeitswirkungen, emotionale und kognitive Wirkungen wie die Aufnahme, Verarbeitung und Speicherung von Reizen, die Akzeptanz des Werbemittels, die Einstellung zur Marke, die Kaufabsicht und das Verhalten. Strategische Aspekte der Werbewirkung bleiben unberücksichtigt. Wir greifen den strategischen Bereich als Erweiterung klassischer Werbewirkungsmodelle auf, da Werbeanzeigen oft unter strategischen Mängeln leiden. Hier spiegelt sich in besonderem Maß das Erfahrungswissen des Experten in Form von Professor Dr. W. Kroeber-Riel wider.

Der sozialtechnische Bereich der Werbewirkung greift die wichtigsten Teilwirkungen klassischer Werbewirkungsmodelle auf. Während bei diesen jedoch die einzelnen Teilwirkungen sukzessive ineinander übergehen, haben wir uns aus pragmatischen Gründen für eine stärkere Modularisierung der Teilwirkungen entschieden. Durch die Modularisierung des Werbewirkungswissens in klar voneinander abgegrenzte, relativ unabhängige Diagnosebausteine kann die Komplexität des Expertensystems in handhabbarem Rahmen gehalten werden, ohne daß die Aussagekraft darunter leidet.

Die *Modularisierung des Wissens* in kleinste, inhaltlich sinnvoll interpretierbare Einheiten, wie sie in dem pragmatischen Werbewirkungsmodell vollzogen wurde, ist gerade bei der Zielsetzung, eine detaillierte und aussagekräftige Expertise als Endergebnis zu bieten, von besonderer Bedeutung. Um solche differenzierte Hinweise geben zu können, ist in einem ersten Schritt die Einzelbetrachtung aller möglichen Konstellationen verschiedener unabhängiger Variablen auf eine abhängige Variable erforderlich.

Sobald jedoch mehrere Einflußgrößen in eine komplexe abhängige Größe – z. B. in ein Konstrukt wie das Lernen der Schlüsselbotschaft – fließen, kann es zu einer *kombinatorischen Explosion* kommen.[15] Die Zahl möglicher Kombinationen nimmt einen Umfang an, der nur noch schwer oder nicht mehr in dem Expertensystem berücksichtigt werden kann.

Die Zahl möglicher Kombinationen bei der Aggregation zu einem Diagnosebaustein hängt dabei von der Zahl der Einflußgrößen (unabhängige Variable), die in einen Diagnosebaustein (abhängige Variable) einfließen und von der Zahl unterschiedlicher Ausprägungen der jeweiligen Einflußgröße ab. Komplexe Modelle des bereichsspezifischen Wissens, die dieses Problem der kombinatorischen Explosion nicht in ihrer Struktur berücksichtigen, lassen sich nicht in dem Expertensystem umsetzen.

In einem im Rahmen der „Paper and Pencil"-Phase entwickelten Modell hatten wir beispielsweise zur Erfassung des Lernens der Schlüsselbotschaft beim Werbe-

---

15 Auf Probleme der kombinatorischen Explosion in bezug auf die Inferenzmaschine geht u. a. Latombe (1987) ein.

ziel der gemischten Positionierung *acht Einflußgrößen* mit jeweils *drei unterschiedlichen Ausprägungen*. Daraus ergaben sich *6.561 unterschiedliche Kombinationen* nur für diesen einen diagnostischen Teilbereich des Werbewirkungsmodells. In dem pragmatischen Werbewirkungsmodell wurde die Zahl der Kombinationen in diesem speziellen Fall dadurch reduziert, daß verschiedene Einflußgrößen einem neuen Baustein, der Durchschlagskraft der Werbung, zugeordnet wurden. Die Durchschlagskraft der Werbung, d. h. die Fähigkeit einer Anzeige, sich im Konkurrenzumfeld durchzusetzen, gilt wiederum als notwendige Bedingung für die Zielerreichung und damit auch für das Lernen der Schlüsselbotschaft (vgl. Abbildung 4). Durch diese Trennung in notwendige Bedingung (Durchschlagskraft) und hinreichende Bedingung (Zielerreichung) reduziert sich die Zahl der Kombinationen im Fall des Lernens der Schlüsselbotschaft auf 122.

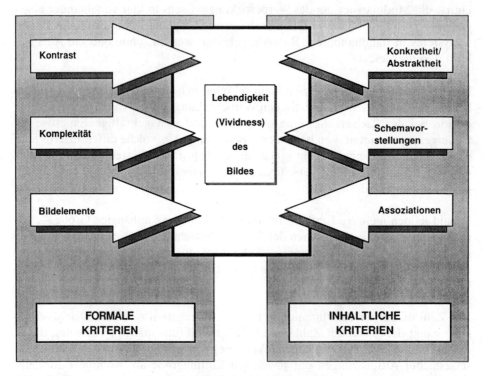

Abb. 5: Komponenten der Lebendigkeit eines Bildes

Das in Abbildung 4 dargestellte pragmatische Werbewirkungsmodell ist – bei einer Top-Down-Betrachtung – nichts anderes als eine Operationalisierung des komplexen Konstruktes „Werbewirkung" in einzelne Wirkungsbausteine. Aus Gründen der Übersichtlichkeit sind dabei nur die ersten Ebenen dieses Modells dargestellt. In der Wissensbasis des Expertensystems werden die Diagnosebausteine der untersten Ebene noch weiter operationalisiert, wie sich am Beispiel des Diagnosebausteins Einprägsamkeit darstellen läßt. Dieser Werbewirkungsbaustein wird weiter in die Subbausteine Austauschbarkeit der Anzeige und Lebendigkeit des Bildes aufgespalten. Die Lebendigkeit des Bildes wird wiederum in eine formale und eine inhaltliche Komponente mit jeweils weiteren Subkomponenten differenziert (vgl. Abbildung 5).

Erst auf dieser operationalen Ebene werden dem Benutzer im Rahmen der Konsultation Fragen gestellt, etwa ob die Komplexität der Anzeige hoch, mittel oder gering ist. Die aktuellen Daten der jeweiligen Konsultation gehen dann in die entsprechenden Diagnosebausteine ein. Die Verknüpfung der Daten zu einzelnen Ergebnissen bis hin zur Gesamtbeurteilung erfolgt über Regeln. Ein Beispiel für eine solche Regel befindet sich in Abbildung 6.

	Klartext

(DEFINE-RULE MARKENLERNEN-ERG11
  (:print-name "MARKENLERNEN-ERG11"
  :doc-string ""
  :dependency NIL
  :direction : FORWARD
  :certainty 1.0
  :explanation-string ""
  :priority 0
  :sponsor TOP-SPONSOR
  (INSTANCE STRAT IS STRATEGIE
      WITH KAMPAGNE 2)
	Wenn
	 der Markenname bzw. das Markenzeichen in der Anzeige nicht abgebildet ist *oder* der Markenname bzw. das Markenzeichen in der Anzeige nicht auf den ersten Blick erkennbar abgebildet wird

(OR
  (INSTANCE STRAT IS STRATEGIE
      WITH SCHLBILDZEIT 0)
  (INSTANCE STRAT IS STRATEGIE
      WITH SCHLBILDEMO1B 0)
  (INSTANCE STRAT IS STRATEGIE
      WITH SCHLBILDINFO1B 0)
  (INSTANCE STRAT IS STRATEGIE
      WITH SCHLBILDGEM1B 0)
	und
	 die Markenabbildung in der Anzeige nicht abgebildet ist
	 oder die Markenabbildung in der Anzeige nicht auf den ersten Blick erkennbar abgebildet wird
	 und
	 in der Anzeige ein auf den ersten Blick erkennbares visuelles Präsenzsignal eingesetzt wird

(OR
  (INSTANCE MAR IS MARKE
      WITH MARKENABB-POS 0)
  (INSTANCE MAR IS MARKE
      WITH MARKENABB-POS 1)
	und
	 dieses Präsenzsignal den Konsumenten noch nicht bekannt ist

(OR
  (INSTANCE MAR IS MARKE
      WITH MARKENNA-POS 0)
  (INSTANCE MAR IS MARKE
      WITH MARKENNA-POS 1)
  (INSTANCE STRAT IS STRATEGIE
      WITH PRAESENZSIG-POS 2)
  (INSTANCE IMP IS IMPACT
      WITH PRAESENZ-BEKANNT 0)
	und
	 kein Schlüsselbild in der Anzeige eingesetzt wird
	 oder ein Schlüsselbild in der Anzeige eingesetzt wird, das jedoch nicht kontinuierlich im Zeitablauf gezeigt wird,

THEN
  (INSTANCE WERBE-ERR IS WERBEZIEL
      WITH MARKENERG
	dann
	 wird die Marke schlecht gelernt.

Abb. 6: Regel zum Markenlernen aus der Wissensbasis des Expertensystems

7. Fallbeispiel einer Benutzeranwendung

Das Fallbeispiel bezieht sich auf die Beurteilung einer Anzeige für die Leonberger Bausparkasse aus der Zeitschrift „Stern" vom 10. Mai 1990 (vgl. Abbildung 7). Es handelt sich dabei um eine unseres Erachtens typische Anzeige, die als repräsentativ für die Werbeanzeigen in Publikumszeitschriften gelten kann. Sie ist bei flüchtigem Betrachten weder schlechter noch besser als viele andere Werbeanzeigen. Die Beurteilung einer solchen Anzeige durch das Expertensystem ist deshalb besonders interessant, weil durch die Expertise am Ende des Benutzerdurchlaufs der Nutzen des Expertensystems für eine Vielzahl werbetreibender Unternehmen mit ähnlicher Werbung besonders klar pointiert werden kann. Die Anzeige selbst wurde mit dem *Grobcheck* des Expertensystems beurteilt.

Abb. 7: Fallbeispiel: Anzeige für die Leonberger Bausparkasse

Der Benutzer wird von dem Expertensystem durch den Beurteilungsdurchlauf geführt. Zentes (1987, S. 274) spricht in diesem Zusammenhang davon, daß der „Benutzer ... nur passiv am Problemlösungsprozeß beteiligt (ist), indem er dem System fallspezifische Fakten zur Verfügung stellt und Antwort auf die durch das System gestellten Fragen gibt". Dies trifft auch auf dieses Expertensystem zu.

Zu Beginn des Durchlaufs erhält der Benutzer einen Hinweis darauf, die aktuelle Konkurrenzwerbung und die eigene Kampagne bei der Beurteilung einzubeziehen. Es ist wichtig, zur Werbebeurteilung die Konkurrenzwerbung und die Werbung der eigenen Kampagne vorliegen zu haben, da erstere für die Beurteilung der Eigenständigkeit benötigt wird und letztere der Einschätzung der Durchgängigkeit der eigenen Werbung (integrierte Kommunikation) dient. Anschließend wird er nach dem verfolgten Werbeziel gefragt. In Ermangelung des tatsächlich vom Unternehmen verfolgten Werbeziels, das einem unternehmensinternen Benutzer selbstverständlich bekannt ist, gehen wir hier von dem Werbeziel der gemischten Positionierung aus. Die darauf folgende Frage nach dem zu vermittelnden Bedürfnis und der Produkteignung beantworten wir aufgrund der Information der vorliegenden Anzeige wie folgt:

– Bedürfnis: „die eigenen vier Wände ohne finanzielle Belastung genießen";
– Produkteignung: „schnell schuldenfrei durch Umschuldung".

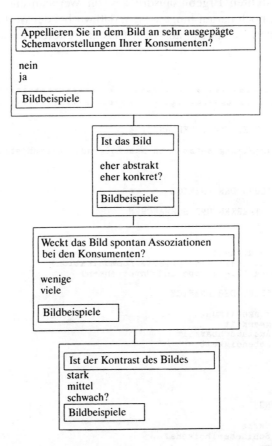

Abb. 8: Ausschnitt zu den Fragen an den Benutzer während des Beurteilungsdurchlaufs der Leonberger Anzeige

Diesen für den weiteren Verlauf wichtigen Fragen schließen sich solche zur Erfassung grundlegender Gestaltungsmerkmale der Anzeige wie Anzeigengröße, Vorhandensein eines oder mehrerer Bilder usw. an. In Abhängigkeit von den entsprechenden Benutzerdaten folgen weitere Fragen durch das Expertensystem, bis alle relevanten Daten der für die Anzeige und das Werbeziel wichtigen Diagnosebausteine erfaßt wurden.

Abbildung 8 gibt einige nacheinander folgende Fragen des Benutzerdurchlaufs wieder. Die im folgenden dargestellten Fragen fließen in den Diagnosebaustein Lebendigkeit ein. Im Rahmen dieses Beurteilungsdurchlaufes wurden 40 von den über 200 im Expertensystem implementierten Fragen gestellt.

Systemintern werden die Benutzerdaten zu den Ergebnissen der einzelnen Diagnosebausteine und zum Gesamtergebnis aggregiert. Anschließend wird der Ergebnisausdruck ausgegeben (vgl. Abbildung 9). Zum besseren Verständnis des im folgenden dargestellten Ergebnisausdruckes zur Werbeanzeige der Leonberger Bausparkasse sei noch darauf hingewiesen, daß wir bei der Werbebeurteilung von einer mittelfristigen Kampagne und dem Einsatz weiterer Werbemittel ausgegangen sind.

```
****************************************************************************
****************************************************************************
             BEURTEILUNG IHRER ANZEIGE
   Die Anzeigenbeurteilung setzt sich aus folgenden Wirkungsbausteinen
   zusammen:

 - GESAMTBEURTEILUNG DER ANZEIGE

 - STRATEGISCHE STAERKEN UND SCHWAECHEN


         - Eigenstaendigkeit
         - Durchgaengigkeit (Integrierte Kommunikation)
         - Abstimmung (Zielgruppe und Unternehmen)
 - DURCHSCHLAGSKRAFT DER ANZEIGE

         - Aktivierungswirkung
         - Einpraegsamkeit
             - Austauschbarkeit
             - Lebendigkeit



 - ZIELERREICHUNG

         - Lernen Marke
         - Lernen Schluesselbotschaft
         - Akzeptanz
```

Abb. 9: Ergebnisausdruck zur Leonberger Anzeige

GESAMTBEURTEILUNG: IHRE ANZEIGE WIRD IN DIESER FORM
KAUM WIRKSAM.

IHRE ARBEIT WEIST ERHEBLICHE STRATEGISCHE SCHWAECHEN AUF.

Ihre Anzeige ist nicht eigenstaendig.

Eine - wie in Ihrer Anzeige vorhandene - Austauschbarkeit mit der Konkurrenz hat schwerwiegende Folgen fuer die Positionierung. Ohne Eigenstaendigkeit des Bildes koennen Sie sich nicht von der Konkurrenz abheben.

Forschungs-Ergebnis zur Austauschbarkeit mit der Konkurrenz:

Je austauschbarer eine Werbung ist, umso haeufiger wird sie anderen Marken zugeordnet. In einer Untersuchung wurden die Markennamen und -zeichen von Zigarettenanzeigen zugedeckt. Fast alle Personen ordneten die Marlboro-Werbung richtig zu. Dagegen wurde die Werbung fuer Krone zu zwei Dritteln anderen Marken zugeordnet. Konsequenz: Das innere Markenbild von Krone ist schwach und wird wenig verhaltenswirksam.

Ihre Werbung ist nicht durchgaengig gestaltet.
Ohne eine integrierte Kommunikation koennen Sie jedoch
die Wirkung Ihrer Werbekontakte nicht optimieren.

In den Koepfen der Konsumenten kann sich kein klares Markenbild bilden, da es staendig zu Ueberlagerungen verschiedener Bilder mit unterschiedlichen inhaltlichen Aussagen kommt.
In einem ersten Schritt sollten Sie stets mit dem gleichen Positionierungskonzept werben. Parallel dazu sollten Sie jedoch an die Entwicklung eines klaren Schluesselbildes fuer den langfristigen Einsatz in der Werbung denken. Schluesselbilder sind - bei durchgaengiger Verwendung - hervorragend dazu geeignet, klare innere Bilder von Ihrer Marke in den Koepfen der Konsumenten zu schaffen. Durch eine solche Massnahme optimieren Sie die Wirkung Ihrer Werbekontakte.

Die durchgaengige Gestaltung von Zeitschriftenwerbung und Radiowerbung ist schwer, da in beiden Medien mit unterschiedlichen Reizmodalitaeten gearbeitet wird. Sie sollten sich deshalb fruehzeitig ueberlegen, wie eine Abstimmung von Zeitschriften- und Radiowerbung vollzogen werden koennte. Machbar ist es auf jeden Fall, wie gelungene Beispiele zeigen. Bei Obstgarten bspw. wird das Schluesselbild des durch die Decke stuerzenden Mannes sehr gut akustisch im Radio wiedergegeben. Das Bruellen des Varta-Tigers laesst sich ebenfalls hervorragend im Radio darstellen und schafft somit fuer die Varta-Werbung eine integrierte Kommunikation. Also: Denken Sie auch ueber Moeglichkeiten zur inhaltlichen Integration Ihrer Radiowerbung in Ihre andere Werbung nach. Nutzen Sie vor allem die Moeglichkeiten des 'visuellen Transfers' durch das Radio.

Ihre Anzeige ist auf die Zielgruppe abgestimmt.

DIE DURCHSCHLAGSKRAFT IHRER ANZEIGE IST SCHWACH.

Die Durchschlagskraft Ihrer Anzeige ist eine notwendige Bedingung fuer den Werbeerfolg Ihrer Anzeige. Diese notwendige Bedingung haben Sie kaum erfuellt. Sie koennen davon ausgehen, dass Marke und Schluesselbotschaft - selbst wenn diese klar erkennbar in Ihrer Anzeige dargestellt werden - nicht gelernt werden.

Die Aktivierungskraft Ihrer Anzeige ist durchschnittlich.

Sie besitzen noch Aktivierungsreserven, um sich hinsichtlich Ihrer Auffaelligkeit von konkurrierenden Anzeigen in der jeweiligen Zeitschrift abzuheben.

Abb. 9: Fortsetzung

Ihre Anzeige ist nicht einpraegsam gestaltet.

Ihre Anzeige ist austauschbar.

Bei der Gestaltung Ihrer Anzeige folgen Sie weit verbreiteten Klischees der Werbebranche. Ihre Anzeige unterscheidet sich weder inhaltlich noch formal von anderen Anzeigen.
Durch die stereotype Gestaltung Ihrer Anzeige erschweren Sie es den Konsumenten, Ihre Anzeige spaeter von anderen Anzeigen zu unterscheiden und sich daran erinnern zu koennen. Ihre Anzeige wird somit mit anderen Anzeigen verwechselt und somit kaum mit Ihrer Marke in Verbindung gebracht.

Die Lebendigkeit (´Vividness´) Ihres Bildes kann noch verbessert werden.

Optimierungsmoeglichkeiten bestehen vor allem hinsichtlich des Assoziationsreichtums des Bildes. Sie sollten Bilder verwenden, die bei den Konsumenten viele Assoziationen hervorrufen oder an starke Schemavorstellungen appellieren, da dies den spaeteren gedanklichen Zugriff erleichtert. Zudem koennten Sie bei den formalen Voraussetzungen fuer ein lebendiges Bild den Bildkontrast noch etwas steigern, um eine weitere Wahrnehmungserleichterung zu schaffen.

DIE ZIELERREICHUNG IST DURCH IHRE ANZEIGE NICHT GEWAEHRLEISTET

Sie haben gute Voraussetzungen geschaffen, dass Ihre Marke gelernt wird.

Bedauerlicherweise muessen Sie dennoch damit rechnen, dass Ihre Marke nicht gelernt wird, da die Durchschlagskraft Ihrer Anzeige zu gering ist. Die Durchschlagskraft der Werbung ist jedoch eine notwendige Voraussetzung fuer das Lernen der Marke.

Ihre Schluesselbotschaft wird nicht gelernt.

Sie haben in Ihrer Anzeige gegen das Prinzip der hierarchischen Informationsdarbietung verstossen. Danach ist es von besonderer Bedeutung, die Schluesselbotschaft in Bild und Headline darzustellen, da nur diese Anzeigenelemente innerhalb der kurzen durchschnittlichen Betrachtungszeit von 2 Sekunden eine Chance haben, von den Konsumenten aufgenommen zu werden. Sie haben in Ihrer Anzeige weder das Beduerfnis noch die Beduerfnisbefriedigung im Bild und/oder in der Headline dargestellt. Denken Sie bitte bei einer Neugestaltung Ihrer Anzeige daran, das Beduerfnis klar erkennbar im Bild zu vermitteln, da Bilder besonders gut dazu in der Lage sind, emotionale Appelle (Beduerfnisse) zu transportieren. Bei der Vermittlung der Produkteignung in der Headline sollten Sie diese in nicht mehr als 7 Woertern formulieren. Laengere Headlines koennen innerhalb der genannten Betrachtungszeit von den Konsumenten kaum aufgenommen werden.

Die Akzeptanz Ihrer Anzeige durch die Konsumenten ist gewaehrleistet.

****
****

Abb. 9: Fortsetzung

Die Expertise zur Leonberger-Anzeige bedarf keiner weiteren Erklärung. Durch das Expertensystem wurden schwerwiegende Kommunikationsmängel aufgedeckt.[16] So ist die Leonberger-Anzeige zur Positionierung und Abgrenzung von der Konkurrenz ungeeignet, ist nicht durchgängig gestaltet, hat nur eine geringe Durchschlagskraft und läßt bei der Vermittlung der Schlüsselbotschaft das – gerade unter den herrschenden Low-Involvement-Bedingungen – wichtige Prinzip der hierarchischen Informationsdarbietung außer acht.

Der Kommunikationserfolg einer solchen Werbeanzeige muß in Frage gestellt werden. Unternehmen, die zu vergleichbaren Werbeanzeigen eine entsprechende Expertise vorliegen haben, werden sicherlich die Entscheidung, eine solche Anzeige in dieser Form zu schalten, nochmals überdenken. Schließlich beträgt der Brutto-Seitenpreis für eine ganzseitige, mehrfarbige Anzeige in der Zeitschrift „Stern" stolze 90.000 DM.

8. Ausblick

Es herrscht eine große Übereinstimmung darüber, daß die Werbung als Problembereich hervorragend für den Einsatz von Expertensystemen geeignet ist (vgl. Neumeyer, Stier, 1990, S. 36; Cook, Schleede, 1988, S. 55; Esch, Muffler, 1989b, S. 149). Der Einsatz von Expertensystemen in der Werbung wird, wie Hanser (1989, S. 42) drastisch formuliert, auch nicht zu stoppen sein: „Halt machen werden die Expertensysteme keineswegs vor der Werbung, der Spielwiese der Kreativen, gleichgültig wie laut das Aufschreien auch sein wird."

Zudem nimmt das Bewußtsein der Werbebranche, daß ein erfolgreicher Start in das Jahr 2000 eng verknüpft sein wird mit dem professionellen Computereinsatz in Werbeagenturen, und die Aufgeschlossenheit gegenüber Computern zu (vgl. Burkhardt, 1990).

Das Expertensystem zur Beurteilung von Anzeigenwerbung und Computer Aided Advertising Systems werden in den nächsten Jahren der Werbebranche wesentliche Impulse geben und die Professionalität in der Werbung fördern. Mit dem Einsatz solcher Systeme kann der Werbeerfolg der eingesetzten Werbemark gesteigert werden. Wie in vielen anderen Bereichen beobachtbar, werden auch hier diejenigen werbetreibenden Unternehmen, die frühzeitig die Expertensysteme akzeptieren und einsetzen, nachhaltig ihre Wettbewerbsposition verbessern.

---

16 Die hier genannten strategischen und sozialtechnischen Mängel sind so schwerwiegend, daß sich die Entwicklung einer völlig neuen Kampagne empfehlen würde. Dazu könnte im Rahmen von Computer Aided Advertising Systems das Suchsystem eingesetzt werden.

Literaturverzeichnis

Ackoff, R. J. (1967): „Management Misinformation Systems", in: Management Science, Vol. 14, No. 4, S. 147-156.

Brauer, W., W. Wahlster (Hg.) (1987): Wissensbasierte Systeme. 2. Internationaler GI-Kongreß München, Informatik-Fachberichte 155, Springer Verlag, Berlin, Heidelberg, New York, Tokyo.

Buchanan, B. G., D. Barstow, R. Bechtel, J. Bennett, W. Clancey, C, Kulikowski, T. Mitchell, D. A. Waterman (1983): „Constructing an Expert System", in: Hayes-Roth, F., D. A. Waterman, D. B. Lenat (Hg.), S. 127-167.

Burkhardt, M. (1990): „Creative contra Computer", in: Kommunikation, o.Jg., Nr. 2, S. 16-27.

Cook, R. L., J. M. Schleede (1988): „Application of Expert Systems to Advertising", in: Journal of Advertising Research, Vol. 28, No. 3, June, S. 47-56.

Deimel, K. (1989): „Grundlagen des Involvement und Anwendung im Marketing", in: Marketing . ZFP, 11. Jg., Heft 3, S. 153-161.

Diller, H. (Hg.) (1991): Vahlens Großes Marketinglexikon, Vahlen-Verlag, München, in Vorbereitung.

Esch, F.-R. (1990): Expertensystem zur Beurteilung von Anzeigenwerbung, Physica-Verlag, Heidelberg.

Esch, F.-R., T. Lorson (1991): „Expertensysteme im Marketing", in: Diller, H. (Hg.), in Vorbereitung.

Esch, F.-R., T. Muffler (1989a): „Expertensysteme im Marketing", in: MARKETING . ZFP, 11. Jg., Heft 3, S. 145-152.

Esch, F.-R., T. Muffler (1989b): „Expertensysteme in der Werbung", in: Werbeforschung & Praxis, 34. Jg., Nr. 5, S. 149-152.

Hanser, P. (1989): „Wissen nutzen. Was leisten Expertensysteme im Marketing, Teil I", in: absatzwirtschaft, 32. Jg., Nr. 12, S. 39-49.

Harmon, P., D. King (1989): Expertensysteme in der Praxis, 3. aktualisierte und ergänzte Auflage, R. Oldenbourg Verlag, München-Wien.

Hayes-Roth, F., D. A. Waterman, D. B. Lenat (Hg.) (1983): Building Expert Systems, Addison-Wesley, Reading/Mass.

Henson, P. G., J. R. Barber, M. Broekhuysen et al. (1987): GoldWorks. Expert System Development and Delivery. Expert System User's Guide, Version 1.0, Gold Hill Computers, Cambridge/Mass.

Hirschmann, E. C., M. B. Holbrook (Hg.) (1985): Advances in Consumer Research, Vol. 12, Provo, UT, Association for Consumer Research.

Jackson, P. (1987): Expertensysteme – Eine Einführung, Addison-Wesley, Bonn, Reading/Mass.

Jeck-Schlottmann, G. (1987): Visuelle Informationsverarbeitung bei wenig involvierten Konsumenten. Eine empirische Untersuchung zur Anzeigenbetrachtung mittels Blickaufzeichnung, Dissertation an der Universität des Saarlandes, Saarbrücken.

Jeck-Schlottmann, G. (1988): „Anzeigenbetrachtung bei geringem Involvement", in: MARKETING . ZFP, 10. Jg., Heft 2, S. 33-37.

Kapferer, J.-N., G. Laurent (1985): „Consumers' Involvement Profile: New Empirical Results", in: Hirschmann, E. C., M. B. Holbrook (Hg.), S. 290-295.

Kleinhans, A., M. Rüttler, E. Zahn (1989): „Computer-gestütztes Management marschiert", in: HARVARDmanager, 11. Jg., Nr. 4, S. 104-110.

Kohlas, J. (1987): „Künstliche Intelligenz. Eine besondere Form der Informatik?", in: Savory, S. E. (Hg.), S. 213-235.

Kroeber-Riel, W. (1984): Konsumentenverhalten, 3. Aufl., Vahlen-Verlag, München.

Kroeber-Riel, W. (1987a): „Weniger Informationsüberlastung durch Bildkommunikation", in: WiSt – Wirtschaftswissenschaftliches Studium, 16. Jg., Heft 10, S. 485-489.

Kroeber-Riel, W. (1987b): „Informationsüberlastung durch Massenmedien und Werbung in Deutschland", in: DBW – Die Betriebswirtschaft, 47. Jg., Heft 3, S. 257-264.

Kroeber-Riel, W. (1988): Strategie und Technik der Werbung. Verhaltenswissenschaftliche Ansätze, Kohlhammer Verlag, Edition Marketing, Stuttgart, Berlin, Köln, Mainz.

Kroeber-Riel, W. (1991): „Expertensysteme: Anwendungsbeispiel", in: Diller, H. (Hg.), in Vorbereitung.

Kroeber-Riel, W. (1990): Konsumentenverhalten, 4. Aufl., Vahlen-Verlag, München.

Latombe, J. C. (1987): „The Role of Reasoning in Knowledge-Based Systems", in: Brauer, W., W. Wahlster (Hg.), S. 159-167.

Lorson, T. (1991): Entwicklung eines Expertensystems zur Beurteilung von Fernsehwerbung, Dissertation an der Universität des Saarlandes, Saarbrücken, in Vorbereitung.

Mertens, P. (1988): Expertisesysteme als Erscheinungsform der betrieblichen Expertensysteme, Arbeitspapier Informatik-Forschungsgruppe VIII der Friedrich-Alexander-Universität, Erlangen-Nürnberg.

Mertens, P. (1989): „Expertisesysteme als Variante der Expertensysteme zur Führungsinformation", in: ZfbF – Zeitschrift für betriebliche Forschung, 41. Jg., Heft 10, S. 835-854.

Neumeyer, C., A. W. Stier (1990): „Potentiale und kritische Analyse des Einsatzes von Expertensystemen in der Werbung", in: Werbeforschung & Praxis, 35. Jg., Nr. 1, S. 32-36.

Puppe, F. (1988): Einführung in Expertensysteme, Springer Verlag, Berlin, Heidelberg, New York, London, Paris, Tokyo.

Savory, S. E. (Hg.) (1987): Expertensysteme: Nutzen für Ihr Unternehmen – Ein Leitfaden für Entscheidungsträger, R. Oldenbourg Verlag, München, Wien.

Schwarz, C., F. Sturm, W. Klose (Hg. für Marketing zwischen Theorie und Praxis e.V.) (1989): Marketing 2000. Perspektiven zwischen Theorie und Praxis, 2. durchgesehene Aufl., Gabler Verlag, Wiesbaden.

Simon, H. A. (1981): Entscheidungsverhalten in Organisationen, 3. Auflage, Verlag Moderne Industrie, Landsberg/Lech.

Tostmann, T. (1989): „Kommunikation 2000. Wie sich die Werbung wandeln wird", in: Schwarz, C., F. Sturm, W. Klose (Hg. für Marketing zwischen Theorie und Praxis e.V.), S. 107-119.

Waterman, D. A. (1985): A Guide to Expert Systems, Addison-Wesley, Reading/Mass.

Winston, P. H. (1987): Künstliche Intelligenz, Addison-Wesley, Reading/Mass.

Zentes, J. (1987): EDV-gestütztes Marketing: ein informations- und kommunikationsorientierter Ansatz, Springer-Verlag, Berlin, Heidelberg, New York.

Viertes Kapitel

Produktion

Dieter Steinmann

Expertensysteme und Computer Integrated Manufacturing (CIM)

1. Einleitung

2. Veränderte Erfolgsfaktoren für Unternehmen als Motivation für den Einsatz von Expertensystemen

3. Einsatzmöglichkeiten von Expertensystemen in CIM
   3.1 Voraussetzungen für Expertensysteme in CIM-Systemen
   3.2 Prinzipieller Ablauf einer Konsultation
   3.3 Nutzenpotentiale des Einsatzes von Expertensystemen in CIM

4. Zu unterstützende Aufgabenbereiche in CIM
   4.1 Motivation für die Entwicklung und den Einsatz von Expertensystemen in CIM
   4.2 Grundsätzliche Einsatzgebiete in CIM
   4.3 Verknüpfung von Expertensystem-Funktionen und konventioneller Software

5. Projektdurchführung von Expertensystem-Projekten
   5.1 Projektverlauf bei der Entwicklung des Prototypen Panter (Planung Analyse Terminierung)
   5.2 Pflichtenheft für die Realisierung von Expertensystemen
   5.3 An der Entwicklung von Expertensystemen beteiligter Personenkreis
   5.4 Einbeziehung externer Berater
   5.5 Konzeption zur Aufnahme des Expertenwissens
   5.6 Fragentypen zur Aufnahme des Expertenwissens

6. Zusammenfassung und Ausblick

Literaturverzeichnis

1. Einleitung

Expertensysteme als Teilgebiet der Künstlichen Intelligenz (KI) erregen seit einigen Jahren immer wieder Aufsehen. Insbesondere in den letzten Jahren entwickelten sich Expertensystem-Anwendungen als Teilgebiet des Forschungsbereichs der Künstlichen Intelligenz (KI) in der Informatik aus dem Forschungsstadium an Hochschulen und Instituten auch im europäischen Raum weiter zu ersten breiteren Anwendungen für den praktischen Einsatz. Für die Vermittlung von Grundlagen- und Erfahrungswissen ist eine große Zahl von einführender Literatur in die Forschungsbereiche der künstlichen Intelligenz[1] und speziell Expertensysteme[2] verfügbar.

Häufig werden mit dem Begriff Expertensysteme große Erwartungen verbunden, die implizit die Befriedigung von Wünschen beinhalten, die noch nicht einmal klar formuliert werden können. Eigene Defizite, aber auch die Fehlleistungen von Kollegen und Mitarbeitern sollen mit diesen Methoden und Systemen, über die Unterstützungsleistungen bisheriger EDV-Systeme hinausgehend, gänzlich ausgeräumt werden. Immer wieder erscheinen umfangreiche Veröffentlichungen, in welchen Unternehmen oder an welchen Forschungsinstituten Systeme entwickelt wurden und sich bereits im praktischen Einsatz befinden. Auf welchem Niveau diese Systeme arbeiten und wie der Praxiseinsatz wirklich aussieht, ist jedoch meist sehr schwer zu beurteilen.

---

1 Winston, P.H., Künstliche Intelligenz, Bonn u.a. 1987; Charniak, E., McDermott, D., Introduction to Artificial Intelligence, Reading u.a. 1985; Barr, A., Feigenbaum, E.A., The Handbook of Artificial Intelligence, Volume 1 u. 2, Los Altos 1982; Zelewski, S., Das Leistungspotential der künstlichen Intelligenz – Eine informationstechnisch-betriebswirtschaftliche Analyse, 3 Bände, Bonn 1986; Retti, J., Hrsg., Artificial Intelligence, Stuttgart 1984; Rich, E., Artificial Intelligence, Auckland u.a. 1986; Bundy, A., Praktische Einführung in die Künstliche Intelligenz, Vaterstetten bei München 1986.

2 Scheer, A.-W., Steinmann, D., Einführung in den Themenbereich Expertensysteme, in: Scheer, A.-W., Hrsg., Betriebliche Expertensysteme I, Einsatz von Expertensystemen in der Betriebswirtschaftslehre, in: Jacob, H., Hrsg., Schriften zur Unternehmensführung (SzU), Band 36, Wiesbaden 1988, S. 5-27; Harmon, P., King, D., Expertensysteme in der Praxis: Perspektiven, Werkzeuge, Erfahrungen, 3. aktualisierte und ergänzte Aufl., München 1989; Kurbel, K., Entwicklung und Einsatz von Expertensystemen: eine anwendungsorientierte Einführung in wissensbasierte Systeme, Berlin u.a. 1989: Savory, S., Hrsg., Künstliche Intelligenz und Expertensysteme, 2. Aufl., München, Wien 1985; Savory, S., Hrsg., Expertensysteme: Nutzen für Ihr Unternehmen, München, Wien 1987; Winston, P.H., Künstliche Intelligenz, Bonn u.a., 1987; Waterman, D. A., A Guide to Expert Systems, Reading u.a. 1986; Hayes-Roth, F., Waterman, D.A., Lenat, D.B., Hrsg., Building Expert Systems, London u.a. 1983; Puppe, F., Expertensysteme, in: Informatik Spektrum, 9(1986), Heft 1, S. 1-13; Puppe, F., Einführung in Expertensysteme, Berlin u.a. 1988; Hayes-Roth, F., Knowledgebased Expert Systems: the State of the Art, in: Ernst, Chr., Hrsg., Management Expert Systems, Wokingham u.a. 1988; Silverman, B.G., Should a Manager „Hire" an Expert System?, in: Silverman, B.G., Hrsg., Expert Systems for Business, Reading u.a. 1987; Parsaye, P., Chignell, M., Expert System For Experts, New York u.a. 1988; Bryant, Nigel, Managing Expert Systems, Chichester u.a. 1988; Schnupp, P., Nguyen Huu, C.T., Expertensystem-Praktikum, Berlin u.a. 1987; Schnupp, P., Leibrandt, U., Expertensysteme – Nicht nur für Informatiker, Berlin u.a. 1986.

Die Bedeutung von Expertensystemen basiert grundsätzlich auf der veränderten Gewichtung des Faktoreinsatzes in Produktions- und Dienstleistungsbetrieben. „The world of organizing human activities is undergoing its first genuine revolution since the correctly labeled industrial „revolution" of the late eighteenth century. The information-processing technologies that are powering the new revolution may eventually have more impact on human organization-public and private-than did the mass production revolution, powered by first steam. It is even plausible to state that this information-technology-inspired transformation in the way we organize and execute affairs is the most fundamental since the Chinese developed hierarchical models of administration to pull together their vast empire several thousand years ago"[4]. Die Hilfsmittel zur Bewältigung der umfangreichen Informationen in den Unternehmen gewinnen immer weiter an Bedeutung. Über die Leistungen konventioneller Software-Produkte hinausgehend, soll die Unterstützung bei der intelligenten Ablage, Suche und Aufbereitung von Informationen flexibler und gleichzeitig einfacher gestaltet werden. Neben den Integrationsansätzen von CIM sind Expertensysteme ein weiteres Hilfsmittel, die entstehende Informationsvielfalt zu bewältigen. Sie finden meist in Ergänzung zu den Funktionen konventioneller Softwareprodukte Anwendung.

Gerade in den neu strukturierten Aufgabenbereichen von CIM[4] ergibt sich ein großer Bedarf der Unterstützung von Sachbearbeitern in der Erfüllung neu geschaffener oder modifizierter Funktions- und Tätigkeitsabläufe. Die Unterstützungsfunktionen liegen hier

– im Bereich der *Unterstützung konventioneller Funktionen* im Rahmen der beteiligten Teilsysteme (aber auch bereichsübergreifendes Anbieten von Wissen eines Aufgaben- oder Funktionsbereichs),
– *Unterstützung von integrativem Denken* und Handeln (welche Informationen sind vorhanden, wie können sie aufbereitet werden, wer kann in einer bestimmten Situation Auskunft geben, welche Informationsalternativen bestehen, etc.),
– Hilfe bei der *Entwicklung eines Konzepts zur Einführung von Integrationsmaßnahmen* (CIM-Berater).

Es muß in diesem Zusammenhang jedoch klar dargestellt werden, wo die Vorteile des Einsatzes von Expertensystemen liegen und wie sich die Beziehungen zwischen konventioneller EDV und Expertensystemen gestalten, in welchem Entwicklungsstadium sich diese Technologie befindet und welcher Erfahrungsstand vorliegt, um zu entscheiden, mit welchen Zielsetzungen und in welchen Aufgabenbereichen von CIM Expertensysteme eingesetzt werden können.

---

3 Peters, T., The Rise of the Expert Company, Foreword, in: Feigenbaum, E., McCorduck, P., Nii, P., The Rise of the Expert Company, New York 1989, S. vii.
4 Zu der Bedeutung von CIM vgl.: Scheer, A.-W., CIM – Der computergesteuerte Industriebetrieb, 4. neu bearbeitete und erw. Aufl., Berlin u.a. 1990.

2. Veränderte Erfolgsfaktoren für Unternehmen als Motivation für den Einsatz von Expertensystemen

Im Rahmen welcher Aufgabenstellungen Expertensysteme zum Einsatz kommen sollten, läßt sich aus den sich ständig wandelnden Anforderungen an Unternehmen und dem zur Zeit begrenzten Einsatz der EDV ableiten.

„Standards of living rise not because people work harder but because people work smarter. If you want to see people working hard go to almost any underdeveloped country and you will see people working like no one in America works. Economic progress is the replacement of physical exertion with brain power"[5]. Daraus resultiert die Anforderung, diese „brain power" möglichst effizient zu unterstützen.

Die meisten EDV-Anwendungen unterstützen den Anwender durch arithmetische Operationen, Speichern, Verarbeiten und Extraktion großer Datenmengen und nicht durch die Verarbeitung komplexer Zusammenhänge. D.h. die Anwendung von EDV-Systemen erfordert eine hohe Qualifikation der Anwender und unterstützt diese nur in relativ einfachen manuellen Tätigkeiten. „In conventional computer data processing the computer uses processes of arithmetic, filling, and retrieving on numbers and characters. In knowledge processing, the computer uses facts, rules of judgement, rules of expert decision making, and logic to discover lines of reasoning to the solution of problems. The hallmark of knowledge processing is reasoning by computer. Reasoning, not calculating"[6].

Der Einsatz von Expertensystemen und die zugrundeliegenden Konzepte der künstlichen Intelligenz stellen also eine beachtliche Weiterentwicklung der konventionellen Datenverarbeitung dar. D.h. sie werden nicht konventionelle Systeme ersetzen, sondern sie ergänzen und erweitern ihren Funktionsumfang erheblich.

Bisherige Software-Systeme waren relativ unflexibel und erforderten eine hohe Anpassung der Unternehmen an die Systeme. Bei deren Einsatz waren stets erheblich Anpassungsschwierigkeiten zu überwinden. Die allgemein gehaltene Software konnte eine Vielzahl von betriebsspezifischen Anforderungen nicht erfüllen.

Die Benutzer mußten sich tiefgreifendes Fachwissen über die Philosophie und Funktionsweise der Systeme aneignen. Sie mußten also mehrfache Qualifikation aufweisen. Zum einen müssen sie die fachlichen Zusammenhänge und betrieblichen Besonderheiten kennen, und zum anderen müssen sie detaillierte Kenntnisse über die Unterstützungspotentiale der eingesetzten Software besitzen, da die Soft-

---

5   Lester C. Thurow (1983), Dean, Sloan School of Management, MIT, zitiert nach: Feigenbaum, E., McCorduck, P., Nii, P., The Rise of the Expert Company, New York 1989, S. 3.
6   Feigenbaum, E., McCorduck, P., Nii, P., The Rise of the Expert Company, New York 1989, S. 5-6.

ware meist nicht die Flexibilität besitzt, auf die jeweilige Problemstellung und Gewohnheiten der Sachbearbeiter einzugehen. Die Anforderungen an die Mitarbeiter in Unternehmen steigen so beim Einsatz von konventionellen Software-Systemen in vielfältiger Weise erheblich an.

In fast allen erfolgreichen Unternehmen ist der Erfolg daher auf die besondere Leistungsfähigkeit von Experten gestützt. Diese Experten besitzen selbst bei größtem persönlichen Engagement nur eine beschränkte Arbeitszeit und Leistungsfähigkeit. Ziel sollte es also sein, diese hervorgehobenen Mitarbeiter in mehrfacher Weise zu unterstützen:

1. durch die Verminderung der Fragen von Kollegen, die Unterstützung bei der Lösung von Problemen und Aufgaben benötigen,
2. durch die Abnahme von qualifizierten Routinetätigkeiten, d. h. sie werden nur bei besonders schwierigen und komplexen Entscheidungen einbezogen,
3. durch die dezentrale Bereitstellung des Fachwissens.

Der Nutzen von Expertensystemen umfaßt neben der Entlastung des Experten gleichermaßen Unterstützungsleistungen für die weniger qualifizierten Sachbearbeiter und führt damit zu wesentlich effizienteren Leistungen. Daneben tritt bei systematischer Nutzung ebenso ein Lerneffekt ein, der zu einer Höherqualifizierung des jeweiligen Sachbearbeiters führt.

Es lassen sich folgende Klassen von Unterstützungspotentialen ableiten:

– Unterstützung eines qualifizierten Experten selbst,
– Unterstützung weniger qualifizierter Sachbearbeiter,
– dezentrale Verfügbarkeit von Expertenwissen (selten benötigtes Wissen oder sehr spezielles Wissen),
– Hilfe und Unterstützung für den Gebrauch eines Objekts,
– intelligente Überwachung von Abläufen und Prozessen[7].

Um die oben dargestellten Potentiale von Expertensysteme besser abschätzen zu können, müssen die nachfolgenden Themenstellungen weiter untersucht werden:

– Wie arbeiten Expertensysteme?
– Welche Unterstützungsleistungen liefern diese Systeme, die durch konventionelle Hilfsmittel bisher nicht erreicht wurden?
– Wie verläuft die Entwicklung, wie hoch ist der Entwicklungsaufwand und welchen Zeitraum nimmt die Entwicklung in Anspruch?
– Wie sieht das Projektmanagement für diese Systeme aus?
– Lassen sich die Systeme in konventionelle Systeme integrieren oder handelt es sich um Insellösungen?

---

7 Mittlerweile sind auch Realtime-Expertensystem-Shells am Markt verfügbar. Eine wesentliche Voraussetzung für diesen Einsatzbereich ist also erfüllt.

– Üben sie Einfluß auf andere Software-Technologien aus, und wenn ja, in welcher Form?

Die Beantwortung dieser Fragen steht im Mittelpunkt der weiteren Ausführungen, wobei die grundsätzliche Funktionsweise der Systeme ausgeklammert wird. Von entscheidender Bedeutung ist die Frage, wie ein Anwender das System nutzen kann, auf welche Weise die Unterstützung erfolgt und welche Hilfsmittel zur Verfügung stehen.

3. Einsatzmöglichkeiten von Expertensystemen in CIM

Die Entwicklung von Expertensystemen kann grundsätzlich auf der Ebene von Programmiersprachen (LISP, PROLOG, SMALLTALK, ...), komplexerer Programmierumgebungen (OPS5, KnowledgeCraft, ...) oder auf der Ebene von Shells erfolgen. Shells sind Werkzeuge zur Entwicklung von Expertensysteme, deren zunächst leere Wissensbasis mit anwendungsspezifischem Wissen gefüllt wird. Dementsprechend verändert sich der Aufwand für die Prototyperstellung und Weiterentwicklung. Gleichzeitig wird die Flexibilität der Gestaltung von Abläufen und Benutzeroberfläche beeinflußt. Der höheren Flexibilität der Programmierung auf der Ebene von Programmiersprachen oder Programmierumgebungen steht ein erheblich höherer Erstellungsaufwand und erheblich höhere Qualifikation des Entwicklers entgegen.

In den letzten beiden Jahren wurden mehrere leistungsfähige Shells als Entwicklungswerkzeuge fertiggestellt oder weiterentwickelt, die jetzt als marktreife, einsatzfähige Softwareprodukte auf PCs, Workstations, oder größeren Systemen angeboten werden (z. B. KEE-Knowledge Engineering Environment, ART-Automatic Reasoning Tool, ESE-Expert System Environment, Babylon, Nexpert Object, Goldworks, Kappa, G2, XiPlus, 1stClass).

Durch die damit verbundenen praktischen Erfahrungen und mit dem Auftreten von einigen etablierten Software-Häusern, die Unterstützung bei der Planung und Realisierung von Expertensystemen liefern, erhält diese Technologie weiterhin starken Auftrieb. Die Entwicklungsprojekte und Anwendungen mit dem Ziel des praktischen Einsatzes erstrecken sich mittlerweile über mehrere betriebliche Bereiche[8] und beinhalten ebenso CIM-Teilkomponenten.

8   Mertens, P., Borkowski, V., Geis, W., Betriebliche Expertensystem-Anwendungen, Eine Materialsammlung, Berlin u.a. 1988, Pau, L.F., Hrsg., Artificial Intelligence in Economics and Management, Amsterdam, New York, Oxford, Tokyo 1986, Pham, D.T., Hrsg., Expert Systems in Engineering, Bedford u.a. 1988, Feigenbaum, E., McCorduck, P., Nii, P., The Rise of the Expert Company, New York 1989.

3.1 Voraussetzungen für Expertensysteme in CIM-Systemen

Wie bereits ausgeführt, besitzen die Methoden und Werkzeuge für die Erstellung von Systemen der künstlichen Intelligenz im allgemeinen und von Expertensystemen im speziellen besondere Anforderungen an Themenstellungen, die mit ihnen bearbeitet werden können. Die wesentlichen Voraussetzungen, unter denen Expertensysteme sinnvoll einzusetzen sind, werden in Abbildung 1 dargestellt. Aus diesen Voraussetzungen lassen sich die wesentlichen Nutzenpotentiale ableiten.

---

(1) Es müssen Experten mit Expertenwissen vorhanden sein.

(2) Mit konventionellen Entwicklungsmethoden sind keine befriedigenden Lösungen möglich.

(3) Es muß ein Expertenbereich zu definieren und abzugrenzen sein.

(4) Der Umfang der einzelnen Expertentätigkeiten ist angemessen (nicht zu banal, nicht zu komplex):
(a. Die Wissensquellen des Experten sind zu benennen und abzugrenzen.
(b. Die Tätigkeitsabläufe der Expertentätigkeit sind klar zu umreißen.

(5) Es sollte möglichst wenig Allgemeinwissen zur Lösung der Aufgabe notwendig sein.

(6) Es sollten zur Lösung der Aufgabenstellung möglichst wenig Schnittstellen zu anderen Aufgaben- und Wissensbereichen bestehen.

(7) Die Experten müssen bereit und in der Lage sein, mitzuarbeiten.

(8) Es müssen Testmöglichkeiten bestehen.

Abb. 1: Voraussetzungen für den Einsatz von Expertensystemen[9]

Die einzelnen Punkte werden nachfolgend umfassend diskutiert.

(1) Da Expertensysteme aus Regeln und Wissen eines speziellen Expertenbereiches bestehen, ist natürlich die *wichtigste Voraussetzung* für die Entwicklung eines Expertensystems die Bedingung, daß es überhaupt einen *Experten und damit verbunden einen Expertenbereich* gibt. Bei der Entwicklung des Systems ist es unbedingt notwendig, daß ein *Experte in Person* Angaben machen kann, wie er Probleme löst, welches Wissen er dazu verwendet, welche EDV-Systeme mit welchen Methoden er anwendet.

---

[9] vgl. Lebsanft, E. W., Gill, U., Expertensysteme in der Praxis-Kriterien für die Verwendung von Expertensystemen zur Problemlösung, in: Savory, S. (Hrsg.), Expertensysteme: Nutzen für ihr Unternehmen, Oldenbourg Verlag, München, Wien 1987, S. 122.

Hierzu muß das Wissen eines Experten in einem Expertensystem, wie es aus der Abbildung 2 hervorgeht, abgebildet werden. Dieses Wissen unterteilt sich in verschiedene Arten.

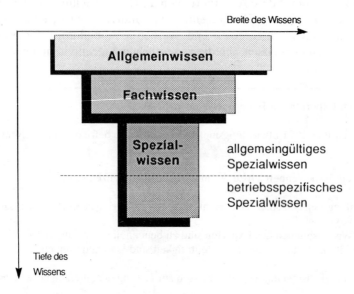

Abb. 2: Wissensarten menschlicher Experten

Während *Allgemeinwissen* ein breit gestreutes, aber nicht sehr detailliertes Wissen ist, umfaßt *Fachwissen* schon detaillierteres, aber trotzdem umfangreiches Wissen. In CIM-Systemen würde dies das Wissen über die Teilsysteme umfassen. So z. B. Kenntnis der eingesetzten PPS-Unterstützungsfunktionen, der Inhalte und Auswertungsalternativen einer vielleicht vorhandenen technischen Datenbank oder Kenntnisse aus den anderen CIM-Teilsystemen.

Spezialwissen hingegen ist die detaillierte Kombination von abgegrenzten Kenntnissen über einen schmalen Spezialbereich. Es könnte in CIM spezielles Wissen (Detailwissen) über die Teilsysteme umfassen oder betriebsspezifische Anwendungen. Darunter würde ebenso das Integrationswissen fallen. Also die Alternativen, wie Teilsysteme gekoppelt werden könnten, oder wie verfügbare Informationen bereichsübergreifend verwendet werden können.

Dieses tiefe Wissen eignet sich zur Zeit am besten für die Abbildung in Expertensystemen. Das breitere Fachwissen kann u.U. in Ansätzen zu einem späteren Stadium der Expertensystemtechnologie als *Standardwissensbank* mit einer Expertensystem-Shell mitgeliefert werden. Aufbauend auf dem Allgemeinwissen erwirbt ein qualifizierter Experte durch seine Ausbildung das allgemeingültige Fachwissen, das im Laufe der Zeit um spezielles Wissen aufgrund von

Erfahrungen ergänzt wird. Darauf baut das betriebsspezifische Wissen auf, das die individuellen Besonderheiten eines Unternehmens repräsentiert.

So ist z. B. die Arbeitsplanerstellung ein idealer Bereich für den Einsatz von Expertensystemen. Der Arbeitsplaner erhält als Input die Konstruktionszeichnung und die Konstruktionsstückliste. Die Aufgabe ist, mit dem Wissen über vorhandene Arbeitspläne (Ähnlichkeitenplanung) oder der Kombination von Wissen über Fertigungsverfahren, Betriebsmittelpark usw. den Arbeitsplan und die weiteren notwendigen Fertigungsunterlagen zu erstellen. Das Wissen eines Arbeitsplaners, der integrierte und vollständige Arbeitsabläufe abwickelt, kann also in ein Expertensystem überführt werden.

(2) Ein Grundsatz muß sein, daß Expertensysteme nur dann eingesetzt werden sollten, wenn *konventionelle Software keine befriedigenden Lösungen liefert*. Die Verarbeitung großer Datenmengen nach streng vorgegebenen prozeduralen Vorschriften (wenig Datentypen, große Zahl von Instanzen) kann nicht Aufgabe von Expertensystemen sein. Sie finden dort Anwendung, wo die Anzahl und die logischen Verknüpfungen zwischen den Daten sehr groß sind und die Anzahl der Instanzen relativ gering ist. Das bedeutet gleichzeitig, daß die *Anzahl der möglichen Lösungsalternativen (der Lösungsraum) sehr groß wird*. Ein großer Vorteil von Expertensystemen liegt darin, daß logische Verknüpfungen sehr einfach dargestellt werden können. Es muß kein geschlossener Lösungsweg (Problemstellung bis zum Ziel) im voraus angegeben werden. Das System sucht sich diesen Lösungsweg selbst, indem es das vorhandene Wissen kombiniert. Fehlen ihm Informationen, so wendet sich das System mit gezielten Fragen an den Benutzer. Dies steht im Gegensatz zu konventioneller Programmierung, die einen Lösungsweg vollständig explizit abbildet, der dann im nachhinein durchlaufen wird.

(3) Es sollte immer ein *Expertenbereich (als Handlungs- oder Aufgabenbereich) abgrenzbar* sein, dessen Wissen (Wissensdomäne) nachgebildet werden kann. Der Expertenbereich umfaßt das Aufgaben- oder Problemspektrum und das Expertenwissen, welches zur Ausführung benutzt wird. Für das Beispiel des Arbeitsplaners ist auch diese Voraussetzung erfüllt. Die einzelnen Aufgabenbereiche (Materialplanung, Methoden-/Verfahrensplanung, Investitionsplanung, Qualitätsplanung, Kostenplanung, Stücklistenverarbeitung, Arbeitsplanerstellung, NC-Programmierung[10] usw. sind eindeutig abgrenzbar und als einzelne Wissenssegmente definierbar (vgl. auch Punkt 4).

(4) Der *Zeitraum, den ein Experte benötigt, um eine Aufgabe zu lösen*, sollte zwischen einer *halben Stunde und einem Tag* bis maximal 1,5 Tage (sehr große Systeme) liegen. Bei einer zu einfachen Aufgabe lohnt sich der Entwicklungsaufwand

---

10 Eversheim, W., Organisation in der Produktionstechnik, Band 3: Arbeitsvorbereitung, Düsseldorf 1980, S. 5.

nicht, bei einer zu komplexen Aufgabe wird der Umfang des Systems zur Zeit nicht mehr handhabbar. Auch hier ist am Beispiel der Arbeitsplanung klar zu erkennen, daß diese Bedingung durch Aufteilung in einzelne Problembereiche zu erfüllen ist. Im Bereich der Primärbedarfsplanung müßte man einzelne Aufgabenbereiche isolieren, die über ein Expertensystem zu lösen sind, da der gesamte Arbeitsumfang des Primärbedarfsplaners zu umfangreich wäre.

(5) Der Experte muß seine Aufgaben *ohne die Einbeziehung von Allgemeinwissen* lösen können. Allgemeinwissen kann von den zur Zeit verfügbaren Systemen nicht abgebildet werden. Das Wissen eines Arbeitsplaners kann in den Wissens- oder Aufgabensegmenten gut über Regeln abgebildet werden und erfordert wenig Allgemeinwissen.

(6) Der Experte sollte möglichst *wenig externe Informationen* aus anderen Abteilungen einbeziehen müssen. Bei der Einbeziehung von mehreren Experten wird die Abstimmung zwischen den Experten ein unter Umständen sehr schwieriger Prozeß. Gleichermaßen wird sich die Abgrenzung der Wissensbereiche als schwierig erweisen. Die Arbeitsplanung ist ein abgegrenzter Bereich mit definierten Datenschnittstellen zu vor- und nachgelagerten Bereichen. Dies hängt natürlich stark von der Art der Produkte und der Struktur der Fertigung ab. Ist Wissen notwendig, das nicht in der Wissensbasis des Systems enthalten ist, so wird über die Benutzerschnittstelle der externe Sachbearbeiter einbezogen, und er muß dieses Wissen in das System eingeben.

(7) Der *Experte muß in der Lage und willens sein mitzuarbeiten*. Es ergeben sich für ihn in der Regel erhebliche Belastungen dadurch, daß er oft unbewußt ablaufende Vorgänge sich bewußt machen und beschreiben muß. Ein weiteres Problem besteht darin, eine große Anzahl von „Selbstverständlichkeiten" zu formulieren und als Basis zu definieren.

(8) Entsprechend dem Wissen von menschlichen Experten kann auch ein komplex aufgebautes Expertensystem *nicht immer vollständig nachprüfbar absolut richtige Ergebnisse* liefern. Der gesamte komplexe Lösungsraum eines größeren Expertensystems wird niemals vollständig überprüft werden können. Vielmehr muß ein Experte zur Überprüfung der angebotenen Lösung mit dem Expertensystem arbeiten und sein Urteil über die Leistungsfähigkeit dieser Lösung fällen. Diese Vorgehensweise wurde bereits bei einigen Systemen in der Praxis durchgeführt. Die Forderung nach einer vollständigen Überprüfung aller möglichen Abläufe widerspricht dem Grundgedanken eines Expertensystems. Meist wird man die Wirkungsweise (z. B. nach dem Einfügen neuer Regeln) mit einigen Musterfällen überprüfen. Ein Expertensystem zur Arbeitsplanerstellung müßte von einem hoch qualifizierten Arbeitsplaner für einige Zeit im Unternehmensalltag benutzt und dabei überprüft werden. Befindet dieser Experte das System für zuverlässig, kann es weniger qualifizierten Sachbearbeitern zur Verfügung gestellt werden.

Diese genannten Voraussetzungen sind durch den heutigen Entwicklungsstand von Expertensystemen bedingt und werden sich im Laufe der Zeit stark verändern. Mit der fortschreitenden Entwicklung der Werkzeuge werden immer größere Wissensgebiete abbildbar und immer komplexere Problemstellungen lösbar. Eine weitere wesentliche Frage ist nun, in welcher Form ein Anwender durch Expertensysteme unterstützt werden kann und wie der Ablauf einer Konsultation aussieht.

3.2 Prinzipieller Ablauf einer Konsultation

Nach der initiierenden Frage oder der Auswahl eines Unterstützungsbereichs durch einen Sachbearbeiter muß das System erkennen, welche zusätzlichen Informationen als Entscheidungsgrundlage erarbeitet werden müssen und welche alternativen Lösungsstrategien sich bieten. Das weitere Vorgehen erfolgt interaktiv in der Weise, daß das System fehlende Informationen oder die Auswahl unter Alternativen erfragt. So wird schrittweise unter ständiger Einbeziehung neuer Informationen und Daten sowie deren Ableitung das Ergebnis erarbeitet (vgl. Abbildung 3).

Zunächst erfragt das System die Problemstellung, die z. B. lauten könnte: „Wie kann ich Daten über den Kundenauftrag 4712 erhalten". Das System erkennt in der nächsten Stufe, daß Informationen aus dem Bereich CAD, PPS oder Kostenrechnung zur Verfügung stehen und würde mit einer weiteren Frage reagieren: „Welche Informationen benötigen Sie über diesen Kundenauftrag:

1. Kundeninformationen
2. Produktinformationen
3. Fertigungsinformationen
4. Kosteninformationen
5. Qualitätsinformationen
6. Zeitpunkte der Fertigung, Versand, etc..."?

Das System erarbeitet also interaktiv mit dem Benutzer die Problemstellung und den Lösungsweg, indem es Wissen und Benutzereingaben kombiniert und dadurch sukzessive den Lösungsweg ermittelt.

Die Anzahl der im System enthaltenen Regeln und damit der Entwicklungsaufwand steigen mit der Zahl der strukturierten Fragen kambinatorisch an. Gleichzeitig nimmt dadurch die erforderliche Qualifikation des Anwenders ab, da der Schwierigkeitsgrad der Fragen abnimmt.

Bei systematischer Nutzung eines Expertensystems werden beim Anwender durch die Erklärungskomponente und Hinweistexte Lerneffekte auftreten. Das System muß sich diesem Lernprozeß anpassen können. D.h., dem Benutzer sollten im Ablauf der Konsultation zunächst komplexe Fragen gestellt werden, die in einfa-

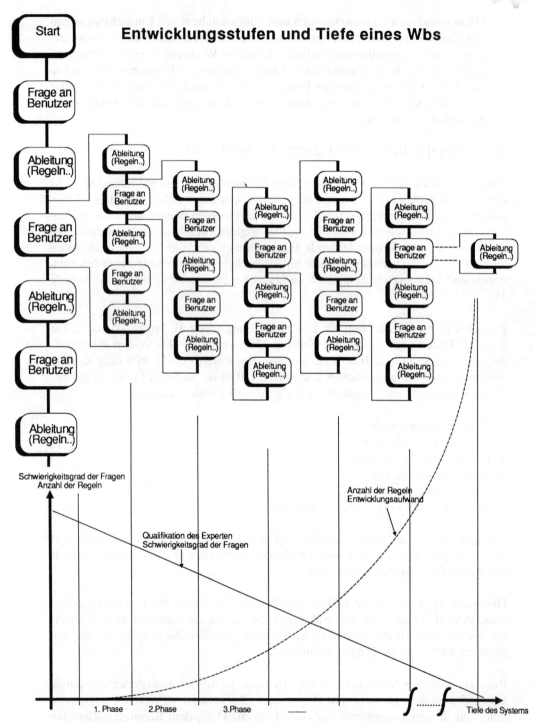

Abb. 3: Konsultationsablauf eines Expertensystems

chere Teilfragen aufgelöst werden. Kann der Anwender eine Frage beantworten, wird die Eingabe übernommen und die weitere Aufspaltung in einfachere Teilfragen abgebrochen. Z.B. im Bereich der PPS in CIM-Systemen existieren eine Vielzahl von Einsatzmöglichkeiten[11]. Expertensysteme sollten angesichts ihres zur Zeit noch relativ hohen Entwicklungsaufwands und ihrer speziellen Eigenschaften nur eingesetzt werden, wenn konventionelle Hilfsmittel versagen. Die eindeutig nachvollziehbaren Abläufe konventioneller Module liefern, dort wo sie ausreichend sind, bessere Ergebnisse als Expertensysteme.

3.3 Nutzenpotentiale des Einsatzes von Expertensystemen in CIM

Expertensysteme finden vor allem dort Anwendung, wo ein Experte existiert, der möglichst in Person zu benennen ist, dessen Aufgabenbereich zu strukturieren und abzugrenzen ist und dessen Tätigkeit durch konventionelle EDV-Technologie nicht hinreichend abgebildet und unterstützt werden kann. Dieser Experte oder Fachmann muß in der Lage sein, sein Vorgehen bei der Lösung von Problemen zu formulieren, die verwendeten Informationen zu beschreiben, sie mit Unterstützung eines erfahrenen Entwicklers von Expertensystemen (dem Wissensingenieur) zu strukturieren und in einer für Expertensysteme abbildbaren Form darzustellen. Expertensysteme sind momentan nur eine individuelle Lösung und auf den speziellen Einsatzfall in einem Unternehmen zugeschnitten. Erst in Zukunft ist mit übergreifenden Standard-Anwendungen, wie sie auch mit dem Prototypen angestrebt werden, zu rechnen. Die Entwicklung dürfte in gleicher Weise erfolgen, wie dies bei konventionellen Software-Systemen der Fall war: Zunächst wurden individuelle, auf den Einsatz in einem Unternehmen zugeschnittene Lösungen erarbeitet. Danach erfolgten die Schritte bis zur Entwicklung von Standard-Software über einen längeren Zeitraum hinweg[12].

Das wesentliche Merkmal von Expertensystemen liegt, wie oben dargestellt, darin, daß sie in Teilen das Fach- und Erfahrungswissen eines menschlichen Experten in Annäherung an dessen Denkstrukturen und Handlungsweisen abbilden und einem weniger qualifizierten Experten aufbereitet zur Verfügung stellen. Sie können also den menschlichen Problemlösungsprozeß in Ansätzen nachvollziehen. In Unternehmen werden besonders qualifizierte Mitarbeiter bei außergewöhnlichen Problemstellungen häufig von Kollegen um Rat gefragt. Der menschliche Experte erteilt ihnen daraufhin auf der Basis seines Fachwissens und seiner Erfahrungen Ratschläge, wie ein Problem anzugehen und zu lösen ist. Diese Ratgeberfunktion ist ein Einsatzbereich von Expertensystemen.

11 Steinmann, D., Expertensysteme (ES) in der Produktionsplanung und -steuerung (PPS) unter CIM-Aspekten, in: Scheer, A.-W., Hrsg., Veröffentlichungen des Instituts für Wirtschaftsinformatik, Heft 55, Saarbrücken 1987.
12 Scheer, A.-W., EDV-orientierte Betriebswirtschaftslehre, 3. Aufl., Berlin u.a. 1987, S. 73, S. 121 ff.

Wie ein menschlicher Experte es tut, muß das System, von einer Beschreibung der Problemsituation und der Ziele ausgehend, unter Beachtung der Restriktionen der betreffenden Systeme die Handlungs- und Entscheidungsalternativen erarbeiten (vgl. Abbildung 4). Hierbei stellt sich im besonderen in CIM-Systemen durch die Integration von Informationen aus unterschiedlichen betrieblichen Bereichen die Schwierigkeit, alle Informationsquellen und -alternativen zu kennen und zu wissen, welche Auswertungsalternativen sich in Abhängigkeit einer speziellen Situation bieten, oder welche Aufgaben zu erfüllen sind, um einen reibungslosen Gesamtablauf zu ermöglichen.

In Interaktion zwischen System und Benutzer erfolgt, wie oben dargestellt, in der Konsultation des Systems eine flexible Unterstützung der Tagesarbeit des Sachbearbeiters, ohne daß eine starr vorgegebene Funktionsfolge eingehalten werden muß, wie dies bei konventionellen Software-Paketen der Fall ist. Das System bildet einen qualifizierten Kollegen ab, der bei auftretenden Problemen Fragen beantwortet und Hinweise für eine effiziente Arbeitsweise gibt.

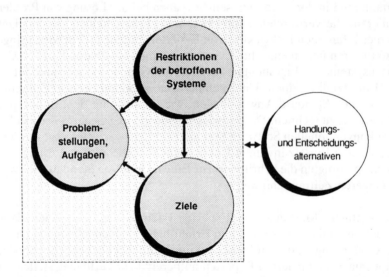

Abb. 4: Zusammenwirken von Problemstellungen, Aufgaben – Zielen – Restriktionen und Handlungsalternativen

Um weniger qualifizierte Sachbearbeiter bei der Ausführung ihrer Tagesarbeit zu unterstützen, müssen Expertensysteme die Möglichkeit beinhalten, Fragen zu stellen und komplexe Problemstellungen in weniger komplexe Teilprobleme aufzulösen. Das Erfahrungswissen eines hoch qualifizierten Sachbearbeiters wird dazu in einem Expertensystem abgebildet. Das Expertensystem muß einzelne Problembereiche modular abarbeiten und mehrere Alternativen zur Einbeziehung des Benutzers bieten:

1. Die Problemlösung (in diesem Zusammenhang als das Aneinanderfügen der Wissenselemente gemeint, nicht im Sinne der Inferenzstrategie) erfolgt durch das System. Rückfragen an den Benutzer erfolgen nur in dem Fall, wenn Wissensbereiche im System nicht enthalten sind.
2. Es werden (u.U. gewichtete) Zwischenergebnisse ausgegeben, und der Benutzer hat die Möglichkeit, die Teillösungen zu modifizieren.
3. Ein Problem wird schrittweise in seine Teilprobleme (Handlungsalternativen) aufgelöst, und der Benutzer kann auswählen, welchen Lösungsweg er weiter einschlagen will.

Der Benutzer sollte einzelne alternative Teillösungen mit Hilfe des Systems mehrfach erarbeiten und ein beliebiges Teilergebnis in die Gesamtlösung übernehmen können. Zur benutzerfreundlichen Gestaltung des Konsultationsablaufs trägt die Integration von Grafik- und Simulationswerkzeugen bei, die bei einigen Expertensystemshells als Standard-Schnittstellen existieren. So können erarbeitete Lösungen bzw. Zwischenlösungen grafisch aufbereitet oder sogar über Simulation z. B. eines Fertigungsprozesses dem Benutzer die Bewertung des Ergebnisses und die Auswahl weiterer Lösungsschritte erheblich vereinfachen.

Je nach Einsatzbereich ist eine unterschiedliche Aktivierung des Expertensystems notwendig. Die Funktionen des Expertensystems sollten entweder in zeitlichen Intervallen datumsgesteuert (z. B. Auswertung der PPS-Datenbasis), ereignisgesteuert (z. B. verbunden mit Systemfunktionen eines PPS-Systems) oder bedarfsgesteuert durch den Benutzer angestoßen werden können.

Das zentrale Anliegen von Expertensystemen in CIM ist die Darstellung der Wissensbereiche, die ein Sachbearbeiter zur Lösung seiner Probleme heranzieht. Diese werden in Teilen in dem System abgebildet. Es können aus Wirtschaftlichkeitsgründen natürlich nur die Wissensgebiete abgebildet werden, die mit entsprechender Häufigkeit benötigt werden. Daher sollten die vorstrukturierten Wissensbereiche nach der Häufigkeit ihres Auftretens gewichtet werden.

4. Zu unterstützende Aufgabenbereiche in CIM

In welchen Funktionsbereichen von CIM Expertensysteme eingesetzt werden können, hängt u.a. davon ab, welcher Unterstützungsbedarf in einem Unternehmen besteht, welche EDV-Anwendungen bereits vorhanden sind, welche Ziele damit verfolgt werden sollen und wo grundsätzlich geeignete Einsatzbereiche zu finden sind. Neben der Motivation für die Entwicklung von Expertensystemen werden nachfolgend grundsätzliche Einsatzbereiche aufgezeigt und skizziert, wie die Verknüpfung mit konventionellen Software-Produkten erfolgen kann. Auf der Basis dieser beispielhaft dargestellten Einsatzgebiete kann über die im Rahmen einer

Ist-Analyse in einem Unternehmen erarbeiteten potentiellen Einsatzgebiete für Expertensysteme entschieden werden.

Grundsätzlich ist das Vorgehen in dieser Vor-Phase eines Expertensystem-Projekts identisch mit dem einer konventionellen EDV-Entwicklung.

- Innovationsfreudigkeit (Großunternehmen, EDV-Hersteller und wissenschaftliche Institute).
- Experten sind überlastet.
- Hoher Anteil von Routinetätigkeiten bei Expertenaufgaben, Ausführung von Expertentätigkeiten von weniger qualifizierten Sachbearbeitern.
- Experten scheiden aus (hohe Personalfluktuation).
- Unterstützung bei der Handhabung eines Produkts (z. B. Fehlerdiagnose bei Industrierobotern), ausreichendes Wissen ist nur zentral vorhanden.
- Expertenwissen auf hohem Niveau wird dezentral nur selten benötigt (Spezialwissen).
- Ein Teil des Wissens ist ständigen Veränderungen unterzogen.
- Starke Interdependenzen führen zu hohem Auswertungsaufwand und einer Vielzahl gleichartiger, aber komplexer Analysen mit einer großen Zahl entscheidungsbestimmender Parameter.
- Hohe Komplexität von Anweisungen oder Vorschriften (Gesetze, Normen).
- Einflußnahme auf dezentrale Entscheidungen (Firmenpolitik).
- Traditionelle Problemlösungsmethoden haben versagt.
- Expertenwissen ist über mehrere Personen, u.U. mehrere betrieblichen Bereiche verteilt.
- Anstieg der verfügbaren Informationen/Datenmenge – Notwendigkeit einer intelligenten Vorverdichtung.
- Vorteile dadurch, daß der Experte sein Wissen und Problemlösungsstrategien explizit formuliert und sich dadurch über seine Entscheidungsabläufe bewußt wird.

Abb. 5: Gründe für die Entwicklung von ES[13]

4.1 Motivation für die Entwicklung und den Einsatz von Expertensystemen in CIM

Die Motivation für den Einsatz von Expertensystemen ist auf sehr unterschiedliche Faktoren zurückzuführen. Die häufigsten Gründe für die Entwicklung eines Expertensystems sind in Abbildung 5 dargestellt.

---

13 vgl. Savory, S.E., Expertensysteme: Welchen Nutzen bringen sie für Ihr Unternehmen? in: Savory, S. E., (Hrsg:), Expertensysteme: Nutzen für Ihr Unternehmen, Oldenbourg Verlag, München, Wien 1987, S. 24 ff.; Silverman, B.G., Should a Manager „Hire" an Expert System, in: Silverman, B.G., (Hrsg.), Expert Systems for Business, Addison-Wesley Publishing Company, Reading u. a. 1987.

Die oben angeführten Kriterien begründen das starke Interesse an Expertensystemen und lassen Rückschlüsse auf die weitere Entwicklung in der nächsten Zeit zu. Sie zeigen, wo bereits Prototypen existieren und diese gezeigt haben, in welchen Aufgabenbereichen sich Expertensysteme sinnvoll einsetzen lassen.

4.2 Grundsätzliche Einsatzgebiete in CIM

Es existiert eine Vielzahl von Veröffentlichungen, die eine Übersicht über Expertensystemprojekte – speziell auch in CIM[14] – an Instituten und in der Praxis bieten[15]. Sie geben Hinweise auf potentielle Einsatzbereiche und liefern interessante Erfahrungsberichte. Expertensysteme können Experten selbst bei der Durchführung ihrer Arbeit auf unterschiedlichen Ebenen unterstützen, sie setzen in den meisten Fällen einen qualifizierten Benutzer voraus. Es zeigen sich in Unternehmen verschiedene Stufen der Qualifikation von Experten, was sich ebenso in der Unternehmenshierarchie abbildet. Bei schwierigen Aufgabenstellungen werden höher qualifizierte Experten bei der Lösungsfindung hinzugezogen. Diese höher qualifizierten Experten sind meist stark überlastet. Ein Expertensystem kann hier dazu dienen, einen Großteil der Anfragen an diese Experten zu beantworten, indem es deren Wissen abbildet und den weniger qualifizierten Benutzern zur Lösung ihrer Probleme zur Verfügung stellt. Bei sehr speziellen Fragen wird jedoch nach wie vor der (jetzt entlastete) höher qualifizierte Experte zur Lösung des Problems herangezogen.

Nachfolgend sind die grundsätzlichen Arten von Expertensystemen und Beispiele für Einsatzbereiche in CIM aufgeführt[16]:

Analyse- und Diagnosesysteme
   Auswertung der CIM-Datenbanken
   Schwachstellenanalyse im Unternehmen als Basis für eine CIM-Strategie
   Ursachen von Betriebsmittelstörungen
   Analyse der Betriebsmittelnutzung (MDE)
   Diagnose der Ursachen von Terminüberschreitungen
   – kundenauftragsbezogen
   – fertigungsauftragsbezogen

---

14 Steinmann, D., Entscheidungsunterstützungssysteme, in: Scheer, A.-W., Computer Integrated Manufacturing (CIM) – Der computergesteuerte Industriebetrieb, Springer Verlag, Berlin Heidelberg, New York, Tokyo 19.
15 Mertens, P., Borkowski, V., Geis, W., Betriebliche Expertensystem-Anwendungen, Eine Materialsammlung, Berlin u.a. 1988; o. V., The CRI Directory of Expert Systems, Compiled by CRI, Published by Learned Information, o. O. 1985; Lehmann, E., Expertensysteme – Überblick über den aktuellen Entwicklungsstand, interne Studie der Siemens AG (ZT ZTI), München 1983.
16 vgl. Mertens, P., Allgeyer, K., Däs, H., Betriebliche Expertensysteme in deutschsprachigen Ländern – Versuch einer Bestandsaufnahme, Arbeitsberichte des Instituts für mathematische Maschinen und Datenverarbeitung (Informatik), Friedrich Alexander Universität, Erlangen-Nürnberg, Erlangen 1986, S. 6 ff.

Analyse der Durchlaufzeiten und Diagnose der Mängel
- maschinenbezogen
- auftragsbezogen

Analyse von Qualitätsdaten

Kostenanalyse
- relative Verteilung der Produktkosten
- Vergleich der Kosten zwischen Produkten
- Berechnung von Alternativen (z. B. Fertigungstechnologie)

Selektionssysteme

Datenverwaltungs- und -suchsysteme
- Stücklisten
- Arbeitspläne
- Lieferantendaten usw.

Datenauswertungs- und Verdichtungssysteme

Intelligente Checklisten

Termineinhaltung von Kundenaufträgen
Instandhaltung und vorbeugende Wartung
Unterstützung der Auftragsabwicklung
- zeitliche Abwicklung
- inhaltliche, sachliche Abwicklung

Auswahl von CIM-Komponenten
Entwicklung einer CIM-Strategie

Beratungssysteme

Entwicklung einer CIM-Strategie
Auswahl von Integrationsmaßnahmen
Entscheidung über Kundenauftragsannahme
Zuordnung von Fertigungsaufträgen zu Betriebsmitteln
Fertigungsauftragsfreigabe nach Betriebsmittelauslastung
Kapazitätsanpassung (mittel- und langfristig)
Verlagerungsmöglichkeiten

Konfigurierungssysteme

Anordnung der Betriebsmittel
Zusammensetzung eines Produktes aus Komponenten (Varianten)
Arbeitsplanerstellung aus Standardarbeitsplänen
Layout von Produktionsanlagen (FFS, Inseln, ...)

Planungssysteme

Primärbedarfsplanung

Materialbedarfsplanung
Kapazitätsbedarfsplanung
Materialflußplanung

Zugangssysteme
Auswahl von Methoden
- Primärbedarfsplanung
- Materialbedarfsplanung
- Kapazitätsbedarfsplanung
Intelligentes Data-Dictionary
Zuständigkeitsregelung

Hilfesysteme
Sinnvolle Nutzung z. B. eines PPS-Systems
- EDV-Technik
- PPS-Funktionen
- PPS-Abläufe
Auswirkungen und Ursachen von Fehlern, Erkennen von Fehlerursachen

Lehr- und Unterrichtssysteme
Schulung
- PPS-Abläufe
- Hardware/Software
Entscheidungssysteme
Fremdbeschaffung oder Eigenfertigung
Materialbedarfsrechnung

Überwachungssysteme
Termineinhaltung
- Kundenaufträge
- Fertigungsaufträge
- Materialverfügbarkeit
Qualitätsauswertungen
Maschinennutzung.

Die oben angeführten Punkte stellen natürlich nur Schlagworte dar, die einen meist sehr komplexen Entscheidungsraum beinhalten. Die Zusammenfassung mehrerer Punkte ergibt nach Überprüfung des ablauflogischen Zusammenhangs und der Überprüfung der grundlegenden Voraussetzungen für den Einsatz von Expertensystemen u.U. den Einsatzbereich für ein Expertensystem. Die Zuordnung einzelner Aufgabenstellungen zu den Klassifikationskategorien ist nicht immer eindeutig möglich. Von daher existieren Überschneidungen bei der Zuordnung von CIM-Funktionen oder Aufgaben.

Ordnet man diese Aufgabenschwerpunkte den Funktionsbereichen in CIM zu, so kann man eine Vielzahl von in der Literatur beschriebenen Prototypen erkennen[17]:

Konfigurierung und Gestaltung von CIM-Systemen
Hier ist stellvertretend für weitere Systeme der am Institut für Wirtschaftsinformatik entwickelte CIM-Handler, der die Informationsbeziehungen in CIM-Systemen koordinieren soll, und das System CIMAN[18] zu nennen, welches basierend auf der Eingabe unternehmenscharakterisierender Daten eine CIM-Strategie entwickelt.

Auftragsbearbeitung, Konfigurierung von Produkten
Die klassischen Systeme Siconflex, R1/XCON[19], XSEL, XSITE der Digital Equipment Corporation (DEC) sind nur einige wenige Beispiele für eine Vielzahl von Systemen insbesondere bei der Entwicklung von integrierten Schaltkreisen und der Konfigurierung von EDV-Anlagen[20].

Konstruktion, Produktgestaltung
Neben Systemen zur konstruktionsbegleitenden Kalkulation[21] gibt es eine Vielzahl von Systemen zur Unterstützung mechanischer Konstruktion, Leiterplattenentwurf und der Entwicklung von integrierten Schaltungen, der Entwicklung von Software sowie intelligenten Teilesuch- und – informationssystemen[22]. Probleme treten häufig bei der Interpretation von CAD-Daten auf, da diesen der semantisch

---

17 vgl u.a. auch: Feigenbaum, E., McCorduck, P., Nii, P., The Rise of the Expert System Company, New York 1988; Schmidt, G., CAM: Algorithmen und Decision Support für die Fertigungssteuerung, Berlin u.a. 1989, S. 108 ff.; Bullinger, H.-J., Kornwachs, K., Expertensysteme – Anwendungen und Auswirkungen im Produktionsbetrieb, München 1990; Oliff, M.D., Hrsg., Expert Systems and Intelligent Manufacturing, Proceedings of the Second International Conference on Expert Systems and the Leading Edge in Production Planning and Control, May 3-5, Charleston, South Carolina, New York u.a. 1988; Karwan, K.K., Sweigart, J.R., Hrsg., Expert Systems and the Leading Edge in Production and Operations Management, Proceedings of the Third International Conference, Hilton Head 1989; Goslar, M.D., Hrsg., Expert Systems in Production and Operations Management, Proceedings of the Fourth International Conference, Hilton Head 1990; Mertens, P., Borkowski, V., Geis, W., Betriebliche Expertensystem-Anwendungen, Eine Materialsammlung, Berlin u.a. 1988.
18 Jost, W., Keller, G., Scheer, A.-W., CIMAN – Konzeption eines DV-Tools zur Gestaltung einer CIM-orientierten Unternehmensstruktur, in: Scheer, A.-W., Hrsg., Veröffentlichungen des Instituts für Wirtschaftsinformatik, Heft 66, Saarbrücken 1990.
19 Parsaye, P., Chignell, M., Expert System For Experts, New York u.a. 1988, S. 320 ff.
20 Mertens, P., Borkowsky, V., Geis, W., Betriebliche Expertensystem-Anwendungen, Eine Materialsammlung, Berlin u.a. 1988, S. 41 ff.
21 Bock, M., Bock, R., Scheer, A.-W., Konzeption eines Rahmensystems für einen universellen Konstruktionsberaters, in: Information Management (IM), 5(1990), Heft 1, S. 70-78; Scheer, A.-W., Bock, M., Expertensysteme zur konstruktionsbegleitenden Kalkulation, in: cad/cam-report, 7(1988), Heft 12, S. 47-55.
22 Mertens, P., Borkowski, V., Geis, W., Betriebliche Expertensystem-Anwendungen, Eine Materialsammlung, Berlin u.a. 1988, S. 19 ff.

interpretierbare Gehalt fehlt. Eine Lösung dieses Dilemmas ist das Anlegen und die zusätzliche Pflege von Textinformationen zu den jeweiligen Geometrieelementen.

Arbeitsplanung
Neben den wohl bekanntesten Systemen, die am Battelle-Institut in Frankfurt entwickelt wurden (GUMMEX, APLEX[23]), gibt es auch hier eine Vielzahl, meist auf dem Vorgehen der bereits recht ausgereiften Entscheidungstabellentechnik basierende Systeme[24]. Daneben wird bei der Firma Carl Zeiss ein wissensbasiertes System für die Generierung von Arbeitsplänen in einem Unternehmen der Optik, Feinmechanik und Elektronik entwickelt[25].

NC-Programmierung
Bei der Voest-Alpine AG in Linz wird ein Expertensystem entwickelt, dessen Zielsetzung es ist, aus CAD heraus automatisch Arbeitspläne zu erzeugen.

Qualitätssicherung
Neben XTEST[26] werden bei Du Pont in USA Expertensysteme im Rahmen der Diagnose des Fertigungsflusses eingesetzt, die nach ersten positiven Erfahrungen breiteren Einsatz fanden[27].

Materialflußsteuerung
Neben ILOG[28] der Digital Equipment Corporation (DEC)[29] sind in der Fußnote weiter Hinweise auf Systeme im Bereich „Logistics and Materials Management" gegeben[30].

Produktionsplanung und -steuerung[31]
Hier sind exemplarisch die an der Universität Erlangen-Nürnberg am Lehrstuhl von Prof. Mertens entwickelten Systeme PAREX (Parametereinstellung), UM-

23 Trum, P., Automatische Generierung von Arbeitsplänen, in: Schnupp, P., Hrsg., State of the Art: Expertensysteme, (1)1986, S. 69-72.
24 Mertens, P., Borkowski, V., Geis, W., Betriebliche Expertensystem-Anwendungen, Eine Materialsammlung, Berlin u.a. 1988, S. 81 ff.
25 Jansen, M., Ein wissensbasiertes System für die Generierung von Arbeitsplänen in einem Unternehmen der Optik, Feinmechanik und Elektronik, in: Mertens, P., Wiendahl, P., Wildemann, H., Hrsg., CIM-Komponenten zur Planung und Steuerung, München 1988, S. 117-127.
26 Scown, S.J., The Artificial Intelligence Experience, An Introduction, Digital Equipment Corporation, o.O 1985.
27 Feigenbaum, E., McCorduck, P., Nii, P., The Rise of the Expert System Company, New York 1988, S. 146 ff.
28 Scown, S.J., The Artificial Intelligence Experience, An Introduction, Digital Equipment Corporation, o.O 1985.
29 Ebenda.
30 Karwan, K.K., Sweigart, J.R., Hrsg., Expert Systems and the Leading Edge in Production and Operations Management, Proceedings of the Third International Conference, Hilton Head 1989, S. 293-320.
31 In den USA existieren eine Vielzahl von Systemen im Bereich der PPS. Vgl. z. B. Karwan, K.K., Sweigart, J.R., Hrsg., Expert Systems and the Leading Edge in Production and Operations Mana-

DEX (Umdisposition) und DIPSEX (Diagnose von Schwachstellen in der Produktion) zu nennen[32]. Diese Systeme sind in Ergänzung eines konventionellen PPS-Systems zu sehen, welches eine Vielzahl von Parametern erfordert, welche die Leistungsfähigkeit des Systems ausmachen. Bei der Festlegung dieser Parameter wird der jeweilige Sachbearbeiter unterstützt.

An der Wissenschaftlichen Hochschule für Unternehmensführung (WHU) wurde ein intelligentes Netzplanungssystem entwickelt, das die flexible Planung von Produktionsabläufen gestattet[33].

Auftragssteuerung
ISA (Digital Equipment Corporation (DEC))

Rechnungswesen/Controlling
Am Institut für Wirtschaftsinformatik an der Universität des Saarlandes wird zur Unterstützung von Controlling-Funktionen ein Expertensystem entwickelt[34]. Ein weiteres System, das diesem Funktionsbereich zuzuordnen ist, wird an der Universität Erlangen-Nürnberg entwickelt[35].

Materialwirtschaft/Logistik
Auch im Bereich der Logistik wurde am Fraunhofer Institut Dortmund ein Expertensystem entwickelt[36].

Einkauf
Das Einkäufer Expertensystem (EES) wurde an der Technischen Universität Berlin entwickelt[37].

---

gement, Proceedings of the Third International Conference, Hilton Head 1989, S. 381-576; Goslar, M.D., Hrsg., Expert Systems in Production and Operations Management, Proceedings of the Fourth International Conference, Hilton Head 1990, S. 90-211; Duchessi, P., The Conceptual Design for a Knowledge-Based System as Applied to the Production Planning Process, in: Silverman, B., Hrsg., Expert Systems for Business,, Reading u.a. 1987, S. 163-194.

32 Mertens, P., Borkowski, V., Geis, W., Betriebliche Expertensystem-Anwendungen, Eine Materialsammlung, Berlin u.a. 1988, S. 78, S. 83 ff.
33 König, W., Hennicke, L., Das Produktionsplanungs-Expertensystem PROPEX, Entwicklung und Einsatzperspektiven, in: Wildemann, H., Hrsg., Expertensysteme in der Produktion, München 1987.
34 Scheer, A.-W., Kraemer, W., Konzeption und Realisierung eines Expertenunterstützungssystems im Controlling, in: Scheer A.-W., Hrsg., Veröffentlichungen des Instituts für Wirtschaftsinformatik, Heft 60, Saarbrücken 1989.
35 Mertens, P., Fiedler, R., Sinzig, W., Winensbaiertes Controlling des Betriebsergebnisses, in: Scheer, A.-W. (Hrsg.), Rechnungswesen und EDV, Tagungsband zur 10. Saarbrücker Arbeitstagung, Heidelberg 1989, S. 153-181
36 Kuhn, A., Noche, B., Hellingrath, B., Expertensysteme in der Logistik, in: Wildemann, H., Hrsg., Expertensysteme in der Produktion, München 1987.
37 Krallmann, H., EES – das Expertensystem für den Einkauf, in: Betriebswirtschaftliche Forschung und Praxis (BFuP), 38(1986). S. 565-583 Heft 6.

Kapazitätsterminierung, -abgleich
Ein im militärischen Bereich entwickeltes Expertensystem zur effizienten Nutzung von Waffen läßt sich auf die Terminierungsprobleme in der PPS übertragen[38].

Fertigungssteuerung
Auch hier sind es klassische Systeme, die bereits in einem frühen Stadium der Expertensystem-Technologie entwickelt wurden und über einen relativ langen Zeitraum weiterentwickelt wurden wie z. B. ISIS (ISIS-II),[39] IMACS oder KOSYF[40].

Fehlerdiagnose, Service und Wartung von Produkten
Die wohl bekanntesten Systeme sind im Rahmen dieser Aufgabenstellung die Systeme CATS – von General Electric Research and Development Department[41], DEX.C3 oder DELTA[42].

Instandhaltung
Im Bereich der Instandhaltung existiert ein System des Fraunhofer Instituts in Stuttgart[43].

Prozeßkontrolle
Hier wird in der Stahlindustrie ein System zur Erkennung und Vermeidung kritischer Situationen in einem Stahlwerk entwickelt[44].

Diese Aufzählung kann jedoch nur einen Einstieg in die Vielzahl von Veröffentlichungen über Systeme in diesen Schwerpunktbereichen darstellen. Zur Vertiefung können die angegebenen Literaturstellen herangezogen werden.

---

38 Slagle, J.R., Hamburger, H., Resource Allocation by an Expert System, in: Silverman, B., Hrsg., Expert Systems for Business,, Reading u.a. 1987, S. 195-223.
39 Kumara S.R.T., Joshi, S., Kashyap, R.L., Moodie, C.L., Chang, T.C., Expert Systems in Industrial Engineering, in: Pham, D.T., Hrsg., Expert Systems in Engineering, Bedford u.a. 1988, S. 385-407, S. 401.
40 Wiendahl, H.-P., Lüssenhop, T., Ein neuartiges Prozeßmodell als Basis eines Expertensystems für die Fertigungssteuerung, in: Warnecke, H., Bullinger, H.J., Hrsg., 18. Arbeitstagung des IPA (Institut für Produktionstechnik und Automatisierung), Berlin u.a. 1986.
41 Parsaye, P., Chignell, M., Expert System For Experts, New York u.a. 1988, S. 316.
42 Kumara S.R.T., Joshi, S., Kashyap, R.L., Moodie, C.L., Chang, T.C., Expert Systems in Industrial Engineering, in: Pham, D.T., Hrsg., Expert Systems in Engineering, Bedford u.a. 1988, S. 385-407, S. 403 ff.
43 Schmidt, T., Wissensbasierte Instandhaltungssteuerung: Ziel, Methodik, Lösung, in: Wildemann, H., Hrsg., Expertensysteme in der Produktion, München 1987.
44 Feigenbaum, E., McCorduck, P., Nii, P., The Rise of the Expert System Company, New York 1988, S. 159 ff.

4.3 Verknüpfung von Expertensystem-Funktionen und konventioneller Software

Während sich z. B. ein konventionelles PPS-System mit der Verarbeitung von Standardabläufen mit großen Datenmengen und streng vorgegebenen Abläufen beschäftigt, hat ein Expertensystem u.a. zur Aufgabe, Wissen über Daten, Bearbeitungsmöglichkeiten und die zugrunde liegende Realität aufzubereiten. Nicht die gleichartige Bearbeitung einer Vielzahl von Instanzen gleicher Datenstrukturen steht im Vordergrund, sondern die Abbildung komplexer Strukturen heterogener Informationen oder Wissensobjekte.

Konventionelles Vorgehen:

- Die Problemstellung muß vollständig durchdrungen und beschrieben sein.
- Systementwickler erstellt mit Wissen über das Anwendungsgebiet ein System.
- Systementwickler kann Auskunft über die Verarbeitungsprozesse geben.
- Bearbeitung hauptsächlich wohlstrukturierter Massendaten.
- Verarbeitung mit relativ wenigen Datentypen und vielen Instanzen.
- Typische Programmiersprachen: Cobol, Fortran, C, ...
- strukturierte Programmierung, bei der der Programmablauf explizit festgelegt wird.
- Programm mit strukturierten, wohldefinierten Abläufen und Verfahren.
- Der Lösungsweg und der Lösungsraum sind explizit festgelegt.
- Die Arbeitsweise des Systems ist absolut und vollständig auf Validität zu überprüfen.
- Veränderungen der Umwelt erfordern eine Neuprogrammierung des Systems.

KI-Vorgehen:

- Unvollständige Teilprobleme können abgebildet und sukzessive ergänzt werden.
- Der Wissensträger (Experte) transferiert sein abgegrenztes Fachwissen mit Unterstützung des Wissensingenieurs in das Expertensystem.
- Das wissensbasierte System kann die Verarbeitungsprozesse (Inferenzen) begründen und erklären.
- Bearbeitung hauptsächlich heterogen strukturierter Wissenseinheiten.
- Verarbeitung von relativ vielen symbolischen Ausdrücken mit wenigen Instanzen.
- Typische Programmiersprachen: Lisp, Prolog, Smalltalk ...
- Erstellung des Systems durch exploratives, iteratives und sukzessives Programmieren.
- Programmablauf mit komplexen Abläufen und Verfahren, auch mit diffusem Wissen.
- Der Lösungsweg, Lösungsraum und die Arbeitsweise sind nur implizit über die Regeln und den Inferenzmechanismus festgelegt.
- Die Arbeitsweise des Systems ist ähnlich der Arbeitsweise eines menschlichen Experten nicht absolut und vollständig zu überprüfen.
- Veränderungen der Umwelt können über Veränderungen der Regelbasis (u. U. vom Experten selbst) abgebildet werden.

Abb. 6: Unterschiede zwischen konventioneller Software-Entwicklung und KI-Methodik[45]

---

45 vgl. Wahlster, W., Vorlesungsskript, Universität des Saarlandes, Saarbrücken, Fachbereich Informatik, SS 1985

Daher wird in den meisten Fällen zur sinnvollen Unterstützung von Aufgaben in CIM eine Kombination von Expertensystem-Funktionen und den Funktionen konventioneller Software notwendig sein.

Die grundsätzlichen Unterschiede zwischen KI-Vorgehen und konventioneller Software-Entwicklung sind in Abbildung 6 dargestellt. Sie zeigen, daß Expertensysteme nur eine Ergänzung zu konventioneller Datenverarbeitung darstellen können. So können sie z. B. auf die Datenbestände und gleichermaßen Teilprogramme von PPS-Systemen zugreifen und bei ereignisgesteuerten Abläufen (Störungen oder Ausnahmesituationen) tätig werden. Gleichfalls können Sie situationsbezogen die Funktionen der jeweiligen konventionellen Software effizient miteinander verknüpfen und somit die Handhabung eines solchen Systems erheblich vereinfachen.

In Abbildung 7 wird beispielhaft eine integrierte Expertensystem-Anwendung dargestellt, die unter Verwendung der Expertensystem-Shell Twaice, des PPS-Systems Profis und der relationalen Datenbank DDB/4 unter UNIX am Institut für Wirtschaftsinformatik (IWi) an der Universität des Saarlandes, Saarbrücken entwickelt wurde.

Sowohl das PPS-System Profis (Prototypversion) als auch die Expertensystem-Shell Twaice basieren auf der relationalen Datenbank Reflex und sind unter

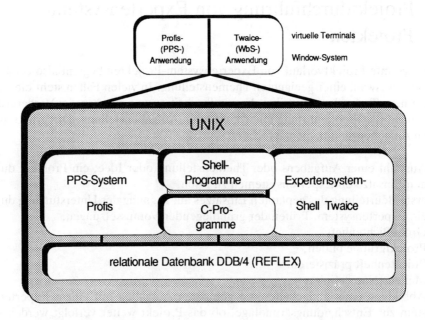

Abb. 7: Integrationsmöglichkeiten von Expertensystemen am Beispiel eines Prototypen

dem Betriebssystem UNIX verfügbar. Die Kopplung der beiden Systeme erfolgt unter Zuhilfenahme von Shell- und C-Programmen, die auf die Datenbank zugreifen können. In gleicher Weise können aus Twaice heraus PPS-Funktionen aufgerufen werden. Der Benutzer kann über virtuelle Bildschirme sowohl das Expertensystem als auch PPS-Anwendungen parallel am Bildschirm aktivieren. Die Kopplungsmöglichkeiten sind in diesem Fall sehr flexibel.

Diese Vorgehensweise führt im Extremfall zu einer Aufspaltung zukünftiger Software-Pakete in eine wissensbasierte Ablaufsteuerung und prozedurale Module, welche die in CIM meist vorhandene große Zahl von Daten bearbeitet. Es werden somit beide Anforderungen an eine effektive Unterstützung der Tagesarbeit von Sachbearbeitern erfüllt:

1. Abbildung komplexer Vorgehensweisen und Zusammenhänge.
2. Bearbeitung einer großen Datenmenge nach gleichbleibenden Verarbeitungsanweisungen.

Ein wesentliches weiteres Entscheidungskriterium für das Gelingen von Expertensystem-Projekten ist neben der Wahl einer passenden Aufgabenstellung die adäquate Projektorganisation und -durchführung.

5. Projektdurchführung von Expertensystem-Projekten

Der gesamte Projektverlauf von Expertensystem-Projekten beginnt also zunächst mit der Auswahl einer geeigneten Themenstellung. In vielen Fällen steht die Idee, diese neue Technologie auf ihre Anwendbarkeit zu untersuchen, im Vordergrund und nicht die Problemlösung einer konkreten Aufgabenstellung. Die grundsätzlichen Aufgaben sind dementsprechend:

– Auswahl einer Aufgaben- oder Themenstellung oder Idee, ein Problem durch den Einsatz von Expertensystemen zu lösen,
– erste Beurteilung des geplanten Einsatzes auf Eignung der Unterstützung durch ein Expertensystem, Prüfen der grundlegenden Voraussetzungen,
– Grobpflichtenheft,
– Projektgruppe bilden,
– Pflichtenheft präzisieren,
– Meilensteine definieren,
– Abbildung eines Teilgebietes der geplanten Aufgaben mit einem Expertensystem zur Entscheidungsgrundlage, ob das Projekt weiter verfolgt werden soll (Entscheidungsvorbereitung für das Management),
– Realisierung eines umfangreicheren Prototypen,

- Praxistest des Prototypen, Beurteilung durch den späteren Anwender,
- Entscheidung, ob der Prototyp weiter entwickelt werden soll,
- Realisierung eines Endbenutzersystems für den praktischen Einsatz am Arbeitsplatz eines Sachbearbeiters.

Es muß eine Arbeitsgruppe gebildet werden. Diese übernimmt nach ihrer Bildung die Erstellung einer detaillierteren Konzeption und die Realisierung des Prototypen. Im Zentrum der vorliegenden Darstellungen steht die eigentliche Entwicklung des Systems. Entsprechend den oben dargestellten Ausführungen setzt sich das Projektteam zur Entwicklung von Expertensystemen aus dem Experten, einem Wissensingenieur, u.U. einem Mitarbeiter der konventionellen EDV und zu einem späteren Zeitpunkt auch den Nutzern des Systems zusammen. Da der Fachexperte meist nicht in der Lage ist, die Strukturierung und Abbildung seines Wissens selbst vorzunehmen, muß er durch einen im Umgang mit Werkzeugen und der Entwicklung von Expertensystemen versierten Expertensystem-Fachmann unterstützt werden. Dieser Wissensingenieur übernimmt zumindest in der ersten Phase die Strukturierung und Abbildung des von dem Experten verbal schriftlich formulierten Wissens. Zur Aufnahme des Wissen stehen verschiedene Konzepte zur Verfügung[46].

Von grundlegender Frage ist ebenso, ob, in welcher Phase und in welchem Umfang externe Beratungsleistungen einbezogen werden sollen. So kann der Wissensingenieur entweder intern ausgebildet oder diese Funktion von einem Softwarehaus als Beratungsleistung in Anspruch genommen werden. Diese Punkte werden nachfolgend näher beleuchtet.

5.1 Projektverlauf bei der Entwicklung des Prototypen Panter (Planung Analyse Terminierung)

Die oben dargestellten Erfahrungen resultieren aus der Entwicklung des Prototypen Panter am Institut für Wirtschaftsinformatik (IWi). Im Rahmen des Prototypen wurden planerische Funktionen am Beispiel der Produktionsplanung und -steuerung abgebildet. Die hierbei gemachten Erfahrungen sind von grundsätzlicher Art und können auf die Entwicklung allgemeiner Planungssysteme übertragen werden.

---

46 Zu Methoden und Strategien der Wissensakquisition vgl. Puppe, F., Einführung in Expertensysteme, Berlin u.a. 1988, S. 110-127, Retti, J., Knowledge Engineering und Expertensysteme, in: Retti, J., u.a., Artificial Intelligence, Stuttgart 1984, Fähnrich, K.-P., Unterschiedliche Methoden der Wissensakquisition, in: Bullinger, H.-J., u.a., Expertensysteme, Ehningen bei Böblingen 1988, Noelke, U., Das Wesen des Knowledge Engineering, in: Savory, S. Hrsg., Künstliche Ingelligenz und Expertensysteme, 2. Auflage, München 1985, S. 109-123.

Die Entwicklungsstufen, die sich bei der Erstellung des Prototypen Panter im Detail ergaben, sind:

1. Definieren, Abgrenzen und Beschreiben des Arbeitsgebietes, des Arbeitsplatzes mit Hauptaufgaben und -abläufen, die im Expertensystem abgebildet werden:
   - Auswahl des Einsatzgebietes,
   - Entscheidung darüber, ob und wie externe Berater einbezogen werden sollen,
   - Erstellen einer Grobkonzeption,
   - Durchführung einer ersten Machbarkeitsabschätzung,
   - genauere Formulierung der abzubildenden Aufgabenstellungen, des abzubildenden (vorhandenen oder fiktiven) Experten/Endbenutzers und der gewünschten Unterstützungsleistungen,
   - Schnittstellen zu anderen Wissensbereichen,
   - Schnittstellen zu konventionellen EDV-Systemen,
   - Bestimmen der Wissenslieferanten, Prüfen von deren Verfügbarkeit und Abschätzen des zeitlichen Aufwands,
   - grobe Abschätzung des zeitlichen Rahmens,
   - Definieren einer Projektgruppe aus Beratern, Wissensingenieur(en), Fachexperten und Experten der konventionellen EDV.

2. Präzisieren der Hauptaufgaben, -abläufe und Unterstützungsfunktionen:
   - erster Entwurf für ein Feinpflichtenheft,
   - Haupttätigkeiten im Rahmen der Tagesarbeit,
   - Zeitanteil der einzelnen Tätigkeiten,
   - Gewichtung der Tätigkeiten nach Dringlichkeit und Reihenfolge der Realisierung,
   - Beschreibung der verwendeten EDV-Hilfsmittel (Programme, Datenbasis),

3. Zusammenarbeit der Projektgruppe:
   - Präzisieren der Vorgaben des Pflichtenhefts,
   - Festlegen und Strukturieren der Begriffswelt, der Aufgaben, der Ziele, der verwendeten Informationen und der wesentlichen Tätigkeiten im Rahmen der zu unterstützenden Handlungsabläufe in den ersten Gesprächen der Projektgruppe,
   - Darstellen der Ist-Abläufe in Vorgangskettendiagrammen, Ablaufdiagrammen und Flußdiagrammen,
   - erneute Überprüfung der Eignung für die Unterstützung durch ein Expertensystem,

4. Feinauswahl der zu unterstützenden Arbeitsbereiche, detailliertes Erarbeiten des Zielsystems und der gegenseitigen Abhängigkeiten der Einzelziele, Abgrenzen der Wissensbereiche und der Sub-Wissensbereiche (Wissensbausteine),

5. Formulieren der Soll-Ablaufketten geschlossener Handlungsabläufe,

6. Strukturieren der Begriffswelt und Festlegen der Taxonomie einschließlich der Definition des Entscheidungs- oder Alternativenbaums mit der Expertensystem-Shell,

7. Formulieren des Wissens in den Endknoten des Alternativenbaums, der Sub-Wissensdomänen mit der Expertensystem-Shell,

8. Verbinden der Wissensbereiche entsprechend den in 5 entwickelten Handlungsalternativen und Ergänzen spezieller Problemlösungsstrategien,

9. Realisierung der Schnittstellen zu existierenden Datenbeständen,

10. Optimieren der Abläufe, Einfügen von Konsistenzprüfungen der Eingaben und desgleichen der Wissensbasis, Ersetzen der Regeln zur Ablaufsteuerung durch Prozeduren und damit Erweitern des vorgegebenen Inferenzmechanismus,

11. Gestaltung der Benutzeroberfläche, Integration von Grafikkomponenten, einheitliche Maskengestaltung, Realisierung einer Erklärungs- und Hilfekomponente sowie eines Strategie-Fensters,

12. Neuaufbau des Prototypen aufgrund der gewonnenen Erfahrungen, vollständige Neuformulierung der Regeln und Realisierung der Ablaufsteuerung mit Methoden und Prozeduren, u.U. Reimplementierung mit einer anderen Shell oder auf der Basis von (konventionellen) Programmiersprachen.

In den beiden ersten Phasen der Projektabwicklung eines Expertensystem-Projekts wird eine Themenvorauswahl getroffen und eine Machbarkeitsstudie durchgeführt. Die Arbeitsplätze der abzubildenden Experten sowie deren Handlungsfolgen im Rahmen ihrer Tagesarbeit werden aufgenommen und nach Häufigkeit des Auftretens und der Komplexität gewichtet. Anhand des Grobpflichtenhefts kann die Machbarkeitsstudie eine erste Beurteilung ergeben, ob ein Expertensystem für die gewünschten Unterstützungsfunktionen geeignet ist. In einem ersten Überblick werden die notwendigen Schnittstellen zu deren Wissensbereichen und konventionellen EDV-Funktionen skizziert. Nach dieser Konkretisierung (welche Aufgabenstellungen unterstützt werden sollen) müssen die Wissenslieferanten benannt werden, und es muß eine Entscheidung erfolgen, ob und in welcher Form externe Berater hinzugezogen werden sollen. Dementsprechend wird eine Projektgruppe gebildet. Im weiteren Verlauf wird die Eignung des Themengebietes und der Aufgabenstellung für einen solchen Lösungsansatz weitergehend geprüft. Die für die Unterstützung durch den Prototypen ausgewählten Aufgabenstellungen müssen entsprechend den Gewohnheiten des Experten detaillierter dargestellt werden. Diese Strukturierung wird solange weitergeführt, bis die Handlungsalternativen sowie Art und Umfang des abzubildenden Wissens beurteilt werden können. Ein weiteres Ziel dieser Phase ist das Präzisieren des Pflichtenhefts, welches die Anforderungen an den Prototypen möglichst genau beschreibt.

Ist dies erfolgt, muß eine Projektgruppe gebildet werden, und es werden Meilensteine definiert. Die Projektgruppe besteht u.a. aus dem Experten und dem Wissensingenieur. Die momentane Restriktion bei der Entwicklung von Expertensystemen, nur einen Experten in Person abbilden zu können, schließt grundsätzlich die Abbildung von Wissen aus mehreren Expertenbereichen aus. Es müssen – wie oben bereits dargestellt – die subjektiven Handlungsabläufe eines menschlichen Experten strukturiert und im System abgebildet werden. Die auf anderer Basis erstellten Systeme sind häufig nicht aus dem Demo- oder Prototyp-Stadium herausgekommen, da die Konsensbildung über mehrere Wissensbereiche sehr zeitaufwendig ist und eine Vielzahl weiterer organisatorischer und psychologischer Hemmnisse hinzukommt. Erfolge sind in diesem Fall nur zu erzielen, wenn ein von allen beteiligten Wissenslieferanten akzeptierter Experte die Koordination über alle Wissensbereiche übernimmt. Als einleitende Tätigkeiten zur Entwicklung der Wissensbasis erfolgt eine grobe Aufnahme der Expertentätigkeiten durch strukturierte Interviews. Als Ergebnis dieser Phase können die grundlegenden Handlungsabläufe z. B. in Vorgangskettendiagrammen dargestellt werden und Ausschnitte aus komplexen Entscheidungssituationen in Strukturdiagrammen dargestellt werden. Auf diesen Darstellungen baut die Konzeption für die Wissensbasis auf. Die notwendigen statischen Elemente und Beziehungen können ähnlich der Entwicklung von Datenbanken mit Hilfe von Entity-Relationship-Diagrammen dargestellt werden. So können die Vererbungsmechanismen von objektorientierten Shells wie z. B. Nexpert Object sehr vorteilhaft genutzt werden.

Ohne systematische Analyse, Abgrenzung und Strukturierung des gesamten Wissensbereichs mit konventionellen Strukturierungsmethoden als Basis für die darauf aufbauende Abbildung komplexer Entscheidungssituationen sind nur sehr einfache Probleme abzubilden. Bei komplexeren Problemstellungen muß dieser Phase der Vorstrukturierung große Bedeutung beigemessen werden.

Die Strukturierung und Formulierung des abzubildenden Wissens eines Fachexperten in den Modulen sollte in den ersten Phasen unabhängig von den Entwicklungswerkzeugen erfolgen. Bei der Leistungsfähigkeit des aktuellen Angebots an Entwicklungswerkzeugen sollte im ersten Schritt der abzubildende Wissensbereich analysiert, strukturiert und allgemeingültig formuliert werden, ohne auf die speziellen Voraussetzungen der Shells einzugehen. Erst im nächsten Schritt erfolgt die Auswahl der geeigneten Shell entsprechend den abgeleiteten Vorgaben.

Der umgekehrte Weg, zunächst ein Werkzeug zu beschaffen und dann das Wissen entsprechend dem Werkzeug zu formulieren, bringt in vielen Fällen Probleme mit sich, da die vermeintlich notwendige Denk- und Vorgehensweise häufig zu „Irrwegen" bei der Formulierung der Wissensbereiche führt. Aus diesem Grund wird an einigen Stellen der Untersuchung dementsprechend eine allgemeingültige Formulierung der Regeln vorgenommen und im nächsten Schritt die Darstellung entsprechend der Syntax der verwendeten Expertensystem-Shell vorgenommen.

Komfortable Shells bieten die Möglichkeit, die weitere Entwicklung eines Wissensgebietes durch grafische Aufbereitung in Objekt- und Regelbäumen zu unterstützen.

Es hat sich weiterhin gezeigt, daß eine Strukturierung des Wissensbereichs ohne sofortige Umsetzung in die Wissensbasis der Expertensystem-Shell die Entwicklungszeit erheblich verkürzt, da häufig Wege zur Abbildung von Handlungsalternativen oder anderen Wissenselementen eingeschlagen werden, die nicht zum Erfolg führen, und ein Rücksetzen der meist komplizierten Objekt- und Klassenstrukturen im nachhinein nicht ohne Schwierigkeiten durchzuführen ist. Der Zeitaufwand für die Neu- oder Umformulierungen ist erheblich größer als der entstehende Aufwand bei der Entwicklung eines zunächst theoretischen Konzeptes des aufgenommenen Expertenwissens.

Der zeitliche Ablauf der Systementwicklung ist in Abbildung 8 skizziert. Nach der zeitaufwendigen Strukturierung des Wissens zeigt das Erstellen des Prototypen bereits erste Erfolge. Einen großen Zeitaufwand stellt die Verbesserung und Optimierung der Benutzeroberfläche dar. Dies führt dazu, daß das System nach ersten praktischen Erfahrungen reimplementiert werden muß, um ein akzeptables Laufzeitverhalten zu erreichen. Häufig wird die eigentliche Expertensystem-Entwicklungsumgebung nur zur Erstellung der Wissensbasis verwendet. Das für den späteren praktischen Einsatz vorgesehene Runtime-System ist in vielen Fällen in einer konventionellen Programmiersprache realisiert. Einzelne Wissensbausteine können exemplarisch abgebildet werden, aber unter der Option, daß das Gesamtkonzept für die Umsetzung in der Shell erst zu einem späteren Zeitpunkt erfolgt. Die Schritte 4–6 dienen der weiteren systematischen Strukturierung des Wissens bis hin zu einem größtenteils hierarchischen Handlungs- oder Entscheidungsbaum. Die Endknoten dieses Entscheidungsbaums stellen erfahrungsgemäß abgegrenzte Wisseneinheiten dar, die als Sub-Wissensdomänen in Regelbereichen zu realisieren sind. Nach dem Abbilden dieser Sub-Wissensdomänen und der hierarchischen Abbildung der Handlungsalternativen werden über situationsbezogene Ansätze Meta-Strategien entwickelt, die einen möglichst günstigen Lösungsweg darstellen. Die Schritte 9 und 10 stellen eine rein technische Erweiterung des Systems dar, die neben Laufzeitverbesserungen und Reduzierung der manuellen Eingaben keine weiteren inhaltlichen Verbesserungen mit sich bringt. Die Gestaltung und Ausarbeitung der Benutzeroberfläche ist einer der Erfolgsfaktoren für Expertensystem-Anwendungen. Sie bestimmt im wesentlichen die Akzeptanz bei dem Benutzer.

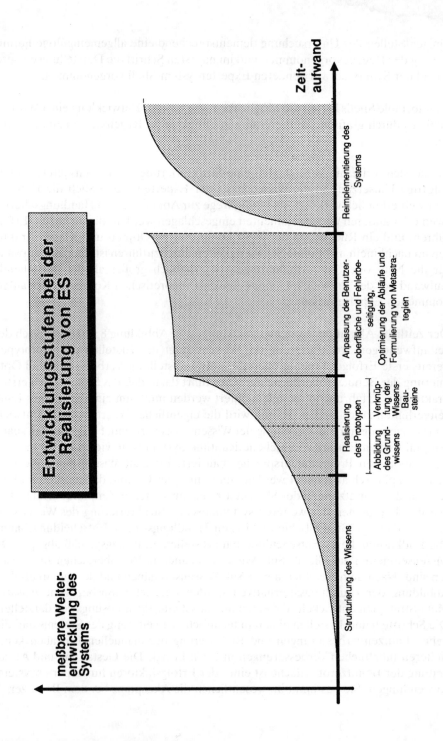

Abb. 8: Zeitliche Entwicklungsstufen bei der Realisierung eines Expertensystems

5.2 Pflichtenheft für die Realisierung von Expertensystemen

Wie bereits dargestellt wurde, ist bei der Entwicklung von Expertensystemen in der gleichen Weise wie bei der Abwicklung konventioneller EDV-Projekte ein detailliertes Pflichtenheft unerläßlich. Das Pflichtenheft umfaßt neben den sachlichen Inhalten und gewünschten Unterstützungsfunktionen ebenso einen Zeitplan mit den geplanten zeitlichen Schritten für die Entwicklung des Expertensystems. Daher bestimmt das durch die Entwicklungsstufen vorgegebene zeitliche Konzept ebenso die schrittweise Entwicklung und Präzisierung des Pflichtenhefts.

Die Strategie zur Entwicklung eines Prototypen läßt sich in fünf Komponenten aufgliedern, die sich in dem Pflichtenheft wiederfinden (vgl. Abbildung 9).

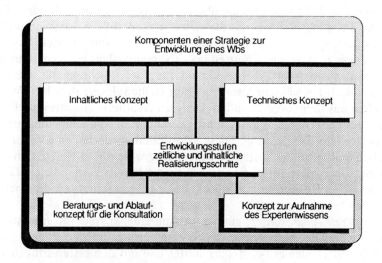

Abb. 9: Komponenten des Pflichtenhefts zur Entwicklung eines Prototypen

Das *inhaltliche Konzept* legt fest, welche Wissensbereiche abgebildet werden.

Durch die Forderung nach Unterstützung geschlossener Handlungsabläufe bedingt ist eine umfassende und bereichsübergreifende Bestandsaufnahme und kritische Analyse aller abzubildenden Strukturen und Abläufe in einem Unternehmen notwendig, die nicht durch organisatorischen Strukturen eingeschränkt werden dürfen. Darauf basiert das *Konzept für die Wissensbasis* und gleichzeitig das *Beratungs- und Ablaufkonzept für die Konsultation*. Gerade beim Einsatz von Expertensystemen ist die klare organisatorische Einbettung der Unterstützungsfunktion notwendig. Da die effektiven Handlungsalternativen eines Sachbearbeiters nachgebildet werden, müssen gleichfalls rein informelle Strukturen berücksichtigt werden.

Häufig werden aufgrund dieser vorbereitenden Arbeiten der Systementwicklung organisatorische und EDV-technische Schwachstellen aufgezeigt, deren Lösungsansätze u.U. die ursprünglichen Vorgaben für das Expertensystem in Frage stellen. Es ist strikt zwischen den notwendigen organisatorischen Veränderungen als Voraussetzung des Einsatzes von Expertensystemen (und gleichermaßen konventionellen EDV-Systemen) und den Vorgaben für die Entwicklung und Implementierung der Systeme selbst zu trennen.

Organisatorische Veränderungen mit dem Druckmittel EDV-technischer Systeme durchzusetzen, führt durch daraus resultierende mangelnde Akzeptanz beim Benutzer in den meisten Fällen zu Fehlschlägen.

Dies trifft verstärkt bei der grundsätzlich schon von einer Vielzahl von Restriktionen und Vorbehalten begleiteten Entwicklung von Expertensystemen zu.

Neben diesen grundsätzlichen Problembereichen treten gewöhnlich durch Erweiterungen des Leistungsumfangs der Shells und Erkenntnissen aufgrund wachsender Erfahrungen im zeitlichen Ablauf der Systementwicklung weitere Schwierigkeiten auf. Diese Bedingungen führten in der Vergangenheit bei Expertensystem-Projekten häufig zur nachträglichen Veränderung der Pflichtenhefte, die immer wieder den zunächst gewählten Ansatz in Frage stellten. Es ergab sich ein Wechselspiel zwischen aus den vorbereitenden Analysen resultierenden strukturellen Veränderungen im Unternehmen und dadurch veränderten Rahmenbedingungen für die Expertensystem-Entwicklung. Diese erforderten wiederum eine Veränderung der Vorgaben und somit des Systemkonzepts. Eine wesentliche Restriktion für die Entwicklung von Expertensystemen ist häufig die bereits vorhandene EDV-Ausstattung und deren Erweiterungsmöglichkeiten zur Expertensystem-Entwicklung.

Das *Beratungs- und Ablaufkonzept* gibt den Ablauf einer späteren Konsultation mit dem System vor. Die Aktivierung des Systems erfolgt im derzeitigen Stadium durch den Benutzer, der es bei Bedarf startet und mit den ersten Eingaben auswählt, welche Art der Unterstützung er benötigt. Er wählt ebenfalls aus, ob er einen automatischen Lösungsvorschlag oder eine sukzessive Entwicklung der Ergebnisse im Dialog wünscht. Eine andere Alternative ist der Systemstart über Trigger-Ereignisse innerhalb der Teilsysteme von CIM, z. B. im Rahmen der Funktionen eines PPS-Systems.

Im Sinne des CIM-Gedankens sollten die Expertensystem-Funktionen einem breiten Spektrum von Anwendungen zugänglich gemacht werden. Die Entscheidungskompetenz der unterschiedlichen Systembenutzer (Zugriffs- und Änderungsberechtigung von Daten und Programmen) muß über die Benutzerkennung beim Start der Konsultation sichergestellt werden. Besitzt der Sachbearbeiter die Kompetenz für eine Umplanung, so kann diese nach seiner expliziten Zustimmung direkt von dem Expertensystem angestoßen werden. Ansonsten wird der Vorschlag dafür in den Briefkasten des Sachbearbeiters, der die Berechtigung besitzt,

Umplanungen durchzuführen, gestellt. Das *technische Konzept* legt fest, welche Hard-, Software verwendet werden soll und wie die Schnittstellen (falls notwendig) zu gestalten sind.

5.3 An der Entwicklung von Expertensystemen beteiligter Personenkreis

Die wichtigsten Mitglieder der Projektgruppe sind neben dem Experten, dessen Fachwissen abgebildet wird, der Wissensingenieur und bei Bedarf (abzubildende Schnittstellen zu konventionellen Systemen) ein Mitarbeiter der konventionellen EDV-Abteilung. Falls z. B. ein Beratungssystem für die CIM-Einführung angestrebt wird, muß der Kreis der Wissenslieferanten noch einmal erweitert werden. Hier können u.U. Berater der Systemhersteller hinzugezogen werden. Solche Systeme sind von der Koordination und Abstimmung des Wissens her sehr arbeitsintensiv. Es besteht hier die Gefahr, daß keine Konsensbildung unter den Experten oder Wissenslieferanten erfolgen kann und von daher der Erfolg eines solchen Systems in Frage gestellt wird. Weiterhin ist der Umfang des abzubildenden Wissens häufig zu groß, so daß die Entwicklung nicht in einem vertretbaren Zeitrahmen erfolgen kann.

Der spätere Anwenderkreis sollte nach der Erstellung des Prototypen in einen Praxistest mit einbezogen werden, um die Anpassung an die Handlungsgewohnheiten der Anwender sicherzustellen. Im Zentrum der weiteren Darstellungen stehen der Experte und der Wissensingenieur.

In den meisten Fällen ist sich der Experte nicht explizit über sein Vorgehen und das Wissen, welches er verwendet, um seine täglichen Probleme zu lösen, bewußt. Eine der wesentlichen Aufgaben des Wissensingenieurs ist, dem Experten behilflich zu sein, seine Handlungsabläufe darzustellen, immer detaillierter zu strukturieren und im nächsten Schritt das verwendete Wissen verbal zu formulieren.

Die Aufgaben des Wissensingenieurs sind im einzelnen:

– Motivation des Experten,
– Schulung des Experten, damit er die Probleme und die grundsätzlichen Eigenschaften von Expertensystemen erkennen und verstehen kann,
– Vorstrukturieren und Abgrenzen des abzubildenden Wissens,
– Hilfestellungen für den Experten, damit dieser sich sein Wissen und seine Abläufe bewußt machen und verbal formulieren kann,
– Strukturieren der Wissensbereiche des Experten und Entwerfen einer Konsultationsstrategie für das Expertensystem bzw. für die Shell,
– Wahl der Wissensrepräsentation und der Problemlösungsmechanismen unter Berücksichtigung der verfügbaren Werkzeuge,

- Entwicklung eines Prototypen,
- Ausarbeitung eines lauffähigen Systems,
- zyklische Überprüfung des im praktischen Einsatz befindlichen Systems, Anpassung, Modifikation und Weiterentwicklung.

Die wichtigste Aufgabe des Wissensingenieurs in der Phase der ersten Gespräche ist die Motivation des Experten, die Erläuterung der Wirkungsweise der Systeme – damit der Experte die wesentlichen Voraussetzungen erkennen kann – und Hilfestellung bei der Umsetzung und Generierung der „Selbstverständlichkeiten" für den Experten in abbildbares Wissen. Ein wesentliches Problem ergibt sich in der ersten Phase, da das zu erstellende System keine Grundintelligenz und kein Grundwissen besitzt. Es müssen alle Selbstverständlichkeiten als Basiswissen formuliert werden. Diese Phase der ersten Strukturierung und Formulierung des Fachwissens in Gesprächen zwischen Wissensingenieur und Experten ist extrem zeitaufwendig und zeigt zunächst wenig Erfolge. Das System wird mit Grundwissen gefüllt, welches dem Experten banal und unbefriedigend erscheint. Er erwartet bereits in dieser ersten Stufe qualifiziertere Hilfestellungen. Diese Phase erfordert von dem Wissensingenieur beträchtliche Fähigkeiten, die Funktionsweise der Systeme verständlich darzustellen und gleichzeitig die Motivation des Experten aufrechtzuerhalten. Ergebnis dieser ersten Phasen ist ein vom Wissensingenieur erarbeitetes Konzept, wie der Wissensbereich weiter strukturiert und abgebildet werden soll.

Als Nebeneffekt ergeben sich häufig verbesserte Handlungsabläufe des Experten, da dieser durch die systematische Strukturierung seiner Tätigkeit selbst Erkenntnisse gewinnt.

Die Strukturierung umfaßt:
- Die Darstellung der Hauptaufgaben des Experten/des Systems,
- die hauptsächlich verwendeten Wissensbereiche (Grundwissen und Sub-Wissensgebiete),
- eine Bewertung der Anwendungshäufigkeit des verwendeten Wissens,
- exemplarische Handlungsabläufe des Experten und ein
- grobes Konsultationskonzept.

Hierauf aufbauend muß eine sinnvolle sukzessive Bearbeitung von abgegrenzten Teilen des gesamten Wissensgebietes möglich sein. Es ist anzustreben, möglichst kleine Einheiten zu schaffen, nicht zuletzt um dem Experten verhältnismäßig schnell erste Ergebnisse vorlegen zu können. Dies wirkt extrem motivationsfördernd und sollte bereits beim Festlegen der Meilensteine Berücksichtigung finden.

5.4 Einbeziehung externer Berater

Man sollte bei der Planung der Realisierung beachten, ob externe Berater einbezogen werden sollen oder ob unternehmensinterne Entwicklungen beabsichtigt sind. Trotz der Vielzahl der verfügbaren Werkzeuge und einigen ausgebildeten Wissensingenieuren mit praktischen Erfahrungen, die ihre Beratungsleistungen anbieten, besteht ein großer Bedarf an Unterstützung der potentiellen Anwender bei der Erstellung der Systemkonzeption und -entwicklung. Beides erfordert tiefgehende Erfahrung, da einige sehr sensible Beurteilungskriterien beachtet werden müssen, die schwer zu bewerten sind.

Durch die Verfügbarkeit externer Berater bei der Entwicklung von ES ergeben sich mehrere Vorgehensstrategien für einen potentiellen Anwender. Die Entwicklung kann entweder gänzlich intern ohne Inanspruchnahme von Beratungsleistungen, in Kooperation mit externen Beratern oder vollständig extern erfolgen (vgl. Abbildung 10). Die interne Entwicklung ohne Einbeziehung externer Unterstützung erfordert relativ hohen Schulungsaufwand für einen internen Wissensingenieur, bietet aber die Möglichkeit, mittel- bis langfristig internes Know-how aufzubauen.

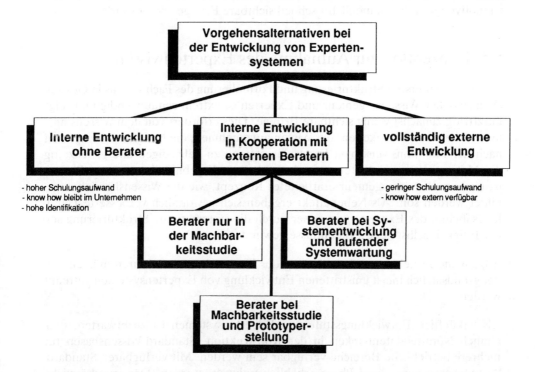

Abb. 10: Möglichkeiten der Einbeziehung externer Berater bei der Entwicklung von Expertensystemen

Wichtig ist, daß dieser Schulungsaufwand wirklich aufgewendet wird und die Mitarbeiter Möglichkeiten bekommen, Erfahrungen zu sammeln. Die Entwicklung von Expertensystemen ist mit einer Vielzahl von Erfahrungswerten verbunden, die den Erfolg eines Projekts bestimmen. Die Entscheidungsalternative des internen Aufbaus von Know-how bietet sich ebenso bei einer engen Kooperation mit externen Beratern. Der Wissenstransfer und, vor allen Dingen, Erfahrungstransfer erfolgt reibungsloser, und der Entwicklungsaufwand für die ersten Prototypen ist erheblich geringer. In einigen Fällen sind obendrein Unterstützungsmaßnahmen vom Lieferanten oder Vertreiber der Entwicklungswerkzeuge möglich. Wird eine Kooperation angestrebt, ist zu entscheiden, in welchen Phasen (Machbarkeitsstudie, Erstellung des Prototypen oder langfristige durchgängige Betreuung der Systementwicklung) diese Kooperation erfolgen soll. Die externe Entwicklung ist unter allen Umständen in Betracht zu ziehen, wenn es sich um ein einmaliges Projekt handelt und keine langfristigen Anwendungen im breiten Umfang geplant sind. Je nach Art des Projekts ist zu entscheiden, in welchen Phasen u.U. externe Unterstützungsleistungen in Anspruch genommen werden. Neben der Auswahl der Aufgabenstellung für ein Expertensystem-Projekt muß ein detailliertes Konzept erarbeitet werden, wie das Expertenwissen aufgenommen werden soll. Um den Wissenslieferanten, den abzubildenden Experten, für die Weiterentwicklung zu motivieren, müssen möglichst schnell sichtbare Erfolge erzielt werden.

5.5 Konzeption zur Aufnahme des Expertenwissens

Die Phase der ersten Strukturierung und Formulierung des Fachwissens in Gesprächen zwischen Wissensingenieur und Experten ist extrem zeitaufwendig und zeigt kurzfristig zunächst wenig sichtbare Erfolge. Dies erfordert von dem Wissensingenieur erhebliche Fähigkeiten, das Wissen aufzunehmen, die Neugier des Experten nach der Funktionsweise von Expertensystemen zu befriedigen und gleichzeitig die Motivation des Experten aufrechtzuerhalten. Ergebnis dieser ersten Phasen ist ein vom Wissensingenieur erarbeitetes Konzept, wie der Wissensbereich abgebildet werden soll. Als Nebeneffekt ergeben sich gewöhnlich verbesserte Handlungsabläufe des Experten, da dieser durch die systematische Strukturierung seiner Tätigkeit selbst neue Erkenntnisse gewinnt.

Allgemeine Projekte zur Verbesserung der Unternehmensstrukturen müssen von der grundsätzlich meist umstrittenen Entwicklung von Expertensystemen getrennt werden.

Als zukünftige Entwicklungsstufe von Expertensystemen ist zu erwarten, daß, ähnlich Normteildatenbanken in der Konstruktion, Standard-Wissensbasen für mehrere betriebliche Bereiche verfügbar sein werden. Mit verfügbaren Standard-Wissensbasen kann diese Phase erheblich reduziert werden. Der grundsätzliche Ablauf bleibt jedoch gleich. Anstatt die Grundzusammenhänge zu formulieren, werden die ausgewählten Standard-Wissensbasen an die jeweilige Unternehmenssituation angepaßt.

Die erste Strukturierung des zu unterstützenden Handlungsumfeldes umfaßt:

– die Hauptaufgaben des Experten/des Systems,

- die verwendeten Wissensbereiche (Grundwissen und Sub-Wissensgebiete),
- exemplarische Handlungsabläufe des Experten und ein
- grobes Konsultationskonzept.

Hierauf aufbauend muß eine sinnvolle sukzessive Bearbeitung von abgegrenzten Teilen des gesamten Wissensgebietes möglich sein.

Bei Verwendung vorformulierter Standard-Wissensbasen muß ein schrittweiser Abgleich zwischen dem vom Experten formulierten Wissen und den Wissens-Bausteinen erfolgen. Im ersten Schnitt sind jeweils die Handlungsgewohnheiten des Experten aufzunehmen und erst daraufolgend der passende Baustein auszuwählen.

5.6 Fragentypen zur Aufnahme des Expertenwissens

Zur Aufnahme des Wissens werden dem Experten die folgenden grundsätzlichen Arten von Fragen gestellt:

1. Was machen Sie ... ?
2. Wie machen Sie ... ?
3. Warum machen Sie ... ?

Die Fragentypen stehen stellvertretend für die Art der Vorgehensweise und des Wissens, das strukturiert und verbalisiert werden soll. Der erste Fragentyp („Was-Fragen") hilft dem Experten, sich über seine täglichen Aufgaben und das dahinterstehende Zielsystem bewußt zu werden. Hierdurch wird die Strukturierung des gesamten Wissensgebietes vorgenommen. Gerade in dieser Phase ist darauf zu achten, daß die vermeintlichen Restriktionen durch die Abbildungsmöglichkeiten des Wissens mit einer Shell nicht zu verfälschten oder unvollständigen Wissenselementen führen. Die Abbildung in einem Expertensystem sollte in den Hintergrund treten und ausschließlich eine Beschreibung des von dem Experten verwendeten Wissens und der Handlungsabläufe erfolgen.

Die „Wie-Fragen" erlauben eine detailliertere Beschreibung des Vorgehens. Durch diesen Aufgabenkomplex werden die Sub-Wissensdomänen, das Wissen über einzelne abgegrenzte Teilaufgaben, erfaßt und formuliert.
In der nächsten Stufe wurden diese hierarchisch strukturierten Wissensbereiche durch den „Wie"-Fragetyp verfeinert. Fragen der Art „Wie überprüfen Sie die Möglichkeit, über die Betriebsmittelnutzung die Problemstellung zu lösen" geben erste Anhaltspunkte über die Anwendbarkeit dieser Lösungsalternative.

Es wird überprüft, in welchen Fällen ein Lösungsweg eingeschlagen wird bzw. welche Lösungsalternativen bestehen. Die daraus resultierenden Regeln sind einfach herzuleiten. Es ergeben sich gleichermaßen die ersten Verknüpfungen von unterschiedlichen Wissensbereichen.

Geht man z. B. bei Auftreten eines Betriebsmittelkonflikts im Rahmen der Produktionsplanung und -steuerung davon aus, daß ein alternatives Betriebsmittel eingesetzt werden muß, muß zunächst die jeweilige Alternative herausgefunden werden.

Durch die geplante Verwendung z. B. einer anderen Drehmaschine muß eine Verfügbarkeitsprüfung für dieses Betriebsmittels angestoßen werden, was die Anwendung eines abgeschlossenen homogenen Wissensbereichs darstellt.

Die „Warum-Fragen" schließlich führen zu den komplexeren Verknüpfungen der Sub-Wissensbereiche (Wissensbausteine). Menschliche Experten stellen den Lösungsweg entsprechend der jeweiligen Problemsituation zusammen. Dieser situative Ansatz führt dazu, daß jeweils problembezogene Lösungswege ausgewählt werden und somit immer der optimal erscheinende Lösungsweg verfolgt wird. Während die hinter den beiden ersten Fragentypen stehenden Stufen der Systementwicklung relativ schnell zu erfüllen sind, erfordert dieser dritte Schritt hohe Motivation und Qualifikation des Experten und intensive Unterstützungsleistungen durch den Wissensingenieur. Er erfordert ebenso großen zeitlichen Aufwand.

Der Experte soll im weiteren Verlauf zusätzliche Anstöße bekommen, über die sinnvolle Kombination der bereits formulierten Lösungsalternativen nachzudenken. Erfahrungsgemäß werden sich keine völlig neuen Erkenntnisse ergeben, sondern die bereits vorliegenden Erkenntnisse werden überprüft oder weiter verfeinert werden.

Die Erfahrungen in laufenden Expertensystem-Projekten haben gezeigt, daß diese Projekte von Fachabteilungen initiiert und als Insellösungen ohne direkte Einbeziehung der EDV-Fachbereiche in Angriff genommen werden. Dies ist nicht anzustreben. Die Integration in bestehende Systeme ist auf diese Weise nicht befriedigend zu lösen, da ausreichendes Fachwissen nur in der EDV-Abteilung verfügbar ist. Erst nach der Strukturierung und Aufnahme des Wissens in Gesprächen mit dem Experten werden die erarbeiteten Strukturen in die Shell übertragen.

6. Zusammenfassung und Ausblick

Im Rahmen der ersten Erfahrungen bei der Entwicklung von Expertensystemen mit dem Ziel des praktischen Einsatzes im betrieblichen Alltag zeigte sich als wesentliche Erkenntnis, daß die Hauptprobleme nicht, wie vielleicht erwartet, bei der Verfügbarkeit von lauffähigen und komfortablen Entwicklungswerkzeugen lagen, sondern bei der Auswahl, Abgrenzung, Strukturierung, Verfügbarkeit und Formalisierung des Expertenwissens. Bisher wurde bei erfolgreichen Systemen im praktischen Einsatz überwiegend der Arbeitsbereich eines menschlichen Experten, dessen Wissen und seine Informations- und Entscheidungsgewohnheiten in einem eng abgegrenzten Bereich abgebildet. Die meisten der theoretischen, an Forschungsinstituten entwickelten Prototypen kamen nicht bis zum praktischen Einsatz.

Ausgehend von der anfänglichen Überzeugung, daß Expertensysteme nur einen menschlichen Experten in Person abbilden können, ergab sich im Zuge der Analyse von Problemstellungen in der Produktions-Planung und -steuerung auf die Eignung der Abbildung in einem Expertensystem die neue Perspektive, eine Standard-Wissensbasis zu schaffen. Ziel der am Institut für Wirtschaftsinformatik entwickelten Prototypen ist es auch, grundsätzliche Lösungsansätze für Problemstellungen vorzustrukturieren. Zu diesem Zweck wurde versucht, eine grundsätzliche Vorgehensweise zu entwickeln, wie diese Wissenselemente aufzubauen sind, und gleichzeitig eine Struktur zu schaffen, die weitere Arbeiten zur Abbildung von Teil-Wissensdomänen ermöglicht. So sollte der mit diesen Arbeiten gesteckte Rahmen sukzessive gefüllt werden und mehr und mehr Module für einen späteren Einsatz geschaffen werden. Je nach Unternehmenstyp können so die Basis-Wissens-Pakete kombiniert und betriebsspezifische Verfeinerungen vorgenommen werden. Gleichzeitig können entsprechend unterschiedlicher einzusetzender PPS-Systeme unterschiedliche Wissensbasen zu deren effizienter Nutzung geschaffen werden.

Es kann sich hierbei um anwendungsspezifische Erweiterungen von Shells handeln. Ebenso ist denkbar, daß Standard-PPS-System-bezogene Wissensbasen erstellt werden, die als benutzerfreundliche Erweiterung konventioneller Funktionen der PPS-Systeme dienen werden.

Die wesentlichen Vorteile und gleichzeitig eine wichtige Voraussetzung der Entwicklung von Expertensystemen, nämlich die subjektive Handlungsweise eines menschlichen Experten abzubilden, bleibt allerdings bestehen. Die Entwicklung eines Expertensystems wird jedoch durch die Verfügbarkeit des Grundwissens in Modulen erheblich vereinfacht. Je weiter diese Modularisierung geht, desto effizienter wird die Systementwicklung.

Die Entwicklung von Expertensystemen in der Praxis führte als positiver Seiteneffekt dazu, daß der Wissensbereich des menschlichen Experten systematisch aufbereitet und analysiert werden mußte. Dies brachte häufig erhebliche Erkenntnis- und Lerneffekten für den Experten mit sich, der sich über seine Vorgehensweisen und Gewohnheiten explizit bewußt wurde. In einer Vielzahl von Fällen handeln menschliche Experten nach dem Prinzip des „trial and error", ohne sich ein Bild über systematische Zusammenhänge zu verschaffen. Auf der Basis ihres fachlichen Grundwissens übernehmen sie die subjektiven Erfahrungswerte aus der Vergangenheit.

Die Leistungsfähigkeit der Entwicklungswerkzeuge wird in bezug auf die Unterstützung bei der Systementwicklung und der Größe des abbildbaren Wissens noch erheblich steigen. Es sind auch erste Ansätze von Unterstützungsleistungen beim Generieren von Regeln und der logischen und syntaktischen Prüfung zu erwarten. Dergestalt können z. B. bereits aus formulierten Beispielen automatisch Regeln gewonnen werden. Diese werden syntaktisch und logisch überprüft und dem Benutzer zur endgültigen Überarbeitung und Freigabe am Bildschirm angezeigt. Insgesamt ist auch nach den ersten zu hoch angesetzten Erwartungen, wie oben bereits dargestellt, aufgrund der ersten Erfahrungen und damit verbunden der besseren Abschätzung der Eignung eines Wissensbereichs, eine höhere Erfolgsquote zu erwarten.

Literaturverzeichnis

Barr, A., Feigenbaum, E.A.: The Handbook of Artificial Intelligence, Volume 1, Reading u.a. 1981.

Barr, A., Cohen, P.R.: Feigenbaum, E.A. (Hrsg.): The Handbook of Artificial Intelligence, Volume 4, Reading u.a. 1989.

Barr, A., Feigenbaum, E.A.: The Handbook of Artificial Intelligence, Volume 2+3, Reading u.a. 1982.

Bock, M., Bock, R., Scheer, A.-W.: Konzeption eines Rahmensystems für einen universellen Konstruktionsberater, in: Information Management (IM), 5(1990), Heft 1, S. 70-78.

Bryant, Nigel, Managing Expert Systems, Chichester u.a. 1988.

Bullinger, H.-J., Kornwachs, K.: Expertensysteme – Anwendungen und Auswirkungen im Produktionsbetrieb, München 1990.

Bundy, A.: Praktische Einführung in die Künstliche Intelligenz, Vaterstetten bei München 1986.

Charniak, E., McDermott, D.: Introduction to Artificial Intelligence, Reading u.a. 1985Hayes-Roth, F., Waterman, D.A., Lenat, D.B. (Hrsg.): Building Expert Systems, London u.a. 1983.

Ernst, Chr. (Hrsg.): Management Expert Systems, Wokingham u.a. 1988.

Feigenbaum, E., McCorduck, P., Nii, P.: The Rise of the Expert Company, New York 1989.

Goslar, M.D. (Hrsg.): Expert Systems in Production and Operations Management, Proceedings of the Fourth International Conference, Hilton Head 1990.

Harmon, P., King, D.: Expertensysteme in der Praxis: Perspektiven, Werkzeuge, Erfahrungen, 3. aktualisierte und ergänzte Aufl., München u.a. 1989.

Hayes-Roth, F., Waterman, D.A., Lenat, D.B. (Hrsg.): Building Expert Systems, London u.a. 1983.

Hayes-Roth, F.: Knowledgebased Expert Systems: the State of the Art, in: Ernst, Chr. (Hrsg.): Management Expert Systems, Workingham u.a. 1988.

Jansen, M.: Ein wissensbasiertes System für die Generierung von Arbeitsplänen in einem Unternehmen der Optik, Feinmechanik und Elektronik, in: Mertens, P., Wiendahl, P., Wildemann, H. (Hrsg.): CIM-Komponenten zur Planung und Steuerung, München 1988, S. 117-127.

Jost, W., Keller, G., Scheer, A.-W.: CIMAN – Konzeption eines DV-Tools zur Gestaltung einer CIM-orientierten Unternehmensstruktur, in: Scheer, A.-W. (Hrsg.): Veröffentlichungen des Instituts für Wirtschaftsinformatik, Heft 66, Saarbrücken 1990.

Karwan, K.K., Sweigart, J.R. (Hrsg.): Expert Systems and the Leading Edge in Production and Operations Management, Proceedings of the Third International Conference, Hilton Head 1989.

König, W., Hennicke, L.: Das Produktionsplanungs-Expertensystem PROPEX, Entwicklung und Einsatzperspektiven, in: Wildemann, H. (Hrsg.): Expertensysteme in der Produktion, München 1987.

Krallmann, H.: EES – das Expertensystem für den Einkauf, in: Betriebswirtschaftliche Forschung und Praxis (BFuP), 6 38 (1986) Heft 6 (1986). S. 565-583.

Kuhn, A., Noche, B., Hellingrath, B.: Expertensysteme in der Logistik, in: Wildemann, H. (Hrsg.): Expertensysteme in der Produktion, München 1987.

Kumara S.R.T., Joshi, S., Kashyap, R.L., Moodie, C.L., Chang, T.C.: Expert Systems in Industrial Engineering, in: Pham, D.T. (Hrsg.): Expert Systems in Engineering, Bedford u.a. 1988, S. 385-407, S. 401.

Feigenbaum, E., McCorduck, P.: Nii, P., The Rise of the Expert Company, New York 1989, S. 3.

Mertens, P., Borkowski, V., Geis, W.: Betriebliche Expertensystem-Anwendungen, Eine Materialsammlung, Berlin u.a. 1988.

Mertens, P., Wiendahl, P., Wildemann, H. (Hrsg.): CIM-Komponenten zur Planung und Steuerung, München 1988.

Mertens, P., Sinzig, W.: Wissenbasiertes Contolling des Betriebsergebnisses, in: Scheer, A-W. (Hrsg.): Rechnungswesen und EDV, Tagungsband zur 10. Saarbrücker Arbeitstagung, Heidelberg 1989, S. 153-181.

Oliff, M.D. (Hrsg.): Expert Systems and Intelligent Manufacturing, Proceedings of the Second International Conference on Expert Systems and the Leading Edge in Production Planning and Control, May 3-5, Charleston, South Carolina, New York u.a. 1988.

Parsaye, P., Chignell, M.: Expert System For Experts, New York u.a. 1988.

Pau, L.F. (Hrsg.): Artificial Intelligence in Economics and Management, Amsterdam, New York, Oxford, Tokyo 1986.

Peters, T.: The Rise of the Expert Company, Vorwort, in: Feigenbaum, E., McCorduck, P., Nii, P., The Rise of the Expert Company, New York 1989, S. vii.

Pham, D.T. (Hrsg.): Expert Systems in Engineering, Bedford u.a. 1988.

Puppe, F.: Einführung in Expertensysteme, Berlin u.a. 1988.

Puppe, F.: Expertensysteme, in: Informatik Spektrum, 9(1986), Heft 1, S. 1-13.

Retti, J. (Hrsg.): Artificial Intelligence, Stuttgart 1984.

Rich, E.: Artificial Intelligence, Auckland u.a. 1986.

Rome, E., Uthmann, T., Diederich, J.: KI-Workstations, Überblick-Marktsituation-Entwicklungstrends, Bonn u.a. 1988.

Rolle, G.: Expertensysteme für Personalcomputer, Würzburg 1988.

Savory, S. (Hrsg.): Künstliche Intelligenz und Expertensysteme, 2. Aufl., München, Wien 1985.
Savory, S. (Hrsg.): Expertensysteme: Nutzen für Ihr Unternehmen, München, Wien 1987;
Scheer, A.-W.: EDV-orientierte Betriebswirtschaftslehre, 3. Aufl., Berlin u.a. 1987.
Scheer, A.-W.: CIM in den USA – Stand der Forschung, Entwicklung und Anwendung, in: Scheer, A.-W. (Hrsg.): Veröffentlichungen des Instituts für Wirtschaftsinformatik, Heft 58, Saarbrücken 1988, S. 9.
Scheer, A.-W.: CIM – Der computergesteuerte Industriebetrieb, 3. Aufl., Berlin u.a. 1988.
Scheer, A.-W. (Hrsg.): Computer Integrated Manufacturing, Einsatz in der mittelständischen Wirtschaft, Fachtagung, Berlin u.a. 1988.
Scheer, A.-W. (Hrsg.): CIM im Mittelstand, Fachtagung, Berlin u.a. 1989.
Scheer, A.-W.: CIM – Der computergesteuerte Industriebetrieb, 4. neu bearbeitete und erw. Aufl., Berlin u.a. 1990.
Scheer, A.-W. (Hrsg.): CIM im Mittelstand, Fachtagung, Berlin u.a. 1990.
Scheer, A.-W.: Modellierung betriebswirtschaftlicher Informationssysteme (Teil 1: Logisches Informationsmodell), in: Scheer, A.-W. (Hrsg.): Veröffentlichungen des Instituts für Wirtschaftsinformatik, Heft 67, Saarbrücken 1990.
Scheer, A.-W.: EDV-orientierte Betriebswirtschaftslehre, Grundlagen für ein effizientes Informationsmanagement, 4. Aufl., Berlin u.a. 1990.
Scheer, A.-W., Bock, M.: Expertensysteme zur konstruktionsbegleitenden Kalkulation, in: cad/cam-report, 7(1988), Heft 12, S. 47-55.
Scheer, A.-W., Kraemer, W.: Konzeption und Realisierung eines Expertenunterstützungssystems im Controlling, in: Scheer A.-W. (Hrsg.): Veröffentlichungen des Instituts für Wirtschaftsinformatik, Heft 60, Saarbrücken 1989.
Scheer, A.-W., Steinmann, D.: Einführung in den Themenbereich Expertensysteme, in: Scheer, A.-W. (Hrsg.): Betriebliche Expertensysteme I, Einsatz von ES in der Betriebswirtschaftslehre, in: Jacob, H. (Hrsg.): Schriften zur Unternehmensführung (SzU), Band 36, Wiesbaden 1988, S. 5-27.
Schnupp, P., Nguyen Huu, C.T.: Expertensystem-Praktikum, Berlin u.a. 1987
Schnupp, P., Leibrandt, U.: Expertensysteme – Nicht nur für Informatiker, Berlin u.a. 1986.
Schmidt, G.: CAM: Algorithmen und Decision Support für die Fertigungssteuerung, Berlin u.a. 1989.
Schmidt, T.: Wissensbasierte Instandhaltungssteuerung: Ziel, Methodik, Lösung, in: Wildemann, H. (Hrsg.): Expertensysteme in der Produktion, München 1987
Scown, S.J.: The Artificial Intelligence Experience, An Introduction, Digital Equipment Corporation, o.O 1985.
Silverman, B.G.: Should a Manager „Hire" an Expert System?, in: Silverman, B.G. (Hrsg.): Expert Systems for Business, Reading u.a. 1987.
Silverman, B.G. (Hrsg.): Expert Systems for Business, Reading u.a. 1987.
Slagle, J.R., Hamburger, H.: Resource Allocation by an Expert System, in: Silverman, B. (Hrsg.): Expert Systems for Business,, Reading u.a. 1987, S. 195-223.
Steinmann, D.: Expertensysteme (ES) in der Produktionsplanung und -steuerung (PPS) unter CIM-Aspekten, in: Scheer, A.-W. (Hrsg.): Veröffentlichungen des Instituts für Wirtschaftsinformatik, Heft Nr. 55, November 1987.

Steinmann, D.: Expertensystem zur konstruktionsbegleitenden Kalkulation, in: Universität des Saarlandes, (Hrsg.): III (In novative Informations Infrastrukturen) -Kompendium zum i.i.i. Forum am 4./5.11.1987 in Saarbrücken, S. 183-194.

Steinmann, D.: Entscheidungsunterstützungssysteme, in: Scheer, A.-W., Computer Integrated Manufacturing (CIM) – Der computergesteuerte Industriebetrieb, 3. Aufl., Berlin u.a. 1988, S. 170-176.

Steinmann, D.: Konzeption zur Integration wissensbasierter Anwendungen in konventionelle Systeme der Produktionsplanung und -steuerung (PPS) im Bereich der Fertigungssteuerung, in: Scheer, A.-W. (Hrsg.): Betriebliche Expertensysteme II, Einsatz von Expertensystem-Prototypen in betriebswirtschaftlichen Funktionsbereichen, in: Jacob, H. u.a. (Hrsg.): Schriften zur Unternehmensführung (SzU), Band 40, Wiesbaden 1988.

Steinmann, D.: Standard- und/oder Individualsoftware, in: Ausschuß für Wirtschaftliche Fertigung (AWF) (Hrsg.): Software für die Fertigung, Eschborn 1988, S. 242-272.

Steinmann, D., Becker, J.: Wissensbasierte Systeme: Neue Methoden auch für den Mittelstand?, in: Scheer, A.-W. (Hrsg.): Computer Integrated Manufacturing, Einsatz in der mittelständischen Wirtschaft, Fachtagung, Saarbrücken 1988, Berlin u.a. 1988, S. 187-209.

Trum, P.: Automatische Generierung von Arbeitsplänen, in: Schnupp, P. (Hrsg.): State of the Art: Expertensysteme, (1)1986, S. 69-72.

Wahlster, W.: Expertensysteme, Vorlesungsskript, Universität des Saarlandes, Saarbrücken, Fachbereich Informatik, SS 1988, Saarbrücken 1988.

Waterman, D. A.: A Guide to Expert Systems, Reading u.a. 1986.

Stephan Zelewski

PPS-Expertensysteme

1. Terminfeinplanung
   1.1 Eingrenzung der Planungsfreigabe
   1.2 Fabrikorientierte Terminierung
       1.2.1 Restriktionspropagierung
       1.2.2 Satisfizierung versus Optimierung
       1.2.3 Grenzen der fabrikorientierten Terminierung
   1.3 Maschinenorientierte Terminierung
       1.3.1 Überblick
       1.3.2 Situationsbezogene Prioritätsregeln
       1.3.3 Mustererkennung und -verarbeitung
       1.3.4 Neuronale Netzwerke
       1.3.5 Verteiltes Problemlösen

2. Terminsteuerung
   2.1 Vorläufiger, ernüchternder Eindruck
   2.2 Nonmonotone Inferenzfähigkeiten
   2.3 Opportunistische Terminierungsstrategie
   2.4 Integration von Diagnose- und Steuerunskonzepten

3. Überblick über ausgewählte PPS-Expertensysteme
   3.1 Einführung
   3.2 Terminplanung
       3.2.1 Fabrikorientierte Prototypen
       3.2.2 Maschinenorientierte Prototypen
   3.3 Terminsteuerung

4. Vertiefende Darstellung eines Expertensystem-Prototyps für die Terminfeinplanung und -steuerung
   4.1 Basisversion ISIS
   4.2 Fortentwicklung OPIS

Literaturverzeichnis

1. Terminfeinplanung

Expertensysteme werden zur Unterstützung von Produktionsplanung und -steuerung (PPS) verstärkte Beachtung finden. Hier wird nur ein wesentlicher Teilbereich – die Feinplanung und Steuerung der Herstellung von Stückgütern – näher beleuchtet. Sowohl die maschinenorientierte Betrachtungsweise des Ordinierens von Aufträgen (sequencing) als auch die fabrikorientierten Ansätze der Maschinenbelegung (scheduling) und des Auftragsdurchschleusens (routing) finden Berücksichtigung. Zunächst werden die konzeptionellen Grundlagen aus der Erforschung der Künstlichen Intelligenz (KI) vorgestellt. Später werden erste Prototypen vorgestellt, die diese Konzepte in praxisorientierte PPS-Expertensysteme umsetzen.

1.1 Eingrenzung der Planungsaufgabe

Die Terminfeinplanung setzt ein vorgegebenes Produktionsprogramm voraus. Hinzu kommt ein fest eingeplantes Kapazitätsangebot von Ressourcen für die auszuführenden Produktionsprozesse. Innerhalb dieses Rahmens gilt es, die Starttermine aller Arbeitsgänge festzulegen, die zur Realisierung des Produktionsprogramms erforderlich sind. Diese Feinplanungsaufgabe wird im folgenden auch kurz als Terminplanung oder Terminierung angesprochen. Grobschätzungen von Auftragsdurchlaufzeiten ohne Berücksichtigung knapper Kapazitäten (Termingrobplanung) werden hierbei ebensowenig vorgenommen wie die Abstimmung des Kapazitätsangebots auf die voraussichtliche Kapazitätsnachfrage (Kapazitätsplanung).

1.2 Fabrikorientierte Terminierung

1.2.1 Restriktionspropagierung

Bei der fabrikorientieren Terminierung wird im Rahmen der KI-Forschung versucht, zulässige globale Terminpläne zu erzeugen. Ein Terminplan ist genau dann zulässig (friktionsfrei) und global, wenn er gestattet, das gesamte Produktionsprogramm mit den verfügbaren Ressourcen im Planungszeitraum zu realisieren. Zur Ermittlung solcher Terminpläne dient zumeist ein restriktionsorientiertes Planungskonzept[1,2,3]. Dabei werden nahezu alle Einflußgrößen, die bei der Terminie-

---

1 Fox, M.S.: Constraint-Directed Search: A Case Study of Job Shop Scheduling, Dissertation, The Robotics Institute, Carnegie-Mellon University, Pittsburgh 1983, S. 65 ff. u. 97 ff.
2 Doumeingts, G.; Berard, C.; Breuil, D.; Maisonneuve, M.: Use of Artificial Intelligence for Piloting Manufacturing Unit, in: Falster, P.; Mazumder, R.B. (Hrsg.): Modeling Production Management Systems, Amsterdam 1985, S. 197-218.
3 Smith, S.F.; Fox, M.S.; Ow, P.S.: Constructing and Maintaining Detailed Production Plans: Investigations into the Development of Knowledge-Based Factory Scheduling Systems, in: AI Magazine, o.Jg. (Fall 1986), S. 45-61.

rung eine Rolle spielen können, in der Gestalt von Restriktionen ausgedrückt. Hierzu gehören vor allem:

- technische Reihenfolgebeziehungen, die für die Arbeitsgänge jedes Produkts in dessen Arbeitsplan enthalten sind;
- Ausführungsdauern der Arbeitsgänge;
- Kapazitätsbeschränkungen der zur Verfügung stehenden Ressourcen, insbesondere der Maschinenausstattung der Fabrik;
- Zielvorstellungen der Disponenten in der Form von Satisfizierungszielen, wie z.B. höchstzulässige Auftragsdurchlaufzeiten oder einzuhaltende Liefertermine.

Die Terminplanung erfolgt auf dieser Restriktionsbasis als eine kombinierte Zeit- und Ressourcenzuordnungsplanung. Voraussetzung für die Abbildung der Restriktionen in der Wissensbasis eines Expertensystems ist ein umfassendes Modell desjenigen Produktionssystems, in dem die Fertigungsaufträge ausgeführt werden sollen (Produktionsmodell). Daher hat die KI-Forschung die Entwicklung komplexer Produktionsmodelle ebenso stimuliert, wie sie von den bereits vorliegenden, im Rahmen der konventionellen Informationsverarbeitung erarbeiteten Produktionsmodellen befruchtet wurde. Beispielsweise wird für den Entwurf von PPS-Expertensystemen derzeit das GRAI-Konzept herangezogen[2], das ursprünglich ohne Bezug auf intelligente Automaten entwickelt worden ist.

Ein zulässiger Terminplan wird zumeist durch eine Implementierung des Konzepts der Restriktionspropagierung (constraints propagation) ermittelt[3,4]. Hierbei wird in der Regel in der folgenden zweistufigen Weise vorgegangen. Zunächst erfolgt die Einplanung eines ausgewählten Arbeitsgangs durch sukzessives Einbeziehen aller Restriktionen. Der Starttermin des Arbeitsgangs wird so festgelegt, daß eine Auswahl aus den vorgegebenen Restriktionen erfüllt wird. Anschließend werden einige derjenigen Restriktionen ergänzt, die im vorangehenden Schritt in der Restriktionsauswahl noch nicht enthalten waren. Diese Erweiterung der Menge relevanter Restriktionen wird fortgesetzt, bis alle Restriktionen erfaßt sind. Hierbei muß die ursprüngliche Arbeitsgangeinplanung revidiert werden, falls sie unter zusätzlichen Restriktionen nicht mehr friktionsfrei möglich ist. Auf der zweiten Planungsstufe geht der Starttermin des eingeplanten ersten Arbeitsgangs als neue Restriktion in die Planung des zweiten Arbeitsgangs ein, für den die o.a. erste Planungsstufe erneut durchlaufen wird. Wenn sich im Folgeschritt eine friktionsfreie Planung des Starttermins des nächsten Arbeitsgangs nicht mehr erzielen läßt,

4 Fox, M.S.; Smith, S.F.: ISIS – a knowledge-based system for factory scheduling, in: Expert Systems, Vol. 1 (1984), No. 1, S. 25-49.

kann auf die vorangehende Planungsstufe zurückgeschritten und eine alternative Startterminplanung vorgenommen werden (backtracking). In dieser rekursiven Verschränkung der beiden Planungsschritte wird so lange fortgeschritten, bis alle erforderlichen Arbeitsgänge in einem zulässigen Terminplan friktionsfrei angeordnet sind. Oder das Expertensystem erkennt, daß eine solche restriktionserfüllende Terminplanung nicht möglich ist.

1.2.2 Satisfizierung versus Optimierung

Durch die Restriktionspropagierung wird immer nur ein *zulässiger* Terminplan erzeugt. Alle bisher vorgestellten fabrikbezogenen Terminplanungskonzepte der KI-Forschung zeichnen sich durch diesen Satisfizierungscharakter aus. Hierdurch unterscheiden sie sich deutlich von den üblichen betriebswirtschaftlichen Terminplanungsmodellen, die durch Extremierung von Zielfunktionen *optimale* Terminpläne anstreben.

Dieser Optimalitätsverzicht von Expertensystemen ist aus theoretischer Sicht für die Terminplanung bedeutsam. Aus der Perspektive praktischer Terminplanungsaufgaben liegt hierin jedoch weniger ein Defizit als eine Realitätsannäherung durch Konzepte der Künstlichen Intelligenz. Denn die vielfältigen und nicht vorhersehbaren Störungen im realen Betriebsablauf führen dazu, daß theoretisch ermittelte Optimalplanungen durch Veränderungen in ihren Datenprämissen oftmals schneller überholt sind, als sie realisiert werden können. Wenn diese Optimalpläne wiederholt an die variierenden Produktionsbedingungen angepaßt werden, resultiert eine „nervöse" Abfolge immer neuer Planvorgaben, die in der betrieblichen Praxis ohnehin nicht ernst genommen werden. Falls dagegen die Planungsprämissen – ungeachtet der tatsächlichen Veränderungen im Produktionssystem – über längere Zeiträume hinweg „eingefroren" werden, liefern die Optimalpläne nur realitätsferne Scheinoptima. Infolge dieser Umsetzungsmängel optimaler Terminpläne reicht das Satisfizierungsniveau „nur" zulässiger Terminpläne für praktische Terminierungsaufgaben in der Regel vollkommen aus. Infolge ihrer inhärenten Zeitreserven zeichnen sich zulässige Terminplanungen durch ein großes Ausmaß an Robustheit gegenüber Störungen bei der Planverwirklichung aus.

1.2.3 Grenzen der fabrikorientierten Terminierung

Die Komplexität der fabrikorientierten Terminplanung wird bei realistischen Problemstellungen zumeist nicht mehr beherrscht. Denn die Anzahl möglicher Zuordnungen zwischen Arbeitsgängen, Ressourcen und Startterminen der Arbeitsgänge unterliegt einer „kombinatorischen Explosion". Dieses Phänomen erschwert bereits die konventionelle Maschinenbelegungsplanung bei Werkstattfertigung erheblich. Es wird durch die zusätzlichen Freiheitsgrade in Flexiblen Fertigungssystemen – etwa die Auswahlmöglichkeit zwischen unterschiedlichen Maschinen für die Ausführung desselben Arbeitsgangs – noch gesteigert. Als typisches Beispiel hierfür sei die Fertigung gedruckter Schaltkreise in einem Flexiblen Fertigungssystem betrachtet. Je Tag sollen laut Produktionsprogramm 6.000 Schaltkreise aus 50 verschiedenen Schaltkreistypen auf 12 Maschinen gefertigt werden, von denen drei gleiche Arbeitsgänge ausführen können. Wenn im Rahmen der Auftragsumwandlung 8 Fertigungsaufträge gebildet wurden, so existieren mehr als 6 Billiarden mögliche Zuordnungskombinationen[5]. Aufgrund dieser Komplexionsprobleme des fabrikorientierten Terminierungsansatzes erfolgt in der betrieblichen Praxis keine fabrik –, sondern eine maschinenorientierte Terminplanung. Dies gilt zumindest für Produktionen im Rahmen der Werkstattfertigung, insbesondere bei Flexiblen Fertigungssystemen.

Infolge ihres Optimalitätsverzichts wirkt sich die kombinatorische Explosion auf PPS-Expertensysteme weit weniger aus als auf konventionelle Optimalplanungskonzepte. Dennoch orientiert sich auch die KI-Forschung an der praktischen Präferenz für Terminierungskonzepte, die keine globalen – fabrikweiten – Planungsansätze verfolgen, sondern eine überschaubare lokale Planungsperspektive verfolgen. Dies entspricht der nachfolgend behandelten maschinenorientierten Terminplanung.

1.3 Maschinenorientierte Terminierung

1.3.1 Überblick

Die maschinenorientierte Terminierung beruht auf dem betriebswirtschaftlich vertrauten Konzept der prioritätsregelgestützten Auftragseinlastung. Hierbei werden jeweils nur eine isolierte Maschine und die Menge jener Fertigungsaufträge betrachtet, deren Werkstücke im Eingangspuffer der Maschine auf Bearbeitung warten. Für den nächsten Arbeitsgang an der Maschine wird genau ein Auftrag nach Maßgabe einer oder mehrerer Prioritätsregel(n) ausgewählt. Die Prioritätsregeln drücken heuristisches Wissen darüber aus, welche Vorgehensweisen sich in der Vergangenheit für die Auftragsauswahl erfolgreich bewährt haben (sollen).

Die Terminplanung geschieht an jeder Maschine einer Fabrik als prioritätsregelgestützte Auftragseinlastung. Das Planungsergebnis ist zunächst ein lokaler Termin(teil)plan, der die maschinenspezifische Reihenfolge der Auftragsabarbeitung festlegt (sequencing). Der globale Terminplan für das gesamte Produktionsprogramm (scheduling) ergibt sich hieraus mittelbar, indem die Fertigungsaufträge die Maschinen eines Produktionssystems so durchsetzen, wie es aufgrund ihrer

---

[5] Meyer, W.: ESPRIT 932: Knowledge Based Real-Time Supervision in Computer Integrated Manufacturing (CIM), in: Brauer, W.; Wahlster, W. (Hrsg.): Wissensbasierte Systeme, Berlin 1987, S. 401-412, hier: S. 410.

Arbeitspläne jeweils erforderlich ist. Zugleich folgt hieraus für jeden Auftrag die Reihenfolge, in der er durch das Produktionssystem geschleust wird (routing).

Da die Prioritätsregeln nur in lokaler Weise diejenigen Aufträge berücksichtigen, die vor einer Maschine auf Bearbeitung warten, kann keine globale Optimierung der Terminplanung erfolgen. Diese in der Praxis vorherrschende suboptimale, heuristische Terminplanung auf der Basis von Prioritätsregeln stützt nochmals die oben dargelegte Realitätsnähe des Optimierungsverzichts von Expertensystemen bei der Terminplanung.

1.3.2 Situationsbezogene Prioritätsregeln

Expertensysteme können die maschinenorientierte Terminplanung dadurch unterstützen, daß sie ein Modell des Produktionssystems und Wissen über die Arbeitspläne der herzustellenden Produkte besitzen[6,7]. Durch Anwendung verschiedener Prioritätsregeln auf die maschinenbezogene Auftragseinlastung läßt sich im Produktionsmodell der Durchsatz der Fertigungsaufträge simulieren[8]. Als Ergebnisse dieser deterministischen Simulationen resultieren Terminpläne für die Realisierung des Produktionsprogramms unter alternativen Prioritätsregeln.

Die Simulation der Prioritätsregelwirkungen kann auf ein reichhaltiges Angebot konventioneller Simulationsmodelle für Produktionssysteme zurückgreifen. Die Untersuchung der Zielwirksamkeit von Prioritätsregeln in solchen Simulationsmodellen ist zwar seit langem üblich. Doch erfolgt die konventionelle Wirksamkeitssimulation fast immer nur zweidimensional. Verschiedene Regeln werden dabei nur im Hinblick auf unterschiedliche Planungsziele – wie z.B. geringe Durchlaufzeiten oder gleichmäßige Kapazitätsauslastungen – untersucht. Unterschiedliche Produktionssituationen und der Einfluß auf die Regelwirksamkeit werden nur selten und dann auch nur in grober Weise berücksichtigt. Bei der späteren Terminplanung werden die Prioritätsregeln im Regelfall ohne jeden Bezug auf die jeweils aktuelle Produktionssituation angewendet.

Seitens der KI-Forschung wird dagegen besonderes Gewicht auf die Beachtung des Situationsbezugs als dritter Planungsdimension gelegt. Noch bevor die Auftragsabwicklung tatsächlich freigegeben wird, kann im Produktionsmodell eines Expertensystems untersucht werden, wie sich die Wirksamkeit unterschiedlicher Prioritätsregeln z.B. in Abhängigkeit von den aktuellen Betriebsmittelauslastungen oder von der konkreten Zuammensetzung des Produktionsprogramms verän-

---

6 Bullers, W.I.; Nof, S.Y.; Whinston, A.B.: Artificial Intelligence in Manufacturing Planning and Control, in: AIIE Transactions, Vol. 12 (1980), S. 351-363.
7 Lin, L.-E.S.; Chung, S.-L.: A Systematic FMS Model for Real-Time on-line Control and Question-Answerer Simulation Using Artificial Intelligence, in: Stecke, K.E.; Suri, R. (Hrsg.): Proceedings of the Second ORSA/TIMS Conference on Flexible Manufacturing Systems, Amsterdam 1986, S. 567-579.
8 Chang, F.-C.: A Knowledge-Based Real-Time Decision Support System for Job Shop Scheduling at the Shop Floor Level, Dissertation, Ohio State University, o.O. (Ann Arbor) 1985.

dert. Aufgrund des hierbei erworbenen Wissens über die situationsspezifische Regeleignung werden vom Expertensystem zur Auftragseinlastung an den einzelnen Maschinen Prioritätsregeln nach Maßgabe nicht nur der relevanten Planungsziele, sondern auch der aktuellen Produktionssituation ausgewählt. Auf diese Weise wird die konventionelle, starre Anwendung von Prioritätsregeln wesentlich flexibler gestaltet.

1.3.3 Mustererkennung und -verarbeitung

Um die situationsspezifischen Determinanten der Regelwirksamkeit zu erkennen, läßt sich auf ein spezielles Konzept der KI-Forschung für die Identifizierung von Regularitäten in großen, unstrukturierten Informationssammlungen zurückgreifen: die Mustererkennung[9,10,11].

In einem Simulationsmodell wird ein Produktionssystem unter vielfach variierten Annahmen über die Produktionssituation bei Simulationsbeginn abgebildet. Für alle Situationen werden die Wirksamkeiten unterschiedlicher Prioritätsregeln im Hinblick auf verschiedene Planungsziele simuliert. Es resultiert eine Vielzahl von Informationstupeln, in denen jeweils Produktionssituation, Planungsziel, Prioritätsregel und Regelwirksamkeit aufeinander bezogen sind. Auf diese Tupelsammlung wird ein mustererkennendes Expertensystem angesetzt, um solche Informationsmuster zu identifizieren, in denen eine Prioritätsregel ein Planungsziel besonders wirksam erfüllt. Es wird versucht, in diesen Mustern Merkmale aufzudecken, die allen involvierten Produktionssituationen gemeinsam zukommen. Wenn dies gelingt, grenzen die Merkmale eine Klasse ähnlicher Produktionssituationen ab, bei deren Vorliegen sich die Prioritätsregel für die Erreichung des Planungsziels als besonders wirksam erwiesen hat. Eine entsprechende Metaregel für die (ziel- und) situationsabhängige Prioritätsregelauswahl kann in die Wissensbasis eines Expertensystems für die maschinenorientierte Terminplanung aufgenommen werden.

Auf diese Weise werden das simulative Erkennen der situationsspezifischen Wirksamkeit von Prioritätsregeln einerseits und die Regelanwendung andererseits entkoppelt. Die Simulationsergebnisse über die Regelwirksamkeiten werden in Metaregeln kondensiert (compiliert). Diese Metaregeln steuern die situationsspezifische Anwendung der Prioritätsregeln bei der maschinenorientierten Terminplanung. Hierdurch wird die aufwendige Wirksamkeitssimulation bei der Terminplanung durch die wesentlich rascher abzuwickelnde Anwendung von Metaregeln substituiert. Dieser effizienzsteigernde, zweistufige Ansatz der Wissenscompilierung befindet sich jedoch zur Zeit noch in der reinen Konzipierungsphase.

9 Mertens, P.: Die Theorie der Mustererkennung in den Wirtschaftswissenschaften, in: (Schmalenbachs) Zeitschrift für betriebswirtschaftliche Forschung, 29. Jg. (1977), S. 777-794.
10 Matthes, W.: Ein lernendes Expertensystem in der Ablaufplanung – Problematik und Konzeption der Entwicklung einer Wissensbasis, in: Wolff, M.R. (Hrsg.): Entscheidungsunterstützende Systeme im Unternehmen, München –Wien 1988, S. 73-121.
11 Bünger, J.: Ein lernendes Mustererkennungssystem zur betrieblichen Prozeßsteuerung, Dissertation, Universität Köln 1987, Bergisch Gladbach 1988.

Tatsächlich realisierte Expertensysteme für die Terminplanung setzen dagegen die erste Stufe der Wissenskondensierung in Metaregeln als bereits gelöst voraus. Sie leisten nur die situationsspezifische Anwendung von Prioritätsregeln, die durch solche Metaregeln gelenkt wird[8,12,13]. In mehreren Simulationsexperimenten für fiktive Terminplanungsprobleme ließ sich aber selbst die Vorteilhaftigkeit dieses reduzierten KI-Konzepts nachweisen: Prioritätsregeln, die von einem Expertensystem situationsabhängig ausgewählt wurden, führten stets zu deutlich größeren Erfüllungsgraden der jeweils verfolgten Planungsziele als die konventionelle Anwendung starr definierter, ex ante festgelegter Prioritätsregeln[8,13].

Da die Wissenscompilierung noch aussteht, wird dieser Analyseschritt im allgemeinen durch heuristisches Wissen ersetzt. Es gibt an, in welchen Produktionssituationen sich welche Prioritätsregeln in der Vergangenheit am besten bewährt haben. Diese Heuristiken werden zumeist als Klassifikationsregeln in die Wissensbasis eines Expertensystems eingebracht. Sie zeichnen jeweils eine Klasse von Produktionssituationen aus, für die sie situationsspezifische Prioritätsregeln zur Maschinenbelegung assoziieren. Beispielsweise kann eine solche Situationsklasse durch Auslastungsintervalle für die jeweils betrachteten Maschinen oder durch die Schlupfzeiten, die Aufträgen bis zu ihren Lieferterminen für die Fertigstellung verbleiben, spezifiziert werden. Mit Hilfe der Musterverarbeitung kann ein Expertensystem in einer konkreten Produktionssituation feststellen, welche Situationsklasse tatsächlich vorliegt. Hierbei erfolgt im Prinzip ein Mustervergleich (matching) zwischen dem Informationsmuster, das die aktuelle Produktionssituation beschreibt, und den Mustern, welche die Klassifikationsregeln in ihren Prämissen voraussetzen. Diejenige Regel mit der höchsten Musterübereinstimmung wird ausgewählt. Ihre Konklusion bestimmt die situationsspezifisch geeignetste(n) Prioritätsregel(n).

1.3.4 Neuronale Netzwerke

Neuronale Netzwerke stellen ein Feld der KI-Forschung dar, das lange Zeit im Schatten des „klassischen" Symbolverarbeitungs-Paradigmas stand. Oftmals wurde sogar ein prinzipieller Gegensatz zwischen „der" Künstlichen Intelligenz und neuronaler Intelligenz auf Automatenbasis gesehen. Erst in jüngster Zeit finden Neuronale Netzwerke unter dem Schlagwort des Konnektionismus breitere Beachtung. Solche Netzwerke unterscheiden sich in ihrer Architektur und Funk-

---

12 Subramanyam, S.; Askin, R.G.: An Expert Systems Approach to Scheduling in Flexible Manufacturing Systems, in: Kusiak, A. (Hrsg.): Flexible Manufacturing Systems: Methods and Studies, Amsterdam 1986, S. 243-256.
13 Thesen, A.; Lei, L.: An „Expert" System for Scheduling Robots in a Flexible Electroplating System with Dynamically Changing Workloads, in: Stecke, K.E.; Suri, R. (Hrsg.): Proceedings of the Second ORSA/TIMS Conference on Flexible Manufacturing Systems, Amsterdam 1986, S. 555-566.

tionsweise von symbolverarbeitenden Expertensystemen so stark, daß sie hier nicht näher behandelt werden können, sondern auf die einschlägige Literatur verwiesen werden muß[14].

Im Zusammenhang mit Terminplanungsaufgaben ist aber bemerkenswert, daß sich Neuronale Netzwerke anbieten, um die oben angesprochene Lücke beim Erwerb von Wissen über situationsspezifisch erfolgreiche Prioritätsregeln und bei der Compilierung dieses Wissens zu Metaregeln zu schließen. Denn Neuronale Netzwerke lassen sich – grob gesprochen – als informationsverarbeitende Systeme auffassen, die auf zwei Aspekte spezialisiert sind. Erstens transformieren sie Eingabemuster in Ausgabemuster. Zweitens sind sie in der Lage, die hierzu erforderlichen Transformationsmechanismen durch Selbstorganisation ihrer internen Funktionsweise aktiv zu erlernen. Das Transformationswissen wird dabei zwar nicht wie in konventionellen symbolverarbeitenden Expertensystemen repräsentiert. Vielmehr wird es auf der subsymbolischen Ebene durch das Verknüpfungsmuster der Netzknoten („Neuronen") und durch die Gewichtung der informationspropagierenden Netzkanten codiert. Aber es wurden bereits interessante Arbeiten vorgelegt, die solche subsymbolischen Wissenserwerbs- und -repräsentationskonzepte in das Erlernen symbolisch ausgedrückter Regeln für konventionelle Expertensysteme zu übersetzen vermögen[15].

Auf dieser Grundlage lassen sich Expertensysteme vorstellen, die als Eingabemuster Informationen über Produktionsziele und -situationen verarbeiten. Als Ausgabemuster erzeugen sie Empfehlungen von Prioritätsregeln für die maschinenorientierte Terminplanung. Während einer Trainingsphase wird die Wirksamkeit dieser Regelempfehlungen in Produktionsmodellen simulativ ermittelt oder in realen Produktionssystemen gemessen. Die resultierenden Regelwirksamkeiten dienen als Maßstab für den Erfolg der Verknüpfung von Ein- und Ausgabemustern durch die Neuronalen Netzwerke. Im Verlauf ihrer Selbstorganisation erlernen die Netzwerke selbst, die ziel- und situationsspezifisch wirksamsten Prioritätsregelempfehlungen als Ausgabemuster zuzuordnen. Dieses Assoziationswissen, das über die Neuronalen Netzwerke räumlich verteilt ist, wird schließlich zu Metaregeln für konventionelle – d.h. symbolisch arbeitende – Expertensysteme kondensiert.

Zwar ist bis heute kein solcher Expertensystemansatz für den Bereich der Terminierung von Produktionsaufgaben bekannt geworden. Doch existieren bereits analoge Konzepte für die assoziative Diagnose von Systemstörungen[16] und für das

---

14 Grossberg, S.: Nonlinear Neural Networks: Principles, Mechanisms, and Architectures, in: Neural Networks, Vol. 1 (1988), S. 17-61.
15 Antweiler, W.: Ansätze für Konnektionistische Expertensysteme – Grundlagen und Experimente –, Diplomarbeit, Lehrstuhl für Informatik, Universität Köln, Köln 1989.
16 Gallant, S.I.: A Connectionist Expert System Approach to Fault Diagnosis in the Presence of Noise and Redundancy, in: o.V.: International Workshop on Artificial Intelligence for Industrial Applications, o.O. 1988, S. 15-19.

Erlernen von wirtschaftspolitischen Entscheidungsregeln[15]. Vor allem der letztgenannte Beitrag unterstreicht die grundsätzliche Möglichkeit des oben skizzierten Terminierungskonzepts auf der Basis Neuronaler Netzwerke.

1.3.5 Verteiltes Problemlösen

Beim Konzept des verteilten Problemlösens werden komplexe Aufgaben durch das kooperative oder kompetitive Zusammenwirken mehrerer Agenten bewältigt. Einerseits zeichnen sich die Agenten durch ihre relativ einfache interne Funktionsweise und ihre teilautonome Operationsweise aus. Andererseits wird die Erfüllung einer gemeinsamen Aufgabe durch ein Koordinierungskonzept gewährleistet. Entweder stellt es eine übergeordnete Steuerung dar, welche die Operationsweisen der Agenten durch Aufgabenzuweisungen und (Des-)Aktivierungen aufeinander abstimmt. Oder die Agentenkoordinierung erfolgt durch den wechselseitigen Austausch von Nachrichten zwischen den Agenten. Die Koordinierung durch eine zentrale Steuerungskomponente ist zwar übersichtlicher und auch informationstechnisch leichter zu realisieren. Aber der Kerngedanke des verteilten Problemlösens gelangt erst bei der Interagentenkoordinierung durch Nachrichtenaustausch voll zur Entfaltung.

Die einfachste, derzeit am besten erforschte Variante des verteilten Problemlösens stellen Expertensysteme mit Blackboard-Architektur dar. Sie werden bereits für die maschinenorientierte Terminplanung konkret diskutiert[5,12]. Das Modell des Produktionssystems bildet hier eine dynamische Wissensbasis (blackboard), welche die jeweils aktuelle Produktionssituation abbildet. Sie kann z.B. genutzt werden, um die Auswirkungen alternativer Prioritätsregelanwendungen zu simulieren und entsprechend auszuwerten. Im Vordergrund stehen aber teilautonome Submodule der Problemlösungskomponente, die oftmals auch als Aktoren oder „Dämonen" bezeichnet werden. In paralleler Weise operieren sie als Agenten auf dem Produktionsmodell. Hierbei versuchen sie, jeweils spezifische Teilaufgaben – in Konkurrenz mit den anderen Agenten – zu erfüllen. Jeder dieser Agenten kann eine Sammlung von Fertigungsaufträgen vertreten, die er durch das Produktionssystem zu schleusen versucht. Ebenso lassen sich die Agenten einzelnen Maschinen oder Maschinengruppen zuordnen.

Im ersten Fall verhalten sich die Agenten tendenziell nicht-kooperativ. Denn jeder von ihnen verfolgt die Strategie, seine eigenen Aufträge möglichst schnell durch das Produktionssystem zu führen oder so zeitnah wie möglich an ihren Lieferterminen fertigzustellen. Ein anschauliches Beispiel für die Agentenkonkurrenz liegt vor, wenn einem Agenten die Aufgabe übertragen wird, einen Eilauftrag zu Lasten der anderen Auftragsagenten durch das Produktionssystem hindurchzudrücken. Im zweiten Fall überwiegt dagegen die Kooperation der maschinenbezogen definierten Agenten. Sie wird durch die zentrale Steuerungskomponente eines Blackboard-Expertensystems dadurch bewirkt, daß zur Ausführung eines Auftrags die erforderlichen maschinenspezifischen Agenten in der produktionstechnisch erforderlichen Reihenfolge aufgerufen werden.

In einem Multiagentensystem wird die hierarchisch übergeordnete Blackboard-Steuerung durch einen Kommunikationsmechanismus zwischen den aufgabenerfüllenden Agenten ersetzt[17,18,19]. Beispielsweise konkurrieren beim Konzept der Kontraktnetze die Agenten, die einzelne Maschinen repräsentieren, um die Übernahme einzelner Teilaufträge. Durch einen Auktionsmechanismus werden Teilaufträge den Agenten mit den jeweils günstigsten Bearbeitungsangeboten zugeschlagen. Dabei kann sich die Angebotsbewertung etwa nach den agentenspezifischen Produktionskosten oder -geschwindigkeiten richten. Der Auktionsmechanismus läßt sich als ein Relikt zentraler Steuerung verwirklichen. Dann schließt ein übergeordneter Agent, der das gesamte Produktionsprogramm vertritt, mit den Maschinenagenten Kontrakte über die Ausführung von versteigerten Teilaufträgen ab.

Stattdessen ist es aber auch möglich, auf Agenten einer anderen Art zurückzugreifen, die jeweils einen Auftrag durch das Produktionssystem zu schleusen versuchen und hierbei entsprechende Nachfragen nach Bearbeitungsleistungen entfalten. Durch Kontraktaushandlungen zwischen bearbeitungsanbietenden Maschinenagenten und bearbeitungsnachfragenden Auftragsagenten wird eine Erfüllung der gesamten Produktionsaufgabe angestrebt. Verhandlungen über Bearbeitungskontrakte und auch Meldungen über die erfolgreiche Kontrakterfüllung durch Bearbeitungsprozesse werden als Nachrichten zwischen den Agenten ausgetauscht. Zu diesem Zweck sind die Agenten über ein Kommunikationsnetz miteinander verknüpft.

Die Konzepte des verteilten Problemlösens bestechen auf den ersten Blick durch ihren gemeinsamen Ansatz, die Komplexität von Planungsproblemen durch die Verwendung relativ einfach strukturierter, teilautonomer Agenten zu reduzieren. Darüber hinaus besteht bei der Terminplanung eine natürliche Entsprechung zwischen der agentenbezogenen Problemstrukturierung einerseits und den wesentlichen Problemkonstituenten der Maschinen(gruppen) sowie Aufträge andererseits. Daher gewinnt das verteilte Problemlösen neuerdings auch seitens der Betriebswirtschaftslehre verstärkte Beachtung[20].

17 Shaw, M.J.P.; Whinston, A.B.: Applications of Artificial Intelligence to Planning and Scheduling in Flexible Manufacturing, in: Kusiak, A. (Hrsg.): Flexible Manufacturing Systems: Methods and Studies, Amsterdam – New York – Oxford 1986, S. 223-242.
18 Van Dyke Parunak, H.; Irish, B.W.; Kindrick, J.; Lozo, P.W.: Fractal Actors for Distributed Manufacturing Control, in: Weisbin, C.R. (Hrsg.): Artificial Intelligence Applications, Washington 1985, S. 653-660.
19 Van Dyke Parunak, H.: Manufacturing Experience with the Contract Net, in: Huhns, M.N. (Hrsg.): Distributed Artificial Intelligence, London 1987, S. 285-310.
20 Mertens, P.; Hildebrand, R.J.N.; Kotschenreuther, W.: Verteiltes wissensbasiertes Problemlösen im Fertigungsbereich, in: Zeitschrift für Betriebswirtschaft, 59. Jg. (1989), S. 839-854.

Allerdings wird hierbei der Aspekt der erforderlichen Koordinierungskonzepte zumeist nicht intensiv genug gewürdigt. Denn sowohl die Funktionsweisen der zentralen Steuerungskomponenten von Blackboard-Architekturen als auch die Abstimmungsmechanismen von Multiagentensystemen werden kaum explizit diskutiert. Dies mag u.a. auch daran liegen, daß die Details dieser Koordinierungskonzepte in der einschlägigen KI-Literatur nur überaus dürftig dokumentiert sind. Aber gerade von ihnen hängt es ab, ob ein Expertensystem seine Terminierungsaufgabe innerhalb der vorgegebenen Restriktionen (s.o.) überhaupt zu erfüllen vermag und wie effizient es hierbei – im positiven Fall – angewendet werden kann. Daher bedarf es in der Zukunft noch einer detaillierten Offenlegung und Untersuchung der jeweils benutzten Agentenkoordinierung. Hinweise auf den „Austausch von Nachrichten" oder das „Absenden von Agentenaufrufen" reichen in dieser Hinsicht noch nicht aus, um das Satisfizierungs- oder Optimierungsverhalten von Expertensystemen mit verteilter Problemlösungsfähigkeit beurteilen zu können.

2. Terminsteuerung

2.1 Vorläufiger, ernüchternder Eindruck

Für die Terminsteuerung bietet die KI-Forschung auf den ersten Blick keine eigenständigen Konzepte an. Vielmehr beschränkt sie sich zumeist auf Anpassungsplanungen, die mit Hilfe der bereits oben ausgeführten Konzepte für die Terminplanung verwirklicht werden. Dabei erfolgen Neuplanungen, die sich von einer erstmals durchgeführten Terminplanung konzeptionell in keiner Weise unterscheiden.

Immerhin läßt sich auf der Basis der maschinenorientierten Terminplanung zumindest das Produktionsmodell in der Wissensbasis eines Expertensystems nutzen, um die Terminsteuerung gegenüber den Leistungen konventioneller PPS-Systeme anzureichern[21,22]. Das Expertensystem bildet in seinem Modell des Produktionssystems den jeweils aktuellen Ausführungsstand der eingeplanten Fertigungsaufträge ab. Ebenso gibt das Modell die Verfügbarkeit aller Betriebsmittel wieder. Über die Betriebsdatenerfassung werden die Betriebsmittelbelegungen durch die Bearbeitung oder den Transport von Werkstücken und auch Störungen von Betriebsmitteln erfaßt. Im Falle von Betriebsstörungen können von der Instandhaltungsabteilung Informationen über die voraussichtliche Störungsdauer abgerufen werden. Die Gesamtheit aller vorgenannten Informationen spiegelt im Produktionsmodell die jeweils aktuelle Produktionssituation wieder.

---

21 Krallmann, H.: Expertensysteme für die computerintegrierte Fertigung, in: Warnecke, H.J. (Hrsg.): Produktionsplanung, Produktionssteuerung in der CIM-Realisierung, Berlin 1986, S. 396-423, hier: S. 405 f.
22 Wildemann, H.: Expertensysteme als CIM-Baustein – Betriebswirtschaftlich-technologische Anforderungen an wissensbasierte Systeme in der Produktion, in: Wildemann, H. (Hrsg.): Expertensysteme in der Produktion, München 1987, S. 1-57, hier: S. 25 f.

Auf dieses Modell können für alle noch nicht fertiggestellten Aufträge und für alle Fertigungsaufträge, die aus der Auftragsumwandlung neu eintreffen, heuristische Prioritätsregeln zur Aktualisierung der Terminplanung angewendet werden. Hierbei wird grundsätzlich in derselben situationsspezifischen Weise verfahren, wie sie oben als modellbasierte maschinenorientierte Terminplanung skizziert wurde.

2.2 Nonmonotone Inferenzfähigkeiten

Ein eigenständiger Beitrag der KI-Forschung zur Terminsteuerung liegt erst dann vor, wenn bei der Ableitung von Terminplänen aus den vorliegenden Produktionsaufgaben z.B. nonmonotone Schlußfolgerungen (Inferenzen) zugelassen werden. Ihre Realisierung wird durch spezielle Techniken unterstüzt, unter denen die „Automated Truth Maintenance Systems" (ATMS) eine herausragende Rolle spielen[23].

ATMS-basierte, nonmonotone Inferenzkonzepte erlauben es, eine Anpassungsplanung nicht mehr als Neu-, sondern als echte Änderungsplanung vorzunehmen. Sie beruhen auf der Feststellung jener Planungsprämissen, die der ursprünglichen Terminplanung zugrundelagen, aber in der aktuellen Produktionssituation nicht mehr zutreffen. Dabei kann es sich z.B. um die Annahme der Verfügbarkeit einer Maschine handeln, für die im Rahmen der originären Terminplanung die Belegung durch einen Auftrag vorgesehen wurde, die jedoch noch vor Abarbeitung dieses Auftrags ausgefallen ist.

Die nonmonotonen Inferenzfähigkeiten von Expertensystemen erlauben es, die Planungsprämissen aufzuheben, die durch die Veränderung der realen Produktionssituation ungültig geworden sind, und durch entsprechend modifizierte neue Planungsprämissen zu ersetzen. Die Auswirkungen dieser Prämissenvariation auf die Terminplanung werden mittels anspruchsvoller KI-Techniken ermittelt, die an dieser Stelle nicht im Detail erläutert werden können[23]. Auch sind dem Autor bislang noch keine Expertensysteme bekannt geworden, die für die Terminsteuerung auf diese subtilen Planungsansätze zurückgreifen. Insofern handelt es sich abermals um ein Konzept aus dem Bereich der Künstlichen Intelligenz, für das praxisbezogene Umsetzungsversuche im hier thematisierten PPS-Bereich noch ausstehen.

2.3 Opportunistische Terminierungsstrategie

Das Konzept der opportunistischen Terminierung (opportunistic scheduling) wird seitens der KI-Forschung für Zwecke der Terminsteuerung schon seit längerem

---

23 de Kleer, J.: Problem Solving with the ATMS, in: Artificial Intelligence, Vol. 28 (1986), S. 197-224.

und mit zunehmender Intensität diskutiert[24,25]. Hierbei wird der bereits oben angesprochene Sachverhalt hervorgehoben, daß die Prozeßplanung so, wie sie von der Terminplanung vorgesehen wird, in praxi kaum realisiert werden kann. Aus der Erkenntnis, daß unvorhergesehene Störungen des Produktionssystems stets drohen, die Planumsetzung zu beeinträchtigen, wird eine radikale Konsequenz gezogen: Es wird weder auf optimierende Ablaufplanungsmodelle noch auf suboptimale heuristische Planungskonzepte vertraut. Statt dessen wird die These vertreten, für den praktischen Erfolg einer Steuerungsstrategie komme es nur auf die Art und die Häufigkeit der störungsbedingten Anpassungsplanungen an.

Bei der konventionellen Terminplanung wird für jeden Fertigungsauftrag eine feste Maschinenfolge bestimmt. Sie beruht auf den Startterminen für die Arbeitsgänge, die auf den Maschinen eines Produktionssystems zur Auftragsabwicklung ausgeführt werden müssen. Bei eindeutig fixierten („optimierten") Startterminen ergibt sich zwangsläufig eine lineare Anordnung der zu durchlaufenden Maschinen. Daher liegt eine ordinierende Terminierung vor. Die opportunistische Steuerungsstrategie weicht von diesem reihenfolgenbildenden Planungsschema grundsätzlich ab, indem sie von nur noch halbgeordneten Maschinenfolgen ausgeht.

Die opportunistische Terminierung verzichtet – in einem ersten, groben Ansatz – auf jede Terminplanung im o.a. konventionellen Verständnis des Ordinierens von Aufträgen. Vielmehr erfolgt von vornherein eine Produktionssteuerung. Es wird direkt mit der Ausführung derjenigen Arbeitsgänge begonnen, die zuerst erforderlich sind, um die vom Produktionsprogramm vorgegebenen Fertigungsaufträge abzuwickeln. In jeder Produktionssituation wird bestimmt, welche Arbeitsgänge ausgeführt werden können (on-line decision making). Dies hängt einerseits von den Arbeitsplänen für die involvierten Aufträge und von deren aktuellen Ausführungszuständen ab. Andererseits wird dies von den Ressourcen determiniert, die in der aktuellen Produktionssituation zur Verfügung stehen. Diese Ressourcen dürfen weder durch die Bearbeitung anderer Aufträge gebunden noch in ihrer Betriebsbereitschaft gestört sein. Die Ausführung der ex ante nicht fest ordinierten Arbeitsgänge hängt also von den Produktionsmöglichkeiten ab, die in jeder Produktionssituation aktuell offenstehen (opportunistische Strategie).

Wenn in einer Produktionssituation an derselben Maschine mehrere Arbeitsgänge ausgeführt werden könnten, die sich gegenseitig ausschließen, legt die opportunistische Terminierung nicht fest, welche Auswahlstrategie verfolgt wird. Doch sie läßt sich mit den o.a. Prioritätsregeln für die maschinenbezogene Terminplanung konsistent vereinbaren. Diese Regeln werden jetzt jedoch nicht zu Planungs-, sondern zu Steuerungszwecken herangezogen.

24 Fox, B.R.; Kempf, K.G.: Complexity, Uncertainty and Opportunistic Scheduling, in: Weisbin, C.R. (Hrsg.): Artificial Intelligence Applications, Washington 1985, S. 487-492.
25 Fox, B.R.: The Implementation of Opportunistic Scheduling, in: Hertzberger, I.O.; Groen, F.C.A. (Hrsg.): Intelligent Autonomous Systems, Amsterdam 1987, S. 231-240.

Die zuvor skizzierte opportunistische Terminierung basiert auf zwei Grundprinzipien: der kleinstmöglichen Bindung (principle of least commitment) und der größten Auswahlmöglichkeit (principle of opportunism). Die kleinstmögliche Bindung der Terminierung kommt dadurch zum Ausdruck, daß auf jede ex ante-Fixierung geplanter Starttermine von Arbeitsgängen verzichtet, also von jeder Terminplanung vor Beginn der realen Produktionsprozesse abgesehen wird. Das Prinzip der größtmöglichen Auswahlmöglichkeit bedeutet, daß in jeder Produktionssituation alle Arbeitsgangausführungen in Betracht gezogen werden sollen, die tatsächlich ausgeführt werden könnten. Eine notwendige Bedingung hierfür ist der bereits angeführte Verzicht auf die Fixierung von auftragsbezogenen Maschinenfolgen durch eine ordinierende Terminplanung.

Darüber hinaus muß aber auch gefordert werden, daß in den zugrundeliegenden Arbeitsplänen alle Ablaufalternativen enthalten sind, die aufgrund fertigungstechnischer Sachzusammenhänge überhaupt möglich sind. Dies setzt voraus, daß die Arbeitspläne (maximal) halbgeordnete Arbeitsgangmengen darstellen. Hier besteht eine enge Beziehung zu dem Konzept der KI-Forschung, durch hierarchische Verfeinerung von Produktionsaufgaben nonlineare Aktionspläne zu generieren[26]. Denn solche Aktionspläne führen notwendig zu halbgeordneten Arbeitsgangmengen, wenn als Aktionen diejenigen Arbeitsgänge identifiziert werden, die zur Abwicklung von Fertigungsaufträgen erforderlich sind.

Eine Konsequenz dieser Halbordnung ist es, daß Auswahlkonflikte im Arbeitsplan nicht aufgelöst werden, die darauf beruhen, daß sich derselbe Arbeitsgang auf unterschiedlichen Maschinen ausführen läßt. Bei konventioneller Arbeitsplanung – spätestens jedoch während der anschließenden ordinierenden Terminplanung – wäre eine dieser Maschinen für die Arbeitsgangausführung selektiert worden. Falls nun während der Planrealisierung genau diese Maschine im Produktionssystem ausfällt, wäre die Terminplanung hinfällig. In den halbgeordneten Arbeitsplänen der opportunistischen Terminierung wird jedoch auf diese Konfliktauflösung bewußt verzichtet. Daher kann im Zeitpunkt des Maschinenausfalls flexibel auf eine alternative Maschine umgesteuert werden. Dieses Offenhalten aller Ausführungsmöglichkeiten bis zum Zeitpunkt der tatsächlichen Arbeitsgangrealisierung kommt insbesondere dem Einsatz Flexibler Fertigungssysteme zugute, die aufgrund ihrer Struktur eine Fülle von Fertigungsalternativen anbieten.

Die Verknüpfung von nonlinearen Arbeitsplänen mit den Prinzipien der größten Auswahlmöglichkeit und der kleinstmöglichen Bindung sowie das Hinzuziehen von situationsabhängig selektierten Prioritätsregeln bieten einen neuartigen Ansatz für die Terminplanung und -steuerung. Seitens konventioneller Forschungen auf dem Gebiet der PPS-Systeme wurde er bisher noch nicht in Betracht gezogen.

---

26 Zelewski, S.: Expertensysteme für Prozeßplanung und -steuerung in der Fabrik der Zukunft – Ein Überblick über Konzepte und erste Prototypen, Arbeitsbericht Nr. 22, Industrieseminar, Universität Köln, Köln 1988.

Zwar befindet sich das Konzept der opportunistischen Terminierung in einem noch frühen, wenig konkretisierten Stadium. Daher ist es zur Zeit kaum möglich, seine Leistungsfähigkeit für praktische Produktionsaufgaben kritisch zu beurteilen. Auch liegt noch keine Implementierung als PPS-Expertensystem für den Routine-Einsatz vor. Aber immerhin wurde die opportunistische Terminierungsstrategie bereits mit einer konventionellen ex ante-Terminplanung, die zu linearen Maschinenfolgen führt, für den Grenzfall nur einer Maschine (eines Montageroboters) verglichen. Die Simulation stochastisch veränderlicher Produktionssituationen offenbarte, daß die ordinierende Strategie – je nach Simulationsdesign – zwischen 25 % und 95 % größere Auftragsausführungszeiten bewirkte als die opportunistische Strategie[24,25].

2.4 Integration von Diagnose- und Steuerungskonzepten

Einen Grenzfall der Terminsteuerung bildet ein Konzept der KI-Forschung, das Aspekte der Terminplanung und -steuerung mit Beiträgen zur Diagnose mutmaßlicher Ursachen von Störungen oder Unterbrechungen des Betriebsablaufs kombiniert[27,28,29]. Fernziel ist es, aus der Konzeptintegration eine in sich geschlossene Prozeßregelung als wissensbasiertes „Operations Management" zu gewinnen.

Diagnose-Expertensysteme sollen eingesetzt werden, um Schwachstellen bei der Realisierung von geplanten Produktionsprozessen zu erkennen. Zu diesem Zweck sind sie unmittelbar an die Betriebsdatenerfassung gekoppelt, um die tatsächlich realisierten Isttermine einzelner Arbeitsgänge mit ihren geplanten Sollterminen zu vergleichen. Hierdurch sollen Diskrepanzen zwischen Ist- und Sollwerten aufgedeckt werden, die sich als Indikatoren für Schwachstellen im Produktionssystem interpretieren lassen. Solche Schwachstellen können Störungen der laufenden Produktionsprozesse infolge kritischer Abweichungen vom geplanten Prozeßverlauf bedeuten. Ebenso können sie Betriebsunterbrechungen darstellen, die durch den Ausfall von Betriebsmitteln oder Arbeitskräften entstanden sind.

Von Diagnose-Expertensystemen[28] wird erwartet, daß sich mit ihrer Hilfe die mutmaßlichen Ursachen der erkannten Schwachstellen (Symptome) identifizieren lassen. Hierbei kann auch auf den bereits oben angesprochenen Ansatz zurückgegrif-

---

27 Biswas, G.; Oliff, M.; Sen, A.: Design of an Expert System in Operations Analysis, in: o.V.: Proceedings of the IEEE International Conference on Systems, Man and Cybernetics, New York 1985, S. 121-125.
28 Zelewski, S.: Expertensysteme zur Sicherung der Betriebsbereitschaft in der Fabrik der Zukunft, Arbeitsbericht Nr. 23, Industrieseminar, Universität Köln, Köln 1988.
29 Mertens, P.; Helmer, J.; Rose, H.; Wedel, T.: Ein Ansatz zu kooperierenden Expertensystemen bei der Produktionsplanung und -steuerung, in: Kurbel, K.; Mertens, P.; Scheer, A.-W. (Hrsg.): Interaktive betriebswirtschaftliche Informations- und Steuerungssysteme, Berlin – New York 1989, S. 13-40.

fen werden, assoziations- und lernfähige Neuronale Netzwerke auf Diagnoseprobleme anzuwenden. Über diese Diagnoseaufgabe i.e.S. hinaus wird eine Rückkopplung zum überwachten Produktionsprozeß angestrebt. Zu diesem Zweck wird aus der Erkenntnis der Schwachstellenursachen eine Revision der ursprünglichen Terminplanung abgeleitet. Diese Anpassungsplanung der Starttermine von noch nicht ausgeführten Arbeitsgängen stellt eine diagnosebasierte Terminsteuerung dar.

Dabei können die Planrevisionen einerseits auf heuristischen Regeln beruhen, die in der Vergangenheit bei den jeweils diagnostizierten Schwachstellen zu erfolgreichen Plananpassungen geführt haben. Da hierbei lediglich Diagnoseergebnisse mit Anpassungsmaßnahmen assoziiert werden, ohne die zugrundeliegenden Kausalmechanismen zu analysieren, wird von flachen Expertensystemen der 1. Generation gesprochen. Weiter in die Zukunft weisen tiefe Expertensysteme der 2. Generation[28]. Bei ihnen sollen Störungsdiagnosen und Anpassungsempfehlungen auf systeminternen Produktionsmodellen beruhen, in denen die kausalen Produktionszusammenhänge abgebildet und zwecks Ableitung einer Plananpassung ausgewertet werden.

Daneben lassen sich diagnostische Erkenntnisse über Schwachstellen bei der tatsächlichen Ausführung oder bei der Simulation von Produktionsprozessen auch dazu nutzen, hieraus Maßnahmen für eine verbesserte Gestaltung der jeweils betroffenen realen Produktionssysteme abzuleiten. Ein solches Konzept wird z.B. auf der Basis der bereits o.a. GRAI-Produktionsmodelle diskutiert[2,30].

Noch weiter reichen Überlegungen, Diagnose-Expertensysteme nicht auf Schwachstellen in realen Produktionssystemen anzusetzen, sondern zur Untersuchung der zugehörigen PPS-Systeme anzuwenden[31]. Die hieraus gewonnenen Diagnoseerkenntnisse ließen sich u.U. nutzen, um die analysierten PPS-Systeme hinsichtlich ihrer Terminierungsstrategien zu verbessern.

Die skizzierten Ideen, PPS-Expertensysteme um Diagnosefähigkeiten zu erweitern, wurden allerdings bisher im Rahmen der Terminplanung und -steuerung für werkstattorientierte Produktionssysteme weder detailliert ausgeführt noch durch entsprechende Expertensystemimplementierungen konkretisiert. Es existieren zur Zeit in dieser Richtung nur wenige rudimentäre Ansätze. Sie lassen zwar den Anspruch erkennen, zu lauffähigen Expertensystemen mit den o.a. Diagnosepotentialen führen zu wollen, sind aber von diesem Ziel noch weit entfernt.

---

30 Berard, C.; Brand, V.; Doumeingts, G.: Guiding techniques for manufacturing system using Artificial Intelligence, in: Bullinger, H.-J.; Warnecke, H.J. (Hrsg.): Toward the Factory of the Future, Berlin 1985, S. 345-350.

31 Mertens, P.: Expertensysteme in den betrieblichen Funktionsbereichen – Chancen, Erfolge, Mißerfolge, in: Wildemann, H. (Hrsg.): Expertensysteme in der Produktion, München 1987, S. 112-175.

Beispielsweise wurde auf der Basis des PPS-Konzepts der belastungsorientierten Auftragsfreigabe das Kontrollsystem KOSYF entwickelt[32], in dem vier charakteristische Kennzahlen über die Realisierung von Terminplanungen in einem Produktionssystem gebildet werden. Hierzu wird auf Meldungen der Betriebsdatenerfassung über den aktuellen Produktionsfortschritt zurückgegriffen. Anhand dieser Kennzahlen lassen sich Abweichungen gegenüber der ursprünglichen Terminplanung erkennen. Es wird angeregt, Expertensysteme zu konzipieren, welche diese Abweichungen hinsichtlich mutmaßlicher Abweichungsursachen analysieren und hieraus Maßnahmen für den steuernden Eingriff in die laufende Produktion ableiten[32,33]. Konkrete Umsetzungen dieser anspruchsvollen Empfehlung in implementierte Expertensysteme wurden jedoch bislang noch nicht vorgelegt.

3. Überblick über ausgewählte PPS-Expertensysteme

3.1 Einführung

Keines der bisher entwickelten PPS-Expertensysteme ist schon so ausgereift, daß es sich für den betrieblichen Praxiseinsatz eignet. Anderslautende Behauptungen stammen zumeist aus dem Kreise derer, die Expertensysteme entwickeln oder vertreiben und ein entsprechendes Interesse an euphorischen Erfolgsmeldungen besitzen. Dabei wird oftmals zu einem Argumentationstrick gegriffen, der den Expertensystembegriff so schwammig läßt, daß er auf beliebige Software zutrifft. Oder das Anwendungsfeld eines Expertensystems wird so weit vereinfacht, daß als vorgeblicher Praxiseinsatz nur noch eine „Spielzeug"-Anwendung übrigbleibt. Um so wichtiger erscheint es, einen Überblick zu gewähren, welches Leistungsvermögen Expertensystem-Prototypen im PPS-Bereich heute schon tatsächlich zu bieten vermögen. Abbildung 1 ordnet die hier vorgestellten PPS-Expertensysteme in ein Klassifikationsschema ein, dem die früher differenzierten PPS-Aufgaben zugrundeliegen.

In der Gruppe der PPS-Expertensysteme überwiegen bei weitem diejenigen, die für Terminplanungen in Produktionssystemen mit werkstattorientierter Produktionsorganisation entworfen wurden. Es dominiert der Aspekt der Maschinenbelegungsplanung. Hierbei steht die Zuordnung von Aufträgen zu Maschinen im Vordergrund. Im Gegensatz zu betriebswirtschaftlichen Ablaufplanungsmodellen findet dagegen die zeitliche Dimension der Auftragsterminierung des öfteren keinen expliziten Ausdruck. Denn Zeitgrößen werden in der KI-Forschung weitaus selte-

---

32 Wiendahl, H.-P.; Lüssenhop, T.: Ein neuartiges Produktionsprozeßmodell als Basis eines Expertensystems für die Fertigungssteuerung, in: Warnecke, H.J. (Hrsg.): Produktionsplanung, Produktionssteuerung in der CIM-Realisierung, Berlin 1986, S. 433-454.
33 Wiendahl, H.P.; Ludwig, E.: Grundlagen eines modellorientierten Expertensystems zur kurzfristigen Fertigungs-Ablaufdiagnose, in: Wildemann, H. (Hrsg.): Expertensysteme in der Produktion, München 1987, S. 297-322.

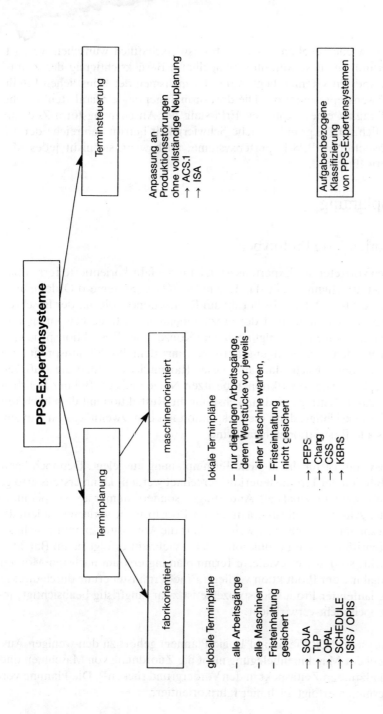

Abb. 1: PPS-Expertensysteme im Überblick

ner unmittelbar wiedergegeben, als es betriebswirtschaftlich wünschenswert ist. Der tiefere Grund für diese mitunter mangelhafte Berücksichtigung des Zeitaspekts in PPS-Expertensystemen liegt in den Formalismen der Künstlichen Intelligenz für die Wissensrepräsentation. Die dort oftmals gepflegte prädikatenlogische Wissensdarstellung ist einer expliziten Erfassung der Anschauungsform Zeit nur schwer zugänglich. Diese grundsätzliche Schwierigkeit betrifft zahlreiche der anschließend präsentierten PPS-Expertensysteme, auch wenn sie nicht jedes Mal ausdrücklich erwähnt wird.

3.2 Terminplanung

3.2.1 Fabrikorientierte Prototypen

Einen typischen Vertreter der Expertensysteme für die fabrikorientierte Terminplanung bei Werkstattfertigung stellt das Exemplar SOJA (Systeme d'Ordonnancement Journalier d'Atelier) dar[34]. Es beruht auf Restriktionen, die aus der Beschreibung des Produktionssystems und der einzuplanenden Aufträge gewonnen werden. Die Maschinenbelegung erfolgt nach dem Konzept der Restriktionspropagierung. Hierbei werden den Fertigungsaufträgen aus dem Produktionsprogramm Prioritäten zugeordnet. Nach Maßgabe dieser Rangindices werden die Aufträge sukzessiv eingeplant. Die Restriktionen besitzen Nutzenindices. Bei der Bearbeitung jedes einzelnen Auftrags wird zunächst nur die Restriktion mit dem höchsten Nutzenindex berücksichtigt, dann die Restriktion mit dem zweithöchsten Nutzenindex usw., bis alle Restriktionen erfaßt sind.

Das Expertensystem ist für die tägliche Terminplanung ausgelegt. Dennoch kann es nicht zum Bereich der Terminsteuerung gerechnet werden. Denn erstens erfolgt die Maschinenbelegung niemals als Änderungs-, sondern immer als Neuplanung. Daher wird der Ansatz der Terminplanung im Prinzip nicht verlassen, allenfalls zur Anpassungsplanung erweitert. Zweitens führt die Anpassungsplanung nicht zu steuernden Eingriffen in den Produktionsablauf. Vielmehr erfolgt sie im Batchbetrieb über Nacht, so daß die revidierte Terminplanung erst am nächsten Morgen bei Wiederaufnahme der Produktion vorliegt. Eine Terminsteuerung durch direkte Beeinflussung laufender Produktionsprozesse ist zwar langfristig beabsichtigt, jedoch zur Zeit noch nicht verwirklicht.

Das Expertensystem TLP (Temporal Logic Planner) gehört zu den wenigen Ausnahmen, die bei der Maschinenbelegung nicht die Zuordnung von Maschinen und Aufträgen, sondern den Zeitaspekt in den Vordergrund rücken[35]. Die Planung von Arbeitsgangterminen erfolgt auch hier fabrikorientiert.

---

34 Le Pape, C.; Sauve, B.: SOJA: Un systeme d'ordonnancement journalier d'atelier, in: o.V.: Les systemes experts et leurs applications, 5th International Workshop, Avignon 1985, S. 849-867.
35 Tsang, E.P.K.: TLP – A Temporal Planner, in: Hallam, J.; Mellish, C. (Hrsg.): Advances in Artificial Intelligence, Chichester 1987, S. 63-78.

Eine relativ weit fortgeschrittene Kombination von Restriktionspropagierung und expliziter Zeitberücksichtigung stellt das Expertensystem OPAL dar[36]. Es beruht auf einer hybriden Wissensrepräsentation. Das Produktionsmodell ist in objektorientierter Weise und mit Hilfe semantischer Netze implementiert. Die Restriktionen werden mit Hilfe der prädikatenlogischen KI-Sprache PROLOG ausgedrückt und ausgewertet. Heuristisches Wissen über erfolgversprechende Planungsstrategien wird durch Prioritätsregeln dargestellt. Die Regeln werden durch Rückgriff auf das Konzept unscharfer Mengen (fuzzy sets) mit Schätzungen der zielspezifischen Regelwirksamkeit versehen. Situationsspezifische Wirksamkeitsmaße finden jedoch keine Berücksichtigung. Aber auch hier erfolgt keine Änderungs-, sondern nur eine periodische Neuplanung der Produktionstermine. Inkonsistenzen in der Formulierung einer Produktionsaufgabe, die dazu führen, daß ein zulässiger Terminplan überhaupt nicht existieren kann, vermag das Expertensystem selbständig zu erkennen.

Einen Grenzfall der Expertensysteme für die fabrikorientierte Terminplanung bildet das Exemplar SCHEDULE[37,38]. Es genügt nicht den o.a. Konzepten der KI-Forschung. Vielmehr handelt es sich um ein Methodenbanksystem, das um einige Regeln für die Methodenanwendung erweitert ist. Insgesamt werden 37 verschiedene Algorithmen als Lösungsmethoden für spezielle Problemtypen aus dem Bereich der Maschinenbelegungsplanung vorgehalten. Tatsächliche Produktionssysteme entsprechen jedoch oftmals nicht den Produktionssystemen, die von diesen Algorithmen idealtypisch vorausgesetzt werden. Daher dienen Reduktionsregeln dazu, ein konkret vorgegebenes Terminplanungsproblem so umzuformulieren, daß das resultierende Ersatzproblem mit mindestens einem der Algorithmen aus der Methodenbank gelöst werden kann. Falls mehrere Algorithmen in Frage kommen, werden sie dem Systembenutzer – mit Angaben über die Ressourcenbedarfe der Algorithmen – zur Auswahl vorgeschlagen.

Abgesehen von der fragwürdigen Verzerrung der ursprünglich vorgegebenen Probleme durch die Reduzierung auf idealtypische Ersatzprobleme erscheint der KI-Bezug dieses „Expertensystems" äußerst fragwürdig. Allein die Anwendung von (Reduktions-)Regeln rechtfertigt noch nicht diese Qualifizierung. Allenfalls handelt es sich hier um ein intelligentes Methodenbanksystem, das den Expertensystemgedanken auf die Methodenauswahl bezieht. Hinsichtlich der Maschinenbe-

---

36 Bel, G.; Bensana, E.; Dubois, D.; Erschler, J.; Esquirol, P.: A Multi-Knowledge-Based Approach to Industrial Job-Shop Scheduling, Rapport No. 88195, Laboratoire d'Automatique et d'Analyse des Systemes, Centre National de la Recherche Scientifique, Toulouse 1988.
37 Lamatsch, A.; Morlock, M.; Neumann, K.; Rubach, T.: SCHEDULE – An Expert System for Machine Scheduling, Report WIOR 294, Institut für Wirtschaftstheorie und Operations Research, Universität Karlsruhe, Karlsruhe 1986.
38 Bücker, M.; Neumann, K.: Construction of an Learning Expert-Like System for Machine Scheduling and Project Planning – A Laboratory Course at the University of Karlsruhe, in: Kleinschmidt, P.; Radermacher, F.J.; Schweitzer, W.; Wildemann, H.: Methods of Operations Research 59, XII. Symposium on Operations Research, 09.-11.09.1987 in Passau, Proceedings, Frankfurt 1989, S. 333-336.

legungsplanung ist jedoch keine Verarbeitung von Konzepten aus der KI-Forschung zu erkennen.

3.2.2 Maschinenorientierte Prototypen

Für die maschinenorientierte Terminplanung wurde eine größere Anzahl von Expertensystemen entwickelt. Als Beispiel wird das Exemplar PEPS (Prototype Expert Priority Scheduler) näher betrachtet[39]. Es handelt sich um ein Expertensystem für eine einfache Belegungsvariante: die Zuordnung von Aufträgen zu nur einer Maschine. Alle Aufträge werden durch je 12 Merkmale gekennzeichnet, aus denen auftragsspezifische Prioritäten abgeleitet werden. Die Prioritäten können auf unterschiedliche, situationsabhängige Arten ermittelt werden. Jede Ermittlungsweise wird durch die Anwendung eines spezifischen Ermittlungsmodells determiniert. Das Expertensystem verfügt über ein Modellbanksystem, in dem im Prinzip beliebig viele Ermittlungsmodelle vorgehalten werden können. Die Modellanwendung wird durch Bewertungsregeln gesteuert, welche einzelnen Modellen in Abhängigkeit von der jeweils aktuellen Produktionssituation Punkte zuordnen. Hierdurch wird die situationsspezifische Anwendung von Prioritätsregeln ermöglicht. Zur Ermittlung der aktuellen Auftragsprioritäten wird jeweils dasjenige Ermittlungsmodell herangezogen, das die höchste situationsbezogene Bewertung besitzt.

Ein Expertensystem, bei dem die Situationsabhängigkeit der Prioritätsregeln besonders deutlich ausgeführt wird, stammt von Chang[40]. Es gilt für ein Produktionssystem mit beliebig vielen Maschinen, das nach dem Prinzip der Werkstattfertigung organisiert ist. Auf einer ersten Planungsstufe werden Regeln angewendet, welche die jeweils aktuelle Produktionssituation klassifizieren. Auf der nächsten Stufe dienen weitere Regeln dazu, mit jeder Situationsklasse die relevanten, situationsabhängigen Planungsziele für die Maschinenbelegung zu assoziieren. Erst auf der dritten Ebene kommen in Abhängigkeit von der Situationsklasse und von den situatonsspezifischen Planungszielen die Prioritätsregeln zum Zuge. Mit ihrer Hilfe wird aus Aufträgen, die vor der gleichen Maschine warten, jeweils einer zur weiteren Bearbeitung ausgewählt.

Das Expertensystem CSS (Cooperative Scheduling System) rückt den Aspekt der Multiagentensysteme in den Vordergrund[41]. Mehrere Agenten kooperieren bei der

---

39 Robbins, J.H.: PEPS: The Prototype Expert Priority Scheduler, in: o.V.: Proceedings Autofact '85, 4.-7.11.1985 in Detroit, Amsterdam 1985, S. 13-10 – 13-34.
40 Chang, F.-C.: a.a.O. [8].
41 Ow, P.S.; Smith, S.F.; Howie, R.: A Cooperative Scheduling System, in: Oliff, M.D. (Hrsg.): Expert Systems and Intelligent Manufacturing, Proceedings of the Second International Conference on Expert Systems and the Leading Edge in Production Planning and Control, 03.-05.05.1988 in Charleston, New York – Amsterdam – London 1988, S. 43-56.

Erstellung eines Terminplans auf der Basis eines Kontraktnetzes. Jeder Fertigungsauftrag und jede Bearbeitungsstation innerhalb eines Produktionssystems werden durch je einen Agenten repräsentiert. Eine Planungsaufgabe wird verteilt gelöst, indem diese Agenten untereinander Kontrakte über die auszuführenden Teilaufgaben abschließen.

Für die Produktionsplanung und -steuerung von Flexiblen Fertigungssystemen wurden mehrere Expertensysteme entwickelt, die sich insbesondere auf Flexible Fertigungszellen beziehen[42,43]. Ein solches Exemplar stellt das Expertensystem KBRS (Knowledge Based Routing System) dar[44]. Seine Leistungsfähigkeit wurde in Simulationsstudien mit alternativen konventionellen Strategien für das Durchschleusen von Aufträgen durch Flexible Fertigungszellen verglichen. Dabei erwies sich das Expertensystem – in Abhängigkeit von der jeweils verglichenen konventionellen Strategie und dem Simulationsdesign – hinsichtlich der entstehenden Auftragswarteschlangen und Maschinenauslastungsgrade um 50 % bis 100 % überlegen. Allerdings war hierfür auch eine fast fünfzehnmal so große Rechenzeit erforderlich.

3.3 Terminsteuerung

Expertensysteme, die speziell auf die Terminsteuerung zugeschnitten sind, existieren zur Zeit noch kaum. Die meisten Exemplare beschränken sich darauf, im Falle von Störungen der ursprünglichen Terminplanung Anpassungsplanungen vorzunehmen, die im Prinzip einer originären Terminplanung gleichen. Auf solche Expertensysteme wurde bereits oben hingewiesen.

Eine der seltenen Ausnahmen stellt das Expertensystem ACS.1 (Automated Command Support 1) dar[45]. Es wurde allerdings nicht für die Steuerung von Aufträgen in Produktionssystemen, sondern für die flexible Einsatzplanung von Fliegerstaffeln der US-Marine entwickelt. Doch sein Steuerungskonzept ließe sich auf die Steuerung von Produktionssystemen übertragen. Durch Informationen über die Realisierung der ursprünglich geplanten Aktionen (Arbeitsgänge) werden vom Expertensystem Abweichungen zwischen Soll- und Istterminen festgestellt. Es überprüft selbständig, ob die Terminabweichungen den geplanten Endtermin des gesamten Projekts (Fertigungsauftrags) in Frage stellen. Falls solche kritischen Terminabweichungen erkannt werden, führt das Expertensystem automatisch eine Revision der originären Terminplanung aus.

42 Shaw, M.J.P.; Whinston, A.B.: a.a.O. [17].
43 Subramanyam, S.; Askin, R.G.: a.a.O. [12].
44 Ben-Arieh, D.: Knowledge Based Control System for Automated Production and Assembly, in: Kusiak, A. (Hrsg.): Modelling and Design of Flexible Manufacturing Systems, Amsterdam 1986, S. 347-368.
45 Pease III, M.C.: ACS.1: An Experimental Automated Command Support System, in: IEEE Transactions on Systems, Man, and Cybernetics, Vol. SMC-8 (1978), S. 725-735.

In ähnlicher Weise unterstützt das Expertensystem ISA (Intelligent Scheduling Assistant) die Terminsteuerung[46]. Bei ihm steht die Kopplung zwischen produktionsorientierter Terminplanung und absatzbezogener Verwaltung von Kundenaufträgen im Vordergrund. Es überwacht einerseits, ob die Kundenaufträge, aus denen die Fertigungsaufträge im Rahmen der Auftragsumwandlung hervorgegangen sind, innerhalb der vereinbarten Liefertermine fertig- und zugestellt werden können. Andererseits prüft es, ob Neuzugänge, Änderungen oder Stornierungen von Kundenaufträgen, Verzögerungen bei der Ressourcenbereitstellung oder Finanzierungsprobleme eine Anpassung der fertigungsbezogenen Terminplanung erfordern. Für den Fall, daß sich der geplante Liefertermin aus den vorgenannten Gründen nicht einhalten läßt, verfügt das Expertensystem über unterschiedliche Anpassungsstrategien. Hierbei ist es möglich, entweder die Liefertermine im Sinne einer Lieferverzögerung zu modifizieren oder aber die Ressourcen- und die Finanzierungsvorgaben abzuändern. In einem Dialog werden die Anpassungsalternativen dem Systembenutzer präsentiert, der auf diese Weise die tatsächliche Anpassungsweise interaktiv festlegen kann.

Die meisten Konzepte der KI-Forschung für die Terminierung von Produktionsaufgaben konzentrieren sich – ebenso wie konventionelle PPS-Systeme – auf die Zuordnung von Fertigungsaufträgen zu Bearbeitungsmaschinen und die Festlegung der Starttermine für die zugehörigen Arbeitsgänge. Die Belegungs- und Zeitplanung für andere Betriebsmittel – insbesondere für Transportvorrichtungen – bleibt dagegen zumeist unberücksichtigt. Zu den seltenen Ausnahmen gehört ein Expertensystem, das speziell für den Transport von Werkstücken in einem Flexiblen Fertigungssystem vorgesehen ist[47]. Das Expertensystem plant für jeden Fertigungsauftrag die Routen, auf denen die zu bearbeitenden Werkstücke zwischen den einzelnen Fertigungszellen transportiert werden sollen. Besondere Beachtung wird hierbei dem Steuerungsaspekt geschenkt: Die Transportrouten lassen sich nachträglich anpassen, wenn während der Auftragsausführung Betriebsstörungen im Flexiblen Fertigungssystem eintreten.

---

46 Orciuch, E.; Frost, J.: ISA: Intelligent Scheduling Assistant, in: o.V.: First Conference on Artificial Intelligence Applications, Silver Spring 1984, S. 314-320.
47 Warman, E.A.: Manufacturing and Artificial Intelligence, in: Ponomaryov, V.M. (Hrsg.): Artificial Intelligence, Proceedings of the IFAC Symposium, 4.-6.10.1983 in Leningrad, Oxford – New York/Toronto ... 1984, S. 59-63.

4. Vertiefende Darstellung eines Expertensystem-Prototyps für die Terminplanung und -steuerung

4.1 Basisversion ISIS

Das Expertensystem ISIS (Intelligent Scheduling and Information System) stellt den in der Literatur am detailliertesten dokumentierten Versuch dar, die Maschinenbelegung mit Hilfe der Künstlichen Intelligenz in fabrikorientierter Weise zu unterstützen[48,49,50,51]. Es wurde ursprünglich am Robotics Institute der Carnegie-Mellon University in Pittsburgh entwickelt. Die Wissensakquisition erfolgte jedoch mit starkem Praxisbezug anhand eines realen Produktionssystems: der Herstellung von Turbinenschaufeln in den Werkstätten (Turbine Component Plant) der Westinghouse Electric Corp. Das Expertensystem wurde als Prototyp für diese Produktionsstätte konkret genutzt.

Etliche Autoren rechnen das Exemplar ISIS zu den derzeit leistungsfähigsten Expertensystemen, die für reale Problemstellungen eingesetzt werden. Es gelangte dennoch nicht zum Routineeinsatz. Hierzu trug vor allem bei, daß die Integration in die konventionelle betriebliche Informationsverarbeitung nicht befriedigend gelang. Auch vermochte die Effizienz der Systemnutzung nicht zu überzeugen. Denn die Inferenzen in der Wissensbasis von immerhin ca. 10 MByte Volumen führten zu inakzeptablen Antwortzeiten.

Die Konzepte des Expertensystems ISIS für Wissensrepräsentation und inferentielle Wissenserschließung sind so allgemein ausgelegt, daß es sich für nahezu jedes Produktionssystem zur heuristischen Maschinenbelegung einsetzen läßt. Im Vordergrund stehen jedoch Produktionssysteme vom Typ der Werkstattfertigung. In seiner Wissensbasis werden ein umfassendes Produktionsmodell und detaillierte Informationen über die einzuplanenden Fertigungsaufträge vorgehalten. Das Produktionsmodell bildet z.B. ab:

- den gesamten Betriebsmittelbestand samt seiner fertigungstechnisch relevanten Eigenschaften;
- technische Verfahrenskonzepte, die mit Hilfe dieser Betriebsmittel verwirklicht werden können;

---

48 Fox, M.S.; Smith, S.F.: a.a.O. [4].
49 Fox, M.S.: Observations on the Role of Constraints in Problem Solving, Preprint eines Vortrags, anläßlich: Annual Conference of the Canadian Society for Computational Studies of Intelligence, 1986 in Montreal.
50 Smith, S.F.; Ow, P.S.: The Use of Multiple Problem Decomposition in Time Contraint Planning Tasks, in: o.V.: Proceedings of the Ninth International Joint Conference on Artificial Intelligence IJCAI-85, Los Altos 1985, Vol. 2, S. 1013-1015.
51 Smith, S.F.; Fox, M.S.; Ow, P.S.: a.a.O. [3].

- Eigenschaften von Arbeitsplätzen;
- Einschränkungen, die sich aus den Lagerbeständen von Repetierfaktoren (Vor- und Zwischenprodukten) ergeben;
- die organisatorische Struktur des Produktionssystems.

Hinzu kommen die technisch bedingten Reihenfolgebeziehungen, die zwischen den Arbeitsgängen der Fertigungsaufträge eines vorgegebenen Produktionsprogramms bestehen. Der Systembenutzer kann für die Terminplanung einzelner Aufträge zusätzliche Restriktionen dispositiver Natur vorgeben, wie z.B. spätest zulässige Fertigstellungstermine oder maximale Herstellkosten. Die voranstehenden Anmerkungen verdeutlichen das Gewicht, das in Expertensystemen für die Terminplanung der Problembeschreibung durch Restriktionen zukommt. Daneben lassen sich aber auch Optionen für die Ausführung desselben Arbeitsgangs auf verschiedenen Maschinen in der Wissensbasis festhalten.

Durch Restriktionspropagierung versucht das Expertensystem ISIS, eine friktionsfreie Maschinenbelegung zu planen. Hierbei werden allen Aufträgen des vorgegebenen Produktionsprogramms dynamische Prioritäten zugeschrieben, die an die Abstände der jeweils aktuellen Planungszeitpunkte von den Lieferterminen der Aufträge anknüpfen (Schlupfzeiten). Zusätzlich können vom Benutzer statische Prioritäten vorgegeben werden. Die Aufträge werden nach Maßgabe ihrer Prioritäten sukzessiv eingeplant.

Um den abstrakten Suchraum möglicher Maschinenbelegungen zu beschränken, werden nacheinander einzelne der oben skizzierten Restriktionen eingeführt, welche das Produktionssystem und den Auftragsbestand beschreiben. Die Restriktionseinbeziehung erfolgt nach heuristischen Kriterien für die Restriktionswichtigkeit. Wenn in einer Planungsphase die bis dahin berücksichtigten wichtigsten Restriktionen durch den vorläufigen Belegungsplan nicht gemeinsam erfüllt werden können, erzeugt das Expertensystem Alternativbelegungen. Dazu wird auf frühere Planungsebenen zurückgeschritten (backtracking), um die friktionsverursachenden Festlegungen zu erkennen, aufzuheben und durch andere Einplanungen zu ersetzen (Relaxationstechnik). Es lassen sich auch mehrere zulässige Belegungen planen, die durch Nutzenindices bewertet werden. Für nachfolgende Planungsphasen werden zunächst nur die vorläufigen Pläne mit den höchsten Nutzenindices weiter verfolgt. Wenn in diesem aufwendigen Suchprozeß – gegebenenfalls nach Erzeugen von Alternativen und korrigierendem Zurückschreiten – schließlich eine zulässige Belegung der Maschinen gefunden wird, gibt sie für den jeweils eingeplanten Auftrag an, wie dieser durch das Produktionssystem geschleust werden soll.

Es werden neue Restriktionen erzeugt, die beschreiben, welche Ressourcen für die Abwicklung dieses nunmehr fest eingeplanten Auftrags gebunden oder verbraucht werden. In der dynamischen Wissensbasis wird das Modell des Produktionssystems um diese Restriktionen erweitert. Der nächste Auftrag mit der höchsten Priorität aus der Menge der noch nicht eingeplanten Aufträge wird ausgewählt. Dieser auftragsorientierte Einplanungszyklus wird so lange wiederholt, bis der gesamte Auftragsbestand abgearbeitet ist (sofern er sich friktionsfrei einplanen läßt).

Statt der vollautomatischen Generierung eines Terminplans kann das Expertensystem ISIS auch in einem interaktiven Betriebsmodus eingesetzt werden. Dabei berät es seinen Benutzer in einem Dialog hinsichtlich der Erstellung von Maschinenbelegungsplänen. Vor allem erfüllt es die Funktion zu überprüfen, ob der vom Benutzer editierte Belegungsplan alle Planungsrestriktionen erfüllt.

Das Expertensystem ISIS besitzt auch die Fähigkeit zur Terminsteuerung. Es ist möglich, auf Störungen im Produktionssystem „intelligent" zu reagieren, die ein Ausführen der ursprünglich geplanten Maschinenbelegung vereiteln. Es braucht keine vollständige Neuplanung vorgenommen zu werden. Statt dessen werden zunächst nur die Aufträge neu eingeplant, die von einem Maschinenausfall unmittelbar betroffen sind. Die Belegungen aller übrigen Aufträge werden als „weiche" Restriktionen für die Anpassungsplanung behandelt. Nur wenn mittelbare Auswirkungen der wenigen neu eingeplanten Aufträge dazu führen, daß sich einige dieser weichen Restriktionen nicht einhalten lassen, werden die hiervon indirekt betroffenen Aufträge in die Anpassungsplanung einbezogen.

Die Leistungsfähigkeit des Expertensystems ISIS wurde in mehr als einem Dutzend von Simulationsexperimenten getestet[48]. Allerdings fand kein Vergleich mit konventionellen Systemen für die Maschinenbelegungsplanung, sondern nur eine absolute Leistungsbeurteilung statt. Dabei zeigten sich in Abhängigkeit von der jeweils implementierten Strategie für die Restriktionspropagierung zum Teil erhebliche Unzulänglichkeiten. Hierzu gehört z.B. die Überschreitung der vorgegebenen Liefertermine von 65 der insgesamt 85 simulierten Aufträge (Überschreitungsquote: 76 %). Obwohl es sich um einen Extremfall handelt, werden doch die eingangs angesprochenen Preisungen der Leistungsfähigkeit dieses Expertensystems relativiert. Selbst die Simulationsreihen mit den besten Ergebnissen konnten die Überschreitungsquote nicht unter 16 % drücken (14 Aufträge von 85). Spätere Leistungstests brachten sogar zu Tage, daß das Expertensystem ISIS in Simulationsexperimenten zu höheren Verspätungskosten, Durchlaufzeiten und Anzahlen von Rüstaktivitäten führte als eine konventionelle Maschinenbelegungsplanung, die auf einer starren Prioritätsregel vom COVERT-Typ für die Auftragseinplanung beruhte[52].

---

52 Ow, P.S.; Smith, S.F.: Viewing Scheduling as an Opportunistic Problem Solving Process, Working Paper, Carnegie-Mellon University, Pittsburgh 1986, auch veröffentlicht in: Annals of Operations Research, Vol. 12 (1988), S. 85-108.

4.2 Fortentwicklung OPIS

Als Reaktion auf seine Effizienzprobleme wurde das Expertensystem ISIS unter der Bezeichnung OPIS (Opportunistic Intelligent Scheduler) fortentwickkelt[51,52,53,54]. Es beruht nicht mehr nur auf der sukzessiven, prioritätsgesteuerten Auftragseinplanung. Vielmehr verfügt es auch über zwei alternative Einplanungsstrategien, die entweder ressourcen- oder ereignisbezogen erfolgen.

Bei der ressourcenorientierten Strategie werden alle Restriktionen gemeinsam betrachtet, die jeweils für eine Maschine gelten. Hierdurch können Engpaßprobleme, die aus der Konkurrenz mehrerer Aufträge um die knappe Kapazität einer Maschine resultieren, und Rüstkosten, die von der Auftragsreihenfolge an einer Maschine abhängen, erstmals adäquat erfaßt werden. Im Rahmen der ereignisbezogenen Strategie werden dagegen alle Wirkungen zusammengefaßt, die von derselben Einplanungsentscheidung in einem Zeitpunkt ausgehen.

Alle drei Einplanungsstrategien berücksichtigen jeweils Teilaspekte eines komplexen Terminplanungsproblems. Keine von ihnen vermag bei isolierter Anwendung das Problem in allen Facetten zu durchdringen. Daher muß jede von ihnen zu suboptimalen Belegungsplanungen führen. Der Ansatz der Metaplanung des Expertensystems OPIS besteht im wesentlichen darin, die drei Einplanungsstrategien so miteinander zu kombinieren, daß das Terminplanungsproblem möglichst umfassend bewältigt wird.

Zu diesem Zweck wird zunächst die ressourcenbezogene Strategie verwendet, um Engpaßprobleme aufzudecken und so zu lösen, daß vorgegebene Liefertermine eingehalten werden. Dabei wird zur Planverfeinerung auf die ereignisorientierte Strategie zurückgegriffen. Für alle übrigen Ressourcen, die sich nicht als Engpässe herausgestellt haben, erfolgt die auftragsorientierte Einplanung nach dem Schema, das oben für das Expertensystem ISIS erläutert wurde. Das Zusammenwirken dieser Strategien wird mittels einer Blackboard-Architektur realisiert. Hierin betreiben Agenten die Ausführung jeweils einer Einplanungsstrategie. Eine übergeordnete Steuerungskomponente legt in jeder Planungsphase fest, welcher von den Agenten auf das Blackboard einwirken, d.h. im Produktionsmodell eine Belegung einplanen darf.

Es muß jedoch darauf hingewiesen werden, daß auch die Ausweitung der rein auftragsbezogenen Belegungsplanung zum Mix dreier Einplanungsstrategien nicht

---

53 Smith, S.F.; Ow, P.S.; Lepape, C.; McLaren, B.; Muscettola, N.: Integrating Multiple Scheduling Perspectives to Generate Detailed Production Plans, in: o.V.: Proceedings 1986 SME Conference on Artificial Intelligence in Manufacturing, o.O. 1986, S. 2-123 – 2-137.

54 Smith, S.F.: A Constraint-Based Framework for Reactive Management of Factory Schedules, in: Oliff, M.D. (Hrsg.): Expert Systems and Intelligent Manufacturing, Proceedings of the Secong International Conference on Expert Systems and the Leading Edge in Production Planning and Control, 03.-0.505.1988 in Charleston, New York – Amsterdam – London 1988, S. 113-130.

zu garantieren vermag, Terminplanungsprobleme in optimaler Weise zu lösen. Die Terminplanung behält grundsätzlich ihren heuristischen, suboptimalen Charakter. Denn erstens erfolgt kein Beweis, daß durch die drei Strategien das Terminplanungsproblem vollständig überdeckt wird. Selbst wenn dies der Fall wäre, so wird in jeder Planungsphase doch nur wieder eine Strategie isoliert angewendet. Daher werden zweitens Interdependenzen zwischen auftrags-, ressourcen- und ereignisbezogenen Problemdeterminanten grundsätzlich übersehen. Drittens liegt keine ausgereifte Theorie vor, anhand derer die Metaplanung durch den übergeordneten Agenten hinsichtlich des Optimierungsziels beurteilt werden könnte. Die Aufrufe der strategieausführenden Agenten durch die Steuerungskomponente erfolgen zwar nach einem heuristischen, intuitiv-plausiblen Schema. Eine stringente theoretische Begründung der Zieladäquanz dieses Schemas geschah allerdings nicht.

Immerhin konnte jedoch in Simulationsexperimenten aufgezeigt werden, daß die heuristische Belegungsplanung des Expertensystems OPIS mit seinem Strategiemix dem monostrategischen Vorläufer-Expertensystem ISIS deutlich überlegen ist[52]. Das erstgenannte Exemplar führte zu geringeren Verspätungskosten, Durchlaufzeiten und auch Anzahlen von Rüstaktivitäten als das zweitgenannte. Dabei brauchte OPIS für die Ermittlung der besseren Maschinenbelegungspläne noch nicht einmal die Hälfte der Laufzeit seines Pendants ISIS. Darüber hinaus erwies sich das Expertensystem OPIS auch leistungsfähiger als ein konventionelles Planungssystem auf der Basis der starren COVERT-Prioritätsregel. Diese Überlegenheit ließ sich hinsichtlich aller drei vorgenannten Zielkriterien demonstrieren.

Literaturverzeichnis

Antweiler, W.: Ansätze für Konnektionistische Expertensysteme – Grundlagen und Experimente –, Diplomarbeit, Lehrstuhl für Informatik, Universität Köln, Köln 1989.
Bel, G.; Bensana, E.; Dubois, D.; Erschler, J.; Esquirol, P.: A Multi-Knowledge-Based Approach to Industrial Job-Shop Scheduling, Rapport No. 88195, Laboratoire D'Automatique et d'Analyse des Systemes, Centre National de la Recherche Scientifique, Toulouse 1988.
Ben-Arieh, D.: Knowledge Based Control Systems for Automated Production and Assembly, in: Kusiak, A. (Hrsg.): Modelling and Design of Flexible Manufacturing Systems, Amsterdam 1986, S. 347-368.
Berard, C.; Braud, V.; Doumeingts, G.: Guiding techniques for manufacturing system using Artificial Intelligence, in: Bullinger, H.-J.; Warnecke, H.J. (Hrsg.): Toward the Factory of the Future, Berlin 1985, S. 345-350.
Biswas, G.; Oliff, M.; Sen, A.: Design of an Expert System in Operations Analysis, in: o.V.: Proceedings of the IEEE International Conference on Systems, Man and Cybernetics, New York 1985, S. 121-125.

Bücker, M.; Neumann, K.: Construction of an Learning Expert-Like System for Machine Scheduling and Project Planing – A Laboratory Course at the University of Karlsruhe, in: Kleinschmidt, P.; Radermacher, F.J.; Schweitzer, W.; Wildemann, H.: Methods of Operations Research 59, XII, Symposium on Operations Research, 09.-11.09.1987 in Passau, Proceedings, Frankfurt 1989, S. 333-336.

Bünger, J.: Ein lernendes Mustererkennungssystem zur betrieblichen Prozeßsteuerung, Dissertation, Universität Köln 1987, Bergisch Gladbach 1988.

Bullers, W.I.; Nof, S.Y.; Whinston, A.B.: Artificial Intelligence in Manufacturing Planning and Control, in: AIIE Transactions, Vol. 12 (1980), S. 351-363.

Chang, F.-C.: A Knowledge-Based Real-Time Decision Support System for Job Shop Scheduling at the Shop Floor Level, Dissertation, Ohio State University, o.O. (Ann Arbor) 1985.

de Kleer, J.: Problem Solving with the ATMS, in: Artificial Intelligence, Vol. 28 (1986), S. 197-224.

Doumeingts, G.; Berard, C.; Breuil, D.; Maisonneuve, M.: Use of Artificial Intelligence for Piloting Manufacturing Unit, in: Falster, P.; Mazumder, R.B. (Hrsg.): Modeling Production Management Systems, Amsterdam 1985, S. 197-218.

Fox, M.S.: Constraint-Directed Search: A Case Study of Job Shop Scheduling, Dissertation, The Robotics Institute, Carnegie-Mellon University, Pittsburgh 1983.

Fox, M.S.; Smith, S.F.: ISIS – a knowledge-based system for factory scheduling, in: Expert Systems, Vol. 1 (1984), No. 1, S. 25-49.

Fox, B.R.; Kempf, K.G.: Complexity, Uncertainty and Opportunistic Scheduling, in: Weisbin, C.R. (Hrsg.): Artificial Intelligence Applications, Washington 1985, S. 487-492.

Fox, M.S.: Observations on the Role of Constraints in Problem Solving, Preprint eines Vortrags, anläßlich: Annual Conference of the Canadian Society for Computation Studies of Intelligence, 1986 in Montreal.

Fox, B.R.: The Implementation of Opportunistic Scheduling, in: Hertzberger, L.O.; Groen, F. C.A. (Hrsg.): Intelligent Autonomous Systems, Amsterdam 1987, S. 231-240.

Gallant, S.I.: A Connectionist Expert System Approach to Fault Diagnosis in the Presence of Noise and Redundancy, in: o.V.: International Workshop on Artificial Intelligence for Industrial Applications, o.O. 1988, S. 15-19.

Grossberg, S.: Nonlinear Neural Networks: Principles, Mechanisms, and Architectures, in: Neural Networks, Vol. 1 (1988) S. 17-61.

Krallmann, H.: Expertensysteme für computerintegrierte Fertigung, in: Warnecke, H.J. (Hrsg.): Produktionsplanung, Produktionssteuerung in der CIM-Realisierung, Berlin 1986, S. 396-423.

Lamatsch, A.; Morlock, M.; Neumann, K.; Rubach, T.: SCHEDULE – An Expert System for Machine Scheduling, Report WIOR 294, Institut für Wirtschaftstheorie und Operations Research, Universität Karlsruhe, Karlsruhe 1986.

Le Pape, C.; Sauve, B.: SOJA: Un systeme d'ordonnancement journalier d'atelier, in: o.V.: Les systemes experts et leurs applications, 5th International Workshop, Avignon 1985, S. 849-867.

Lin, L.-E.S.; Chung, S.-L.: A Systematic FMS Model for Real-Time on-line Control and Question-Answerer Simulation Using Artificial Intelligence, in: Stecke, K.E.; Suri, R. (Hrsg.): Proceedings of the Second ORSA/TIMS Conference on Flexible Manufacturing Systems, Amsterdam 1986, S. 567-579.

Matthes, W.: Ein lernendes Expertensystem in der Ablaufplanung – Problematik und Konzeption der Entwicklung einer Wissensbasis, in: Wolff, M.R. (Hrsg.): Entscheidungsunterstützende Systeme im Unternehmen, München-Wien 1988, S. 73-121.

Mertens, P.: Die Theorie der Mustererkennung in den Wirtschaftswissenschaften, in: (Schmalenbachs) Zeitschrift für betriebswirtschaftliche Forschung, 29. Jg. (1977), S. 777-794.

Mertens, P.: Expertensysteme in den betrieblichen Funktionsbereichen – Chancen, Erfolge, Mißerfolge, in: Wildemann, H. (Hrsg.): Expertensysteme in der Produktion, München 1987, S. 112-175.

Mertens, P.; Hildebrand, R.J.N.; Kotschenreuther, W.: Verteiltes wissensbasiertes Problemlösen im Fertigungsberich, in: Zeitschrift für Betriebswirtschaft, 59. Jg. (1989), S. 839-854.

Mertens, P.; Helmer, J.; Rose, H.; Wedel, T.: Ein Ansatz zu kooperierenden Expertensystemen bei der Produktionsplanung und -steuerung, in: Kurbel, K.; Mertens, P.; Scheer, A.-W. (Hrsg.): Interaktive betriebswirtschaftliche Informations- und Steuerungssysteme, Berlin-New York 1989, S. 13-40.

Meyper, W.: ESPRIT 932: Knowledge Based Real-Time Supervision in Computer Integrated Manufacturing (CIM), in: Brauer, W.; Wahlster, W. (Hrsg.): Wissensbasierte Systeme, Berlin 1987, S. 401-412.

Orciuch, E.; Frost, J.: ISA: Intelligent Scheduling Assistant, in: o.V.: First Conference on Artificial Intelligence Applications, Silver Spring 1984, S. 314-320.

Ow, P.S.; Smith, S.F.: Viewing Scheduling as an Opportunistic Problem Solving Process, Working Paper, Carnegie-Mellon University, Pittsburgh 1986, auch veröffenlicht in: Annals of Operations Research, Vol. 12 (1988), S. 85-108.

Ow, P.S.; Smith, S.F.; Howie, R.: A Cooperative Scheduling System, in: Oliff, M.D. (Hrsg.): Expert Systems and Intelligent Manufacturing, Proceedings of the Second International Conference on Expert Systems and the Leading Edge in Production Planning and Control, 03.-05.05.1988 in Charleston, New York-Amsterdam-London 1988. S. 43-56.

Pease III, M.C.: ACS. 1: An Experimental Automated Command Support System, in: IEEE Transactions on Systems, Man, and Cybernetics, Vol. SMC-8 (1978), S. 725-735.

Robbins, J.H.: PEPS: The Prototype Expert Priority Schedular, in: o.V.: Proceedings Autofact '85, 4.-7.11.1985 in Detroit, Amsterdam 1985, S. 13-10 – 13-34.

Shaw, M.J.P.; Whinston, A.B.: Applications of Artificial Intelligence to Planning and Scheduling in Flexible Manufacturing, in: Kusiak, A. (Hrsg.): Flexible Manufacturing Systems: Methods and Studies, Amsterdam-New York-Oxford 1986, S. 223-242.

Smith, S.F.; Fox, M.S.; Ow, P.S.: Constructing and Maintaining Detailed Production Plans: Investigations into the Development of Knowledge-Based Factory Scheduling Systems, in: AI Magazine, o.Jg. (Fall 1986), S. 45-61.

Smith, S.F.; Ow, P.S.: The Use of Multiple Problem Decomposition in Time Constraint Planning Tasks, in: o.V.: Proceedings of the Ninth International Joint Conference on Artificial Intelligence IJCAI-85, Los Altos 1985, Vol. 2, S. 1013-1015.

Smith, S.F.; Ow, P.S.; Lepape C.; McLaren, B.; Muscettola, N.: Integrating Multiple Scheduling Perspectives to Generate Detailed Production Plans, in: o.V.: Proceedings 1986 SME Conference on Artificial Intelligence in Manufacturing, o.O. 1986, S. 2-123 – 2-137.

Smith, S.F.: A Constraint-Based Framework for Reactive Management of Factory Schedules, in: Oliff, M.D. (Hrsg.): Expert Systems and Intelligent Manufacturing, Proceedings of the Second International Conference on Expert Systems and the Leading Edge in Production Planning and Control, 03-05.05.1988 in Charlston, New York-Amsterdam-London 1988, S. 113-130.

Subramanyam, S.; Askin, R.G.: An Expert Systems Approach to Scheduling in Flexible Manufacturing Systems, in: Kusiak, A. (Hrsg.): Flexible Manufacturing Systems: Methods and Studies, Amsterdam 1986, S. 243-256.

These, A.; Lei, L.; An „Expert" System for Scheduling Robots in a Flexible Electroplating System with Dynamically Changing Workloads, in: Stecke, K.E.1; Suri, R. (Hrsg.): Proceedings of the Second ORSA/TIMS Conference on Flexible Manufacturing Systems, Amsterdam 1986, S. 555-566.

Tsang, E.P.K.: TLP – A Temporal Planner, in: Hallam, J.; Mellish, C. (Hrsg.): Advances in Artificial Intelligence, Chichester 1987, S. 63-78.

Van Dyke Parunak, H.; Iris, B.W.; Kindrick, J.; Lozo, P.W.: Fractal Actors for Distributed Manufacturing Control, in: Weisbin, C.R. (Hrsg.): Artificial Intelligence Applications, Washington 1985, S. 653-660.

Van Dyke Parunak, H.: Manufacturing Experience with the Contract Net, in: Huhns, M.N. (Hrsg.): Distributed Artificial Intelligence, London 1987, S. 285-310.

Warman, E.A.: Manufacturing and Artificial Intelligence, in: Ponomaryov, V.M. (Hrsg.): Artificial Intelligence, Proceedings of the IFAC Symposium, 4.-6.10.1983 in Leningrad, Oxford-New York-Toronto... 1984, S. 59-63.

Wiendahl, H.-P.; Lüssenhop, T.: Ein neuartiges Produktionspezeßmodell als Basis eines Expertensystems für die Fertigungssteuerung, in: Warnecke, H.J. (Hrsg.): Produktionsplanung, Produktionssteuerung in der CIM-Realisierung, Berlin 1986, S. 433-454.

Wiendahl, H.-P.; Ludwig, E.: Grundlagen eines modellorientierten Expertensystems zur kurzfristigen Fertigungsablaufdiagnose, in: Wildemann, H. (Hrsg.): Expertensysteme in der Produktion, München 1987, S. 297-322.

Wildemann, H.: Expertensysteme als CIM-Baustein – Betriebswirtschaftlich-technologische Anforderungen an wissensbasierte Systeme in der Produktion, in: Wildemann, H. (Hrsg.): Expertensysteme in der Produktion, München 1987, S. 1-57.

Zelewski, S.: Expertensysteme für Prozeßplanung und -steuerung in der Fabrik der Zukunft – Ein Überblick über Konzepte und erste Prototypen, Arbeitsbericht Nr. 22, Industrieseminar, Universität Köln, Köln 1988.

Zelewski, S.: Expertensysteme zur Sicherung der Betriebsbereitschaft in der Fabrik der Zukunft, Arbeitsbericht Nr. 23, Industrieseminar, Universität Köln, Köln 1988.

Gerald Ernst

Expertensysteme in der Produktion

1. Motivation

2. Pilotprojekt IXMO

3. Diagnose Schaltplattenprüfstand

4. Sonstige Systeme

5. Integration von Expertensystemen

6. Erfahrungen und Empfehlungen

7. Entwicklungstendenzen und Ausblick

1. Motivation

In zunehmendem Maße wird die Erfahrung und das Wissen von Experten das Potential für den Unternehmenserfolg.

Die Ziele kürzere Entwicklungszeiten, höchste Qualität, Flexibilität, Wirtschaftlichkeit, optimale Anlagennutzung und hoher Automatisierungsgrad erfordern auch neue Organisations-, Arbeits- und DV-Techniken. So werden *neue Produktionstechniken und DV-Systeme* heute durch bereichsübergreifende Projekt- und Teamarbeit entwickelt und eingeführt. Auch der Prozeß von Entwicklung eines Produktes bis zu seiner Produktion und der Produktionsprozeß selbst ist heute gekennzeichnet durch den Einsatz modernster Produktions- und DV-Technik.

Information und Wissen ist an den unterschiedlichsten Stellen eines Unternehmens bei Spezialisten und Experten vorhanden. In immer kürzerer Zeit müssen vielfältige, spezielle, aber umfassende Informationen analysiert, bewertet und bei Entscheidungen berücksichtigt werden. Das erfolgt *heute noch* weitgehend durch *verbale und schriftliche Kommunikation*. Viele der heute festzustellenden Nachteile wie Objektivität, Vollständigkeit und Aufwand können durch Informations- und Expertensysteme verbessert werden.

Die in der Vergangenheit sehr stark ausgeprägte Aufgabenteilung im Produktionsprozeß wird heute im verstärkten Maße durch neue Organisationsformen abgebaut. Beispiel dafür ist der Mitarbeiter in der Produktion, der in zunehmendem Maße, neben der bisher im Vordergrund stehenden Maschinenbedienung, heute für Instandhaltung, Maschineneinrichtung, Werkzeuge, Aufträge und Programmierung der Maschine verantwortlich wird. Dazu braucht er sowohl bessere, umfassende und objektivere Informationen als auch eine gute Ausbildung und intensive, laufende Weiterbildung. Aus diesem Grund hat er heute den *Bildschirm und entsprechende DV-Technik direkt an der Maschine* in der Produktion.

Nicht nur in der Anwendung, auch bei der *Entwicklung von Produktions- und DV-Verfahren* kann diese Job-Enrichment-Philosophie erfolgreich angewandt werden. DV-Technik und Expertensysteme unterstützen im Grunde die schnellere, effektivere Aufgabenerledigung und führen auch hier durch Übernahme neuer Aufgaben zu Job-Enrichment.

Expertensysteme und Softwaresysteme kann man in unterschiedlichsten Organisationsformen entwickeln. Sowohl die Zusammenfassung von Spezialisten in Stabs- und *Zentralbereichen* als auch die mehr *anwendungsorientierte, dezentrale Entwicklung* bieten unter bestimmten Voraussetzungen Vorteile.

In unserem Hause hat sich die *Integration von Produktionstechnik und technischer Datenverarbeitung* in einen Bereich bewährt, der für die Motoren-, Getriebe- und Achsproduktion neue Produktions- und DV-Methoden entwickelt. Zur Entwicklung neuer Techniken für die Produktion arbeiten Roboter-, Laser-, Zerspanungs-, NC- und DV-Spezialisten zusammen. Das Arbeitsspektrum reicht von der Marktbeobachtung über die Grundlagenuntersuchung und Entwicklung bis zur Einführungsunterstützung von Systemen.

Neben DV-Systemen für CAD, CAM, CAQ, Prüffelder, Produktions- und BDE-Systmen wurden auch Expertensysteme erprobt, entwickelt und eingeführt.

Auf den unterschiedlichsten Gebieten, Anwendungsbereichen und in den verschiedenen Produktionswerken werden Expertensysteme entwickelt oder erprobt bzw. sind Anwendungen geplant. Dazu zählen Lackieranlagendiagnose, Roboterdiagnose, Konfiguration von Systemen, Einsatz in der Produktionssteuerung u.v.m. Aus diesem Spektrum sollen einige wenige diskutiert werden.

An den Projekten Motordiagnose, Schaltplattenprüfung und Prozeßdiagnose und -optimierung wurden auf unterschiedlichsten Gebieten wertvolle Erfahrungen gewonnen. Die verschiedenen Anwendungen wurden nach unterschiedlichen Methoden entwickelt. Wie aus Abbildung 1 hervorgeht, werden je nach Projekt alle Daten automatisch erfaßt, manuell eingegeben oder es kommen beide Verfahren gemeinsam vor.

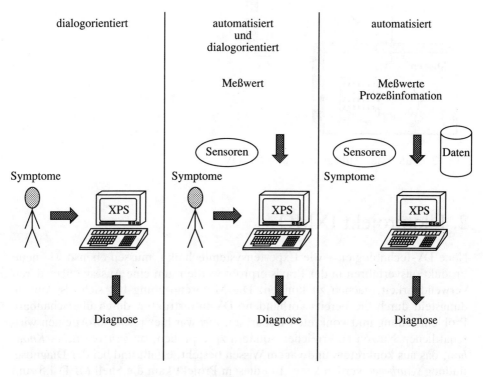

Abb. 1: Typisierung von Diagnose-Expertensystemen

Expertensystemanwendungen auf dem Gebiet Diagnose sind im Stufenkonzept ein konsequenter Schritt zur Automatisierung. Dieser Zusammenhang ist in Abbildung 2 beschrieben.

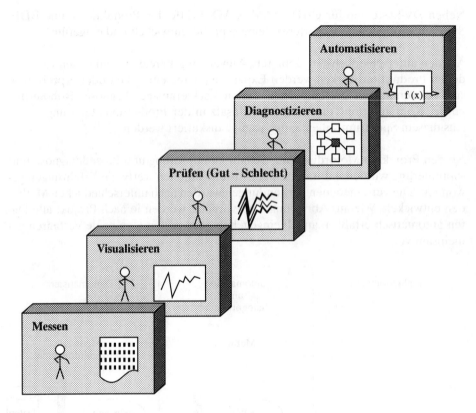

Abb. 2: Stufen der Automatisierung mit DV

2. Pilotprojekt IXMO

Neue DV-Technologien – wie Expertensystemtechnik – müssen ebenso wie neue Produktionsverfahren in der Praxis erprobt werden, um eine Aussage über deren Verwendbarkeit machen zu können. Die Motorenprüfung bot sich als Anwendungsfeld durch die bereits vorhandene DV-Infrastruktur, durch überschaubare Problemstellung und konkreten Bedarf an. *Ziel* war hier nicht, sofort einen wirtschaftlichen Nutzen zu erreichen sondern zu erproben, ob *technologisches Knowhow,* das aus konkretem und vagem Wissen besteht, erfaßt und bei der Diagnosefindung *verarbeitet* werden kann. Bei diesem Projekt kam die Shell MED 1.5 zum Einsatz.

Bisher wurden beanstandete Motoren mit einem Motorenbegleitzettel versehen, auf denen – verbal beschrieben – die festgestellten Funktionsmängel genannt wurden. Die Beanstandungen wurden vom Prüfer formuliert, ohne daß dieser alle Informationen, die beim Prüflauf anfielen, festhielt. In der Nacharbeit wurde anhand der vorgegebenen Daten versucht, eine Diagnose zu generieren und beim teilweise oder ganzen Demontieren des Motores eine entsprechende Ursache zu lokalisieren. Arbeitsumfang und Ergebnis wurden getrennt dokumentiert.

Das neue Konzept unterscheidet sich hier etwas: Die vom Prüfer feststellbaren Beanstandungen (Symptome) werden über ein Terminal dem Rechner gemeldet, die Eingabe erfolgt mit Hilfe eines speziell dafür definierten Fehlercode. Meßwerte und Symptome werden vom Motorenprüffeldrechner an den Expertensystem-Rechner übertragen. Dieser ermittelt daraus anhand vorhandener Regeln und Zusammenhänge, die sich in seiner Wissensbasis befinden, Diagnosen. Diese werden zusammen mit den anderen Motorendaten in die Nacharbeit übertragen. Damit kann der Nacharbeiter gezielt die vom Rechner als wahrscheinlich vorgegebenen Beanstandungsursachen untersuchen, entsprechende Bauelemente tauschen bzw. Einstellungen optimieren. Nach Ende des Nacharbeitsvorganges werden die Befunde motorspezifisch erfaßt und stehen dem Experten für weitere Optimierungen und statistische Vergleiche zur Verfügung.

Bei Expertensystemen, die zu Diagnosezwecken eingesetzt sind, ist klar zwischen Symptomen, Diagnose und Befund zu unterscheiden. *Symptome* sind Beanstandungen oder Meßwertabweichungen. Die *Diagnose* schließt aufgrund von einem oder mehreren Symptomen auf die wahrscheinliche Beanstandung und der *Befund* ist der tatsächlich festgestellte Grund, z.B. bei der Reparatur. Wie schwierig, vom Individuum abhängig und teilweise undurchsichtig die *logische Verbindung von Symptomen zur Diagnose* in Wirklichkeit ist, kennt jeder von der medizinischen Diagnose.

Nicht einfacher stellt sich das Verfahren auf technischem Gebiet dar. Das Symptom „Motor setzt aus" kann bei der Diagnose bezogen auf das Bauteil, Gemischregler, Einspritzdüse, Zündkerze, Zündkabel, Ventil, Ventilsitz, Saugrohr u.v.m. sein.

Wie Abbildung 3 zeigt, sind die Zusammenhänge zwischen Symptomen und Diagnosen als Regeln im System hinterlegt. Die Regeln werden von dem Experten und dem Knowledge-Engineer erarbeitet und in das Expertensystem eingegeben. Das vorliegende Expertensystem besteht aus ca. 1.200 Regeln. Der *Know-How-Definitionsvorgang* war relativ langwierig und zeitintensiv, da Zusammenhänge und Abhängigkeiten oft von dem Experten nicht auf Anhieb klar beschreibbar sind bzw. von mehreren Experten unterschiedlich interpretiert werden (siehe Abbildung 4). Abhängigkeiten und Zusammenhänge sind ein sehr komplexes, mehrdimensionales Gebiet.

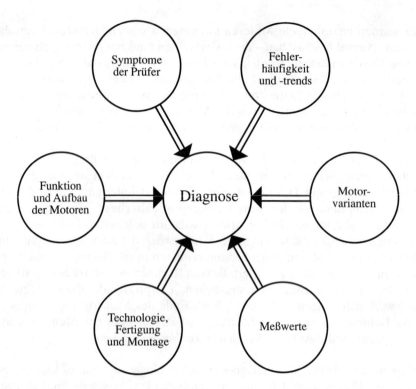

Abb. 3: Zusammenhang Symptom – Diagnose

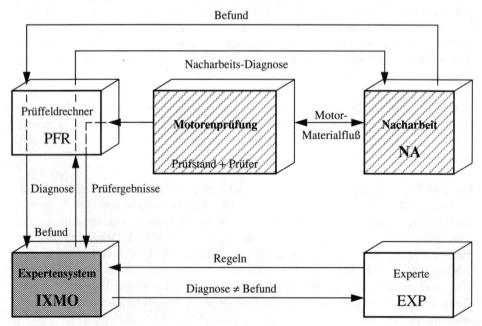

Abb. 4: Informationsfluß und Integration des Expertensystems

3. Diagnose Schaltplattenprüfstand

Eine weitere Anwendung auf dem Diagnosegebiet ist, wie Abbildung 5 zeigt, die rechnerunterstützte Schaltplattenprüfung, bei der MED2 zum Einsatz kommt. Hier werden alle *Meß- und Prüffunktionen automatisch erfaßt,* von einem Minicomputersystem verarbeitet und fehlerhafte Platten anhand von Prüfabweichungen erkannt und aussortiert. Ziel des Expertensystems ist es, aus den 250 Messungen und Prüfungen Diagnosen abzuleiten, mit denen es einfach möglich ist, auf das jeweils defekte Bauteil zu schließen. Die Wissensakquisition erfolgte hier nicht wie bei der Motordiagnose im Dialog mit den Experten, sondern indem mehrere 1000 Prüfprotokolle, die mit der richtigen Diagnose versehen wurden, manuell ausgewertet werden. Dabei wurden systematische Abweichungen und Abhängigkeiten erkannt und als Regeln definiert. Das Expertensystem wird auf PC's implementiert und in das Gesamtkonzept integriert.

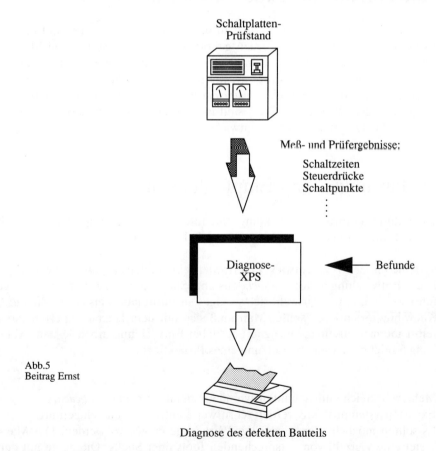

Abb.5
Beitrag Ernst

Abb. 5: Prinzip Expertensystem Schaltplatte

4. Sonstige Systeme

Die Pilotprojekte zeigten Vorteile in bezug auf Wissenstransparenz und Informationsobjektivität, führen zu besseren und schnelleren Diagnosen bzw. werden Aufgaben gelöst, die anders nicht lösbar waren.

Eine Vielzahl von weiteren Expertensystemen auf den unterschiedlichsten Gebieten befinden sich in der *Erprobungs-, Pilot- oder Entwicklungsphase*. Allen Expertensystemanwendungen liegt ein konkreter Diagnose-, Planungs- oder Konstruktionsbedarf zugrunde, der anders nicht zu befriedigen ist. Die Entwicklung ist sehr stark anwendungsabhängig bzw. durch die konkrete Anwendung geprägt. Eine Vielzahl von *potentiellen Einsatzgebieten* sind heute erkennbar.

5. Integration von Expertensystemen

Expertensysteme müssen in der Praxis in bestehende Informations- und Produktionssysteme integriert werden. Dazu gehört, daß Expertensysteme nicht – wie bisher üblich – ausschließlich im Bildschirmdialog mit dem Benutzer kommunizieren, sondern, daß sie *automatisch Daten* wie Meßwerte mit bestehenden Systemen *austauschen* und voll in *betriebliche Abläufe integriert* werden. Fehler- oder Typschlüssel müssen angepaßt werden. Dazu sind umfangreiche Systemanalysen durchzuführen und Fehlersystematiken zu entwickeln.

6. Erfahrungen und Empfehlungen

Bei der durchgeführten Entwicklung und Integration eines Expertensystems in die reale Produktionsumwelt wurden folgende Erfahrungen gemacht:

– Systeme dieser Art zu entwickeln, erfordert einen relativ *hohen Zeitaufwand*.
– Diese Entwicklungen können *nicht* ausschließlich *mit externen Partnern* durchgeführt werden, deren Auswahl sich weniger an Informatik-, als an Applikations-Know-how orientieren sollte. Man muß sich mit dem Thema Expertensystem selbst intensiv auseinandersetzen und dabei Entwicklungsarbeit leisten. Abbildung 6 zeigt die Zusammensetzung eines Projektteams.

– Mehrere Bereiche müssen intensiv und kooperativ *zusammenarbeiten*.
– Expertensystemprojekte werden schrittweise entwickelt und eingeführt.
– Es sollten möglichst leistungsfähige Werkzeuge eingesetzt werden. Der Markt bietet eine Vielzahl von entsprechenden Tools oder Shells. Die heute auf dem Markt angebotenen Expertensystem-Werkzeuge sind bezogen auf deren Ent-

wicklungsstand für eine Vielzahl von Anwendungsgebieten geeignet, Probleme *effektiv und effizient* zu lösen.

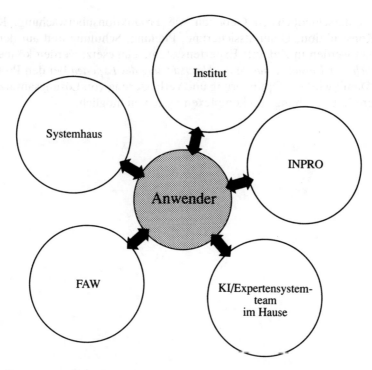

Abb. 6: Expertensystem-Beratung

7. Entwicklungstendenzen und Ausblick

In Zusammenarbeit von Anwendern und Entwicklern entstehen laufend *neue oder optimierte Werkzeuge.* Dadurch eröffnen sich neue Anwendungsgebiete. Parallel dazu nimmt die noch vor einiger Zeit vorhandene Hardwareunabhängigkeit ab. Man braucht für eine Anwendung nicht mehr zwangsläufig einen speziellen LISP-Rechner. Angebotene Softwarepakete laufen auf den vorhandenen Rechnern und zunehmend auch auf den PC's oder Workstations. Dadurch sind *Expertensysteme „bezahlbar"* und neue Anwendungen werden auch unter wirtschaftlichen Aspekten interessant.

Bei der Nutzen- und Wirtschaftlichkeitsbetrachtung von Expertensystemen hilft oft die *konventionelle, betriebswirtschaftliche Kostenrechnung allein nicht mehr weiter,* um die richtige unternehmerische Entscheidung zu treffen. Nur ein Teil der Auswirkungen lassen sich mit der bisherigen Kostenrechnungsmethode exakt erfassen.

Obwohl Expertensysteme noch relativ neu in der Produktion sind, gibt es Entwicklungen und Anwendungen, die auch unter Nutzengesichtspunkten einer Prüfung standhalten.

Auf den unterschiedlichsten Gebieten wie Produktionsüberwachung, Kundendienst, Konstruktion, Qualitätssicherung, Planung, Schulung und auf dem Ingenieurgebiet werden in Zukunft Expertensysteme eingesetzt werden können. Das Ziel ist *nicht der Einsatz, sondern die Unterstützung des Experten* bei den Problemlösungen. Damit wird die Optimierung und Verbesserung von Lösungsansätzen bzw. die bessere Beherrschung von komplexen Systemen möglich.

Fünftes Kapitel

Dienstleistungsbereich

Siegfried Genreith

Anlage- und Vermögensberatung mit wissensbasierten Systemen

1. Umfeld der Sparkassenorganisation

2. Ziele der Sparkassen

3. Das Passivgeschäft der Sparkassen

4. Projektmethodik
   4.1 Zieldefinition
   4.2 Wissenserhebung

5. Ergebnisse
   5.1 Struktur des Beratungsgesprächs
   5.2 Abbildung im Expert System Environment
      5.2.1 Liquidität
      5.2.2 Anlagedauer
      5.2.3 Anlagebereiche
      5.2.4 Anlagenauswahl
      5.2.5 Angebote
      5.2.6 Währungsanleihen

   5.3 Anwendungsbeispiel

1. Umfeld der Sparkassenorganisation

Infolge der Deregulierung des Marktes für Bankdienstleistungen gerät auch die Sparkassenorganisation in Deutschland zunehmend unter Wettbewerbsdruck. Auch Nichtbanken, hier vor allem die Versicherungs- und die KFZ-Branche zu nennen, sind oft durch Mischkalkulation in der Lage, sowohl im Aktiv- als auch im Passivbereich äußerst günstige Konditionen zu bieten. Beispiele sind hier Lebensversicherungen als rentable Anlageform oder im Zusammenhang mit Hypothekendarlehen sowie das Finanzierungsangebot der Kfz-Kreditbanken, die oft mit Konditionen weit unter Marktniveau operieren.

Im dritten Quartal 1987 lagen die Zinssätze für Hypothekendarlehen mit zehnjähriger Zinsbindung im Sparkassenbereich bei 8 % effektiv. Die meisten Lebensversicherungen offerierten zu dieser Zeit Darlehen mit gleicher Laufzeit zu unter 7 % effektiv, wobei die Tilgung allerdings über eine Kapitallebensversicherung erfolgte. Zur gleichen Zeit bot ein italienischer Automobilhersteller KFZ-Anschaffungsdarlehen zu Effektivzinssätzen von unter 2% an.

Auf der Passivseite beobachtet man eine ähnliche Situation. Gegenwärtig liegen die Sparkassenangebote für längerfristig angelegtes Geld bei 6,5 %. Eine große deutsche Lebensversicherung bietet bei Kapitallebensversicherungen eine Verzinsung des Kapitalanteils von 7 % und zusätzlich eine nicht unerhebliche variable Gewinnbeteiligung.

Gesetzliche Regelungen zur Angabe von Renditen und Effektivzinssätzen führen zu einer hohen Transparenz des Marktes für die Bankkundschaft. Eine Abgrenzung gegenüber Mitbewerbern durch besondere Konditionen wird dadurch zu einem kaum noch gangbaren Weg. Hier müssen also andere Wege im Marketing gegangen werden

Zwar wurden einige Produkte kreiert, bei denen die Angabe der Effektivverzinsung praktisch unmöglich ist, wie bei einer Art von revolvierenden Ratenkrediten (Vario Dispo Kredite), wo die Sollbestände bei Zahlung fest vereinbarter Raten ständig wechseln können bis zur Höhe eines vorgegebenen Kreditrahmens. Hier wird sogar das Verbot der Zinsesverzinsung für Ratenkredite umgangen, wenn nämlich die vereinbarten Raten zeitweise die Tilgung des Kreditstandes nicht mehr decken. Hier ist für den Kunden ein direkter Vergleich mit anderen Angebotsformen nicht mehr möglich.

Einen anderen Ausweg stellt die breite Diversifizierung der Produktpalette dar, sowie mehr und bessere Dienstleistungen. Gerade in der Sparkassenorganisation ist die Vielzahl von kleinen und kleinsten Zweigstellen zum einen eine ihrer größten Chancen, andererseits sorgt die natürliche Trägheit einer solch großen Organisation allerdings dafür, daß solche Maßnahmen nur ungenügend greifen. Es kann hier mit herkömmlichen Mitteln kaum sichergestellt werden, daß flächendeckend Kundenberater wirklich umfassend und in vergleichbarer Qualität beraten.

2. Ziele der Sparkassen

Erfahrungen aus der Vergangenheit zeigen, daß eine Gefahr der Abwanderung gerade interessanter Kundengruppen weg von der Sparkassenorganisation durchaus ernstzunehmen ist. Anlässe wie ein anstehender Wohnungswechsel werden gerade von diesen Gruppen häufig genutzt, ihre Geschäftsverbindung anderen, organisationfremden Instituten zu übertragen. Die Attraktivität der Sparkasse muß daher vor allem für die gehobene Privatkundschaft gesteigert werden. Eine Schlüsselstellung nimmt dabei das Anlagegeschäft ein.

Herkömmliche DV-Verfahren sind in Form von Abfrage- und Auswertungssystemen realisiert. So bieten Wertpapierinformationssysteme dem erfahrenen Berater Abfragen über Angebote, Konditionen, aktuelle Kursnotierungen und Rechenverfahren zu Depotbewertung, Kursanalyse, Prognose u.ä. sowie Kommunikationsschnittstellen zu den üblichen Informationsanbietern wie Reuters oder VWD.

Herkömmliche Anwendungen rationalisieren die Arbeit des erfahrenen Kundenbetreuers, während weniger versierte Berater nicht in der Lage sind, in einer Kundensituation mit solchen Systemen umzugehen. Der eigentliche Engpaß der wenigen hochqualifizierten Berater bleibt daher prinzipiell bestehen.

Die neuen Methoden der Softwareentwicklung mit Hilfe von Expertensystem-Schalen ermöglichen hier Ansätze zur flächendeckenden Verbesserung der Kundenberatung. Expertensysteme können zu einer qualitativen Anhebung der weniger erfahrenen Berater führen.

3. Das Passivgeschäft der Sparkasse

Die Geldanlage in jeder Form nimmt für die Sparkasse eine Schlüsselstellung sowohl für die Erschließung neuer Kundengruppen als auch für die Bindung der interessanten Privatkundschaft. In einem ersten Schritt soll die Attraktivität der Sparkasse vor allem für diesen Kreis der vermögenden Privatkunden erhöht werden. Um gerade hier das flächendeckende Zweigstellennetz als schlagkräftiges Marktargument ins Spiel zu bringen, muß die Qualität der Beratung überall den Erwartungen dieses Kundenkreises entsprechen können.

Die Ziele müssen daher aus Sicht der Sparkasse sein:
1. Qualitative Verbesserung der Beratung im Interesse des Kunden.

2. Berücksichtigung auch komplexer Produkte in der Beratung.
3. Gewährleistung, daß verkaufsstrategische Vorgaben der Geschäftsleitung im konkreten Beratungsgespräch tatsächlich beachtet werden.
4. Sicherstellung, daß Sparkassen-eigene Angebote in der Beratung berücksichtigt werden, soweit dem nicht Kundeninteressen entgegenstehen.
5. Berücksichtigung eines breiteren Produktspektrums in der Beratung.
6. Bessere Abschlußorientierung des Beratungsgespräches.

Man hat erkannt, daß bisherige Abfrage- und Informationssysteme zwar die Arbeit der hochqualifizierten Berater verbessern. Da eine gute Beratung aber ein Mindestmaß auch an Zeit erfordert, stößt die Erhöhung der Produktivität hier früh an Grenzen. Der Umgang mit diesen Systemen ersetzt andereseits nicht das Wissen um die Beratungsstrategie und -systematik. Die gezielte Nutzung solcher Systeme ist im jeweiligen Fall quasi schon ein Ergebnis der eigentlichen Beratung. Daraus ergibt sich, daß diese Art der Unterstützung zwar notwendige Voraussetzung für ein gutes Beratungsgespräch ist, aber andereseits nicht ausreicht, um weniger versierte Berater qualitativ anzuheben.

4. Projektmethodik

Im Februar 1988 wurde das Projekt 'Geld- und Kapitalanlageberatung vermögender Privatkunden' begonnen. Als Ansatz wurde das sogenannte 'Rapid Prototyping' gewählt. Ziel dieser Phase war die Erarbeitung einer Machbarkeitsstudie und einer Aufwandsschätzung für die Fortführung des Projektes.

4.1 Zieldefinition

Dreh- und Angelpunkt für viele Marketingaktivitäten der Sparkasse und eine der wichtigsten Informationsquellen über den jeweiligen Kunden ist das Girokonto. Die Basis der Zielabgrenzung bildet, wie in Abbildung 1 dargestellt, die sogenannte A+E-Kundengruppenmatrix die Gruppen anhand von Einkommen und Alter gliedert. Beide Faktoren sind in der Regel aufgrund der Geschäftsverbindung des Kunden bekannt. Als Einkommen wird dabei der regelmäßige Zahlungsstrom auf dem Girokonto betrachtet, soweit nicht andere Informationen vorliegen.

In einer ersten Phase soll die Beratung der Kundengruppen 9 und 10 der gehobenen Privatkundschaft verbessert werden. Bei diesen Kunden spielen neben steuerbegünstigten Angeboten vor allem die komplexeren Produkte, wie beispielsweise Investmentfonds bis hin zu Aktien und Optionen eine große Rolle. Die Beratung muß gerade hier strategisch und informativ unterstützt werden. Zur Zeit sind nur wenige Berater in der Lage, qualifiziert die Flut an Informationen über das weite

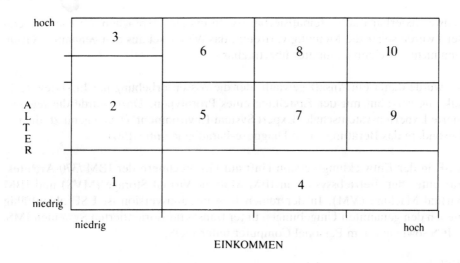

Abb. 1: A + E-Kundengruppenmatrix

Produktspektrum umzusetzen. Es wurde sogar festgestellt, daß in vielen Beratungen nur ein Produkt berücksichtigt wird.

Ziele für die 1. Phase (Prototyp / Einsatzstudie):

– Unterstützung der Beratung für die Kundengruppen 9 und 10,
– Flächendeckend qualifizierte Beratung auf allen Zweigstellen,
– Einbindung von Kundendaten in das System,
– Automatische Anbindung der Informationen, die bei der jeweiligen Beratung gebraucht werden.

Eingrenzung hinsichtlich Leistungsumfang:
– Beratungsablauf von der Informationsphase bis zur Verkaufsphase,
– Vertiefung im Bereich Währungsanleihen bis auf die Angebotsebene,
– Keine steuerlichen Aspekte,
– Berücksichtigung von Liquidität, Fristigkeit, Risikoanlagen,
– Testdatenbestand von Kunden-Portfolios.

4.2 Wissenserhebung

Im Projekt stand eine Kundenberaterin aus dem Bereich Finanz- und Kapitalanlagen für die Wissenserhebung zur Verfügung. Die Beraterin berät namentlich zugewiesene Top-Kunden in Vermögensanlagefragen. Charakteristisch für dieses Beratungswissen ist, daß der Weg von der sogenannten Kontaktphase mit dem Kunden über die Informationsphase bis hin zum konkreten Angebot und Abschluß nur schwer fixierbar und systematisierbar ist. In ersten Gesprächen mit Kundenberatern wurde sogar die Meinung vertreten, das Wissen sei aus den genannten Gründen nicht auf einen Computer übertragbar.

Es wurde daher ein Ansatz gewählt, der die Wissenserhebung per Interview-Technik eng verzahnt mit der Erstellung eines Prototypen. Dazu wurde die regelbasierte Expertensystemschale 'Expert System Environment' (ESE) genutzt, die insbesondere das Beratungs- und Diagnose-Paradigma unterstützt.

ESE in der Entwicklungsversion läuft auf Großrechnern der IBM /370-Architektur unter den Betriebssystemen IBM Multiple Virtual Storage (MVS) und IBM Virtual Machine (VM). In der reinen Konsultationsversion ist ESE ablauffähig neben den genannten Umgebungen unter transaktionsorientierten Systemen IMS, CICS sowie auf dem Personal Computer unter DOS.

ESE bietet:
– Wissensrepräsentation in Form von Regeln und Parametern,
– Eine Kontrollstruktur, die Mehrfachinstanziierungen, Inferenzstrategien und prozedurale Anweisungen verarbeitet,
– benutzerdefinierte Bildschirme auch mit grafischer Aufbereitung,
– Schnittstellen zu herkömmlichen Programmiersprachen,
– Zugriff auf operationale Daten.

Ablauf der Wissenserhebung und -abbildung:
– Einarbeitung des Knowledge-Engineers anhand von schriftlichen Unterlagen, Literatur, Dokumentationen, Arbeitsunterlagen der Kundenberaterin.

Mit dieser Vorbereitung wurde ein 'roter Faden' durch die ansonsten formlos gestalteten Interviews konstruiert:
– Interview über drei ganze Tage, handschriftliche Protokollierung,
– Abbildung in ein Regelwerk und wöchentlicher Abgleich mit der Beraterin.

Der Vorteil dieser Methodik liegt darin, daß nach den Interviews jeweils nach wenigen Tagen die neuen Erkenntnisse in das Regelwerk integriert sind und die konkreten Ergebnisse des Systems mit der Beraterin abgestimmt wurden.

Die Wissenserhebung und Erstellung der Regeln dauerte etwa 20 Tage. Zur Optimierung des Bildschirmdialogs und der Inferenzstrategien, zur Vereinheitlichung der Funktionstastenbelegung und Unterstützung der Ergebnisanzeige mit Grafiken wurden noch einmal ca. 20 Tage investiert.

5. Ergebnisse

5.1 Struktur des Beratungsgesprächs

Anhand einiger Fallbeispiele konnte eine typische Vorgehensweise der Beratung herausgearbeitet werden. Einen ersten Anhaltspunkt bot das KIV-Modell der Beratung:

Kontaktphase,
Informationsphase,
Verkaufsphase.

In der Kontaktphase ist der Name und evtl. die Kontoverbindung des Kunden bekannt. Mit Hilfe der Kontoverbindung kann ggf. auf vorhandene Anlagen zugegriffen werden, die dann wiederum Rückschlüsse auf sein Anlageverhalten und seine Risikoakzeptanz zulassen.

Während der Informationsphase gibt der Kunde zunächst den gewünschten Anlagebetrag bekannt. Weitere Informationen werden vom Kunden je nach den Erfordernissen der Beratungssituation erfragt.

Im Vordergrund der Betrachtung steht zunächst die Liquidität des Kunden. Es sollten etwa 3 Nettogehälter jederzeit verfügbar sein (auf Spar- oder Girokonten mit Laufzeiten unter 3 Monaten).

Besondere Kundenwünsche (konkrete Investition zu bestimmtem Termin) werden vorab berücksichtigt.

Dann wird zunächst, abhängig von der Marktsituation, eine Aufteilung unter dem Gesichtspunkt der Fristigkeit in kurz-, mittel-, und langfristige Anlagen empfohlen. Das kann etwa so aussehen, daß gesagt wird, 'Legen Sie am besten wegen des augenblicklich niedrigen Zinsniveaus einen größeren Betrag kurzfristig an, einen geringeren Betrag mittelfristig und nur einen kleinen Betrag langfristig an.'

Entsprechend des Kundentyps und der vorhandenen Anlagen werden dann Empfehlungen zur Anlage nach Risiko- und Komplexitätsgesichtspunkten ausgesprochen. Vier Hauptgruppen von Produkten konnten identifiziert werden:

Die Kombination der beiden Aufteilungskriterien erfolgte weitgehend parallel mit der Festlegung von Teilbeträgen. In der Regel resultieren drei bis fünf Anlagevorschläge aus der Beratung.

5.2 Abbildung im Expert System Environment

Zunächst wird nach dem Namen, der Kontoverbindung des Kunden und dem Anlagebetrag gefragt. Damit sind die vorhandenen Anlagen des Kunden dem System bekannt, sofern der Kunde bereits eine Geschäftsverbindung zum Institut unterhält. Andernfalls erfragt das System diese Daten zu einem späteren Zeitpunkt. Der Datenzugriff erfolgt vom ESE auf eine DB2-Datenbank, die Kundendaten enthält.

5.2.1 Liquidität

Hier wird die vorhandene Liquidität mittels Spareinlagen aufgestockt. Abhängig vom regelmäßigen Nettoeinkommen ist eine gewisse Mindestliquidität zu gewährleisten. Der Restbetrag geht in die weitere Beratung ein.

5.2.2 Anlagedauer

Aus dem aktuellen Zinsniveau und der Zinstendenz wird eine sinnvolle Aufteilung in kurz-, mittel- und langfristige Anlageformen ermittelt. Gleichzeitig werden diese Begriffe vom System im Hinblick auf bestimmte Laufzeiten spezifiziert.

Bei mittlerem Zinsniveau und stagnierender Tendenz werden die Laufzeitbereiche beispielsweise zu gleichen Teilen berücksichtigt.

Dabei sind kurzfristige Mittel solche Anlagen mit Laufzeit bis 2 Jahre. Mittel- und langfristige Laufzeiten werden abhängig von der Zinssituation gesetzt.

Die Aufteilung wird am Bildschirm als Zwischenergebnis angezeigt und kann mit anderen Werten überschrieben werden. Dies gilt für jeden vom System vorgeschlagenen Wert. Es soll nur Anhaltspunkte für den konkreten Anlagevorschlag bieten.

5.2.3 Anlagebereiche

Hier wird eine Aufteilung des Anlagebetrages in bis zu vier Teilbeträge vorgenommen. Aus den Fallbeispielen konnten die Produkte in vier Anlagebereiche sinnvoll eingeordnet werden:

Anlagebereich 1   Spareinlagen
                                     Festgeld
                                     Sparkassenbriefe
                                     Zuwachssparen
                                     Zertifikate

Anlagebereich 2	Inhaberschuldverschreibungen (IHS)
	Sparkassen-Obligationen
	Deutsche Anleihen
	DM-Auslandsanleihen
	Investmentfonds dt. Renten
Anlagebereich 3	Währungsanleihen
	Investmentfonds (außer dt. Renten)
	ECU-Anleihen
	Zerobonds
Anlagebereich 4	Akien
	Offene Immobilienfonds
	Edelmetalle
	Optionen
Sonderformen	Tafelgeschäfte
	Geschlossene Immobilienfonds
	Berlindarlehen.

Fünf Kundentypen sind maßgeblich für eine Basisaufteilung des Vermögens. Daraus resultiert ein Grundvorschlag, der durch andere Parameter wie Marktlage und vorhandene Anlagen sinnvoll abgewandelt wird.

Je nach Marktsituation wird an den Vorgaben im Anlagebereich 4 eine Korrektur zu Lasten von Anlagebereich 3 vorgenommen.

Ist für einen bestimmten Kundentyp (z. B. wertpapierorientiert ohne Risiko) für einen angrenzenden Anlagebereich (z. B. Anlagebereich 3) 0% zur Neuanlage vorgesehen, und hat der Kunde aber bereits Anlagen dort, so wird dies als Interesse and diesem höheren Bereich gewertet und eine Neuanlage überproportional hier zu Lasten des unteren Anlagebereichs (z. B. Anlagebereich 2) empfohlen.

Umgekehrt kann bei Bedarf der Kundentyp vom System aufgrund der vorhandenen Anlagen erschlossen werden. Dies geschieht einfach durch Nichtbeantwortung der entsprechenden Frage.

Die Aufteilung wird am Bildschirm als Zwischenergebnis angezeigt und kann mit anderen Werten überschrieben werden.

5.2.4 Anlagenauswahl

Es wird dann eine Zuordnung der nach Fristigkeit aufgeteilten Beträge auf die Anlagebereiche ermittelt.

Dazu wurde ein Algorithmus ausgewählt, der als die 'Nordwest-Eckenregel' aus der Linearen Optimierung bekannt ist. Dieser Algorithmus führt zu guten Ergebnissen, die auch von der Kundenberaterin akzeptiert wurden.

Der Algorithmus versucht kurz- und mittelfristige Beträge eher mit den unteren Anlagebereichen, mittel- und langfristige Beträge eher mit den oberen Anlagebereichen abzudecken.

5.2.5 Angebote

Sind in den Anlagebereichen 1 und 2 positive Beträge ausgewiesen, so werden je nach Fristigkeit der Anlage bestimmte Produkte empfohlen. Die Produkte sind dem Berater vertraut, so daß keine weitere Entscheidungshilfe erforderlich ist.

Ist im Anlagebereich 3 ein positiver Betrag ausgewiesen, so wird zunächst nach einem konkreten Kundenwunsch gefragt. Dieser wird dann nicht berücksichtigt, wenn die Markttendenz in dem betreffenden Segment 'BAISSE' ist.

Das System fährt fort mit Fragen nach der Markttendenz anderer Segmente. Die Reihenfolge entspricht dann vorgegebenen Empfehlungen und Verkaufsstrategien.

5.2.6 Währungsanleihen

Nur in diesem Produktsegment wurde ein 'Fenster' geöffnet. Es gehen hier Informationen und Empfehlungen der Wertpapierabteilung ein.

Resultiert aus der Beratung die Empfehlung 'Währungsanleihen', sieht der Benutzer zunächst drei zu präferierende Währungen mit den erreichbaren Renditen für Staatsanleihen.

Durch Ankreuzen erhält er nähere Informationen zur Währung, zu allgemeinen volkswirtschaftlichen Zusammenhängen und die tagesaktuellen Angebote sowie den aktuellen Chart zum Kursverlauf.

5.3 Anwendungsbeispiel

Der Kunde Herr Meier möchte 100000,- DM anlegen. Da Herr Meier im Institut bekannt ist, übernimmt das Wissensbasierte System (WBS) die Höhe seiner liquiden Mittel und seine Anlagen in den Anlagebereichen.

Zunächst entscheidet das System, mit 5000,- DM die Liquidität des Kunden aufzustocken. Auf die Frage des Beraters, wie diese Empfehlung durch das WBS zustande kommt, erhält er die Antwort, daß der Richtwert des 3-fachen Monatsnettoeinkommens deutlich unterschritten war.

Da das Zinsniveau im Augenblick niedrig ist, empfiehlt das WBS eine Aufteilung in 47500,- kurzfristig, 28500,- mittelfristig und 19000,- langfristig. Die Frage 'Wieso?' ergibt als Begründung durch das WBS, daß im Falle niedriger Zinsen eine prozentuale Aufteilung in 50% kurz-, 30% mittel- und 20% langfristige Anlagen empfehlenswert sei, um zum einen zukünftig die Chance steigender Zinsen wahrnehmen zu können und zum anderen jetzt keinen allzugroßen Renditenachteil in Kauf zu nehmen. Der Berater ändert daraufhin die Werte leicht ab.

Die Frage nach dem Anlagetypus des Kunden läßt der Berater unbeantwortet, woraufhin das WBS eigene Schlüsse aus seiner Kenntnis der vorhandenen Anlagen zieht. So erfährt er, daß Herr Meier als 'wertpapierorientiert' eingeschätzt wird, der vorwiegend in DM-Anleihen investieren sollte. Da ein bestehendes, kleines Engagement aber Interesse an Währungsanleihen erkennen läßt, lautet der Vorschlag auf Anlage in Sparkassenpapieren, DM-Anleihen und, gemessen an dem bisherigen Engagement verstärkt in Währungs-/ECU-Anleihen, Zerobonds, Investmentfonds.

Der Kundenberater gibt an, daß Herr Meier vermutlich die Währungsanleihen weiterhin bevorzugt. Das WBS zeigt ihm die aktuell empfohlenen Währungen mit den erreichbaren Renditen. Der Kundenberater wählt den US-Dollar und erhält Informationen zur Situation der Währung den Tendenzen und Risiken und kann anhand des Charts verfolgen, wie sich die Währung in den letzten Monaten entwickelt hat.

Dieser Ablauf gibt eine Vorstellung von Umfang und Struktur der Wissensbasis, die hier als Grundlage für die spezifische Weiterentwicklung im Institut dient.

Jörg Hausknecht und Horst Zündorf

Fallbasierte Expertensysteme in der Versicherungswirtschaft

1. Praktische Bedeutung von Expertensystemen

2. Technologietrend vom regelbasierten zum fallbasierten System
   2.1 Wissensakquisition in regelbasierten Systemen
   2.2 Wissensakquisition in fallbasierten Systemen

3. Anwendung in der Versicherungswirtschaft
   3.1 Anwendungsmöglichkeiten
   3.2 Einbindung in die Organisation
   3.3 Fallbasiertes System für die Risikoprüfung
       3.3.1 Grundlagen
       3.3.2 Grobprüfung
       3.3.3 Berichterstattung
       3.3.4 Beispiel

Literaturverzeichnis

1. Praktische Bedeutung von Expertensystemen

Weltweit haben die Anstrengungen bei der Entwicklung von Expertensystemen[1] stark zugenommen. So stieg die Zahl der Prototyp-Expertensysteme von 120 Mitte 1986 auf 2059 Anfang 1990 (vgl. Abbildung 1[2]).

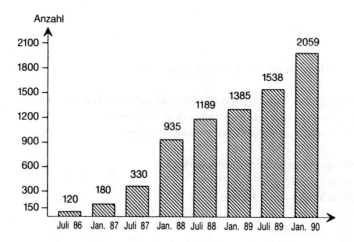

Abb. 1: Entwicklung der Prototyp-XPS (weltweit)

Die größte Anzahl an Expertensystemen findet sich weltweit im technisch-naturwissenschaftlichen Bereich, vor allem in der Medizin, gefolgt von der Chemie und der Elektrotechnik. Mittlerweile hat man aber begonnen, auch im betriebswirtschaftlichen Bereich verstärkt Expertensystemlösungen zu suchen. Denn in bestimmten betriebswirtschaftlichen Gebieten ergeben sich sinnvolle Einsatzmöglichkeiten, und zwar dort, wo einfache heuristische Ansätze exakten mathematischen vorgezogen werden.

Eine empirische Untersuchung von Mertens/Borkowski/Geis kommt zu dem Ergebnis, daß die mit Abstand meisten Expertensysteme in der Industrie eingesetzt werden (vgl. Abbildung 2[3]). Immerhin gelangen aber 38 Systeme in der Versicherungswirtschaft zur Anwendung.

1 Zur Expertensystemtechnologie vgl. grundsätzlich Bullinger, H.-J./Kornwachs, K.: Expertensysteme, München 1989; Harmon, P./King, D., Expertensysteme in der Praxis, 3. Aufl., München/Wien 1989; Hausknecht, J./Zündorf, H., Expertensysteme im Finanz- und Rechnungswesen, Stuttgart 1989; Kurbel, K.: Entwicklung und Einsatz von Expertensystemen, Berlin u.a. 1989; Scheer, A.-W., Betriebliche Expertensysteme, 2 Bde., Wiesbaden 1989.
2 Mertens, P./Borkowski, V./Geis, W.: Betriebliche Expertensystem-Anwendungen, 2. Aufl., Berlin u.a. 1990, S. 25.
3 Mertens, P./Borkowski, V./Geis, W.: a.a.O., S. 26.

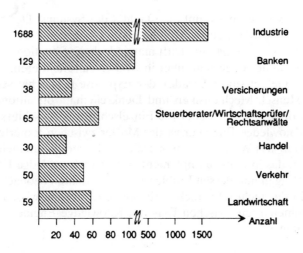

Abb. 2: XPS in wirtschaftlichen Anwendungen

2. Technologietrend vom regelbasierten zum fallbasierten System

2.1 Wissensakquisition in regelbasierten Systemen

Bei den meisten derzeit zur Verfügung stehenden Expertensystemen handelt es sich um regelbasierte Systeme. Das Herzstück bei der Entwicklung dieser Systeme ist der Wissenserwerb.[4] „At its simplest, knowledge acquisition can be defined as the process by which expert systems developers discover the knowledge that domain experts use to perform the task of interest."[5] Bei der Wissensakquisition kommt es wesentlich auf die Zusammenarbeit zwischen dem Experten und dem Knowledge Engineer an, oder wie Duchanan formuliert: „The workhorse of knowledge acquisition for commercial expert systems is still knowledge engineering. It is labor intensive and prone to error because it involves discussions among persons with very different backgrounds."[6]

---

4 Vgl. Reichenbach, V., Wissensakquisition legt Grundstein für Systemqualität, in: Computerwoche vom 2.10.1987, S. 26.
5 LaFrance, M., The Quality of Expertise: Implications of Expert-Novice Differences for Knowledge Acquisition, in: SIGART Newsletter, April 1989, S. 6.
6 Buchanan, B.G., Can Machine Learning Offer Anything to Expert Systems?, in: Machine Learning 1989, S. 251.

Die Qualität des Experten bestimmt die Qualität des Systems. Der Experte muß die Fähigkeit haben, sein Wissen zu artikulieren und so seinen Problemlösungsprozeß transparent zu machen. „Häufig trifft man jedoch die Situation an, daß Experten um so weniger in der Lage sind, über ihr Wissen zu reflektieren, je kompetenter sie auf ihrem Gebiet sind (‚Paradox der Expertise'); dies hat seine Ursache darin, daß der Mensch Mechanismen und Denkschemata oft automatisiert und dann anwendet, ohne sich noch über die Einzelschritte oder -schlüsse bewußt zu werden."[7] Der Knowledge Engineer ist der Mittler zwischen Experte und Expertensystem. Er muß das Wissen des menschlichen Experten sammeln und strukturieren, um es in das System zu implementieren. Der Knowledge Engineer muß den Experten befragen und dessen Problemlösungsverhalten beobachten, um sich einen Einblick in das nicht schriftlich vorhandene Erfahrungswissen zu verschaffen.[8] Die Zusammenarbeit zwischen Experte, Knowledge Engineer und Anwender zeigt Abbildung 3.[9]

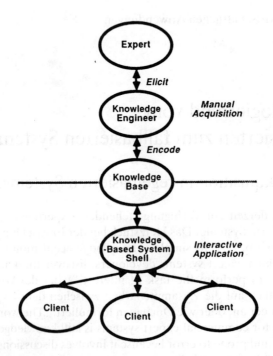

Abb. 3: Zusammenarbeit zwischen Experte und Knowledge Engineer

7 Felgentreu, K.-U./Krasemann, H./Meßing, J., Entwicklungsstrategien, in: HMD 147/1989, S. 37.
8 Zu den Wissensakquisitionstechniken vgl. Stender, J., Wissenserhebung und -strukturierung in Expertensystemen, Haar bei München 1989, S. 52 ff.
9 Boose, J.H./Gaines, B.R., Knowledge Acquisition for Knowledge-Based Systems: Notes on the Stat-of-the-Art, in: Machine Learning 1989, S. 380. Probleme tauchen auf, wenn es mehrere Experten gibt, die unterschiedliche Meinungen vertreten und abweichende Problemlösungsstrategien praktizieren. In diesen Fällen ist zu untersuchen, ob zur Aufstellung des Expertensystems nur ein

Expertensysteme sollen sich dadurch auszeichnen, „eine hohe Verfügbarkeit aktuellen Wissens zu gewährleisten, das zudem jederzeit erweiterbar ist."[10] Das Einfügen von neuem Wissen bereitet bei regelbasierten Systemen Probleme, denn es müssen nicht nur die neuen Daten und Regeln eingegeben werden, sondern auch diejenigen alten Regeln geändert werden, die dadurch beeinflußt werden. Es muß also eine Integration in die bestehenden Regeln erfolgen. Mit zunehmender Größe der Wissensbasis nimmt der Änderungsdienst einen immer größer werdenden Raum ein.

Um diesen Nachteilen zu entgehen, sind Systeme für bestimmte Anwendungen[11] entwickelt worden, bei denen die „Wissensakquisition vom Experten ... über dessen Formulierung von Musterbeispielen"[12] erfolgt. Es wird dabei im Gegensatz zu den regelbasierten Systemen von fallbasierten oder auch induktiven Systemen gesprochen.[13]

2.2 Wissensakquisition in fallbasierten Systemen

Die induktive Technologie bietet gegenüber regelbasierten Systemen eine Reihe von Vorteilen. Der Wissenserwerb bei regelbasierten Systemen ist i.d.R. zeitaufwendig. Ein Experte muß für das „Knowledge Engineering" abgestellt werden,

    einziger Experte herangezogen werden sollte oder ob von den Experten eine gemeinsame Lösung erarbeitet werden sollte. Vgl. zu diesem Problemkreis LeClair, S.R., Interactive Learning: A Multiexpert Paradigm for Acquiring new Knowledge, in: SIGART Newsletter April 1989, S. 34 ff. Hier werden anhand eines Beispielsfalles die unterschiedlichen Lösungswege von drei Experten nachvollzogen. Einen Lösungsansatz für dieses Problem diskutieren Boose, J.H./Gaines, B.R., a.a.O., S. 381 ff.
10 Wildemann, H., Mehr als ein neuer Problemlösungsansatz? Viele Expertensysteme weisen noch große Mängel auf, in: Blick durch die Wirtschaft vom 15.1.1988, S. 7.
11 Vgl. Stender, J., a.a.O., S. 38 ff.
12 Stender, J., a.a.O., S. 67.
13 Fallbasierung und Regelbasierung schließen sich nicht gegenseitig aus: „Obviously, a case-based reasoner is likely to have rules that he uses along with his cases in the reasoning process. You needn't be reminded of the last time you ate at a table in order to use a fork to get at your food. We have that rule available to us and need not rely upon a prior case. ... When an activity has been repeated often enough it becomes rule-like in natur. We do not reason from prior cases when well-established rules are available. But, certainly, the experience of driving to work can be considered a case. It was once a case, the first time it was experienced, how did it cease to be one? The best answer to this is that, in a broad sense, everything is a case. The word case just refers to an experience. In essence then, case-based reasoning means no more than reasoning from experience. The issue of whether something is best called a case, or a rule, or a story, is one of understanding how experiences get encoded in memory. The distinction between these three constructs is essentially a memory distinction. A rule is encoded in memory, separate from any particular instance of its use or the history of its creation. When the rule fails, the only alternative for its user is to create a case that captures that failure. A case stands alone as an exception to a rule until numerous other cases just like it are encountered. A new rule is created if those cases are sufficiently alike." Riesbeck, C.K./Schank, R.C., Inside Case-based Reasoning, Hillsdale, N.J. 1989, S. 11.

das bei großen Systemen mehrere Mannjahre in Anspruch nimmt. Die Aufbereitung des Wissens ist wegen der Komplexität und schweren Faßbarkeit des Wissens der „Flaschenhals" bei der Entwicklung von wissensverarbeitenden Systemen. Die Fähigkeit, das auf langjährigen Erfahrungen beruhende Wissen eines Experten umfassend, detailliert und mit allem Hintergrundwissen abzubilden, bereitet Probleme.

Bei fallbasierten Systemen brauchen keine expliziten Regeln eingegeben zu werden. Der Experte trainiert das System, indem er seine tägliche Problemlösetätigkeit am PC verrichtet und dem System seine Beurteilungen und Entscheidungen der Fälle eingibt. Die Wissensakquisition vom Experten erfolgt über die Formulierung von Beispielen. Mit jeder weiteren Eingabe lernt das System und erweitert seine Kompetenz. Mit der Zeit kann das System auch Erfahrungen aus früheren Entscheidungen auf neue Situationen anwenden. Das System ist passiv lernfähig.

Das System beurteilt selbständig, ob es eine gültige Aussage treffen kann, die der Expertenmeinung entspricht, oder ob es auf zusätzliche Hilfe angewiesen ist. Dadurch unterscheidet sich dieses System von den meisten anderen, die ihre Kompetenz nicht einschätzen können. Die Fälle, die es nicht beurteilen kann, werden vom Experten bearbeitet und durch die Bearbeitung in die Wissensbasis eingelagert. Je mehr Fälle eingespeist werden, desto kompetenter wird das System.

Während der Aufbauphase kann der Experte Interpretationen des Systems entweder akzeptieren oder nach Bedarf abändern. Diese Bestätigung oder Korrektur führt zur Erweiterung der Wissensbasis. Der Experte hat die Möglichkeit, jederzeit zusätzliche Beispiele hinzuzufügen.

Der große Vorteil liegt darin, daß das System auch Erfahrungswissen, das *nicht* in Regeln gefaßt werden kann, sondern auf „gesundem Menschenverstand" beruht und vom Experten gebraucht wird, berücksichtigen kann. Das System wird aufgebaut, indem der Experte seiner gewohnten Tätigkeit nachgeht, denn dies ist gleichzeitig die Implementierungsphase des Systems. Wenn sich eine Gegebenheit geändert hat, also neue Aspekte aufgetreten sind, oder der Experte seine Meinung ändert, braucht keine Regel explizit über eine Wissenserwerbskomponente geändert zu werden. Eine Regeländerung bedingt bei regelbasierten Systemen oft einen großen Aufwand, da möglicherweise mehrere Regeln miteinander verknüpft sind und nicht nur eine Regel isoliert geändert werden kann. Bei induktiven Systemen gibt stattdessen der Experte den neuen Aspekt in Form von Beispielen ein, und das System paßt seine Wissensbasis automatisch an.

Zusammenfassend läßt sich sagen, daß das System in zwei Schritten aufgebaut wird (vgl. Abbildung 4):

1. Der Experte gibt Beispiele ein und bietet eine Interpretation an, woraufhin das „lernende" System Hypothesen formuliert und in seiner Wissensbasis ablegt.

2. Das System gibt selbst erste Interpretationen, der Experte überprüft diese dann; ist er einverstanden, wird die Hypothese vom System in die Wissensbasis abgelegt, lehnt er sie ab, so wird sie verworfen.

Das System lernt die Logik des Experten, indem es ihn in konkreten Entscheidungssituationen „beobachtet".

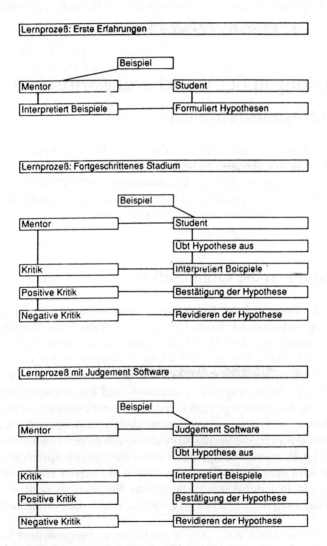

Abb. 4: Mentor-Student-Beziehung

Ein Experte geht i.d.R. folgendermaßen vor:

- Auswahl der Daten und Informationen, die für eine Entscheidung kritisch sind.
- Kategorisieren jedes Elements durch Vergleich mit Normen oder Möglichkeiten.
- Beurteilung der gesamten Informationen mit Hilfe von Erfahrung und Wissen, wobei die wichtigsten Elemente am stärksten gewichtet werden.
- Ziehen einer Schlußfolgerung.

Die Software benutzt das gleiche Vorgehen, um die Entscheidungslogik eines menschlichen Experten für einen bestimmten Wissensbereich nachzubilden.

3. Anwendung in der Versicherungswirtschaft
3.1 Anwendungsmöglichkeiten

In der Versicherungswirtschaft bestehen für wissensbasierte Systeme eine Reihe von Anwendungsmöglichkeiten. Expertensystemanwendungen lassen sich nach Aufgabentypen in bestimmte Kategorien einordnen, wobei es allerdings zwischen den Kategorien Überschneidungen gibt. Wie Abbildung 5[14] zeigt, bestehen die meisten Anwendungen in Form von Beratungssystemen.

3.2 Einbindung in die Organisation

Eine wesentliche Frage bei der Entwicklung eines wissensbasierten Systems für die Versicherungswirtschaft ist dessen Einsatzort. Soll das Expertensystem zentral oder dezentral genutzt werden? Die Organisationsstruktur eines Versicherungsunternehmens ist schematisch in der Abbildung 6 aufgeführt. Sie ist in der Regel „charakterisiert durch starke Zentralisierung aller Verwaltungsfunktionen und weitgehende Dezentralisierung aller marketing- und kundenbezogenen Funktionen. Jedes Realisierungskonzept muß sich deshalb an diesen unternehmensspezifischen Anforderungen und den damit verbundenen strategischen Zielsetzungen orientieren. Das erfordert die Verfügbarmachung des Expertenwissens dort, wo es benötigt wird; i.d.R. also beim Agenten für das Beratungsgespräch mit dem Kunden."[15] Damit wird dem Außendienst das Wissen auf breiter Basis zur Verfügung gestellt, und es ist in jeder Agentur die gleiche Beratungsqualität gewährleistet. Durch die Verlagerung der Entscheidung vor Ort erhält der Antragsteller im Falle

---

14 Zusammengestellt aus Steuer, R.E.: Chancen und Risiken für Expertensysteme in der Versicherungswirtschaft, in: Versicherungswirtschaft 1990, S. 509 und Mertens, P./Borkowski, V./Geis, W. a.a.O., S. 6 f.; 273 ff.
15 Ludwig, J.: Wissensbasierte Systeme in der Versicherungswirtschaft, in Versicherungswirtschaft 1988, S. 1294.

Klassifikation	Erläuterung	Anwendung in der Versicherungswirtschaft	Bestehende Systeme
Diagnosesysteme	klassifizieren Fällen oft auf der Grundlage einer Reduktion umfangreichen Datenmaterials, gegebenenfalls unter Berücksichtigung unsicheren Wissens.	o Interne EDV o Dump-Analyse o Data Dictionary o Risikoanalyse	5
Expertisesysteme	formulieren unter Benutzung der Diagnosedaten Situationsberichte, die auch schon Elemente einer Beratung ("Therapie") enthalten können.	o Bestandsanalysen o Anlageplanung o Kunden-Bedarfsanalyse	3
Beratungssysteme	geben im Dialog mit dem Menschen eine auf den vorliegenden Fall bezogene Handlungsempfehlung.	o Risikoprüfung o Schadensprüfungen o Wertgutachten o Kundenberatung	24
Intelligente Checklisten	dienen bei Entscheidungsprozessen als Gedächtnisstütze und der Vollständigkeitssicherung, sie können Teile von Beratungs- und Diagnosesysteme sein.	o Policierung o Abrechnungen o Erkennen von Versicherungslücken	4
Selektionssysteme	helfen bei der Auswahl von Elementen aus einer meist großen Zahl von Alternativen; sie können Komponenten von Konfigurations- und Planungssystemen sein.		
Konfigurationssysteme	stellen auf der Basis von Selektionsvorgängen unter Berücksichtigung von Schnittstellen, Unverträglichkeiten und parametrierten Benutzerwünschen komplexe Gebilde zusammen.	o Angebotserstellung o Deckungskonzepte	1
Planungssysteme	übernehmen ähnliche Aufgaben wie Selektions- und Konfigurationssysteme, berücksichtigen aber darüber hinaus Reihenfolgen.		
Zugangssysteme	stellen in der Regel Hüllen zu konventionellen Entscheidungs- und Planungshilfen dar. Sie sollen weniger geschulten Benutzern den Umgang mit den konventionellen Methoden, insbesondere deren Auswahl aus einem Vorrat (z.B. Methodenbank), Aufruf und Parametrierung, erleichtern.		
Aktive Hilfesysteme	leisten in Mensch-Maschine-Dialogen aktive, d.h. vom Benutzer nicht angeforderte Hilfen, um den Benutzer vor Fehlern zu bewahren und den Problemlösungsprozeß effizienter zu machen.	o Aktive Hilfesysteme in Anwendungssystemen	
Unterrichtssysteme	sind eine Weiterentwicklung des Computerunterstützten Unterrichts um wissensbasierte Elemente (z.B. Benutzermodell, Intelligente Checkliste, Zugangssysteme, Aktive Hilfe).	o Außendienstschulung o Innendienstschulung	
Entscheidungssysteme	übernehmen die Entscheidung automatisch, solange bestimmte parametrierte Grenzen nicht verlassen werden.	o Antragsprüfung o Rentabilitätsprüfungen	1

Abb. 5: Klassifikation von Expertensystemen in der Versicherungswirtschaft

eines „normalen" Antrags eine schnelle Entscheidung, die ihm im Falle des Einsatzes beim Agenten sofort, im Falle des Einsatzes bei Generalagenturen innerhalb eines Tages mitgeteilt werden kann. Bei konventioneller Antragsprüfung dauert es oftmals eine Woche bis zur Annahmeentscheidung. Der Einsatz direkt am „Point of Sale" ist der komplexeste Fall für den Einsatz eines Expertensystems und soll daher nachfolgend beschrieben werden.

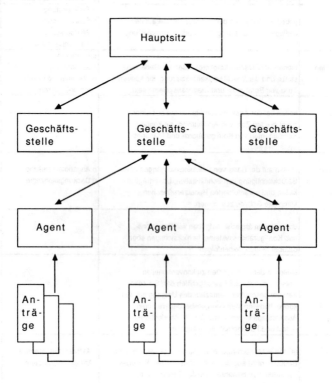

Abb. 6: Organisationsstruktur eines Versicherungsunternehmens

3.3 Fallbasiertes System für die Risikoprüfung

3.3.1 Grundlagen

Ein Beispiel eines für die Antragsbearbeitung in der Versicherung geeigneten Expertensystems ist die *COGENSYS Judgment Processing Software*[16]. Die COGENSYS Software arbeitet auf der Grundlage der induktiven Technologie. Das CO-

---

16 Vgl. Burt, F.N.: Expertise, Judgement, Underwriters and Expert Systems, in: Journal of Insurance Medicine 1989, S. 240 ff.

GENSYS System wird u.a. in der Antragsbearbeitung für die Bereiche Leben, Erwerbsunfähigkeit und Krankenversicherung eingesetzt[17].

Die automatische Entscheidungsfindung, das sog. „Judgment Processing", beinhaltet für die Antragsbearbeitung im Bereich „Risiko Leben" mehrere Teilproblembereiche, abhängig von der speziellen Applikation. Für jedes „Judgment Processor"-Problem zieht sich das System die wichtigsten Informationen, die es für die jeweilige Entscheidung benötigt, aus dem Antragsformular heraus.

3.3.2 Grobprüfung

Zunächst wird die sog. Grobprüfung durchlaufen. Das primäre Ziel der Grobprüfung ist die Feststellung, ob zusätzlich zur Gesundheitserklärung nähere medizinische Angaben eingeholt werden müssen.

Welche Fragen und welche Entscheidungsmöglichkeiten für ein bestimmte Problem relevant sind, bestimmt einzig der Experte. Abbildung 7 zeigt ein Beispiel einer Grobprüfung.

Das System unterteilt die numerisch zu beantwortenden Fragen in sog. „Ranges". Darüber hinaus enthält es Ja-Nein-Fragen sowie Multiple-Choice-Fragen. Für jeden spezifischen Fall gibt es eine der folgenden Interpretationen: „Schlußprüfung", „Arztanfrage" oder „Medizinische Prüfung". Beim Hinweis „Schlußprüfung" liegen Anträge vor, die keine medizinischen Risiken enthalten. „Medizinische Prüfung" bedeutet, es liegen zwar medizinische Risiken vor, diese sind aber eindeutig und müssen nicht noch vom Arzt begutachtet werden. Sollen vom Arzt noch nähere medizinische Auskünfte eingeholt werden, muß die richtige Entscheidung auf „Arztanfrage" lauten. Um eine passende Entscheidung zu treffen, spielen im speziellen Beispiel 12 Aspekte eine Rolle (vgl. Abbildung 7). Die Interpretation hängt von der Beantwortung der Fragen ab.

Das System ergänzt seine Interpretationen um ein bestimmtes Zeichen. Findet das System einen identischen Fall in der Wissensbasis, fügt es ein „*" hinzu. Ein „." oder ein „!" bedeuten, daß kein identischer Fall in der Wissensbasis vorliegt, daß sich aber ähnliche Fälle in der Wissensbasis befinden, wobei das System über eine „Ähnlichkeit" selbständig aufgrund bestimmter unterschiedlicher Gewichtungen, die den einzelnen Fragen zugemessen werden, entscheidet. Man kann sich dies so vorstellen, daß ein mehrdimensionaler Raum aufgebaut wird (pro Frage eine Dimension mit mehren Ausprägungen) und bestimmte Beispielsfälle mit ihrer Interpretation als Punkte in diesen Raum gelegt werden. Ob ein bestimmter Fall einem anderen ähnlich ist, hängt zum einen vom Standort im mehrdimensionalen Raum ab, zum anderen aber auch vom relativen Gewicht, das einer bestimmten

---

[17] Zur Anwendung von Expertensystemen in der Versicherungswirtschaft vgl. auch Bernold, T. (Hrsg.): Commercial Expert Systems in Banking and Insurance, Lugano 1989.

```
Problem code:     GP3221       Problem name:    Grobprüfung
Applicant code:                Applicant name:

 No.       Question              Units      Response        Judgment
 ---   -------------------     ---------   ----------      ---------

  1    Alter                    JAHRE       33.00   <      35.01

  2    Geschlecht                1 2         1 M
       £1:M                     £2:F

  3    Gewicht                   1 2 3                   2 NORMALGEWICHT
       £1:UNTERGEWICHT          £2:NORMALGEWICHT
       £3:ÜBERGEWICHT

  4    Medikamente               1 2         1 J
       £1:J                     £2:N

  5    IV/UVG/MV-Leistungen      1 2         2 N
       £1:J                     £2:N

  6    Medizinisches Risiko                 201.00   >    199.99

  7    Ärztliche Behandlung      1 2         1 J
       £1:J                     £2:N

  8    Spezielle Untersuchungen  1 2         1 J
       £1:J                     £2:N

  9    Vollständig gesund?       1 2         1 J
       £1:J                     £2:N

 10    Voll erwerbsfähig?        1 2         1 J
       £1:J                     £2:N

 11    Anzahl mittlere Risiken               0.00    <     1

 12    Anzahl grosse Risiken                 1.00   >=     1          <= 2
```

I N T E R P R E T A T I O N

Entscheidung: Arztanfrage

A tentative conclusion for this example is :
Entscheidung: Arztanfrage
Less important differences are that in this case :
              Medikamente   is J
                                  instead of N
The ASSERTION LEVEL for this tentative conclusion is   97.

A tentative conclusion for this example is :
Entscheidung: Arztanfrage
Less important differences are that in this case :
              Medikamente   is J
                                  instead of N
              Anzahl grosse Risiken   is >= 1   <= 2
                                  instead of > 2
The ASSERTION LEVEL for this tentative conclusion is   96.

Abb. 7: Konkreter Fall einer Grobprüfung

Dimension im Vergleich zu den anderen Dimensionen zufällt. Durch die Anzeigemöglichkeit der ähnlichen Fälle können Inkonsistenzen durch falsch entschiedene Fälle aufgedeckt und eliminiert werden (vgl. Abbildung 7)

Sind die „ähnlichen" Fälle unterschiedlich interpretiert worden, folgt der Interpretation ein „?". Handelt es sich um einen „Ausreißer", so zeigt das System ein „not possible to make an interpretation". Trifft eine der beiden letztgenannten Antworten zu, so bricht das System seine Bearbeitung des Falles ab. Der Agent bzw. die Generalagentur kann diesen Fall nicht mehr beeinflussen, er wird automatisch dem Experten zugeleitet, und nur er kann ihn entscheiden. Nach seiner Entscheidung wird er der Wissensbasis hinzugefügt.

3.3.3 Berichterstattung

Das System stellt eine Reihe von Berichten zur Verfügung, wobei der Problembericht (Abbildung 8) der bedeutendste ist.

PROBLEM ANALYSIS

No.	Question/Comment	Req	Type	Importance By Logic	Importance By Experience	Percen Realiz
1	Alter	N	MAJOR	37	52	75
2	Geschlecht	N	MAJOR	29	44	66
3	Gewicht	J	MAJOR	30	36	100
4	Medikamente	N	MINOR	13	12	100
5	IV/UVG/MV-Leistungen	N	MINOR	2	4	100
6	Medizinisches Risiko	J	MAJOR	31	46	100
7	Ärztliche Behandlung	J	MAJOR	29	41	100
8	Spezielle Untersuchungen	N	MAJOR	26	40	100
9	Vollständig gesund?	J	MAJOR	27	35	100
10	Voll erwerbsfähig?	J	MAJOR	30	40	100
11	Anzahl mittlere Risiken	J	MAJOR	18	19	100
12	Anzahl grosse Risiken	J	MINOR	5	8	100

The maximum number of unique situations for this problem is 2,099,000.
The problem so far has learned 243 unique situations and is "discriminant"

Abb. 8: Problembericht

Ein Hauptelement für die Gewichtung ist die „Logical Importance", womit das System ein Distanzmaß durch die Beobachtung des Experten selbständig aufbaut und dessen Logik abbildet. Eine „Logical Importance" von 31 bei der Frage nach dem medizinischen Risiko bedeutet z.B.: Würde diese Frage als Entscheidungsfaktor aus der Wissensbasis entfernt, könnte das System 31 % aller bis zu diesem Zeitpunkt in der Wissensbasis enthaltenen Fälle nicht mehr eindeutig entscheiden.

Die Frage „Anzahl große Risiken" hat mit 5 eine vergleichsweise geringe „Logical Importance". Dies ist darauf zurückzuführen, daß dieser Punkt eng verknüpft ist mit dem „Medizinischen Risiko"; wenn große Risiken vorhanden sind, ist auch das medizinische Risiko hoch, so daß die Anzahl der großen Risiken keine große Rolle mehr spielt. Dagegen hat der Faktor „2" bei den IV/UVG/MV-Leistungen (Rentenleistungen in der Schweiz) eine andere Bedeutung. Sein Zustandekommen erklärt sich aus der Tatsache, daß das System im derzeitigen Stadium noch nicht viele Anträge bearbeitet hat, die IV/UVG/MV-Leistungen enthielten. Das System benötigt mehr Anträge dieser Art, um diese Frage korrekt einordnen zu können. Für eine Testproduktionsphase muß jeder Teilproblembereich mit 200-300 verschiedenartigen Fällen gefüllt werden, für den praktischen Einsatz sind etwa 500 Fälle erforderlich. Dies ist eine verhältnismäßig geringe Zahl, wenn man bedenkt, daß der mathematische Raum von Kombinationsmöglichkeiten oft mehrere Millionen beträgt.

Abhängig von der Entscheidung in der Grobprüfung laufen die Fälle entweder sofort in die Schlußprüfung, in die medizinische Prüfung, oder es ist zunächst eine Arztanfrage bzw. Arztuntersuchung erforderlich. Das Ergebnis der Arztanfrage läuft dann ebenfalls über die medizinische Prüfung.

Ziel der medizinischen Prüfung ist es, ein medizinisches Risiko unter Beachtung des Einflusses des Auftretens einer bestimmten Kombination von Krankheiten festzulegen, das dann unter Umständen zu Risikozuschlägen führt. In der Lebensversicherung wird hier von Übersterblichkeit gesprochen.

In der Schlußprüfung, die von allen Anträgen durchlaufen wird, werden noch weitere Kriterien zur Beurteilung herangezogen. Dort kann beispielsweise das Ausüben gefährlicher Sportarten relevant sein. Auch die Tatsache, wieviel eine Person raucht, spielt für den Beurteilungsprozeß eine Rolle. Ebenso beeinflußt die Höhe der Risikosumme die Entscheidung. In der Schlußprüfung werden auch Übersterblichkeiten für die Risikokunden festgelegt. Neben dem medizinischen Risiko wird aber auch das geographische Risiko berücksichtigt; Reisen in bestimmte außereuropäische Länder bzw. längere Auslandsaufenthalte erfahren besondere Beachtung. Auch berufliche und aktivitätenbezogene Risiken werden in die Schlußentscheidung des Systems mit einbezogen. Die Anzahl der Problembereiche ist variabel. Generell gilt derselbe Grundsatz wie in den andere Problembereichen: was im einzelnen für die Beurteilung relevant ist, entscheidet der Experte.

3.3.4 Beispiel

Der Ablauf einer speziellen Applikation sei anhand Abbildung 9 erläutert.

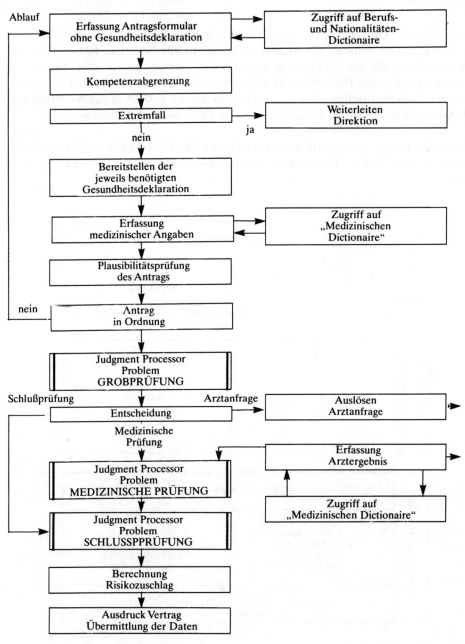

Abb. 9: Ablauf einer Applikation

Zunächst erfolgt die Erfassung des Antragsformulars am Bildschirm, wobei die Erfassungsmasken den bisher tatsächlich verwendeten Papierformularen im Maßstab 1:1 entsprechen. Das System greift auf einen Berufs- und einen Geographie-Dictionary zu und ordnet einen Risikofaktor zu, der im weiteren Ablauf berücksichtigt wird.

Im nächsten Schritt überprüft das System aufgrund der Daten, ob eine Gesundheitsdeklaration erforderlich ist und stellt die jeweils benötigte bereit. Falls im Antrag ein medizinisches Problem angegeben ist, erfolgt die Eingabe dieses Problems interaktiv am Bildschirm. Das System stellt Fragen zum Krankheitsverlauf, die zur Risikobeurteilung beitragen. Das Dictionary enthält in der Aufbauphase 3.000-4.000 medizinische Ausdrücke, sowohl Fach- als auch Laienausdrücke.

Der vollständige Antrag wird in einem weiteren Schritt einer Plausibilitätsprüfung unterzogen, wobei fehlerhaft ausgefüllte Formulare nicht weiterbearbeitet werden.

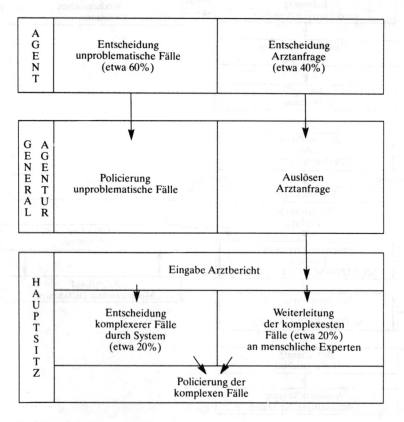

Abb. 10: Entscheidungsstruktur

Beim Einsatz direkt am „Point of Sale" laufen die unproblematischen Fälle bis zur endgültigen Entscheidung durch, wobei diese Entscheidung dem Kunden sofort (im Falle Agenten) bzw. innerhalb eines Tages (im Falle Generalagentur) mitgeteilt werden kann. Ungefähr 60 % aller Anträge werden unter diese Kategorie fallen.

Fälle mit medizinischen Problemen verlangen eine Arztanfrage bzw. eine Arztuntersuchung, welche vom System ausgelöst wird. Das System unterbricht für diesen Antrag den Entscheidungsprozeß, wartet auf das Ergebnis und berücksichtigt dieses im weiteren Ablauf. Dieser weitere Ablauf findet auf demselben System, aber zentral am Hauptsitz der Gesellschaft statt. Dort werden die komplexeren Fälle unter Einbezug der Arztanfragen bzw. Arztuntersuchungen vom System interpretiert (etwa 20 % aller Fälle), siehe Abbildung 10.

Für die Eingabe des Arztberichts wird ein PC am Hauptsitz der Gesellschaft konfiguriert. Dies ist aus Datenschutzgründen zweckmäßig, denn diese vertraulichen Daten sollen nicht vom Agenten vor Ort gesehen und eingegeben werden.

Die notwendigen Formulare wie Arztanfrageberichte oder der komplette Vertrag werden bei entsprechender Entscheidung automatisch ausgedruckt. Nach abgeschlossener Bearbeitung des Antragstellers werden die Daten an den Großrechner übermittelt.

Die Philosophie im COGENSYS System ist, daß nicht 100 % der Anträge vom System entschieden werden sollen, sondern etwa 80 % aller Fälle. Die restlichen 20 %, die die komplexesten Fälle darstellen, sollen nach wie vor vom menschlichen Experten entschieden werden. Das System ist in der Lage, diese Fälle auszusortieren und sie dem menschlichen Experten zur Verfügung zu stellen. Dieses Expertensystem ist also auf die Massenverarbeitung ausgerichtet und so vor allem für den Erstversicherer geeignet.

Literaturverzeichnis

Bernold, T. (Hrsg.): Commercial Expert Systems in Banking and Insurance, Lugano 1989.
Boose, J.H./Gaines, B.R., Knowledge Acquisition for Knowledge-Based Systems: Notes on the Stat-of-Art, in: Machine Learning 1989.
Buchanan, B.G., Can Machine Learning Offer Anything to Expert Systems?, in: Machine Learning 1989, S. 251.
Bullinger, H.-J./Kornwachs, K.: Expertensysteme, München 1989.
Burt, F.N.: Expertise, Judgement, Underwriters and Expert Systems, in: Journal of Insurance Medicine 1989.
Felgentreu, K.-U./Krasemann, H./Meßing, J., Entwicklungsstrategien, in: HMD 147/1989.

Harmon, P./King, D., Expertensysteme in der Praxis, 3. Aufl., München/Wien 1989.

Hausknecht,J./Zündorf, H., Expertensysteme im Finanz- und Rechnungswesen, Stuttgart 1989.

Kurbel, K.: Entwicklung und Einsatz von Expertensystemen, Berlin u.a. 1989.

LaFrance, J., The Quality of Expertise: Implications of expert-Novice Differences for Knowledge Acquisition, in: SIGART Newsletter, April 1989.

LeClair, S.R., Interactive Learning: A Multiexpert Paradigm for Acquiring new Knowledge, in: SIGART Newsletter April 1989.

Ludwig, J.: Wissensbasierte Systeme in der Versicherungswirtschaft, in: Versicherungswirtschaft 1988.

Mertens, P./Borkowski, V./Geis, W.: Betriebliche Expertensystem-Anwendungen, 2. Aufl., Berlin u.a. 1990.

Reichenbach, V., Wissensakquisition legt Grundstein für Systemqualität, in: Computerwoche vom 2.10.1987.

Riesbeck, C.K./Schank, R.C., Inside Case-based Reasoning, Hillsdale, N.J. 1989.

Scheer, A.-W., Betriebliche Expertensysteme, 2 Bde., Wiesbaden 1989.

Stender, J., Wissenserhebung und -strukturierung in Expertensysteme, Haar bei München 1989.

Steuer, R.E.: Chanchen und Risiken für Expertensysteme in der Versicherungswirtschaft, in: Versicherungswirtschaft 1990.

Wildemann, H., Mehr als ein neuer Problemlösungsansatz? Viele Expertensysteme weisen noch große Mängel auf, in: Blick durch die Wirtschaft vom 15.1.1988.

Gabler-Literatur
zum Thema „Wirtschaftsinformatik"

Dietrich Adam (Schriftleitung)
Fertigungssteuerung I
Grundlagen der Produktionsplanung und -steuerung
(Schriften zur Unternehmensführung, Band 38)
1988, 178 Seiten,
Broschur 44,– DM
ISBN 3-409-17907-0

Fertigungssteuerung II
Systeme zur Fertigungssteuerung
(Schriften zur Unternehmensführung, Band 39)
1988, 181 Seiten,
Broschur 44,– DM
ISBN 3-409-17908-9

Ulrich Frank
Expertensysteme
Neue Automatisierungspotentiale im Büro- und Verwaltungsbereich?
1988, X, 280 Seiten,
Broschur 68,– DM
ISBN 3-409-13112-4

Karl Kurbel
Programmentwicklung
5., vollständig überarbeitete Auflage 1990, XIV, 199 Seiten,
Broschur 44,– DM
ISBN 3-409- 31925-5

Peter Mertens
Integrierte Informationsverarbeitung
Teil 1: Administrations- und Dispositionssysteme in der Industrie
8., völlig neu bearbeitete und erweiterte Auflage 1991,
XIV, 298 Seiten,
Broschur 42,– DM
ISBN 3-409-69047-6

Peter Mertens/Joachim Griese
Integrierte Informationsverarbeitung
Teil 2: Planungs- und Kontrollsysteme in der Industrie
6., völlig neu bearbeitete und erweiterte Auflage 1991,
XIV, 270 Seiten,
Broschur 38,– DM
ISBN 3-409-69106-5

Jörn-Axel Meyer
Marketinginformatik
Grundlagen und Perspektiven der Computerintegration
1991, 134 Seiten,
Broschur 39,80 DM
ISBN 3-409-13383-6

GABLER
BETRIEBSWIRTSCHAFTLICHER VERLAG DR. TH. GABLER, TAUNUSSTRASSE 54, 6200 WIESBADEN

Gabler-Literatur
zum Thema „Wirtschaftsinformatik"

Dieter B. Preßmar (Schriftleitung)
Büro-Automation
(Schriften zur Unternehmensführung, Band 42)
1990, 156 Seiten,
Broschur 44,— DM
ISBN 3-409-13129-9

Karl-Heinz Rau
Integrierte Bürokommunikation
(Arbeitstitel)
(Praxis der Wirtschaftsinformatik)
1991, ca. 250 Seiten,
Broschur ca. DM 44,—
ISBN 3-409-19162-3

Karl-Heinz Rau/Eberhard Stickel
Software Engineering
Erfahrungsberichte aus Dienstleistungsunternehmen, Handel und Industrie (Praxis der Wirtschaftsinformatik)
1991, 182 Seiten,
Broschur 44,— DM
ISBN 3-409-13368-2

Joachim Reese
Wirtschaftsinformatik
Eine Einführung
1990, 166 Seiten,
Broschur 29,80 DM
ISBN 3-409-13380-1

August-Wilhelm Scheer (Schriftleitung)
Betriebliche Expertensysteme I
Einsatz von Expertensystemen in der Betriebswirtschaft –
Eine Bestandsaufnahme
(Schriften zur Unternehmensführung, Band 36)
1988, 176 Seiten, Broschur 44,— DM
ISBN 3-409-17905-4

Betriebliche Expertensysteme II
Einsatz von Expertensystem-Prototypen in betriebswirtschaftlichen Funktionsbereichen
(Schriften zur Unternehmensführung, Band 40)
1989, 145 Seiten, Broschur 42,— DM
ISBN 3-409-17909-7

Eberhard Stickel
Datenbankdesign
Methoden und Übungen
(Praxis der Wirtschaftsinformatik)
1991, 148 Seiten,
Broschur 39,80 DM
ISBN 3-409-13937-0

Zu beziehen über den Buchhandel oder den Verlag.

Stand der Angaben und Preise: 1.4.1991
Änderungen vorbehalten.

GABLER
BETRIEBSWIRTSCHAFTLICHER VERLAG DR. TH. GABLER, TAUNUSSTRASSE 54, 6200 WIESBADEN